21世纪高等学校规划教材 | 电子商务

电子商务
安全管理与支付

孟显勇 著

清华大学出版社
北京

内 容 简 介

本书主要内容包括电子商务安全与管理、网络安全体系结构、信息安全技术基础、安全通信协议标准、公钥基础设施、电子支付技术与应用以及与电子商务安全相关的管理制度和法律、法规等。

本书以当前电子商务系统所面临的安全威胁为出发点，运用网络安全和信息安全基础知识，分析电子支付协议的基本原理，解决电子商务安全管理问题。以理论与实践相结合的方式，培养学生建立"系统化"的安全管理思想，使学生掌握制定系统安全管理策略的能力，以满足信息经济对应用型电子商务安全管理人才的需求。本书适合作为信息安全专业、计算机专业、电子商务专业以及与信息经济相关的其他专业的教材或参考书。

图书在版编目(CIP)数据

电子商务安全管理与支付/孟显勇著. --北京：清华大学出版社，2014(2020.2 重印)
21 世纪高等学校规划教材・电子商务
ISBN 978-7-302-34555-8

Ⅰ. ①电…　Ⅱ. ①孟…　Ⅲ. ①电子商务－安全技术－高等学校－教材 ②电子商务－支付方式－高等学校－教材　Ⅳ. ①F713.36

中国版本图书馆 CIP 数据核字(2013)第 282598 号

责任编辑：魏江江　李　晔
封面设计：傅瑞学
责任校对：焦丽丽
责任印制：杨　艳

出版发行：清华大学出版社
网　　址：http://www.tup.com.cn，http://www.wqbook.com
地　　址：北京清华大学学研大厦 A 座　　**邮　　编**：100084
社 总 机：010-62770175　　**邮　　购**：010-62786544
投稿与读者服务：010-62776969，c-service@tup.tsinghua.edu.cn
质量反馈：010-62772015，zhiliang@tup.tsinghua.edu.cn
课件下载：http://www.tup.com.cn，010-83470236
印 装 者：涿州市京南印刷厂
经　　销：全国新华书店
开　　本：185mm×260mm　　**印　　张**：17.75　　**字　　数**：434 千字
版　　次：2014 年 1 月第 1 版　　**印　　次**：2020 年 2 月第 7 次印刷
印　　数：6601～7400
定　　价：34.00 元

产品编号：048530-01

出版说明

随着我国改革开放的进一步深化，高等教育也得到了快速发展，各地高校紧密结合地方经济建设发展需要，科学运用市场调节机制，加大了使用信息科学等现代科学技术提升、改造传统学科专业的投入力度，通过教育改革合理调整和配置了教育资源，优化了传统学科专业，积极为地方经济建设输送人才，为我国经济社会的快速、健康和可持续发展以及高等教育自身的改革发展做出了巨大贡献。但是，高等教育质量还需要进一步提高以适应经济社会发展的需要，不少高校的专业设置和结构不尽合理，教师队伍整体素质亟待提高，人才培养模式、教学内容和方法需要进一步转变，学生的实践能力和创新精神亟待加强。

教育部一直十分重视高等教育质量工作。2007 年 1 月，教育部下发了《关于实施高等学校本科教学质量与教学改革工程的意见》，计划实施"高等学校本科教学质量与教学改革工程（简称'质量工程'）"，通过专业结构调整、课程教材建设、实践教学改革、教学团队建设等多项内容，进一步深化高等学校教学改革，提高人才培养的能力和水平，更好地满足经济社会发展对高素质人才的需要。在贯彻和落实教育部"质量工程"的过程中，各地高校发挥师资力量强、办学经验丰富、教学资源充裕等优势，对其特色专业及特色课程（群）加以规划、整理和总结，更新教学内容、改革课程体系，建设了一大批内容新、体系新、方法新、手段新的特色课程。在此基础上，经教育部相关教学指导委员会专家的指导和建议，清华大学出版社在多个领域精选各高校的特色课程，分别规划出版系列教材，以配合"质量工程"的实施，满足各高校教学质量和教学改革的需要。

为了深入贯彻落实教育部《关于加强高等学校本科教学工作，提高教学质量的若干意见》精神，紧密配合教育部已经启动的"高等学校教学质量与教学改革工程精品课程建设工作"，在有关专家、教授的倡议和有关部门的大力支持下，我们组织并成立了"清华大学出版社教材编审委员会"（以下简称"编委会"），旨在配合教育部制定精品课程教材的出版规划，讨论并实施精品课程教材的编写与出版工作。"编委会"成员皆来自全国各类高等学校教学与科研第一线的骨干教师，其中许多教师为各校相关院、系主管教学的院长或系主任。

按照教育部的要求，"编委会"一致认为，精品课程的建设工作从开始就要坚持高标准、严要求，处于一个比较高的起点上；精品课程教材应该能够反映各高校教学改革与课程建设的需要，要有特色风格、有创新性（新体系、新内容、新手段、新思路，教材的内容体系有较高的科学创新、技术创新和理念创新的含量）、先进性（对原有的学科体系有实质性的改革和发展，顺应并符合 21 世纪教学发展的规律，代表并引领课程发展的趋势和方向）、示范性（教材所体现的课程体系具有较广泛的辐射性和示范性）和一定的前瞻性。教材由个人申报或各校推荐（通过所在高校的"编委会"成员推荐），经"编委会"认真评审，最后由清华大学出版社审定出版。

目前，针对计算机类和电子信息类相关专业成立了两个“编委会”，即“清华大学出版社计算机教材编审委员会”和“清华大学出版社电子信息教材编审委员会”。推出的特色精品教材包括：

(1) 21 世纪高等学校规划教材·计算机应用——高等学校各类专业，特别是非计算机专业的计算机应用类教材。

(2) 21 世纪高等学校规划教材·计算机科学与技术——高等学校计算机相关专业的教材。

(3) 21 世纪高等学校规划教材·电子信息——高等学校电子信息相关专业的教材。

(4) 21 世纪高等学校规划教材·软件工程——高等学校软件工程相关专业的教材。

(5) 21 世纪高等学校规划教材·信息管理与信息系统。

(6) 21 世纪高等学校规划教材·财经管理与应用。

(7) 21 世纪高等学校规划教材·电子商务。

(8) 21 世纪高等学校规划教材·物联网。

清华大学出版社经过三十多年的努力，在教材尤其是计算机和电子信息类专业教材出版方面树立了权威品牌，为我国的高等教育事业做出了重要贡献。清华版教材形成了技术准确、内容严谨的独特风格，这种风格将延续并反映在特色精品教材的建设中。

清华大学出版社教材编审委员会

联系人：魏江江

E-mail：weijj@tup.tsinghua.edu.cn

前 言

随着信息技术和信息经济的发展，电子商务运营模式和电子支付方式被广泛地应用于各类商品交易，例如网上保险、网上书店、网上影院、数字图书馆、网上证券等，交易的电子化已经成为信息经济发展的必然趋势，电子商务的高效率、低成本和国际化等特点使其迅速发展并将逐步成为主流交易模式。

电子商务成为信息经济新的增长点，成为信息工程技术和IT技术在商业中的一个重要应用。目前，电子商务安全、电子支付和电子商务物流依然是制约我国电子商务全面、快速发展的三个重要因素。根据世界发达国家每年的网络安全报告，世界每年因为网络安全问题引起的经济损失可达几百亿美元。在电子商务交易过程中，网络系统和电子商务交易系统面临着巨大的安全威胁，对电子支付安全提出了前所未有的挑战。电子商务交易实体每天都要面临交易欺诈、信用卡盗用和拒绝服务攻击等安全威胁，致使电子商务安全问题成为制约电子商务发展的一个重要因素。目前，电子商务系统面临的主要安全问题可以分为四类：网络安全问题、信息安全问题、安全管理问题和安全的法律保障问题。

为培养适应信息经济发展需要的应用型人才，很多高校都为计算机类专业或与电子商务相关的信息经济类专业开设电子商务安全管理与支付课程。通过电子商务安全管理与支付课程的学习，使学生掌握电子商务交易系统的安全现状，熟悉电子商务安全与管理的系统架构，掌握相关网络安全基础知识，深入理解"系统化"的安全管理思想——电子商务系统安全是一个"系统化"的安全工程，系统中任何薄弱的环节都会导致整个系统崩溃。同时，电子商务安全管理与支付课程也被信息管理专业、市场营销专业以及信息技术和信息经济等相关专业选作专业选修课程，也将其作为电子商务系统规划和设计的前期课程，为学习电子商务专业课程夯实基础。

与电子商务相关的信息经济类专业设置电子商务安全管理与支付课程的目的是通过学习网络安全、电子支付安全和信息安全知识，掌握基于Internet实现安全电子交易的基础知识，熟悉B/S结构下实现电子商务系统安全的基本技术、策略、标准和方法。通过学习信息安全加/解密技术、数字签名与认证技术和各种网络安全通信协议，使学生掌握信息安全通信的基础知识。

目前高校将电子商务安全管理与支付课程作为计算机类专业或信息经济类专业的专业课程开设，但是对于大多数计算机类和信息经济类专业的同学来说缺乏一定的信息安全基础知识。因此，学习电子商务安全管理与支付课程前必须掌握信息安全、网络原理、软件工程、网络编程以及相关数学和法律等基础知识。通过对网络安全、信息安全以及电子支付安全等基础知识的学习，使学生建立"系统化"的安全管理思想。因此，本书在讲解电子商务安全管理与支付知识的同时，融入了网络安全基础知识和信息安全基础知识，帮助学生既建立"系统化"的安全管理思想，又培养制定系统安全策略和管理策略的能力。

本书主要分为四大部分，包括网络安全的基本原理与通信协议标准、信息安全技术基础、公钥基础设施和电子支付技术与应用。目的是使学生在掌握网络安全通信的基本原理与协议内容的基础上，学会利用信息安全技术实现电子商务系统的运行安全和支付安全。

第一部分主要包括计算机通信网络安全、网络安全协议、网络安全管理、信息安全评估标准、网络安全防护技术、VPN网络安全、数据库安全、访问控制技术等。

第二部分主要包括信息安全通信的基本原理、常用加密标准和算法、数字签名技术、密钥管理技术以及数字认证技术等。

第三部分主要包括数字证书的申请、注册、颁发、撤销、密钥更新以及维护和管理，公钥基础设施的体系和功能，公钥基础设施的应用以及公钥基础设施的信任和管理模型等。

第四部分主要包括电子支付工具、电子支付系统应用、电子支付协议、第三方电子支付系统的应用、网上银行、网上证券交易、网上保险以及移动支付等。

为了使学生在学习电子商务安全管理与支付课程之前掌握必要的网络安全通信和信息安全通信的基础知识，本书首先对网络安全通信原理、网络安全通信协议、信息安全加/解密技术、数字签名与认证技术等基础知识进行较深入的分析和讲解，以夯实电子商务安全技术的相关理论基础。

本书的特点是突出电子商务安全管理的体系架构，强调重点和难点，体现电子商务安全管理与支付课程的多学科性，并结合具体的应用实例，来培养学生制定电子商务系统安全管理策略的能力。通过对电子支付协议的分析和讲解，使学生更深入地理解电子商务系统安全管理的策略和方法。

本书既适合作为计算机类专业或信息经济类专业的本科教材，又适合作为各类读者的自学教程。

本书在讲解电子商务安全管理与支付基础知识的同时，也对最新的移动电子商务安全技术、椭圆曲线加密体制以及各种特殊签名机制进行了初步的介绍，使读者能够了解最新的电子商务安全管理与支付知识的发展动态，并开拓视野。

由于作者水平有限，加之时间仓促，书中不足之处在所难免，欢迎广大读者批评指正。

孟显勇

2013年9月

目 录

第1章 电子商务安全与电子支付概述

电子商务安全管理是实现电子商务交易安全的基础和保证，电子支付是电子交易系统的核心环节。电子商务安全包括电子商务系统的硬件安全、软件安全和系统安全，电子支付是基于安全的电子商务系统和网上银行实现高效、安全、可靠的资金流转和结算。本章主要从电子商务的安全问题、电子商务的安全支付问题、电子商务的安全管理、电子商务的安全控制技术、电子商务的安全体系结构、电子商务安全的技术保障以及电子商务安全的法律保障等方面进行阐述。通过本章的学习，可以初步了解电子商务安全与电子支付的基本知识和未来发展方向。

1.1 电子商务的安全问题

随着电子商务的快速发展，电子商务安全成为电子交易的核心问题。电子商务安全问题是一个系统安全问题，系统中安全性最薄弱的环节决定了电子商务系统的安全水平。电子商务系统是运行于计算机网络系统之上的电子交易系统，电子商务系统安全主要包括网络安全、信息安全、安全管理和电子商务相关法律等。下面对电子商务安全问题进行具体分析。

1. 电子商务安全的现状

随着信息技术和电子商务的发展，传统的交易方式逐步被电子化交易方式取代，例如网上商城、网上书店、网上影院、数字图书馆、网上银行等，交易的电子化已经成为信息经济发展的必然趋势，电子商务的高效率、低成本和国际化等特点使其迅速发展成为未来交易的主流模式。电子商务的发展给中国众多中小企业的国际化提供了良好的条件，同时给消费者提供了更大的购物空间，网络购物已经从时尚转变为一种大众购物方式。另外，无线网络技术的快速发展和应用，为移动电子商务的发展提供了强大的技术推动力，拓展了电子商务的交易范围。电子商务成为信息经济新的增长点，成为信息工程技术和IT技术在商业中的一个重要应用。目前，电子商务安全、电子支付和电子商务物流还依然是制约我国电子商务全面、快速发展的三个重要因素。根据世界发达国家每年的网络安全报告，世界每年因为网络安全问题引起的经济损失可达几百亿美元。在电子商务交易过程中，网络系统和电子商务交易系统面临着巨大的安全威胁，对于电子商务交易和网络银行都提出了前所未有的挑战。参与电子商务交易的实体每天都面临交易欺诈、信用卡盗用和拒绝网络服务等电子商务安全问题，使习惯传统交易的消费者难以消除对电子交易安全问题的担忧，致使电子商务安全问题成为制约电子商务发展的一个重要因素。目前，电子商务系统面临的主要安全问题可以分为四类：网络安全问题、信息安全问题、安全管理问题、安全的法律保障问题。

2. 电子商务安全的特性

- 电子商务安全是一个系统的概念。电子商务系统的安全水平由系统安全性最薄弱的环节决定，因此要从全局和整体的角度来研究电子商务系统安全。电子商务系统安全包括网络安全、信息安全和安全管理。同时，电子商务系统是一个商务系统，还要考虑电子签名法与经济法的相关问题。此外，相对于安全技术来讲，电子商务安全管理是否科学合理，成为决定电子商务系统能否安全运行的关键所在。因为，电子商务安全管理与人们的行为模式、行业管理以及社会道德紧密联系在一起，并在电子商务安全运行中发挥着重要的作用。
- 电子商务安全是相对的。电子商务系统安全水平与电子商务系统的使用者对电子商务系统的安全需求密切相关，银行与企业、大型企业与中小型企业或不同行业类别的企业对电子商务系统的安全性需求都有所不同，电子商务系统安全性要求越高自然系统造价就越高，反之，系统造价就越低。对于银行而言，电子商务系统的安全性要求是利润能够有效地覆盖运营风险，所以对电子商务系统的安全性要求相对较高，当然中小企业对电子商务系统的安全性的要求相对较低，基本要求是能够保证电子商务系统安全、可靠地运行。绝对安全的电子商务系统是不存在的，只要能满足系统的安全设计需求就可以说系统是安全的。
- 电子商务安全是发展的、动态的。电子商务系统是通过不断提高安全技术和管理水平来实现系统的持久安全，因为，网络攻击技术和手段是随着网络技术、信息安全技术和网络管理技术提高而不断改进。攻与防两者之间是一个辩证的发展过程。对于电子商务系统安全的设计者和管理者而言，掌握和应用最新的安全技术和安全管理策略是电子商务系统安全的基本保证。对于对抗性、竞争性和策略性都很强的电子商务安全系统，及时地进行系统安全审计、评估和管理策略调整是保证电子商务系统安全的基本措施。

1.1.1 电子商务的网络安全问题

在信息经济高度发展的时代，正如美国著名的未来学家阿尔温·托夫勒所说：电脑网络的建立和普及将彻底改变人类生存及生活的方式。电子商务交易成为新经济时代的主流交易模式，以能够给网络消费者提供低成本、高效率和跨时空的网络购物环境而快速地替代传统的交易方式。然而，由于网络安全问题，使网络系统经常因遭受攻击而不能提供正常的服务，如果网络攻击蔓延至整个网络将使整个系统陷入危机甚至崩溃。因此，构建一个安全、可靠的电子商务交易环境成为电子商务快速、稳步发展的关键，成为电子商务系统安全研究的一个重大课题，同时，也成为各国政府为保证信息经济稳步和快速发展而采取的一项重大经济举措。

电子商务系统是基于网络平台的商务应用系统，网络平台包括 Internet 和无线网络，网络平台的安全技术、安全设施、安全策略和安全管理是保障电子商务系统安全、可靠运行的基础。网络系统安全是指组成网络系统的软件、硬件、数据和安全策略能够有效地防止各种网络攻击,保证在复杂的网络安全环境下提供高效、安全的网络服务。在电子商务系统中,网络系统安全主要是为电子商务系统提供一个安全的基础设施,安全基础设施主要包括硬件安全、软件安全和安全措施等,如表1-1所示。电子商务系统安全是指在安全的网络通信平台上实现高效、可靠的电子交易,能够有效地防止拒绝服务、信息抵赖以及信息仿冒、窃听和篡改等攻击。电子商务系统对系统中通信数据的基本安全需求是能够保证通信数据的保密性、完整性、身份可认证性和不可抵赖性。对于电子商务的网络安全问题可以从安全问题的表现形式和计算机安全措施两个方面展开分析。

表1-1 网络安全基础设施的基本组成

	硬件安全	软件安全	安全措施	安全设计
系统	系统(主机、服务器)安全	反病毒技术	系统安全检测	审计分析
运行	网络运行安全	备份与恢复	应急安全检测	
控制	局域网、子网安全	访问控制(防火墙)	网络安全检测	

1. 网络安全问题的表现形式

(1) 网络系统设施的安全问题。网络设施的安全问题主要包括不可抗力的自然灾害引起的网络设备损坏和恶意的人为破坏引起的网络设备故障。为保证网络设施安全,企业的网络安全设施需要独立的设备运行场地、加装空调、安装除湿设备和配备专业的设备维护人员,对于中小型企业可以采用网络设备托管或者租赁业务,以保证网络设施安全、可靠地运行。尤其是对于一些地处偏远环境的网络设备,既要保证网络设备安全运行,又要防止违法者盗窃网络设备。

(2) 防范各种网络攻击问题。Internet网络安全协议和TCP/IP协议的设计缺乏安全性,导致网络通信系统的安全性具有内在无法避免的缺陷和脆弱性,因此使利用各种网络协议漏洞进行网络攻击的花样层出不穷,使各国政府和相关机构花费大量的人力和物力来维护网络系统安全。但是黑客、攻击者和病毒的制作者会利用各种新发现的系统漏洞和设计缺陷对系统实施入侵和攻击,并且给网络系统带来灾难性的攻击甚至使网络系统崩溃,同时网络攻击者利用黑客技术制作和传播病毒,利用恶意软件盗取客户资料和发送垃圾广告来获取非法收入。另外,黑客通过开发一些专用的扫描和攻击工具可以对网络系统实施连续的自动攻击,甚至利用一些被俘获的安全性较差的服务器对网络系统进行强力攻击,而黑客在攻击系统之后对自己的攻击行为进行隐匿。因此,对于网络系统来说面临越来越严峻的安全考验,而攻击者可以利用功能越来越强大的自动攻击工具对网络系统发起致命的攻击,由于自动攻击工具操作简单对攻击者的要求越来越低,致使网络面临的安全威胁也越来越普遍。根据国家计算机网络应急技术处理协调中心2012年上半年报告,境内感染网络病毒的终端数约为475万个,境内被篡改网站数量为1566个,其中被篡改的政府网站数量为155个;境内被植入后门的网站数量为6064个,其中政府网站有441个;针对境内网站的仿冒页面数量为1666个。国家信息安全漏洞共享平台收集整理信息系统安全漏洞466个,其中,高危漏洞188个,可被利用来实施远程攻击的漏洞有432个。从国家计算机网络应急技术处理协调中心2012年上半年的统计数据可以了解到目前我国网络安全现状不容乐观,各种网络安全威胁不可轻视。

(3) 安全维护人员管理问题。网络安全技术和网络安全管理是实现网络系统安全的基本保障,很多网络系统配置了新型网络设备,甚至花费巨资打造安全的信息系统。但是只是因为安全系统提供商或系统使用者疏忽对网络安全管理人员的培训,而导致网络系统的基本安全配置出现简单的人为漏洞使系统遭受攻击时有发生。因此,网络安全系统的提供商要与用户合作,为用户提供全面、深入的系统安全操作培训,对系统使用者进行定期的培训或为系统使用者提供定期的专业安全测试。因此,安全的网络系统需要先进的网络安全技术和科学的管理才能保证系统高效、可靠运行,尤其要消除人为因素对网络安全管理的干扰,做到规范安全管理。

2. 计算机网络安全措施

计算机网络安全体系架构主要包括网络安全、服务和应用安全以及策略安全,用户可以通过主机安全技术、网络协议安全技术、网络服务和应用安全技术、访问控制技术、保密通信技术、数据完整性校验技术、身份认证技术、防火墙技术、安全审计技术、安全管理技术、入侵检测技术以及隐形跟踪技术来实现计算机网络系统安全。同时,将信息安全技术与 VPN 虚拟专网、数字签名与认证以及底层网络协议结合,建立更加完善的网络安全体系结构,使网络通信系统与信息安全技术融为一体,能够有效地阻止常见网络攻击,保证系统安全。此外,由于很多安全通信技术和网络安全通信协议是由系统底层自动完成对于高级应用和服务是透明的,这样也简化了计算机网络安全的管理和应用。

(1) 保护网络系统安全。网络系统安全是通过网络安全维护技术、信息安全技术和安全通信协议实现通信网络的运行安全和数据通信安全。通过访问控制策略、保密通信技术以及入侵检测等技术实现通信数据的保密性、完整性、身份可认证性和访问控制。保护网络系统安全的主要措施如下:

- 阻断直接攻击。采取物理隔离或逻辑隔离来保证重要的设备和数据的安全。
- 通过访问控制策略控制权限。建立网络设备间的资源访问权限,加强权限管理和认证。
- 加强数据保密和认证。通过加密技术和数字签名技术保证数据在公网上传输的安全性。
- 完善审计制度。对系统操作建立详细的安全审计日志,以便检测和跟踪入侵行为。
- 制定完善的系统安全策略。通过系统安全策略来强化系统自动防御各种常见网络攻击的能力。
- 安装桌面安全管理软件、防病毒软件或软件防火墙。用户能够及时检测系统中存在的漏洞、病毒、木马和恶意软件等,规范管理和使用安全组件套装可以有效地防止病毒在计算机网络中传播和驻留,同时可以防止木马、病毒、恶意软件盗取和破坏客户信息。

(2) 保护网络应用和服务安全。Internet 基于网络安全通信协议提供了大量的网络应用和网络服务,网络应用可以实现远程控制、Web 服务、文件传输服务、域名解析服务、路由服务等。为保证网络通信系统能够安全、可靠地运行必须先对网络应用和服务系统进行正确的配置。网络应用和服务系统采取的主要安全措施有:

- 保证网络应用和服务的安全运行。对网络应用和服务进行定期的维护与管理，利用桌面安全管理软件或网络应用和服务管理软件对网络应用和服务进行定期的更新与维护。
- 正确配置和管理网络应用和服务。在保证网络应用和服务的基本功能前提下，科学地管理网络应用和服务的安全配置和访问控制策略。定期对网络应用和服务的安全配置进行检测和更新，以保证系统能够有效地防止新的网络攻击。
- 严格管理和检测网络应用和服务的安全审计日志。应用审计日志管理系统对审计日志进行定期检测和审核，及时发现系统存在的安全隐患和异常操作，使网络攻击遭受的损失降到最低，并能及时提出补救措施。

1.1.2　电子商务的信息安全问题

电子商务的信息安全问题是指在电子商务交易过程中通信网络、通信协议和通信数据的安全问题。通信网络的安全由网络安全防护系统来保证；网络应用和服务的安全由安全通信协议和安全管理策略来保证；通信数据的安全主要通过信息安全技术来保证，数据的安全性主要包括保密性、身份可认证性、可用性、可控性和完整性等。因此，电子商务系统的信息安全包括操作系统安全、网络安全、网络应用和服务安全、数据库安全以及信息安全等。

1. 操作系统安全

在电子商务安全体系架构中，操作系统安全是指计算机系统对电子商务应用系统的硬件和软件进行安全、有效地控制，并保证基本的网络通信、网络应用和网络服务能够可靠运行，主要包括网络服务器操作系统安全和PC操作系统安全。操作系统安全管理主要包括系统及时安装补丁、关闭未用网络服务、配置系统安全策略、合理使用安全通信协议和应用以及系统数据及时备份等。

2. 数据库安全

数据库安全是电子商务系统中数据安全的核心，因为电子商务系统的数据库中保存着大量的客户资料、系统管理信息和交易信息等核心数据。数据库安全是利用数据库管理软件或通过相关应用程序对电子商务系统的数据库进行有效地控制和管理，保证数据的安全性、可用性、保密性和完整性。像网络安全一样，数据库安全应该从物理层、操作系统层、网络层和应用层等多方面进行全面考虑才能保证数据库系统的安全。

3. 网络安全

网络安全是电子商务安全的基础，因为电子商务系统是建立在安全的网络通信平台基础之上，通过通信网络实现电子交易和传输交易数据。网络安全是通过网络安全通信协议、系统安全策略和安全通信技术来实现网络系统设备的安全运行和通信数据的安全传输。

4. 病毒防护

计算机病毒是与其他应用程序绑定在一起的一段恶意程序代码，可以实现自我复制和传播，对计算机系统和网络系统能够形成一定危害或致命攻击。病毒防护就是通过病毒查杀系统或防火墙对系统病毒进行侦测、隔离和清除，并对电子商务系统进行有效的恢复。病毒防护的基本措施主要有定期修补系统漏洞、安装病毒查杀系统、设立系统防火墙、规范系统安全管理策略和合理配置系统安全策略。

5. 访问控制

访问控制是指计算机系统通过控制系统资源的访问权限来实现系统安全的管理策略。合理配置电子商务系统资源的访问控制策略，可以有效地阻止网络攻击和入侵。访问控制是通过控制不同用户对系统资源的访问权限来实现系统安全，访问控制策略是保护计算机网络资源的一种有效手段，可以阻止非法用户对系统资源的访问和控制。访问控制的主要内容包括受控的系统资源、授权的合法用户以及用户可以执行的操作。

6. 加密与鉴别

加密是保证电子商务系统数据保密性的基本措施，通过标准加密算法对电子商务系统传输的交易数据进行加密和解密处理，以保证交易数据在公共网络上传输的保密性。由于标准加密算法的安全强度较高，使攻击者在有效的时间内难以破解加密信息。通常将加密前的通信数据称为“明文”，加密后的通信数据称为“密文”。

鉴别是电子商务系统实体之间相互认证身份的安全技术基础，身份鉴别要通过数字签名和数字认证技术来实现，电子商务信息的接收者通过对发送者身份的数字认证才能做出身份鉴别。在身份鉴别过程中，数字签名与数字认证是两个密不可分的过程，只有签名者对电子交易的数据进行签名后，验证者才能通过数字认证技术对签名者身份进行鉴别。身份鉴别可以通过电子签名和认证来实现，也可以通过具有唯一性的人体电子特征进行鉴别，主要包括人脸、指纹和声音等识别技术。

电子商务安全需要解决的主要问题有安全的操作系统平台、互联网络、数据库管理系统、系统访问策略、病毒防护策略以及身份鉴别方法等。安全的电子商务系统需要保证交易数据的保密性、完整性、可靠性以及抗抵赖性等。

(1) 信息的保密性。信息的保密性是指电子商务系统的交易数据只能被授权的用户知悉。电子商务交易系统运行于公开的网络环境下，交易所产生的数据在公开网络上传输，因此，为保证交易的安全性和隐秘性需要对交易数据进行加密和解密处理，使个人、企业或者商业机构的信息不泄露给非授权的人或实体，保证只有授权者能够获取和读懂电子商务的交易信息。

(2) 信息的完整性。信息的完整性是指电子商务系统的交易数据在公开网络传输过程中没有被修改、删减或者伪造，接收者接收的交易数据与发送者发送的初始数据一致。电子商务系统通过信息安全完整性校验技术来实现交易数据的完整性检测，当数据不符合完整性要求时对发送数据进行抛弃处理，并重新传送信息。

(3) 信息的可靠性。信息的可靠性是指电子商务系统在遇到攻击或自然灾害时保证数据的可用性、完整性和可恢复性。实现信息可靠性的目的是计算机系统在出现故障、遭到恶意攻击或者遇到不可抗的自然灾害时能够及时恢复数据以保证数据的完整性，并能有效地保证合法用户对数据的使用。

(4) 信息的可控性。信息的可控性是指电子商务系统的授权用户可以对交易数据进行可控的操作和管理。对于合法用户可以随时、随地访问、操作和控制电子交易数据，交易数据的可控性是电子商务系统可控性的直接体现。

(5) 信息的抗抵赖性。信息的抗抵赖性是指电子商务系统可以防止交易双方抵赖自己的交易行为，能够保证交易过程中产生的交易信息的可认证性。利用数字签名和数字认证技术可以实现交易信息的抗抵赖性，在交易过程中所有可能产生交易纠纷的交易信息都会在发送之前由发送方进行数字签名，接收方在收到交易信息后首先对其进行验证，验证通过后的交易数据才能进行下一步的处理。交易信息的抗抵赖性是交易双方进行公平电子交易的基本保证。

为此，电子商务系统中的交易数据必须要满足保密性、完整性、身份可认证性、可控性和抗抵赖性，这些交易数据的基本特性是实现安全电子商务的基本保证。

1.1.3 电子商务的安全管理问题

信息安全管理是从整个系统管理视角出发对系统的管理员、设备、网络系统和各种应用与服务进行有效地整合以实现系统安全、高效和可靠地运行。电子商务安全管理是通过对电子商务系统的各组成实体进行有效地管理以实现交易系统安全。电子商务安全管理的任务是保证电子交易能够公平、高效和安全地进行，保证电子商务系统的网络设施、支付系统以及商务应用和服务的安全。下面从电子交易风险管理和电子交易管理措施两个方面分析电子商务安全管理。电子交易风险管理是指电子交易流程的风险管理、技术风险管理以及人员风险管理等。

(1) 电子交易的流程风险管理。交易流程风险是指电子商务系统的交易流程设计是否得当，将直接影响电子商务交易系统的公平性、易用性和安全性。电子商务系统的交易流程设计是否科学会直接影响到电子商务系统的执行效率，好的交易流程设计可以使交易变得简单且易于操作，从而降低电子商务交易系统的风险。

(2) 电子交易的技术风险管理。电子商务系统的安全水平由系统中最薄弱环节的安全水平决定。电子商务系统在设计的过程中难免会存在安全漏洞和缺陷，系统越复杂安全缺陷就越多，攻击者通过扫描和分析就可以发现电子商务系统的安全漏洞，因此，减少电子商务系统的安全漏洞可以降低系统的安全威胁。通常采取的主要措施有定期地修补系统漏洞、修补网络应用与服务的漏洞和及时对电子商务系统进行技术升级。

(3) 电子交易的人员风险管理。电子商务系统的管理人员是系统管理的主体，电子商务系统的安全策略、日常的安全维护与管理和资源访问控制策略均由不同层次的系统管理人员来完成。因此，管理人员的专业素养和管理水平直接影响到电子商务交易系统的安全管理水平。降低电子商务交易系统的人员管理风险的主要措施有加强管理员的管理和培训、规范电子交易系统的管理制度和定期对管理工作进行审查。

电子商务系统的安全管理措施是指利用安全管理制度和安全管理技术实现交易数据的安全通信、安全存储和安全应用。安全管理制度包括安全管理工作的规范与准则和标准操作规程。安全管理技术主要有网络安全技术、数据备份恢复技术、病毒防护技术和审计跟踪技术等。

(1) 电子商务交易系统的网络安全技术。电子商务交易系统的网络安全技术主要包括网络安全通信技术、网络应用与服务安全技术、数据保密通信技术、身份可认证技术和数据完整性技术等。电子商务系统可以利用网络安全通信协议和网络安全服务来实现数据的安全通信，例如SSL协议、SET协议以及VPN虚拟专网等安全通信协议和服务。

(2) 电子商务审计跟踪技术。审计跟踪技术主要是对系统运行中出现的某些特征行为进行记录，并通过记录对系统运行状态进行统计分析，以及通过记录对异常行为进行分析和跟踪，可以有效地防止恶意攻击。审计跟踪可以及时发现系统运行过程中出现的运行错误，有利于系统故障恢复，并且审计跟踪可以检测和跟踪网络攻击者的攻击行为、方法和途径，有利于对恶意攻击者的监控和捕捉。因此，电子商务交易系统要建立完善和规范的审计与跟踪制度，有利于系统故障恢复和恶意行为跟踪。

(3) 电子商务交易数据备份技术。电子商务系统交易过程中产生大量的交易数据和身份认证数据，因此，保护电子交易数据的安全是保证电子商务系统可靠运行的前提，是实现公平电子商务交易的基础。电子商务系统要有严格的备份管理制度，定期对电子商务交易数据进行备份是防止恶意攻击的一种有效手段。

(4) 电子商务系统病毒防护技术。电子商务系统病毒防护技术是一种主动防御措施，电子商务系统通过规范系统病毒防护管理制度来提高系统安全性，主要措施包括安装杀毒系统、防火墙系统和网络安全管理系统。病毒防护系统包括软件系统和硬件系统，对于个人桌面安装软件系统，而对于电子商务系统安装高速的硬件系统。

1.2 电子商务的安全支付问题

电子商务的整体发展水平决定了电子支付方式还无法取代传统支付方式，成为主流的支付方式，主要有以下几点原因：其一，公众与商务服务机构的观念相对保守，对电子商务和电子支付持怀疑态度；其二，电子商务的安全认证体系不完善，难以实现公平、安全的电子交易，还不能完全替代传统的交易方式成为主流的交易方式。电子支付安全是电子商务安全的核心，电子支付是指利用网络安全技术、信息安全的保密技术与身份认证技术以及银行的电子结算系统来实现资金的流转。电子支付的参与实体主要有消费者、商家或厂家以及银行等金融机构，各参与实体通过公共网络完成电子交易，采用电子形式实现货币的支付或资金流转。在电子商务交易过程中，交易双方通过公开网络进行交易，利用电子身份认证技术实现身份认证，认证后通过电子支付完成交易。电子商务在交易过程中使用的电子支付方式主要有以下几种，并分别代表电子支付的不同历史发展阶段。

1. 第一阶段的电子化支付

在1992年之前，电子商务交易系统未与支付系统有效地结合，只是支付环节的支付方式由传统方式转换为电子方式。电子化支付阶段主要是支付业务的电子化，此阶段电子商务系统主要是提供商品浏览，还不能通过购物车进入电子支付阶段。

2. 第二阶段的信用卡支付

在1993—1995年期间，电子商务支付阶段通过网络将消费者的信用卡信息发送给银行以实现电子结算，为保证信用卡信息的保密性对公开网络上传输的信用卡信息进行保密处理和身份的可认证处理。Netscape公司开发了SSL安全协议可以实现信用卡信息在公网上传输的保密性。信用卡支付只是持卡人通过公开网络传递信用卡信息的一种支付方式。信用卡支付阶段为保证电子交易的安全性，出现了专门从事支付服务业务的支付提供商，此阶段银行还没有直接参与最初的互联网电子支付。

3. 第三阶段的网上银行

在 1995—1998 年期间。网上银行源于美国，网上银行是指利用 Internet 为银行用户提供银行业务管理和操作，可以实现网上查询、挂失、转账、定期存款、定期转账、购买证券和投资理财等银行服务项目，网上银行的优势是可以提供便捷的跨时空的银行业务，网络银行又称电子银行。1996 年由美国三家银行联合创办的世界第一家网络银行，被命名为"美国第一安全网络银行"。随着电子银行业务的开展，各国政府与央行开始着手制定电子货币和网络支付的相关法律制度，1997 年德国的电子货币业务被银行纳入正规的银行业务，1998 年欧盟委员会开始起草电子货币的相关法律。

4. 第四阶段的支付方式多元化

在 1999—2002 年期间，电子商务迅速的发展，尤其在我国电子商务已经进入成熟和稳定发展阶段，电子支付形式开始多元化发展，出现大量的针对中小型企业或个人用户的第三方支付机构推动了电子支付的快速发展。此阶段电子商务系统与电子支付系统密切整合到一起，使网络购物与网上支付形成一个整体。目前在我国第三方支付服务商已经成为保护电子商务交易安全性和公平性的一个核心力量，第三方支付机构以交易中介的形式参与电子商务的交易过程中，以其较高的信誉级别成为交易的可信中介。

5. 第五阶段的网上支付

在 2002 年以后，通过网络银行实现电子商务支付，网络银行作为电子支付的直接管理者对电子交易进行网络转账和结算，银行对电子支付的直接参与使电子支付的效率明显提高，可以实现交易的实时结算。同时，银行对电子支付业务的直接处理可以提高支付系统的安全性与便捷性，减少交易资金的周转时间。网上支付的形式主要包括网络银行转账、电子现金或者信用卡支付，其中电子现金是未来电子支付发展的主流，虚拟的电子货币可以模拟传统货币的支付功能。

1.2.1　电子商务的信用安全问题

信用体系是实现电子商务的基础，电子商务信用安全问题是影响我国电子商务发展的一个重要因素。信用主要有三方面含义：在社会伦理道德方面，信用就是社会个体在日常社会交往中应当诚实守信，遵守承诺；在社会经济活动方面，信用是指交易双方严格遵守交易前达成的共识或者承诺，交易执行流程和交易进度都按照事先约定好的规则进行；在法律方面，信用是按照法律约定可以实现的利益期待，当事人违反诚信义务时，应当承担相应的法律责任。而电子商务的信用，是电子交易各参与实体遵守交易前事先约定好的交易规则，按照电子商务交易规则进行网络商品交易。

近几年随着电子商务的稳步发展，电子商务交易数量逐年上升，同时电子商务的投诉比例也随之升高。通过调查发现，目前影响电子商务发展的一个关键因素就是信用问题，消费者担心交易欺诈、网购商品的售后服务以及商品质量。从2010年的一组统计数据可以看到：30.4%消费者担心恶意侵犯隐私、盗用银行账号和密码，4.9%的消费者认为网上商业信息不可靠，9.8%的消费者认为电子商务退换货不容易，7.6%的消费者认为物流效率过低。因此，要实现一个安全的电子商务购物环境必须要建立电子商务系统的诚信机制，并且要通过相关电子商务立法来解决信用安全问题。

目前信用工具主要有商业信用工具、银行信用工具和国家信用工具等，商业信用工具主要是指各种商业票据，银行信用工具主要是指银行证券和银行票据等，国家信用工具主要是指国库券，证券投资信用工具主要是指债券、股票等。

1.2.2 电子商务的支付协议安全问题

电子商务安全支付协议主要有SSL(Secure Socket Layer，安全套接层)协议和SET(Secure Electronic Transaction，安全电子交易)协议。电子支付安全协议与网络协议相结合可以实现电子支付安全，电子支付协议可以实现电子商务交易数据的保密性、完整性、身份可认证性和抗抵赖性，可以在公共网络上建立安全通道用于传输电子交易数据。

SSL协议是由Netscape公司为保证网络安全通信而设计的网络安全通信协议，主要是在发送者与接收者之间建立安全信道以实现安全保密通信。在电子商务系统中主要应用SSL协议实现从客户端浏览器到服务器(通常是Web服务器)之间的安全通信。

SET协议是由Master Card和Visa联合Netscape、Microsoft等公司，于1997年推出的电子支付协议。SET是基于银行信用卡设计的较复杂的电子支付协议，可以实现安全的电子支付、身份认证和不可否认机制。

1.2.3 电子商务的支付系统安全问题

电子商务支付系统通过互联网和网络安全通信协议与银行协作完成电子支付，电子支付安全是电子商务系统的安全核心。电子商务支付系统主要包括支付工具、安全协议、认证体系、信用体系、物流及金融机构，如图1-1所示。电子商务支付系统是保证安全、公平地进行电子商务交易的基础，可以实现交易数据的保密性、完整性、身份可认证性和不可否认机制。

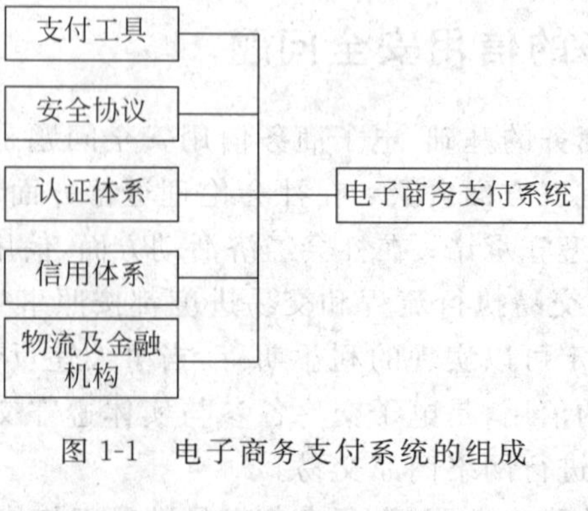

图1-1 电子商务支付系统的组成

实现电子商务支付系统安全必须保证通信网络安全、通信协议安全、系统访问控制策略安全和通信数据安全。电子商务支付系统运行于安全的网络通信平台之上，利用安全通信协议实现电子交易数据在公共网络上安全传输。安全通信协议可以保障交易数据的保密性、完整性和不可否认性。

1.3　电子商务的安全管理

电子商务安全管理的目的是为保证电子商务系统安全、高效和可靠地运行，根据系统安全管理策略对电子商务系统的组成要素进行有效地组织和安排。电子商务系统通过安全管理策略和方法对计算机系统、网络系统、认证系统、信用体系以及网络安全协议进行管理和控制。电子商务安全管理的主要内容包括网络管理系统、计算机管理系统、安全通信协议以及安全管理策略。

电子商务安全管理系统主要包括防火墙、入侵检测系统、漏洞扫描工具、病毒查杀系统、安全审计系统和网络安全管理系统等。应用安全管理系统可以对电子商务系统进行实时管理和检测，网络安全管理系统可以随时检测网络通信状态，对于网络通信出现的异常行为进行分析和跟踪。入侵检测系统通过实时的网络监测及时发现网络攻击行为，并对网络攻击行为进行分析和判断，与防火墙相互协作阻止网络攻击。电子商务安全管理系统通过合理配置系统安全策略可以有效地阻止网络攻击，并且可以与安全审计系统结合记录系统异常行为。

在电子商务安全管理中，将安全管理与信息安全技术有机地结合起来以保证系统的安全性。常常有这样的误区，认为电子商务安全技术才是实现电子商务安全的关键。其实仅凭技术手段来实现系统安全的效果是非常有限的，主要原因是即使安全产品设计水平达到了电子商务系统的安全需求，但是不恰当的配置和管理可能会带来安全风险。

因此，仅依赖电子商务安全技术是不能保证电子商务系统的整体安全，需要有效的电子商务安全管理策略支持，才能保证安全技术能够充分发挥作用，实现电子商务系统安全。俗话说："三分技术，七分管理"，就是强调管理的重要性。电子商务安全管理的内容主要包括安全管理原则、安全管理策略、安全管理方法。

1.3.1　电子商务的安全管理原则

电子商务安全管理原则的制定主要是依据权力分化的原则，就是尽量限制管理员的管理权限，同时限制管理权限的有效期限。下面主要阐述安全管理平台的管理原则和安全管理平台的设计原则。

1. 安全管理平台的管理原则

安全管理的制度化是电子商务系统安全运行的有效保证，规范的管理制度、严格的监督以及定期根据管理原则对管理制度进行修订和审核，可以提高系统的安全性。

(1) 多人负责原则。多人负责原则是降低电子商务系统安全风险的有效手段，通过多人协作管理可以稳定整个管理团队的状态，包括人员心理、专业技能和管理水平等。多人负责原则也有利于专业人员相互协助、相互监督，并且易于对一般管理事务的详细分工。

(2) 系统管理岗位任期有限原则。管理员任期有限的原则保证了管理员权限和影响的有限性，能够及时取消离岗工作人员的原有权限，从制度上消除了离职或离岗人员对系统的安全威胁。岗位定期轮换可以实现相互监督，及时发现安全隐患，及时解决。

（3）职责有限、分工明确。明确的系统安全管理工作分工与合作机制，可以保证系统管理人员能够高效地管理系统和清晰地分配职责，同时分工的明确性可以限制工作人员的安全管理权限，保证整个系统安全的稳定性。

2. 安全管理平台的设计原则

根据《计算机信息系统安全等级保护管理要求》和《计算机信息系统安全保护等级划分准则》，可以归纳出安全管理平台的三个设计原则：

（1）设计标准化原则。设计的标准化是安全管理平台设计科学化的体现。只有实现安全管理平台的各项功能模块的标准化设计才能保证系统模块的可替换性和可更新性，同时标准化可以加强行业的内部交流和相互兼容，有利于提高安全管理平台的设计水平。

（2）设计可扩展原则。可扩展性主要包括规模扩展性和功能扩展性，规模扩展性是由小到大，功能扩展性是由简单到复杂。任何系统都需要不断地更新，安全管理平台的可扩展性设计是实现系统模块更新的前提，也是安全管理系统具有规模适应性的基础。

（3）集中与分布原则。安全管理平台的管理对象是网络，网络分布的广泛性和分散性决定了安全管理平台的分布特征。同时，安全管理平台的设计要实现通过集中管理方式来控制系统的核心管理功能。

1.3.2 电子商务的安全管理策略

电子商务安全策略是维护系统安全的基本规范，通过风险评估确立系统安全水平，按照策略适度和预防为主的设计原则设计电子商务安全管理策略。设计电子商务安全管理策略时要充分估计系统风险、系统信息的价值和系统安全成本等，要在系统安全性能和成本之间找到一个合理的平衡点。因此，企业在制定具体电子商务安全策略时，应遵循以下原则：

（1）风险评估原则。风险评估的结果是制定电子商务安全管理策略的依据。在制定系统策略时要全面检测系统风险，包括网络设备风险、管理风险和数据风险等。

（2）预防为主原则。预防为主的电子商务安全管理策略是电子商务系统安全运行的基本策略，只有消除系统安全隐患，才能保证在新攻击方式和病毒出现时使系统具有“免疫力”和抗攻击能力。因此，在电子商务安全系统的规划、设计和实施过程中就要有预防为主的思想。

（3）安全适度原则。制定电子商务安全管理策略时要权衡电子商务安全系统性能与成本之间的关系，在能够预防系统风险的同时还要考虑安全系统成本。

（4）标准规范原则。标准的电子商务安全管理策略是电子商务系统安全运行的基本保证，规范的电子商务安全管理制度可以有效地消除管理漏洞和避免人为因素的干扰。同时电子商务安全策略的标准化更容易实现安全管理的统一化。

（5）均衡防护原则。电子商务系统安全策略的制定要有全局均衡的观念，安全策略要全面考虑整个系统的安全，尤其是系统的薄弱环节，系统的安全水平由系统最薄弱环节的安全水平决定。

（6）应急恢复原则。电子商务安全管理策略要制定电子商务系统的应急响应预案，在遭受到攻击时能够快速阻止危害的蔓延和恶化，尽量减少因攻击而引起的损失，并且能够快速恢复。

总而言之，制定电子商务安全策略需要有系统和整体的观点，熟悉系统被保护的对象、系统安全风险、系统安全水平、系统安全成本、系统安全威胁以及系统安全目标等。通过制定规范的和有计划的电子商务安全管理策略来预防电子商务系统风险。

1.3.3 电子商务的安全管理方法

电子商务安全管理方法是实现电子商务安全管理的具体措施，方法是否有效和全面是电子商务交易系统是否安全的直接体现，电子商务安全管理方法主要可以从技术角度、管理角度和法律角度三个方面考虑。

首先，从技术方面考虑，电子商务安全管理方法主要有计算机安全管理、网络安全管理、安全策略管理和认证体系管理等。例如，入侵检测系统、网络防火墙、病毒防御系统、信息安全通信系统和公钥基础设施等。

其次，从制度方面考虑，电子商务安全管理方法主要是使用规范的管理制度和标准对具体的管理方法做出明确的规定。电子商务安全管理制度是保证电子商务交易系统安全、有效地运行的基础，可以消除人为因素的影响和剔除管理漏洞。电子商务安全管理制度主要包括人员管理制度、安全保密管理制度、审计和跟踪制度、日常维护制度、数据备份制度、病毒防范制度等。

(1) 人员管理制度。按照权利分散和定期轮岗或离岗的管理原则对电子商务安全系统的管理人员进行管理，约束管理人员的权限并通过定期轮岗方式消除岗位人员因素导致的安全隐患。

(2) 安全保密管理制度。电子商务的安全管理人员是电子商务安全系统人为因素的核心，安全保密制度的完善、制度化和技术化是电子商务交易系统安全的根本保证。除人员管理制度的约束外，通过技术手段可以更好地维护系统安全，例如通过控制系统内部资源的访问权限可以实现安全保密。信息的安全级别一般可分为三级。第一级，绝密级。例如公司的战略规划、公司内部财务报表、经营状况等。第二级，机密级。例如公司的日常管理情况、会议通知等。第三级，秘密级。例如公司简介、新产品介绍及订货方式等。通过控制三个安全级别信息的访问权限，可以实现电子商务交易安全。

(3) 审计和跟踪制度。电子商务安全管理的审计制度能够及时发现系统运行故障、安全缺陷及漏洞，通过专业审计分析软件对审计日志进行定期检测和分析可以及时发现系统入侵记录和违反系统安全管理策略的记录，监控和捕捉各类安全事件，保存、维护和管理系统日志。审计与跟踪相互结合可以追踪非法入侵，对攻击者的攻击行为进行检测和追踪。

(4) 日常维护制度。日常维护管理是电子商务安全系统正常运行的可靠保证，日常维护包括网络设备维护和软件系统维护。网络设备维护包括服务器、交换机、路由器和硬件防火墙等，软件系统包括网络安全管理系统、应用服务软件系统、操作系统和入侵检测系统等。

(5) 数据备份制度。数据备份是电子商务安全系统防御恶意攻击的有效手段，可以保证系统在遭到恶意攻击之后能够尽快地恢复。定期的数据备份制度可以保证电子商务系统数据的安全，可以为电子商务系统用户提供数据安全服务。

(6) 病毒防范制度。规范的病毒防范制度可以有效地控制电子商务系统病毒的感染和传播,通过及时修补系统漏洞和安装病毒防护系统来控制病毒在电子商务系统中的蔓延。通过网络监控软件实时监控网络数据流量,对出现异常的网络设备进行检测和跟踪。

最后,从法律方面考虑,电子商务相关法律是保证电子商务交易安全的法律保障,目前我国电子商务法律制度方面的发展相对缓慢,主要电子商务相关法律有:1991 年 5 月 24 日,国务院第八十三次常委会议通过的《计算机软件保护条例》;1994 年 2 月 18 日,国务院第 147 号令发布了《中华人民共和国计算机信息系统安全保护条例》;2005 年 4 月 1 日开始实施的《中华人民共和国电子签名法》。我国电子商务相关法律还需要进一步完善,目前没有建立起保证公平的电子商务交易的法律体系。

1.4 电子商务的安全控制技术

电子商务系统的安全控制技术是保证电子商务交易系统中数据安全的主要技术措施,其主要功能是应用密码学技术和安全通信协议在公共网络上实现电子商务交易数据的安全传输。电子商务系统的安全控制技术主要包括数据保密通信技术、数据完整性校验技术、数字签名和验证技术、数字时间戳技术等。

1.4.1 数据保密通信技术

电子商务安全系统的保密技术主要是指密码学的加密、解密技术,用来实现电子商务交易数据的保密通信,使电子商务交易数据不被未授权的用户知悉。电子商务系统交易数据的保密性是信息安全的基本要求,电子商务交易系统是建立在公开的互联网平台之上的信息系统,互联网通常以明文的形式传输网络通信数据,因此为保证电子商务交易数据安全,电子商务的交易双方在发送和接收数据时要进行相应的加密处理和解密处理。信息安全通信常用的加密、解密算法主要有 3DES 算法、AES 算法和 RSA 算法等,通常利用这些基本的加密算法来构造安全通信协议,实现交易数据的保密通信,因此,算法的执行效率和安全强度都会直接影响安全通信协议的执行效率和安全强度。

1.4.2 数据完整性校验技术

电子商务系统交易数据的数据完整性是指电子商务交易数据在网络通信过程中未发生丢失、篡改或错误,即电子商务交易数据的接收方获得的数据是发送方发送的完整数据,因此电子商务系统交易数据的数据完整性校验技术是保证交易数据有效性的基础,是保证正常安全通信的主要技术手段。

电子商务系统交易数据的数据完整性校验技术可以利用密码学的数据完整性校验算法来实现,例如 MD5 算法、SHA-1 算法和 SHA-2 算法等。电子商务系统的数据完整性校验技术是保证交易数据正确性的基础,即交易信息的接收方接收到数据后对通信数据进行完整性校验,如果数据校验错误,则请求交易数据的发送方重新发送数据。

同时,电子商务系统交易数据的数据完整性校验可以有效地阻止恶意篡改交易数据的攻击行为,与其他数据安全通信技术结合可以有效地阻止数据仿冒攻击和重传攻击。另外,电子商务系统的数据完整性校验技术也是构成各种安全通信协议和电子支付协议的基本算法。

1.4.3 数字签名和验证技术

电子商务系统数字签名和验证技术是实现电子商务交易各参与实体身份认证的基础，电子交易双方通过相互验证对方的电子商务交易数据的数字签名来实现交易实体身份的认证。电子商务交易数据的签名和验证是保证电子商务交易的身份可认证性、公平性和不可否认性的基本密码学算法。

电子商务系统交易数据的签名和验证是完成实体身份认证过程的两个步骤，数字签名方对数据进行数字签名，数字签名的验证方对数字签名做验证。因此，数字签名和数字认证是密不可分的两个过程，没有数字签名就谈不上数字验证。数字签名和验证技术是保证数据身份可认证性的基础，可以有效地阻止仿冒攻击和交易的恶意抵赖行为。

电子商务系统的数字签名过程和验证过程如图 1-2 所示。首先，交易数据的发送方使用数字摘要算法得到明文的数字摘要，然后使用发送方私钥对交易信息进行数字签名，并且将数字签名与明文加密后发送给交易数据的接收方。然后，交易数据的接收方将收到的数据解密，将解密后的数字签名信息用发送方的公钥进行解密得到发送方制作的数字摘要值。最后，交易数据的接收方使用数字摘要算法得到明文的数字摘要值，将得到的数字摘要值与发送方提供的数字摘要值进行比较，如果相同，则接受数字签名，否则拒绝数字签名。因此，电子商务交易系统的数字签名与验证是两个不可分割的部分，通过数字签名与验证实现交易实体的身份认证，保证电子商务交易的公平性和可认证性。

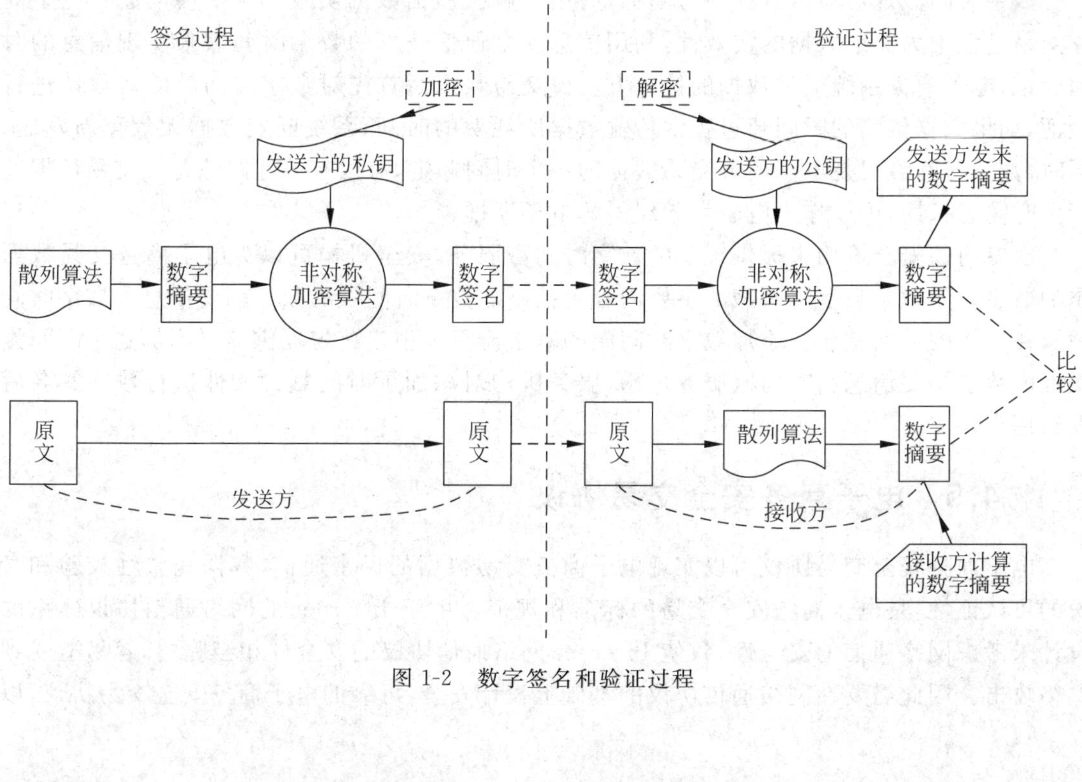

图 1-2 数字签名和验证过程

应用 SHA(Secure Hash Algorithm，安全散列算法)的数字签名和验证过程如图 1-3 所示，主要步骤如下：

(1) 电子商务交易的签名方用自己的私钥对交易信息进行加密实现数字签名，签名前签名方首先使用数字摘要算法获得交易数据的数字摘要值，然后对摘要值签名，可以提高签名效率。

(2) 电子商务交易的签名方与验证方之间使用对称加密算法加密交易数据，实现安全通信，因为对称加密算法可以提高加/解密的效率。

(3) 电子商务交易的验证方使用签名方的公钥对签名进行解密，并将解密后的明文摘要值与自己生成的明文摘要值进行对比，通过比较来判断数字签名的有效性。

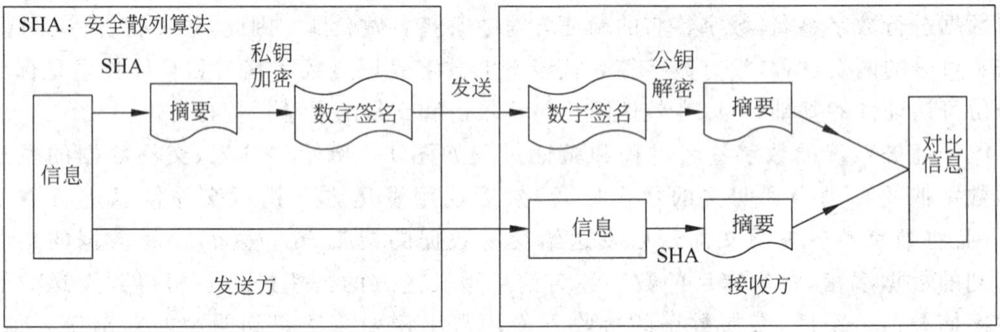

图 1-3 应用 SHA 的数字签名和验证过程

1.4.4 数字时间戳

数字时间戳是对通信数据的时间标定，用于解决通信数据实效性和法律问题。电子商务交易过程中为保证数据的实效性，利用信息安全通信技术的数字时间戳来实现信息的时间标记，电子商务系统交易数据的接收方获得交易数据后首先对数字时间戳的有效性进行验证，如果数据传输的时间超过正常传输数据所耗费的时间，系统断定数据无效重新发送。同时，数字时间戳也是电子商务交易数据的一个时间标定，可以有效地跟踪各类交易数据的产生时间和日期，可以作为电子商务纠纷的电子证据。

由专门的安全机构来提供统一的数字时间戳服务，安全机构可以为电子商务交易数据添加数字时间戳。数字时间戳的主要内容包括添加数字时间戳的数字摘要信息和数字时间戳服务机构的数字签名。添加数字时间戳的基本流程为用户首先提供需要添加数字时间戳文件的数字摘要信息给时间戳服务机构，服务机构对添加了时间戳的文件执行数字签名后发给用户。

1.4.5 电子商务安全交易协议

电子商务安全交易协议可以实现电子商务交易数据的保密通信、数据完整性校验和身份的可认证性，是电子商务安全交易的标准和规范。由于 Internet 的网络通信协议体系的设计未考虑网络通信的安全性，致使 Internet 网络通信协议的安全性相当脆弱，容易遭受到网络攻击。因此需要在网络通信协议的基础上设计安全、可靠的电子商务安全交易协议，以实现电子商务交易安全。电子商务安全交易协议可以通过公共网络传输电子交易数据，能够实现交易数据的保密性、完整性、身份可认证性和抗抵赖性。目前可以应用于电子商务安全交易的协议主要有 IPSec 协议、SSL 协议和 SET 协议等，利用它们可以实现电子交易和电子支付的安全通信。

1. SSL 协议

SSL 协议是由网景公司设计的网络安全通信协议，主要是为网络通信双方提供信息安全通信。目前，SSL 协议广泛应用于 Web 安全服务，可以在 Web 服务器和客户端间建立安全信道，例如网上银行系统经常使用 SSL 协议，用于保密在公网上传输的银行用户资料。在电子商务系统中，利用 SSL 协议保护电子商务交易数据和客户信息，同时还可以用于电子支付系统的保密通信。

SSL 协议位于应用层协议和传输控制层协议之间，如图 1-4 所示可以将 SSL 协议视作网络协议的扩展。SSL 协议可以实现端到端的安全通信，可以实现数据的保密性、通信双方的身份认证、加密算法的协商和密钥的交换等。SSL 协议广泛应用于电子商务网站服务器与客户端浏览器之间的安全通信和电子支付系统的数据安全通信。

HTTP	FTP	SMTP
SSL/TLS		
TCP		
IP		

图 1-4 包含 SSL 协议的 TCP/IP 协议栈

2. SET 协议

SET 协议是由 Master Card 和 Visa 两大国际信用卡组织联合 Netscape、Microsoft 等公司开发的基于信用卡的电子交易系统。基于信用卡的 SET 协议可以在公开网络上传输电子商务交易数据，能够实现交易数据的保密性、完整性、身份可认证性和交易的多方认证。SET 系统包含的主要实体有持卡人、商家、发卡行、收单行、支付网关、认证中心等。SET 协议利用双重签名技术可以防止商家泄露消费者信息或对消费者交易行为进行跟踪，因此使电子商务交易变得更加公平。SET 协议除可以保证交易数据的保密性、完整性和身份可认证性之外，还可以保证交易信息的隐秘性。

1.5 电子商务的安全体系结构

完善的电子商务安全体系结构是全方位实现电子商务系统安全的基础，电子商务安全体系结构是电子商务安全系统的总体规划，它决定着系统的各功能模块之间的相互关系和各安全管理模块的职能划分。电子商务安全体系主要包括计算机系统安全、网络管理设备安全、网络应用与服务安全以及电子商务相关法律和管理制度等。电子商务安全体系结构设计是否合理和完善将直接影响电子商务系统的执行效率和安全水平。因此，按照系统工程学的设计方法来构建电子商务安全体系结构，才能保证安全体系结构的科学性，保证通信数据的保密性、完整性、身份可认证性和抗抵赖性等。

1.5.1 电子商务系统的组成

从功能的角度，可以将电子商务系统划分为电子商务交易系统、电子支付系统、网络管理系统、网络应用与服务以及网络通信设备等；从参与实体的角度，可以将电子商务系统划分为消费者、商家、物流中心、开户行和收单行等。

1. 电子商务系统的组成要素

电子商务系统结构是指电子商务系统各组成要素间的相互关系。电子商务系统组成要素主要包括网络系统、商务管理系统、物流配送系统和支付系统等，其中网络系统为电子商务系统提供通信服务，物流配送系统为电子商务系统提供商品交换服务，电子商务管理系统为电子商务系统提供应用管理服务，电子支付系统为电子商务系统提供资金流转服务。

电子商务交易的主要环节是指交易实体选择商品、管理购物车、网上议价、网上支付和交易评价与维权等。电子商务交易实体之间的身份认证是通过可信第三方认证中心来完成的。第三方认证中心主要负责电子商务交易实体的数字证书注册、发放、管理和撤销等。电子商务的物流环节一般由第三方物流企业承担，物流的服务质量、服务效率和服务成本直接影响到电子商务的发展，网络覆盖面广并且服务质量高的第三方物流企业是电子商务稳步发展的基础，也是凸显电子商务成本优势和跨地域优势的根本保障。

组成电子商务系统的主要对象包括产品需求方、产品供应方、物流中心、支付中心、认证中心和电子商务服务商等。电子商务的需求方主要包括个人用户和企业用户，产品供应方主要是产品的销售者，包括企业和个人。因此，根据需求方与供应方的不同将电子商务分为B2B型、B2C型和C2C型等。电子商务系统的架构和安全性也会随着交易双方的类型不同而有所改变，尤其是大额交易的电子商务系统对安全性和系统设计都会有较高要求。电子商务服务商主要提供安全的电子商务运营环境，并维护电子商务交易平台的正常交易秩序。电子商务系统各组成要素独立运行并相互合作，构成一个复杂的电子商务交易系统，功能是实现商品的买卖、电子支付、物流配送和身份认证等。

2. 电子商务系统层次

电子商务的系统框架结构是指电子商务系统各构成要素之间的结构关系。电子商务系统各要素之间相互协作，构成一个高效的电子商务交易平台，实现电子交易、物流配送和安全管理。电子商务系统功能的复杂性决定了电子商务系统实现技术的复杂性。电子商务系统应用技术主要包括通信技术、网络安全技术和认证技术等。下面简单介绍电子商务的系统框架结构的三个主要层次：

（1）网络层。电子商务系统的网络层是指电子商务交易系统的网络基础设施和网络服务与应用，主要涵盖网络硬件设备和软件系统，例如路由器、交换机、硬件防火墙、计算机、网站服务器和操作系统等。按照网络传输介质不同，可以将电子商务网络层划分为有线网络和无线网络；按照网络覆盖范围不同，可以将电子商务网络层划分为广域网、城域网、局域网。在电子商务系统架构里，网络层处于最底层，主要任务是保证电子商务系统网络可靠地运行，为电子商务交易提供数据通信服务。

(2) 运输层。电子商务系统的运输层是指电子商务交易系统中负责传输电子交易数据的应用软件或硬件系统，电子交易数据主要包括文本、图片、声音、动画和视频等多媒体信息。电子商务交易系统的运输层将各种格式的多媒体信息转换为计算机能够识别和处理的二进制串在网络设备中传输。在多个电子商务系统之间，尤其是在多个异构的电子商务交易系统之间传输数据时，数据结构的差异性问题显得尤为突出，由于运输层负责电子商务系统多媒体数据的传输，因此，电子商务系统的运输层的数据结构的标准化成为解决异构电子商务系统间传输交易数据的有效方法。

(3) 应用层。电子商务系统的应用层主要是指电子商务交易的管理系统，包括电子商务交易的产品浏览、产品订购、购物车管理、电子支付以及电子商务交易实体认证等。电子商务系统的应用层负责商务系统与用户的信息交互，包括消费者的购物管理、卖家的销售管理、银行的电子支付结算和物流企业的物流信息管理等。电子商务系统的应用层要以网络层和运输层为基础，主要功能是负责电子商务交易的产品订购、销售管理和物流配送等具体环节，应用层处于电子商务系统结构的最高层是电子商务系统交易功能的直接体现。

电子商务系统按照功能将其划分为网络层、运输层和应用层，各层之间密切联系相互依赖，层与层之间的功能相互独立。网络层主要负责电子商务系统的网络服务，保证电子商务系统的网络安全。运输层主要负责电子商务系统中文件的传输，主要包括文本、图片、音频、视频和动画等多媒体文件。应用层是电子商务系统的交易管理层，主要负责电子商务交易的管理。

3. 电子商务体系结构

电子商务体系结构是指电子商务系统运营过程中各系统组成要素之间的层次结构关系，如图1-5所示。电子商务体系结构包括电子商务网络基础、电子商务安全基础、电子商务支付系统和电子商务应用系统。电子商务网络基础主要包括计算机网络、物流配送网络和电子商务网络服务与应用。电子商务安全基础主要包括数字认证中心、交易实体身份认证、证书密钥管理、数字证书管理以及电子商务交易安全通信。电子商务支付系统主要包括电子货币管理系统、信用卡管理系统和银行交易结算管理系统等。电子商务应用系统主要包括电子商务网站、网上银行和网上证券等。完整的电子商务体系可以实现所有电子商务交易的相关功能，包括网络广告、商品查询、网上议价、产品订购、电子支付、物流配送、交易评价以及交易管理和跟踪等。在电子商务体系结构中，信息安全技术和安全应用贯穿于电子商务体系结构的各个层次，为整个电子商务交易系统提供安全服务，包括数据的保密性、身份的可认证性和数据的完整性等。

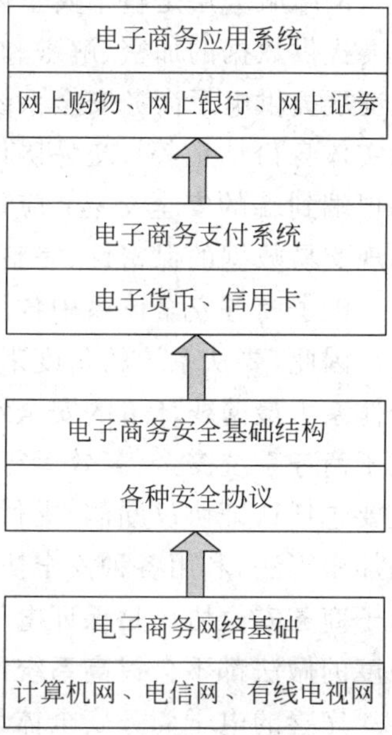

图1-5　电子商务体系结构

1.5.2 电子商务安全体系结构

电子商务安全体系结构是电子商务交易系统安全的根本保证。电子商务交易系统所采用的安全技术主要包括网络安全技术和信息安全技术。网络安全技术是电子商务安全体系结构的基础，主要包括入侵检测技术、防火墙技术、安全路由技术、病毒防御技术、操作系统安全技术、网络安全服务与应用以及安全审计技术等。信息安全技术是电子商务安全体系的安全服务与保障，主要包括公钥基础设施、认证中心、数字证书、安全保密通信技术、报文鉴别技术、数字签名、数字认证以及各种安全协议和应用协议等。

按照电子商务安全体系中各组成要素的功能可以将其划分为网络服务层、加密技术层、安全认证层、交易协议层、应用系统层，如表 1-2 所示。在电子商务安全体系中下一层为上一层提供安全服务，应用层基于其底层的安全服务实现电子商务交易系统安全，如图 1-6 所示。

表 1-2 电子商务安全体系的层次划分

应用系统层	包括：保密性、身份可认证性、完整性、不可否认性、有效性、可控性等
交易协议层	SSL 协议、SET 协议、S-HTTP 协议等
安全认证层	CA 认证中心、数字证书、数字签名、数字信封等
加密技术层	对称加密技术(3DES 和 AES 等)、非对称加密技术(RSA 和 Elgamal 等)、哈希函数技术(SHA-1 和 MD5 等)
网络服务层	入侵检测、防火墙、访问控制、病毒防御、安全审计等

网络服务层是整个安全体系的基础，负责数据传输安全和网络运行安全；加密技术层主要提供数据的加密、解密和数据完整性校验，是构成复杂安全通信协议的基本单元；安全认证层提供电子商务安全系统的公钥基础设施，主要负责数字证书的发放、管理、密钥管理和实体身份认证等；交易协议层提供完整的电子商务安全通信协议和电子支付协议，可以实现端到端的安全交易；应用系统层为电子商务应用系统提供完整的安全交易服务，可以实现交易数据的保密性、完整性和身份可认证性等。

电子商务安全体系中各层的安全性和效率会直接影响整个电子商务系统的安全性和效率。因此，要从系统的角度来评价电子商务系统的安全性和效率，安全体系的安全水平由安全体系中最薄弱环节的安全水平决定，均衡电子商务安全体系各层的安全性和效率是保证电子商务系统安全、高效运行的基础。攻击者使用攻击工具扫描电子商务系统的安全漏洞，主要包括认证协议漏洞、支付协议漏洞或交易系统漏洞等，攻击者通常会绕过加密强度较高的加密算法，利用各种安全协议的漏洞对电子商务系统进行攻击。因此，设计安全、高效的电子商务安全协议是保证电子商务交易系统安全的关键，任何单纯地提高加密算法的加密强度的做法都不会提高系统的安全性，反而只会降低系统的执行效率。

完善的电子商务安全体系与完善的电子商务安全管理制度和完善的电子商务法律、法规相结合才能保证电子商务交易系统安全。电子商务安全系统为交易系统提供交易数据安全通信服务，保证电子商务交易正常进行；电子商务安全管理制度主要规范电子商务系统的管理，消除人为的或非技术性的因素影响；电子商务法律、法规为交易双方提供一个公平的电子交易环境，在出现电子商务交易纠纷时维护交易双方的合法权益。加强安全管理人员的安全教育和完善并推广电子商务法律和法规是构建良好的电子商务交易环境的有效措施。

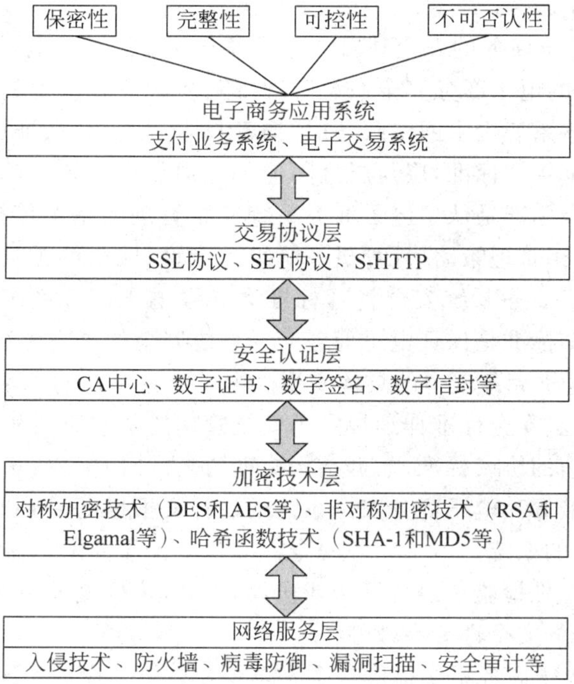

图 1-6　电子商务安全体系结构图

1.5.3　电子商务的安全标准管理

电子商务的安全标准是为保证电子商务交易安全而制定的安全技术规范和安全管理规范，是保证电子商务安全管理工作规范化和制度化的基础，统一的电子商务安全标准也是实现异构电子商务交易系统相互之间安全通信和交易的前提。电子商务安全标准主要包括加密算法标准、安全协议标准、支付协议标准和电子商务交易数据标准等。

1. 电子商务安全标准的作用

电子商务安全标准主要作用是建立电子商务系统统一的安全技术规范和管理规范，使电子商务系统的安全设计标准化。在标准化的电子商务安全体系中，电子商务系统的安全管理模块之间可以通过标准化的软、硬件数据接口相互通信，可以在不同的电子商务系统中安全传输电子商务交易数据。电子商务安全系统的标准化使电子商务系统安全设计模块化成为可能，每个安全功能管理模块可以独立升级和改进，而不会影响其他安全管理模块的正常工作和性能，同时可以根据用户对电子商务安全系统的安全性要求增加或减少安全管理模块，实现电子商务安全系统的个性化设计。

（1）安全标准是电子商务整体框架的重要组成部分。电子商务安全标准是构筑电子商务安全系统框架的重要组成部分，是电子商务安全系统的技术标准化、管理标准化和制度标准化的基础。电子商务安全体系架构中安全标准是安全协议之间相互通信的规范，电子商务系统安全标准贯穿于整个安全体系架构，主要用于规范加密算法、安全通信协议、认证协议和交易的数据结构等。电子商务安全标准形成了一个电子商务系统的安全规范体系，为电子商务系统提供安全服务。

(2) 安全标准是电子商务的安全基石。电子商务安全标准是电子商务安全管理标准化的前提，通过建立统一的电子商务安全系统管理规范才能实现高效的和可靠的安全交易管理。在电子商务安全体系架构中网络服务层、加密技术层、安全认证层、交易协议层和应用系统层均有详细的安全管理标准，层与层之间的相互通信也有统一的安全标准。电子商务安全体系架构中的安全标准是从事电子商务系统安全管理的基本依据，根据安全标准可以设置系统访问权限、密钥管理策略、计算机系统维护制度、网络维护规范和交易数据通信规则等。没有统一的电子商务系统安全管理标准会导致电子商务系统安全管理陷入混乱局面，因此，电子商务安全标准是保证电子商务交易系统安全的基石。

(3) 安全标准是电子商务安全的具体实现。电子商务系统的安全标准是电子商务安全管理和安全通信的规范，安全标准详细规定了安全管理的基本原则和制度，也规定了电子商务交易系统中安全通信的协议标准、数据结构标准、报文结构标准、安全算法标准、数字认证标准以及密钥管理标准等。电子商务安全系统的设计者根据电子商务安全标准可以设计出安全、高效和结构统一的系统。电子商务安全标准是电子商务系统安全设计的经验总结，是经过长时间的实用安全性检验的经典算法或协议，因此，依据电子商务安全标准设计电子商务系统，可以保证系统的安全性和高效性。

(4) 安全标准为电子商务系统提供一个安全平台。电子商务系统架构的每个层次都有相关的电子商务安全标准，安全标准相互结合就构成电子商务系统的安全体系架构。安全的网络系统是电子商务系统安全的基础，而安全标准是安全网络系统设计的规范和依据，安全标准的设计水平会直接影响电子商务安全系统的设计效果和执行效率。因此，依据安全标准设计的电子商务安全系统可以有效地预防恶意攻击，保证交易系统的数据安全。电子商务系统运行在标准的安全交易平台上，可以实现交易数据的保密性、完整性和抗抵赖性，同时能保证交易数据的标准化，提高电子商务系统的安全性和效率。

2. 电子商务标准的现状及发展趋势

电子商务标准是电子商务系统设计的经验总结，是经过长期检验的规范和依据。电子商务系统的安全标准是电子商务系统安全应用和管理的规范和准则，信息安全标准是制定电子商务安全标准的基础。国内外电子商务安全标准发展水平差距较大，欧美等发达国家在应用信息系统的初期就非常重视系统安全标准的制定，而我国近几年才开始重视电子商务安全标准的研究和制定。

(1) 国际电子商务标准的现状。电子商务安全标准主要有 SSL 协议标准和 SET 协议标准，SSL 协议标准主要是实现客户端浏览器到 Web 服务器的安全通信，SET 协议标准是专门为信用卡体系设计的电子支付协议标准。此外，目前国际公认的安全标准主要有美国的 TCSEC、欧洲的 ITSEC、加拿大的 CTCPEC、联合公共准则 CC 和英国标准 BS7799，以及国际标准化组织发布的以 BS7799 标准为基础的 ISO7799 标准等。

(2) 国内电子商务标准的现状。目前我国电子商务标准制定还处在初级阶段，电子商务标准主要依照国际标准。为了适应我国电子商务发展的需要，制定了一系列相关网络标准和数据交换标准，依照国际标准并结合我国电子商务实际运营环境尽快出台电子商务相关标准已经成为我国信息经济发展的迫切需求。我国电子商务标准化主要任务包括制定电子商务安全标准、电子商务管理标准和电子商务交易制度标准等，但是任何电子商务标准的制定都必须与我国电子商务的实际运营环境相结合才能制定出适合我国电子商务发展的国家标准、行业标准和地方标准。2005 年，国家标准化管理委员会、国务院信息化工作办公室联合主办了“国家电子商务标准化研讨会”，标志着我国电子商务标准化制定进入一个崭新的发展阶段。电子商务标准主要包括电子商务基本术语和电子商务协议等。

(3) 电子商务标准的体系结构。电子商务标准的体系结构是电子商务系统各组成要素的设计规范和管理规范所构成的整体，以及各组成要素的设计规范和管理规范之间的相互关系。电子商务标准的体系结构如图 1-7 所示。电子商务标准的体系结构主要包括基础标准、安全标准、交易标准、服务标准和 EDI 标准等。电子商务标准的体系结构是电子商务交易体系结构的直接体现，依据电子商务标准设计的电子商务系统可以实现系统的安全性、高效性和可靠性。我国电子商务标准的体系结构的设计要结合我国电子商务发展的实际情况和国际标准。

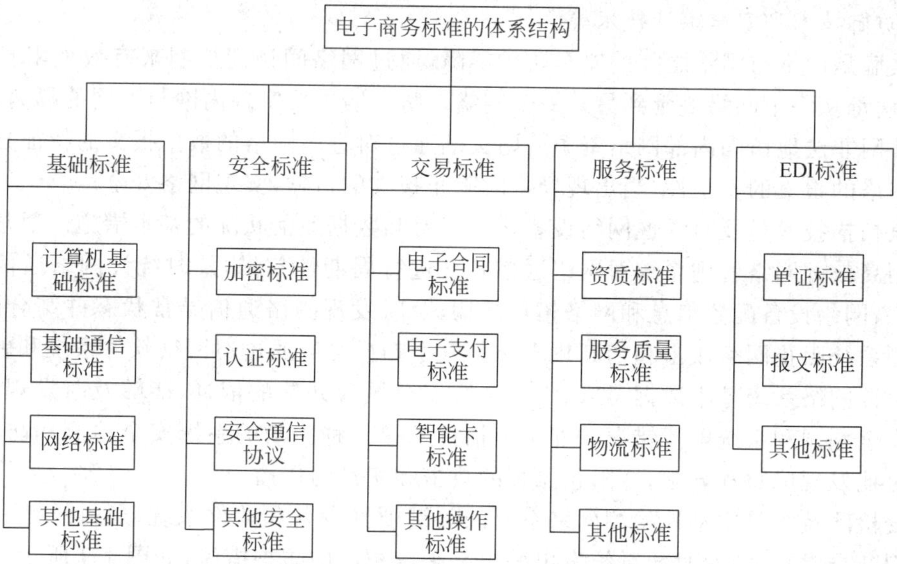

图 1-7 电子商务标准的体系结构

1.6 电子商务的安全技术

电子商务安全技术是电子商务系统安全运行的技术保障措施，主要包括网络安全技术和信息安全技术，如图 1-8 所示。网络安全技术主要提供一个安全、可靠的网络通信环境，为电子商务系统传输交易数据，主要包括入侵检测技术、防火墙技术、访问控制技术、漏洞扫描技术、病毒防御技术和安全审计技术等。信息安全技术主要是指为电子商务系统提供交易数据安全通信的相关技术，主要包括加密技术、报文鉴别技术、数字签名技术、身份认证技术和各种安全通信协议等。

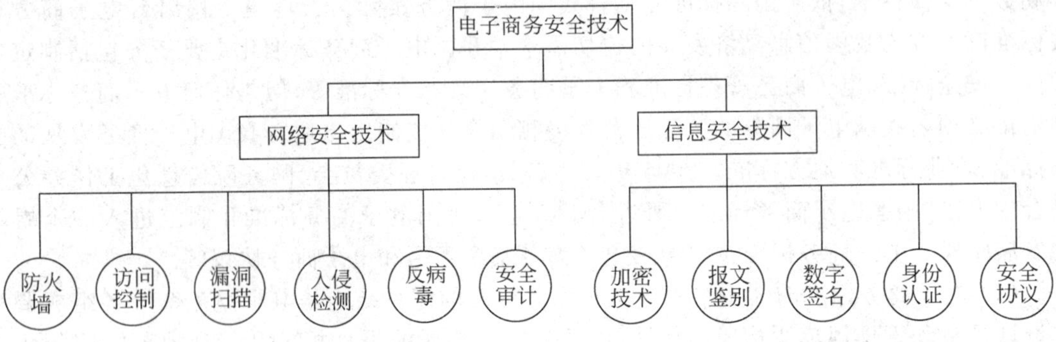

图 1-8 电子商务系统的主要安全技术

1.6.1 网络安全技术

互联网是电子商务系统运行的网络基础平台，网络安全技术是实现电子商务系统网络安全通信的基本技术保障，主要包括入侵检测技术、防火墙技术、访问控制技术、漏洞扫描技术、病毒防御技术和安全审计技术等。

防火墙是网络与网络之间的安全防护屏障，通过网络间访问控制来有效地阻止网络攻击，防止病毒从一个网络蔓延到另外一个网络。防火墙主要实现内网与外网的隔离，能有效地阻止外网非法地访问内部网络资源。防火墙通过对进出网络的数据报文的特征分析来判断进出网络的报文的安全性，当出现异常时阻止报文的传输，实现网络安全。

安全扫描技术是及时掌握网络设备运行状况和数据通信状况的基本措施。通常安全扫描是利用高效的网络管理系统对网络通信状况进行周期性扫描，及时统计网络通信的数据流量状态、网络设备配置信息和网络拓扑结构，及时发现网络通信异常状态并结合防火墙、入侵检测系统阻止网络攻击和切断攻击源。安全扫描可以通过对网络软件系统和硬件系统的扫描掌握网络系统基本数据，可以作为系统安全风险评估的依据，能够及时发现软/硬件系统的安全漏洞和系统配置错误。安全扫描技术是一种主动的系统安全检测和防范技术，可以及时地发现威胁和异常，并阻止黑客的攻击和病毒的传播。

入侵检测技术是主动地检测网络系统的关键硬件设备和软件系统，通过统计和分析检测数据判断异常行为，及时向系统发出警报并采取相应的防护措施，如图 1-9 所示。入侵检测系统与防火墙相互结合可以提高安全系统的防护能力。当入侵检测系统发现入侵行为时迅速通知防火墙，防火墙及时做出联动反应，制定网络通信防护策略，阻止特定入侵行为的网络通信。入侵检测技术是一种网络安全预警措施，能有效地预报、分析和阻止内部攻击和外部攻击，在网络系统遭受攻击之前拦截入侵行为。入侵检测系统已经成为电子商务安全体系架构中的重要组成部分，与防火墙和系统扫描技术相结合可以有效地预警、阻断和定位网络攻击。

入侵检测系统首先获取网络通信的监测数据，主要包括系统审计日志、系统管理员操作、网络管理报文和网络流量信息等。然后，入侵检测系统对网络检测数据进行分析，主要是通过检测引擎对检测的事件进行分析和判断，并将处理结果传给与之协调工作的网络防火墙，防火墙收到入侵检测系统发来的预警信息后采取相应的安全防护措施，例如重新配置网络防火墙或路由器等网络设备，终止异常的应用进程，或者阻断可疑网络连接和修改网络

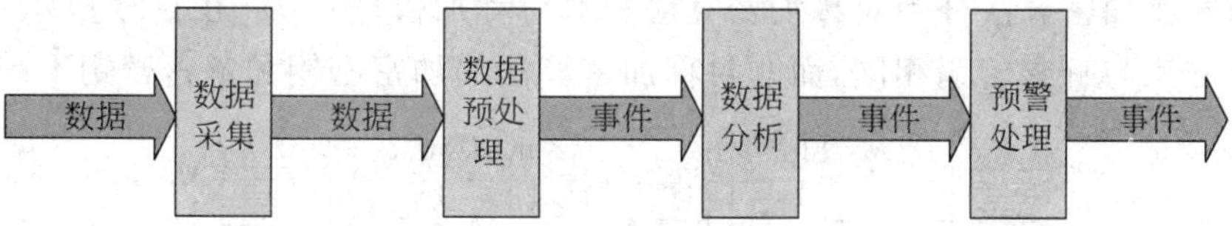

图 1-9　入侵检测系统结构图

配置和计算机配置等。

反病毒技术是指计算机为防止计算机病毒驻留和传播而采取的能够有效地预防、检测和清除计算机病毒的技术措施。反病毒技术是通过安全规则和智能识别模块对计算机的行为、操作进行实时地监测和分析，利用安全规则和智能识别模块对系统异常操作行为进行评估，及时终止计算机病毒。反病毒技术是一种动态的评估机制，能够预防计算机病毒对系统的攻击。常用的反病毒技术主要包括计算机注册表保护、磁盘引导区保护、访问控制策略保护、可执行程序保护、读写权限保护和智能的系统操作行为检测等。

安全审计技术是通过审计计算机系统或网络系统运行过程中的关键操作和通信状态是否安全来发现计算机系统存在的安全隐患或攻击行为的措施。安全审计的对象是网络和计算机系统的关键行为和操作的记录，记录的质量会直接影响安全审计结果的质量。安全审计技术的核心是审计规则和审计方法，能否正确地识别系统的正常行为和恶意攻击行为主要依赖于审计规则是否适当。同时，安全审计技术要具有审计信息保护功能，安全审计系统可以有效地防止恶意攻击者对审计信息的访问、篡改和毁坏，保护安全审计信息的完整性是保证安全审计系统正常工作的基础。安全审计系统的目标是发现系统异常访问和操作，并且能够根据访问和操作记录追踪攻击者或切断攻击源。

计算机网络系统的安全审计工作主要可以分为三层：第一，计算机网络系统层次的安全审计，主要是利用入侵检测系统、网络管理系统和网络防火墙等实现的安全审计；第二，计算机操作系统层次的安全审计，主要是利用各种操作系统和应用软件系统内嵌的审计功能来实现安全审计，主要应用于系统访问时间、操作行为记录、系统运行状态和资源占用情况等审计；第三，通信内容的安全审计，主要是对网络通信内容进行安全审计，也是审计难度较大、耗时较多的安全审计工作，主要应用于网络电话、邮件和及时通信的内容检测。

安全审计系统的主要作用是监测异常操作和行为，根据审计记录追查执行事件的当事人。另外可以检测系统设计、管理或配置的缺陷，有利于提高系统安全性。安全审计系统与入侵检测系统和防火墙相结合可以实现预警和安全防御联动机制。

1.6.2　加密技术

加密技术是电子商务安全保密技术的具体实现，是信息安全技术的核心。加密技术主要应用于电子商务交易系统的保密通信和身份认证，也是构成复杂的电子商务安全通信协议的基本算法之一。信息安全技术中的加密和解密算法实质是利用数学方法对信息——计算机中二进制方式表示的数值——进行加密运算和解密运算。在已知密钥的前提下加密和解密运算是可逆的，而在未知密钥的情况下，加密和解密运算是不可逆的。任何形式的多媒体信息在计算机中处理都以二进制的数值形式进行，因此，不管是文字、图片、音频、视频还是动画，在进行加/解密处理时计算机都将按照二进制的数值进行运算。根据加密和解密的密钥是否相同将加密算法分为对称加密算法和非对称加密算法，如图 1-10 所示。对称加密算法的加密密钥与解密密钥相同，而非对称加密算法的加密密钥和解密密钥不同。

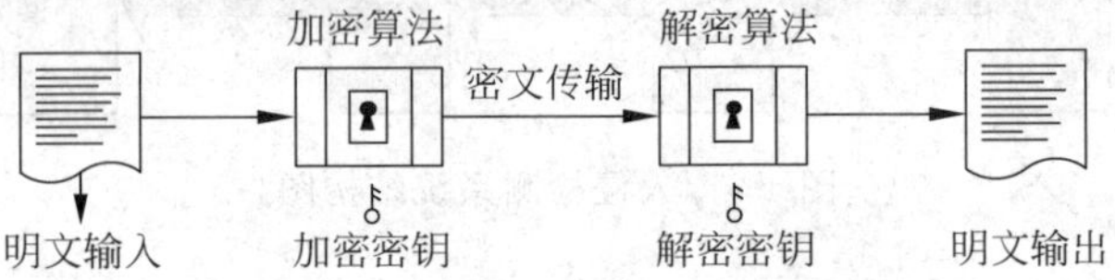

图 1-10 加密和解密的基本模型

对称加密算法已经被使用几千年，从古代简单的替换密码到现代复杂的对称加密算法。密钥的安全性是保密通信的前提，因此，对称加密算法的密钥协商和交换成为对称加密算法的关键环节。对称加密算法设计必须满足两个安全性要求：第一，对称加密算法必须具有足够的强度，能够保证在现有的计算水平下仅仅依靠密文来解密密文是不可能的；第二，对称加密算法的安全性是依赖于密钥的保密性，在获得密钥的前提下可以解密密文。

非对称加密算法是现代密码学的杰作，每个参与通信的实体都拥有一对密钥对，包括公钥和私钥，公钥是可以公开的密钥，可以到 CA 中心下载公钥，而私钥是保密的密钥。在安全保密通信过程中，首先保密信息的发送方到 CA 下载接收方的公钥；然后，发送方用接收方的公钥对保密信息进行加密，并将加密后的密文通过公开网络发送给接收方；最后，接收方用自己的私钥对密文进行解密得到明文。非对称加密算法设计必须满足的两个安全性要求：第一，非对称加密算法必须有足够的加密强度，能够保证在现有的计算水平下仅仅依靠密文和公钥来解密密文是不可能的；第二，非对称加密算法的加密密钥和解密密钥不同，非对称加密算法的安全性是依赖于私钥的保密性。

对称加密算法和非对称加密算法在执行速度上存在较大的差距，对称加密算法在加/解密和执行效率方面都远优于非对称加密算法，但是，对称加密算法难于解决首次对称密钥传输问题，即保密通信双方很难通过公开网络交换对称加密的密钥。大量用户使用对称加密算法实现安全通信会产生大量的密钥，主要是因为任意两个通信实体要使用对称加密算法实现安全通信都必须协商一个密钥对。因此，安全通信协议的设计者会结合对称加密算法和非对称加密算法的各自优点设计安全通信协议。

1.6.3 认证技术

认证技术是指信息系统中通信实体之间的安全身份认证，是实现电子商务交易系统的身份可认证性和抗抵赖性的关键技术。电子商务交易可能会发生在网络上的任意两个用户之间，因此，电子商务交易双方的实体身份认证是保证交易安全性的前提。电子商务相关认证技术主要有身份认证、认证中心(CA)、数字证书、公钥基础设施(PKI)等。

1. 身份认证

电子商务交易过程中，利用虚假身份进行商业欺诈以获得非法利益的犯罪活动屡见不鲜，为了保证电子商务交易的安全，在电子商务交易中需要证明交易实体的身份。

身份认证又叫身份识别，是辨别和确认电子商务交易实体身份的关键技术，也是电子商务交易过程的初始环节和易遭受攻击环节。因为，通常情况下非法用户采取破译口令、修改和伪造身份等方式对电子商务系统实施攻击。

根据认证信息是否随时变化，可以将身份认证技术分为静态认证和动态认证。通常登录系统时的用户名和密码的认证就是静态认证，每次输入的密码至少在一个期间内是固定不变的；而动态认证技术的密码是每次登录密码都不相同。动态口令认证是一种动态身份认证方式，有效地避免了传统静态认证口令易于泄露、易于猜测、易被攻击的固有缺陷。动态口令认证方式采用一次一密的动态口令，即每次随机生成的认证口令均不一致，并且不能利用上次口令进行预测。电子商务交易实体每次进行网上交易时通过输入动态身份认证口令实现身份认证，可以提高电子商务系统的安全性。

2. 认证中心

CA(Certification Authority，认证中心)又称认证机构，是一个可信的数字证书颁发和管理权威机构。认证中心负责接收网络通信实体的数字证书申请并对实体身份进行确认，对于合法申请者利用数字签名技术为申请者制作和颁发数字证书。认证中心对颁发的数字证书进行日常的管理，主要包括数字证书的恢复、数字证书密钥管理、数字证书分发和数字证书撤销等。

CA是一个可信的第三方权威机构，电子商务交易系统的CA认证中心可以是商业银行或国有银行，也可以是中国银联这样的第三方权威机构。CA认证中心是证书的颁发和管理机构，也是电子商务交易系统实体身份认证的核心。电子商务安全体系中的CA认证中心主要职责包括为身份认证实体签发数字证书、认证数字证书、分发数字证书和管理证书，还为有效期内的数字证书提供密钥管理服务。

CA使用数字签名技术对所颁发的数字证书进行签名，被签名的证书信息主要有证书主体的公钥、证书主体的基本信息、数字签名算法、数字证书的数字摘要、数字证书的版本和数字证书的有效期等。CA认证中心必须是一个具有权威性、高可信性和公正性的第三方机构。电子商务交易系统中CA主要包括安全服务器、CA服务器、RA(Registration Authority，注册中心)、目录服务器和数据库服务器等，如图1-11所示。

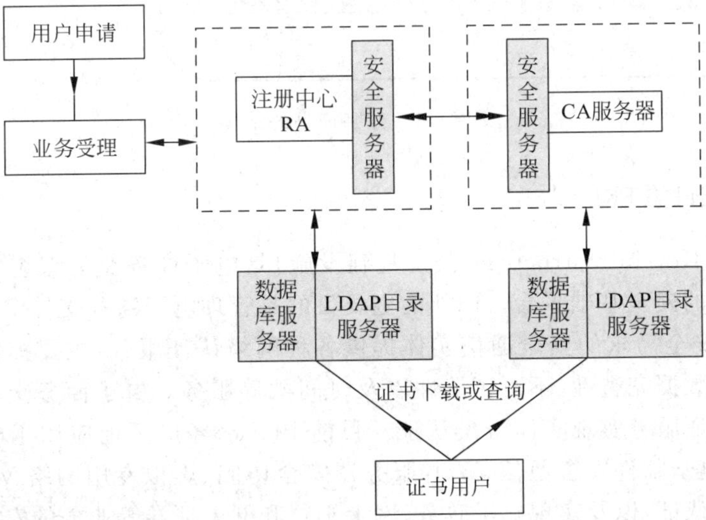

图1-11　电子商务交易系统中CA的结构

3. 数字证书

数字证书是一种电子凭证,又称数字 ID 和数字凭证,是由权威认证机构——认证中心 CA 授权颁发的电子身份认证凭证,能够提供 Internet 上网络实体身份的电子认证。数字证书可以颁发给各种网络通信实体,主要包括电子商务交易实体、网络应用服务器或者源代码等。数字证书是电子商务交易过程中实体之间用于相互证明身份和验证身份的有效电子凭证,实质是身份证的电子化应用。

数字证书包括两个部分:申请数字证书主体的身份信息和颁发数字证书的 CA 签名。数字证书主要包含版本信息、数字证书序列号、CA 使用的签名算法、CA 的名称、数字证书的有效期、证书主体的名称、证书主体的公钥信息,如图 1-12 所示。颁发数字证书的 CA 的数字签名主要包括数字签名算法和生成的数字签名信息。

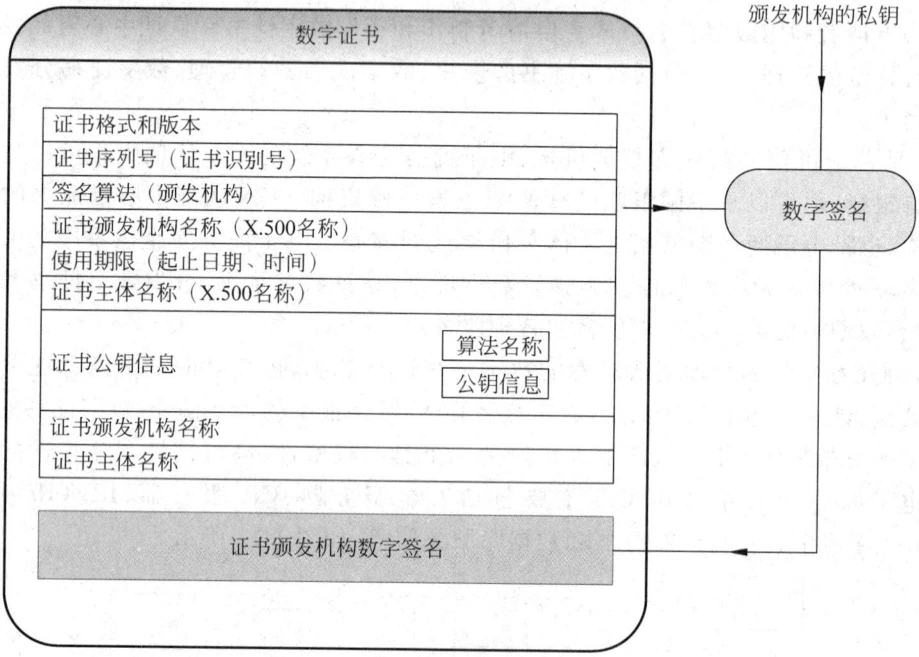

图 1-12 数字证书的结构

4. 公钥基础设施 PKI

PKI(Public Key Infrastructure,公钥基础设施)是电子商务交易系统实现公钥加密和数字签名与认证的安全基础平台。PKI 的主要目的是管理电子商务交易实体的密钥和数字证书,并为不同安全需求的安全通信实体提供各种网络认证服务,主要提供身份证明与鉴别、数据保密性、数据完整性、不可否认性以及时间戳等服务。电子商务交易实体利用 PKI 所提供的安全认证服务实现实体身份认证。目前 PKI 已经广泛地应用于电子商务安全交易中,可以实现电子邮件安全通信、Web 服务器安全访问、虚拟专用网络 VPN 安全通信和网络用户的身份认证,以及实现电子政务、网上银行和网上证券等业务的安全通信。PKI 技术是信息安全技术在电子商务系统中的具体应用，也是电子商务安全交易的基础，电子商务系统的关键认证环节都应用了 PKI 技术。PKI 作为安全基础设施为电子商务交易提供安全服务，主要实现数据的完整性、保密性和不可否认性，以及身份认证和安全时间戳等服务。

1.6.4 电子商务安全交易系统

电子商务安全交易系统是指能够提供电子商务安全通信、安全认证和安全支付的电子商务交易平台。电子商务安全交易系统是在 Internet 上为电子商务安全交易而设计的电子交易管理系统，可以实现交易数据的保密性、完整性和身份可认证性。电子商务安全交易系统的设计是否能够满足电子交易的安全需求完全取决于系统设计的需求分析是否完善以及安全管理策略是否恰当。

1. 电子商务交易系统的安全需求分析

电子商务交易系统的安全需求分析是明确电子商务交易系统安全功能和架构的前提，电子商务安全交易系统的设计者通过分析电子商务系统的安全需求来掌握系统安全方面的设计要求，根据设计要求规划电子商务安全交易系统的安全功能模块以及确定各安全功能模块之间的信息传递方向和信息交换内容。

电子商务交易系统中主要的安全需求包括系统访问权限的控制、病毒防御、入侵检测、网络防火墙、网络流量控制和管理、交易实体身份认证、操作系统安全维护和信息保密通信等。系统设计者根据使用者的安全需求规划和实施电子商务安全交易系统，不同使用者对系统的安全需求也存在较大差异，安全需求越高，电子商务安全交易系统的设计和制作成本就越高。

2. 电子商务交易系统的安全管理

建立完善的电子商务交易系统的安全管理制度是保证电子商务交易系统安全、可靠和高效运行的基础。电子商务交易系统的安全管理主要包括网络安全管理、计算机系统安全管理、系统访问控制策略管理和网络安全通信协议管理等。完善的管理制度与信息安全技术相结合才能设计出安全、高效的电子商务安全交易系统，任何单纯依靠信息安全技术手段来实现电子商务系统安全的想法都是错误的，因为网络攻击者通常寻找电子商务系统中安全性最薄弱的环节进行攻击，甚至是绕开难以破解的加密算法和网络安全通信协议，直接针对电子商务系统安全管理漏洞发起攻击。因此，建立完善的电子商务交易系统安全管理制度是保证系统安全的关键。

1.7 电子商务安全的法律保障

随着电子商务交易活动日益活跃，电子商务交易纠纷引起的问题越来越受到各国政府和电子商务协会的重视，制定完善的电子商务法律、法规已经成为电子商务健康发展的迫切需求。建立完善的电子商务法律体系是实现电子商务公平交易的前提，用法制手段维护电子商务交易市场的正常秩序是电子商务规范化和制度化发展的重要标志。各国政府和电子商务协会都非常重视电子商务相关法律的建设，将电子商务安全技术、安全管理和法律制度视为影响电子商务发展的关键三要素。本节主要介绍世界各国电子商务法的发展与基本概况、电子签名法概况、电子合同法概况、我国电子商务法的发展与基本概况。

1.7.1 世界各国电子商务法的发展与基本概况

为保证电子商务快速、健康的发展，世界各国政府和电子商务协会都非常重视电子商务法律、法规的建设问题。要保证电子商务快速、持久、协调地发展，完善电子商务法律、法规是关键，只有政府营造一个公平、高效的电子商务运营环境，才能吸引更多传统经营模式的企业涉足电子商务，降低交易成本，节约社会资源和自然资源。

1. 世界电子商务立法的发展

电子商务的快速发展，促使各国政府出台了一系列电子商务法律、法规和相关政策，以满足电子商务交易发展过程中对法律、法规的基本需求。世界各国对电子商务法律、法规的建设都是在不断探索中进行的，通过不断的改进和完善，目前电子商务法律体系架构已基本形成，法律、法规基本完善。

(1) 经济合作与发展组织OECD的电子商务立法。OECD简称经合组织，由30多个市场经济国家组成的政府间国际经济组织。1992年，OECD制定了《信息系统安全指导方针》。

1998年，OECD在加拿大渥太华召开的电子商务部长级会议上公布了《OECD电子商务行动计划》。

1999年，OECD制定了《电子商务消费者保护准则》，提出了三个消费者保护原则：第一，确保网上购物的消费者所受到的权益保护不低于其他传统购物方式；第二，避免消费者网上交易的不确定性；第三，在不影响电子商务发展的前提下，建立和发展网上消费者保护机制。

2000年，OECD颁布关于电子商务经营场所归属地的适用解释，明确提出电子商务经营者将在该公司经营场所归属地的税务部门缴税。

(2) 联合国国际贸易法委员会UNCITRAL电子商务立法。联合国国际贸易法委员会UNCITRAL是在国际贸易法领域的联合国核心法律机构。对电子商务发展做出的主要贡献是制定和协调电子商务方面的国际规则。1993年，UNCITRAL电子交换工作组26届会议审议了《电子数据交换及贸易数据通信有关手段法律方面的统一规则草案》，为标准电子商务数据交换提供了规范。1999年，联合国国际贸易法委员会电子商务工作组第37次会议通过了《电子签章统一规划》，为电子签章制定了国际规范。

此外，联合国国际贸易法委员会根据《电子商务示范法》和《电子签名示范法》的基本原则制定了《联合国国际合同使用电子通信公约》(以下简称《公约》)。该《公约》草案在2005年第60届联大第六委员会上正式通过，由于该《公约》与中国法律规定的基本原则相符合，因此2006年中国政府签署了该《公约》，有效地推动了我国电子商务法和电子签名法的发展。

(3) 世界贸易组织WTO电子商务立法。世界贸易组织WTO负责管理世界经济和贸易秩序。1996年，世界贸易组织在新加坡举行了第一次部长会议，并签署了《信息技术协议》。

1998 年,世界贸易组织成员的部长共同签署了《关于全球电子商务的宣言》,同年 WTO 理事会通过并实施了《电子商务计划》,内容主要包括服务贸易、货物贸易、知识产权保护、强化发展中国家的参与问题等。

(4) 国际商会 ICC 电子商务立法。国际商会 ICC 是全球唯一的代表所有企业的权威代言机构。1994 年,国际商会建立的世界商务网为企业建立了一个国际性的商业信息交流和发布平台,促进了国际中小型企业之间的商业交流,有效地推动了国际电子商务的发展。

1999 年,国际商会为规范电子商务交易过程中的电子合同、电子商务术语制定了《标准电子销售合同》、《电子商务用语库》和《非物质化贸易最佳规章框架》,并且提出了《电子商务及 2000 年问题争端问题方案》。

2000 年,国际商会修订并实施《2000 年国际贸易术语解释通则》,通则主要对电子商务术语做了补充说明。

(5) 欧美和亚太等国家电子商务立法。为推动电子商务的发展,欧美一些国家出台了一系列相互关联的电子商务法律、法规,已经基本上形成了电子商务的法律基础和框架。电子商务相关法律规范主要包括《电子信息自由法案》、《个人隐私保护法》、《公共信息准则》等。

1994 年,美国公布了《国家信息基础建设》;1997 年,美国为引领国际电子商务发展的潮流颁布了《全球电子商务纲要》,纲要的主要内容包括发展全球电子商务的五项基本指导原则和九个国际协作领域,纲要的内容得到发达国家的一致认可,已经成为世界各国制定电子商务政策和法规的准则。

1997 年,欧盟为推动电子商务的发展提出了《关于电子商务的欧洲建议》,并在 1999 年发布了《数字签章统一规则草案》。

随着美国与欧盟颁布系列电子商务法律、法规的同时,其他欧美和亚太等发达国家和地区也开始颁布电子商务法律、法规,各国基本上建立了电子商务法律。1999 年,加拿大颁布了《统一电子商务法》。2000 年,爱尔兰颁布了《电子商务法》。2000 年,墨西哥颁布了《电子商务法案》。2002 年,罗马尼亚颁布了《电子交易法》。2003 年,荷兰上议院国会颁布了《电子签章法》,为电子签章提供了法律依据,制定电子签章统一标准,使电子签章成为可靠的电子商务交易认证方式。1999 年,哥伦比亚颁布了《电子商务法》。

1997 年,马来西亚颁布了《电子签章法》。1998 年,新加坡政府颁布了《电子商务政策框架》,同年还通过了《电子签章法》。2000 年,泰国颁布了《电子商务法》。

2. 国际电子商务立法的主要内容

为促进电子商务快速发展,欧美等发达国家颁布了一系列电子商务法律、法规和政策,目前已经形成了相对完善的法律基础和系统框架,电子商务立法所涉及的范围主要有市场准入、税收、电子合同、电子支付、安全保密以及电子签章等。

(1) 市场准入。电子商务市场准入方面的立法,主要是协调世界各国建立电子商务的准入制度,规范的电子商务准入制度既可以保证出口国的利益也可以保护进口国的商贸利益。构建良好的国际市场准入制度是发挥电子商务跨越国界优势的前提,能够促进国际贸易和电子商务的快速、健康发展。

(2) 税收。世界各国对电子商务税收采取的主要策略是税收优惠政策和免税政策,美国提倡电子商务免税政策,目的是构建一个网上的国际自由贸易区。但是关于电子商务税收政策也有很多不同的观点,有些人认为应该对电子商务征收新的税种或征收增值税。从整体上看,世界各国为促进电子商务的发展,对电子商务税收采取优惠政策和免税政策是主流策略。

1998 年,WTO 第二届部长会议颁布了《关于全球电子商务的宣言》,明确规定至少一年内免收所有电子商务关税,同时组建一个工作组专门解决全球电子商务问题。电子商务税收制度将会随着各国电子商务的发展状况而发生改变,因为税收制度直接会影响到各国政府或区域经济职能部门的税收收入。

(3) 电子合同。电子合同,又称电子商务合同,是电子商务交易双方为达成一定目的而签订的电子形式的合同。电子商务相关的合同法的出台保证了电子商务交易的安全,为解决电子商务交易纠纷提供了法律依据。因此,参照联合国国际贸易法委员会《电子商务示范法》以及世界各国颁布的电子商务交易法律、法规,制定和完善适合我国电子商务发展的电子合同法是发展我国电子商务的必要前提。

(4) 电子支付。电子支付是指电子商务交易各参与实体,主要包括消费者、商家和金融机构,利用安全的电子支付手段,通过互联网进行的电子货币支付、资金流转和交易结算。电子支付是电子商务交易的核心环节,国际商会(ICC)颁布了关于电子支付的《电子贸易和结算规则》,主要明确了电子支付的安全性、数字签章、加密及数字时间签章等基本安全规则,已经成为电子商务及电子支付的指导性交易规则。

(5) 安全与保密。电子商务安全是在 Internet 上实现电子商务安全交易的基本保障,主要包括交易实体身份认证、交易数据安全、电子支付安全、电子签名和交易隐私保护等。电子商务安全是保证电子商务系统正常运行的基础,也是消除消费者对电子商务安全顾虑的有效技术手段,同时还是反国际不正当电子商务竞争的有效方法。1998 年,在欧盟开始生效的《关于个人数据处理与数据自由流通的保护指令》,又称《欧盟隐私保护指令》,是对电子商务交易数据和交易隐私实施安全保护的规范。

(6) 知识产权。电子商务的快速发展促进了国际贸易的发展,同时对知识产权保护也提出了新的挑战。电子商务的发展迫切需要建立一套完善的知识产权保护体系和制度。电子商务知识产权保护主要包括著作权、专利权和商标权等,电子商务模式下的知识产权保护遇到许多新的问题,各国政府为了推动电子商务的发展也非常重视电子商务的知识产权法规和制度的建设。

1996 年,世界知识产权组织 WIPO 颁布了《WIPO 著作权条约》和《WIPO 表演与音像制品条约》。2002 年,WIPO 颁布了《电子商务与知识产权争点的报告》,目的是共同协商并建立国际公认的电子商务知识产权保护条例。

(7) 隐私权保护。欧美等发达国家消费者非常重视在电子商务交易过程中的个人隐私权保护问题。通常,电子商务交易的商家在利益驱使下未经消费者允许便采取各种技术手段获得并利用消费者的私人信息谋取利益会侵犯消费者的隐私权。各国政府和电子商务协会为避免消费者因隐私权保护问题而排斥电子商务出台了一系列电子商务隐私权保护规范。

1998 年,欧盟颁布的《关于个人数据处理与自由流通隐私权保护准则的指令》明确规定网上贸易涉及的个人资料和数据受法律保护。

1.7.2 电子签名法概况

电子签名，又叫数字签名，是利用电子方式签署各种电子文件，签名后的电子文件内容能被签名人认可，并且能够验证电子文件签署人身份的技术。电子签名是电子商务交易系统实体身份认证的基础，在电子商务交易过程中，交易双方可能远隔千里且互不相识，但在交易前要彼此验证对方的真实身份，因此，电子签名成为电子商务交易实体身份认证的有效安全处理机制。

电子签名可以对任意格式的电子文件进行签名处理，包括文字、图片、音频、视频和动画等多媒体格式的文件，电子签名不会影响文件的原有信息内容、使用方式和功能。电子商务安全交易过程中产生的电子签名主体可以是自然人也可以是计算机设备或程序源代码等，电子商务交易实体可以通过数字签名证明该电子文件由本人签署，网络服务器可以通过数字签名证明该电子文件由本服务器签署，因此电子商务交易过程中的电子签名会发生在任何需要证明实体身份的情况下。

电子签名是信息安全认证技术的核心，美国在《统一电子交易法》中对电子签名有明确说明。联合国在《电子商务示范法》中对电子签名也做了类似描述，表明电子签名是包含、附加在某一数据电文内，或逻辑上与某一数据电文相联系的电子形式的数据，它能被用来证实与数据电文有关的签名人的身份，并表明该签名人认可该数据电文所载信息。欧盟也在《电子签名指令》中对电子签名进行了说明，确定电子签名泛指与其他电子记录相连的或在逻辑上相连并以此作为认证方法的电子形式数据。

2004 年，我国颁布了《电子签名法》，其中对电子签名概念的表述基本与联合国颁布的《电子签名示范法》相同，例如我国《电子签名法》第二条中关于数据电文的定义与联合国《电子签名示范法》中的定义基本相同。

电子签名法的立法目标是能够设计出与传统签名功能等效的电子签名，利用电子签名可以实现电子商务交易过程中的身份认证，防止电子商务交易过程中的抵赖行为，保证电子商务的安全性和公平性。

1. 电子签名法的立法原则

(1) 功能等效原则。电子签名法的立法等效原则就是电子签名法的目标，即设计实现与传统签名功能等效的电子签名，能够证明由电子签名处理的电子文件确实由签署人本人签署，并且签署人认可所签署的电子文件，第三方认证机构可以认证电子签名的真实性和合法性。

(2) 技术中立原则。即电子签名法只规定电子签名应达到的安全标准，但不对电子签名所采用的具体信息安全技术做明确的限制，主要目的是充分发挥电子签名技术的优势，能够使一些新的、高效的加密算法应用于电子签名。

(3) 应用自愿原则。就是电子签名的使用完全根据当事人的个人意愿，不能采取法律的强制措施使用电子签名，对于倾向于传统签名的用户来说有更为自由的选择空间。

2. 国际电子签名法的主要内容和特点

(1) 欧盟的电子签名法。1999年,欧盟委员会颁布了《欧盟电子签名统一框架指令》。此框架指令的主要作用是推动电子签名在欧盟各国的广泛应用,同时为电子签名提供法律依据和保障,此外,此框架指令的颁布为电子商务交易实体的安全身份认证提供了法律依据,推动了电子商务在欧盟国家的发展。该框架指令在实施过程中采取双重政策原则:一方面鼓励建立自由开放的电子签名认证服务市场,明确规定"成员国不得将认证服务业务置于预先批准的制度之下";另一方面,同意授权成员国"建立或维持旨在改善服务水平的资源特许制度"。

首先,欧盟在制定《欧盟电子签名统一框架指令》时充分考虑了欧盟各国的具体发展状况,规定了电子商务交易安全的下限,严格限制电子签名和认证服务商的具备条件。其次,该框架指令承认电子商务市场规模的扩展应由市场来调节,但没有忽视国家对电子商务市场的宏观调节作用,因为单纯靠市场机制进行调节可能会导致预测失误,在两种调节方式上国家调节占主导地位,这为电子商务的健康发展提供了良好的法律支撑环境。再次,该框架指令明确电子签名具有完全等同于手写签名和签章的法律效力,其他形式的电子签名也在法律上得到承认,但电子签名法的法律约束力主要取决于各成员国的国内法规。最后,该框架指令明确地规定了电子签名和认证服务商的法律责任,但对数字证书持有人的法律责任没有做出具体的规定,也没有明确规定消费者在认证服务商那里所享有的权利。

(2) 美国的电子签名法。2000年,美国国会颁布《全球和国内商业法中的电子签名法案》,其主要目的是推动美国电子商务市场的发展,为电子签名提供法律依据和保障,该法案已经成为美国一项重要的电子商务立法。该法案的突出特点是采纳了"最低限度"方式来推动电子签名的应用,没有具体规定电子签名的实现技术,其主要内容有以下几个方面:

① 该法案明确规定电子签名法的适用范围,规定电子签名法适用于州际的或外国的电子商业合同、商业协议和电子记录,包含《1934年证券交易法》所管辖范围的事项。

② 该法案明确电子签名法的法律效力,电子签名法主要将重点放在查证签名人的原始签署意图上,而不是电子签名的形式和规则上。电子签名法赋予电子签名、电子合同和电子记录具有与传统形式和手写签名相同的法律效力和可执行力。

③ 该法案明确规定电子签名使用自愿的原则,签名主体根据自己的意愿选择使用电子签名或传统签名。签名主体可以自由地选择交易形式,只有选择电子商务的交易形式才使用电子签名对交易数据和交易记录进行电子签名。此外,该法案明确规定:在进行签名前签名主体应被明确告知可以选择电子签名和传统签名,对于选择传统签名的用户可以有权取得保留电子记录所需要的硬件和软件条件。

(3) 日本的电子签名法。2000年,日本国会颁布了《电子签名与认证服务法》。该法主要目的是推动电子商务市场的快速发展,并为电子签名提供法律依据。其内容主要涵盖电子签名法的立法原则、立法宗旨以及电子签名的种类与法律效力,另外,还规定了认证机关的职能及需要具备的认证条件,并规定承认外国认证机关办理的电子证明文件的法律效力。同时,该法还规定了调查机构的标准和对电子签名犯罪的惩罚等。

日本颁布的《电子签名与认证服务法》明确规定了认证业务内容和认证机关的职责与范围以及设置特定认证机关的标准和条件。同时,该服务法还制定调查机关的标准,并引入电子公证制度，目的是便于保存和证明原始记录。

(4) 我国的电子签名法。2005 年，我国颁布了《中华人民共和国电子签名法》，目的是促进电子商务的发展，为电子商务交易和电子签名提供法律依据。该签名法主要内容包括立法目的、适用范围、数据电文、电子签名和法律责任等。数据电文部分主要规定数据电文的书面形式效力、原件效力、保持要求和证据效力等。电子签名部分主要规定安全电子签名的效力、安全电子签名的条件、第三方认证机构的设立条件、行为规范和管理机关等。

电子商务交易安全一直是制约我国电子商务发展的一个关键因素，例如电子交易过程中无法确认交易参与实体的真实身份和交易合同的电子签名的真伪。我国电子签名法的出台为电子商务交易提供了有效的法律依据，为建立安全、公平的电子商务交易环境提供了信息安全技术保障。电子签名法立法的主旨是确立电子签名与电子文件的法律效力，即以立法的形式确认电子文件可与传统书面契约具有同等的法律效力。电子签名法的颁布充分保证了基于 Internet 的电子交易实体间身份认证的安全性，也强化了政府对电子商务市场监管的力度。电子签名法的颁布为实现电子交易的身份认证、交易记录的抗抵赖性和交易数据的安全性提供了强有力的法律保障。

世界各国制定和颁布的电子签名法律、法规有效地推动了电子商务的发展，为电子签名提供了强有力的法律依据和保障。目前，电子签名法已经广泛地应用于电子商务交易中的交易实体身份认证和交易记录认证等方面。表 1-3 列出了部分国家(地区)或国际机构制定的电子签名法律和法规。

表 1-3 部分国家(地区)或国际机构制定的相关法律

国家(地区)或国际机构	制定的法律名称	通过时间
联合国	《电子商务示范法》	1996 年
美国	《全球和国内商业法中的电子签名法案》	2000 年
澳大利亚	《电子交易法》	1999 年
加拿大	《统一电子商务法》	1999 年
欧盟	《欧盟电子签名统一框架指令》	1999 年
英国	《电子通信法》	2000 年
德国	《数字签名法》和《数字签名条例》	1997 年
意大利	《数字签名法》	1997 年
日本	《数字化日本之发端——行动纲领》	2000 年
韩国	《电子商务基本法》	1999 年
新加坡	《电子交易法》	1998 年
印度	《电子签名和电子交易法》	2000 年
马来西亚	《数字签名法》	1997 年
中国香港特别行政区	《电子交易条例》	2000 年
中国台湾	《电子签章法》	2001 年
中国内地	《中华人民共和国电子签名法》	2004 年

1.7.3 电子合同法概况

随着电子商务交易的普及，世界各国政府颁布和出台了一系列电子商务法律、法规，目的是保障电子商务快速、健康的发展。电子合同法的制定有效地保护了电子交易双方的经济权益，为电子商务交易双方订立的电子合同提供了有效的法律依据和保障。电子商务交易过程中电子合同的订立有利于解决因电子商务交易而产生的利益纠纷，电子合同的内容包括电子交易的商品生产、发货、运输、报关和最后的结汇等诸多方面，电子合同已经成为电子商务交易的一个关键环节，因此，电子合同法为电子商务交易双方制定高质量的电子商务合同提供了法律方面的框架性指导和规范性约束。

1. 电子合同的概念

电子合同，又称电子商务合同，是指电子商务交易双方或多方当事人为保证电子商务交易的权益，以电子的形式达成的设立、变更、终止财产性民事权利义务关系的交易协议。电子合同是电子形式的交易合同约定，可以有效地保障交易双方的合法权益，明确交易双方的义务，同时，电子商务合同是预防和解决交易纠纷的有效手段。

2. 电子合同的特征

(1) 电子合同的民事法律行为。电子合同是拥有平等法律地位的电子商务交易的双方或多方参与主体实施的民事法律行为。其中民事法律行为是指以意思表示为要素并由意思表示的内容而引起的民事法律关系的设立、变更、终止的行为。联合国颁布的《电子商务示范法》对电子合同做出了明确规定，电子合同是具有财产性目的的电子协议。

(2) 电子合同订立的电子化。在我国颁布的《合同法》中明确规定合同的订立需要有要约和承诺这两个过程，同样电子合同也需要有这两个过程，采用传统方式订立合同时，要约和承诺通常采取面对面的方式完成，合同的当事人有时也采用信件、电报、电话、电传和传真等方式传送要约和承诺。而电子合同的要约和承诺的整个过程都由电子的方式通过计算机互联网完成。电子合同订立时，发出的电子合同信息被称为要约，回执的电子合同信息被称为承诺。

(3) 电子合同的技术化和标准化。电子签名和数字认证技术是实现电子合同安全认证和抗抵赖的关键技术保障，即电子合同的法律效力能否得到保障完全依赖于电子签名和数字认证技术。电子签名和数字认证技术的引用可以有效地防止电子合同的伪造、篡改和抵赖。因此，电子合同的电子签名技术和电子认证技术的标准化是电子合同标准化的前提，保证电子商务交易主体经济利益的电子合同的应用范围是全球化的，因此制定统一的电子合同标准是促进电子商务快速发展的必要条件，同时电子合同标准化的任务之一就是电子签名和数字认证技术的标准化。

(4) 电子合同订立主体的网络化。电子商务是全球化、网络化的交易模式，电子交易的各参与主体通过互联网签订电子合同，通过信息安全技术在公共的网络平台上安全地传输电子合同的要约与承诺。分散于世界各地的电子交易主体利用互联网完成电子合同的谈判、签订以及履行等各个环节，电子合同既保障了电子商务交易主体的交易权益，又提高了合同的执行效率。电子合同的订立主体可以是自然人、法人或组织，当然电子合同的订立需要提供一系列的安全配套措施。

1.7.4 我国电子商务法的发展与基本概况

中国商务部2010—2011年度的《中国电子商务发展报告》中数据显示，2011年中国电子商务交易总额5.88万亿元人民币，同比增长29.2%，相当于当年国内生产总值的12.5%，其中工业企业电子交易额2012年预计达到1.69万亿元，同比增长19.1%；中小企业电子商务交易额达到3.21万亿元，同比增长26.9%。同时，中国电子商务刺激消费作用明显，截至2011年年底，中国网络购物用户达到1.19亿人，网络应用使用率达到37.8%，实现了网络零售总额7825.6亿元，同比增长53.7%，网络零售总额占社会消费零售总额比重达到4.32%。预计2013年，中国有望成为全球第一大网络零售市场。

中国电子商务的快速发展致使传统的法律、法规已经不能适应电子商务业务发展的需要，因此，中国迫切需要制定一系列的电子商务法律、法规来保证电子商务安全、健康和快速的发展。中国在近几年也加快了电子商务方面的相关立法，包括电子签名法、地区性的电子商务法以及电子合同法等，但是，中国电子商务的发展急需建立完善的电子商务法律体系，建立一系列相互关联和相互补充的电子商务法律、法规，保证电子商务交易主体的合法权益，构建一个制度化、公平化、高效化的电子商务体系。

1. 电子商务法的概念和特征

电子商务法是调整在电子商务活动中所产生的社会关系的法律规范的总称，目的是保障电子商务交易的各参与主体在电子商务活动中的合法权益。电子商务法的法律规范主要属于行为法，例如电子签名、数字认证、电子合同、电子支付等。同时，电子商务法也包含组织法的内容，例如认证机构的管理和第三方电子支付机构的管理等。电子商务法与信息安全技术密切联系在一起，像关于数字签名与认证、电子合同与签章的法律、法规都与具体的信息安全技术标准相关。电子商务交易的广泛性决定了电子商务法律、法规具有广泛的适应性，既可以满足国内电子商务交易的法律需求，又可以满足国际电子商务交易的法律需求，因此，建立国际通用的或适应性广泛的电子商务法律、法规也是电子商务法律建设的重要课题。

2. 我国电子商务法的基本概况

与欧美等发达国家相比，我国关于电子商务的法律、法规的立法工作相对比较滞后。目前，在国家立法层面上，与电子商务相关的法律较少。2004年8月28日在全国人民代表大会上通过的《中华人民共和国电子签名法》，自2005年4月1日起施行。近些年陆续出台了一些电子商务的行为规范，主要是国家级或地区级的条例、规章、制度、甚至是指导意见等。目前，我国还没有像欧美发达国家那样建立起系列的相互关联的电子商务法律、法规。因此，中国电子商务的发展急需建立一个完善的电子商务法律、法规体系，使我国电子商务交易做到有法可依。

目前我国还没有制定《电子商务法》，仅是靠国家和地区性的相关管理规范来对电子商务进行监管，尽管近年广州、上海等地出台了系列电子商务法规，例如2009年3月1日起开始实施的《上海市促进电子商务发展规定》，明确规定了电子商务交易主体的权利和义务，但是，区域性的电子商务法规很难适合全球化的电子商务监管。因此，制定与国际电子商务法相一致的电子商务法已经成为推动我国电子商务快速发展和全球化的必然趋势。

纵观欧美等发达国家,已经有 30 多个国家和地区建立起比较完善的电子商务法律体系,相关法律相互依赖和关联,成为政府推动电子商务快速、健康发展的主要手段。2001 年联合国国际贸易法委员会通过《电子签字示范法》,2005 年通过了《电子合同公约》,为各国制定电子商务法提供了国际通行的电子商务法示范准则,为实现国际统一的电子商务法框架奠定了基础。

3. 我国《电子商务法》立法亟待解决的问题

首先,我国电子商务立法要解决电子商务法律规范的开放性和兼容性,电子商务法律规范必须能与国际电子商务法框架相一致,否则我国电子商务法很难解决跨越国界的电子商务交易纠纷。近年来我国电子商务飞速发展,电子商务方面的立法已经相对滞后,但是电子商务法有其独特性,必须要跟电子商务的网络化、全球化和电子化相适应,需要具备开放性、兼容性和技术性,能够保证电子商务交易的公平性和可靠性。目前,我国区域性的电子商务的立法层次较低、结构简单,很难适应信息化和网络化较高的电子商务的发展,因此,参照和借鉴国际电子商务法制定一系列相互关联的电子商务法律、法规是我国电子商务立法需要解决的关键问题。

其次,建立完善的电子商务法律体系是我国电子商务立法要解决的核心问题。目前,欧美各国都已经建立起完善的电子商务立法体系,内容主要包括电子商务法的概念、立法宗旨、立法原则、电子合同、电子签名及认证、电子支付、信用保障、交易安全、个人信息保护、消费者权益保护、知识产权保护、电子商务税收、争端解决机制、法律责任与义务等。目前,我国区域性的电子商务法规由地区的相关机构和职能部门制定,缺乏纵向的统筹规划和横向的相互协调,致使电子商务法律、法规出现重叠和漏洞,很难与快速发展的电子商务相适应。因此,完善我国电子商务法律体系是当前电子商务立法的根本。

最后,电子商务立法应该体现电子商务法律、法规的特殊性。电子商务法主要作用是为保证电子商务交易的公平性和交易主体的合法权益,电子商务是建立在互联网平台之上的电子交易,电子交易安全完全依赖于信息安全通信技术和网络安全技术,因此,电子商务法的制定不能脱离具体的安全交易环境。电子商务立法中关于电子商务签名和电子商务合同部分的条款往往与信息系统安全标准有着非常密切的联系。同时,电子商务法律、法规的制定也离不开网络安全技术,电子商务立法必须结合具体的网络应用技术和标准,并对使用的技术规范做出明确的规定。因此,电子商务法律的制定除了具有商法和经济法类似的条款外,还有很多电子商务法律条款直接与电子商务系统的安全技术标准有着密切的联系。

总之,制定完善的适合我国电子商务发展的电子商务法律体系是电子商务立法的关键,但是,同时要考虑电子商务立法的开放性、一致性和特殊性,因为电子商务法是为电子商务服务的法律、法规,此外,电子商务立法工作的进度必须与我国电子商务发展的速度相匹配。

本章小结

本章主要介绍了电子商务安全与电子支付相关的基础知识。重点掌握电子商务安全问题、电子商务的安全控制技术、电子商务安全体系结构、电子商务的安全技术保障。同时,了解电子商务交易过程中的法律保障问题以及我国电子商务法律、法规的建设目标。通过电子商务安全与电子支付相关基础知识的学习，基本掌握电子商务安全体系架构与电子支付安全的基础知识。

本章习题

1. 信息安全管理主要包括哪几个方面？
2. 企业在制定具体的电子商务安全策略时，应遵循什么原则？
3. 请简述通过怎样的安全控制技术来保障电子商务的交易安全。
4. 请简述网络安全技术的主要内容。
5. 请简述对称加密技术和非对称加密技术的区别。
6. 请联系生活中的网购经历，谈谈我国《电子商务法》立法亟待解决的主要问题。

第2章 计算机通信网络安全

随着计算机技术和通信技术的快速发展，计算机网络广泛地应用于经济和生活的各个领域，功能也从简单的文件处理系统、办公自动化系统发展成为复杂的电子商务系统和管理信息系统，可以实现全球范围内的信息资源共享和业务处理。但是，在计算机网络得到快速发展和应用的同时，计算机通信网络的安全问题也显得尤为突出，成为制约电子商务发展的重要因素。因此，建立安全、高效的计算机通信网络是保证电子商务交易安全的基础。本章主要内容包括计算机通信网络安全基础知识、计算机通信网络面临的安全威胁、计算机网络体系结构、计算机网络通信安全协议、计算机网络安全配置和计算机安全评估体系等。

2.1 计算机通信网络安全概述

计算机通信网络采用的主要安全技术包括安全通信技术、网络安全管理技术以及网络安全防护技术。计算机通信网络安全的主要任务是保护计算机通信网络的硬件、操作系统、应用软件和数据等通信实体安全，并防止各种网络攻击。计算机通信网络安全的主要目的是保护计算机通信系统中信息资源免受威胁、干扰和破坏。计算机通信网络安全是保障各种互联网应用和服务安全的前提，是电子商务交易系统安全运行的基础。计算机通信网络安全包括物理安全、运行安全和管理安全。计算机通信网络安全的目标是实现通信数据的保密性、完整性、可用性、不可否认性和可控性。

2.1.1 网络安全的基本概念

1. 计算机网络的定义

计算机网络是指利用网络设备将若干计算机互联为一个网络，通过计算机操作系统和网络协议实现网络互联和资源共享的一种复杂的计算机通信系统。

从网络系统构成的角度看，计算机网络主要由硬件和软件两大部分组成。

- 计算机网络硬件主要包括计算机、各种通信终端、网络信息变换和信息交换的节点设备、通信线路和网络互连设备（如交换机、路由器和网关）等。
- 计算机网络软件主要包括计算机操作系统、网络通信协议、网络管理软件系统、各种应用系统和网络服务与应用等。

2. 计算机网络安全的定义

计算机网络安全是指利用计算机和网络安全通信技术实现计算机网络的安全运行和安全通信。计算机网络安全的主要任务是保证计算机网络的硬件、操作系统、应用软件和数据等通信实体的安全，防止各种网络攻击。计算机网络安全是保护计算机通信系统安全和数据安全的基本前提，使通信网络中的信息资源免受威胁、干扰和破坏。计算机网络安全主要是指通信设备、通信链路、网络管理软件、网络协议以及网络应用和服务的安全。

3. 计算机网络安全的主要内容

计算机网络安全包括“网络系统的安全运行”和“网络系统的信息安全”两个方面。

(1) “网络系统的安全运行”是指分布式网络环境下的计算机通信网络和网络服务能够安全可靠地运行，可以提供信息安全通信和管理。

(2) “网络系统的信息安全”是指网络上可以实现信息安全通信，能够保证通信数据的保密性、完整性、身份可认证性、可用性和可控性。

4. 计算机网络安全的目标

计算机网络安全的目标是保证网络通信数据的保密性、完整性、身份可认证性、可用性和可控性。

- 保密性。数据的保密性又称机密性，是指通信数据不被授权以外的人获取和使用，主要应用密码学的加密技术来实现数据的保密性。
- 完整性。完整性是指信息在生成、传输、存储的过程中未发生篡改、丢失、损坏，即信息发布者、来源和内容保持原状。数据的完整性主要通过信息安全技术的数据校验和安全认证技术来实现。
- 身份可认证性。身份可认证性是指可以验证网络通信数据的发送者的真实身份，有效地防止网络通信数据仿冒和篡改。主要是利用信息安全技术的数字签名和认证技术来实现数据的身份可认证性。
- 可用性。可用性是指通信网络中的信息资源在授权人需要的时候可以随时获取和使用，并且可以对数据进行授权内的处理。可用性主要是保证通信网络处于可靠的运行状态，能够随时提供正常的数据访问服务。
- 可控性。可控性是数据使用者可以对通信数据进行授权内的操作和管理。系统主要通过计算机访问控制策略和可靠的网络通信来实现数据的可控性。

5. 计算机网络安全的内容

计算机网络安全包括物理安全、运行安全和管理安全三个方面。计算机网络安全管理的主要任务是根据网络运行状态对网络系统的安全风险进行准确的评估，建立适当的风险控制和管理机制，最大限度地提高系统效率，并把网络安全风险降低到可接受程度。

- 物理安全。物理安全是指保护计算机设备和网络通信设备免受人为和自然灾害的破坏，主要包括环境安全、设备安全和数据安全三方面。环境安全是指计算机网络系统所处环境的安全；设备安全是指计算机网络通信设备的安全，包括机房和网络设备的防火、防盗和防损坏等；数据安全是指网络通信数据存储介质的安全。

- 运行安全。运行安全是指通过制定正确的计算机通信网络的运行管理制度来保障计算机通信网络的正常运行。运行安全主要包括访问控制、数字签名与认证、病毒防御、操作系统安全、数据库安全和备份与恢复等。
- 管理安全。管理安全是指通过制定完善的计算机通信系统安全管理制度保证计算机通信网络的安全运行，免受各种网络攻击，管理对象包括计算机通信网络系统的硬件设备、软件系统和管理策略等。管理安全的目标是有效地控制计算机资源的访问，降低遭受破坏和攻击的可能性，能够对系统攻击行为进行有效的检测、识别和审计跟踪，能够在遭受攻击的情况下尽快恢复计算机通信网络的设备和数据。

2.1.2 网络面临的安全威胁及其产生原因

1. 网络面临的安全威胁

计算机网络面临的安全威胁主要来自人为的恶意攻击和自然灾害。计算机系统面临安全威胁的主要原因包括三个方面：第一是计算机系统本身的安全缺陷或漏洞对系统安全造成的威胁；第二是系统中各种应用软件的安全漏洞对系统安全造成的威胁；第三是计算机系统管理策略漏洞对系统安全造成的威胁。网络面临的安全威胁主要有以下几种：

(1) 数据的窃取。利用搭线窃听等非法手段窃取通信数据并对密文进行破译分析，破坏通信数据的保密性，使通信内容泄漏给未授权的用户。

(2) 数据完整性的破坏。可能导致数据的完整性被破坏的一种情况是攻击者对计算机网络的通信数据的篡改，例如伪造和修改数据报文；另外一种情况是通信数据在传输过程中发生错误和丢失。

(3) 信息的仿冒。信息的仿冒是指假冒合法用户的身份制作和发送虚假信息，并实施网络攻击或网络欺诈的行为。信息仿冒主要有伪造地址、伪造报文、报文延迟重放和伪造身份等。

(4) 信息的抵赖。信息抵赖是指电子签名者抵赖和否认曾经提供的电子签名信息，主要出现在电子商务交易过程中，交易双方或一方否认曾经电子签名的电子交易记录。

(5) 病毒与恶意攻击。病毒和恶意攻击是目前对计算机系统安全威胁最大的两种攻击方式，其中恶意攻击主要利用计算机系统和应用程序存在的技术漏洞和管理漏洞来实现攻击。

(6) 拒绝服务。拒绝服务攻击是目前针对网络应用和服务的最有效的攻击手段，主要原因是拒绝服务攻击难以检测和鉴别，攻击者通过阻断正常的网络服务来阻止合法用户对系统资源的管理和使用。

计算机通信网络包括硬件设备和软件系统，为了保证网络系统能够正常地运行，除了应用信息安全技术保证网络通信数据的安全外，还需要科学的管理。从通信网络的安全管理对象的角度，可以将安全威胁归纳为三个大类：实体安全威胁、信息安全威胁和网络系统安全威胁。

(1) 实体的安全威胁。实体的安全威胁是指人为破坏、环境干扰、自然灾害对计算机、网络设备、通信基础设施以及网络环境等物理实体构成的安全威胁。通信网络中的实体安全是网络通信安全的关键，网络设备发生故障可能会导致大范围网络崩溃，另外，由于网络实体安全威胁涉及的实体多、环节多，并且分布范围广，给安全管理的实施增加了难度。因此，通过制定安全管理制度来保护通信网络中的实体安全，才能降低实体安全威胁和提高通信网络的安全性。

(2) 信息的安全威胁。计算机通信网络上的信息安全面临的主要威胁有截获、中断、篡改、伪造，如图 2-1 所示。

- 截获——通过搭线窃听的方式获取网络通信数据。截获是通过窃听手段获得网络通信的明文或密文，目的是获取网络通信内容。有效的防窃取技术是信息加密和解密。
- 中断——阻断正常的网络通信。中断是完全阻断正常的网络通信，网络传输的数据不能正确抵达接收方，使网络通信数据失去可用性。通过网络通信数据和报文的完整性校验来检测通信是否正常。
- 篡改——将截获的网络通信数据修改后传给接收方。篡改是通过篡改通信网络上传输的数据来破坏数据的完整性，虽然接收方可以接收到通信数据，但通信数据是不完整的。利用信息安全技术的数据完整性校验算法可以验证数据的完整性。
- 伪造——攻击者以合法用户身份伪造信息并传给接收方。伪造是利用合法用户的身份伪造并传输信息，目的是破坏信息的有效性和完整性。利用信息安全技术的数字签名与数字认证来鉴别数据的真伪。

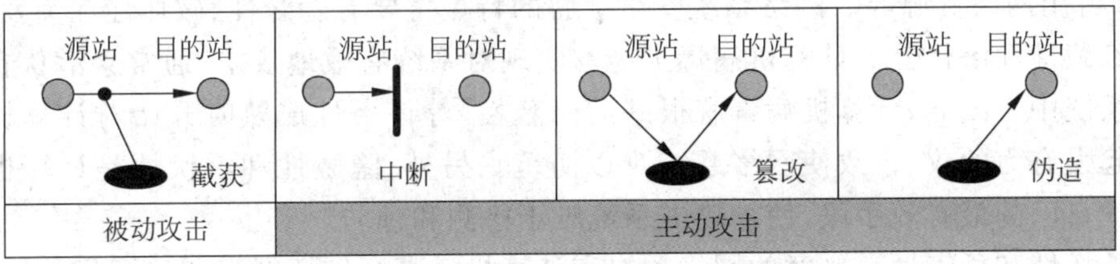

图 2-1 计算机通信网络面临的四种信息安全威胁

如图 2-1 所示，网络攻击主要分被动攻击和主动攻击。

- 被动攻击是攻击时不会对通信网络上传输的数据产生影响，例如截获信息就属于被动攻击，只是通过搭线的方式窃听、监视通信内容，主要目的是要截获信息内容。
- 主动攻击是通过更改通信数据和拒绝合法用户使用信息资源的攻击方式，例如中断、篡改或者伪造信息就属于主动攻击，主要目的是干扰和破坏正常的网络通信。

(3) 网络系统的安全威胁。网络系统的安全威胁主要来自于黑客的恶意攻击、计算机病毒以及拒绝服务攻击等，网络系统的安全威胁造成的损失情况如表 2-1 所示。黑客攻击主要是通过扫描工具扫描网络上存在的系统漏洞和应用程序漏洞，然后使用攻击工具对网络系统进行攻击，非法入侵网络并获得资源的使用权和管理权。

计算机病毒主要是通过制作计算机病毒并通过网络在计算机与计算机之间复制和传播，利用计算机病毒的破坏性来对网络资源和服务进行攻击和破坏，致使计算机和网络不能提供正常的服务，甚至造成整个计算机网络的瘫痪。

拒绝服务攻击是攻击者首先利用计算机病毒控制网络上大量的“傀儡主机”，然后控制“傀儡主机”在短时间内发送大量的访问请求到某台指定的服务器，因访问量超过服务器的承载能力，而导致目标服务器崩溃，不能提供正常的网络服务。

表 2-1 网络系统的安全威胁造成的损失

	名称	爆发时间	估计损失
NO. 1	CIH 病毒	1998 年	全球约 5 亿美元
NO. 2	梅利莎(Melissa)	1999 年	全球约 3 亿至 6 亿美元
NO. 3	爱虫(Iloveyou)	2000 年	全球超过 100 亿美元
NO. 4	红色代码(CodeRed)	2001 年	全球约 26 亿美元
NO. 5	冲击波(Blaster)	2003 年	全球数百亿美元
NO. 6	巨无霸(Sobig)	2003 年	全球 50 亿至 100 亿美元
NO. 7	MyDoom	2004 年	全球百亿美元
NO. 8	震荡波(Sasser)	2004 年	全球 5 亿至 10 亿美元
NO. 9	熊猫烧香(Nimaya)	2006 年	全球上亿美元
NO. 10	网游大盗	2007 年	全球千万美元

2. 网络系统安全威胁的特点

互联网的开放性、互联性和分散性致使其容易遭受攻击，计算机网络病毒可以迅速地在网络上蔓延，由于计算机病毒攻击网络时的隐蔽性和突发性会导致难以预测和控制。计算机病毒对网络系统的安全威胁主要有非法使用资源、恶意破坏数据、盗取客户信息、影响系统性能和占用网络资源等。网络系统安全威胁的特点主要有隐蔽性、破坏性和突发性。

- 隐蔽性和潜伏性。计算机病毒为能够实现对系统有效地攻击，通常会潜伏在计算机系统中。因此，计算机病毒有很好的隐蔽性，等待条件成熟时开始对计算机网络发起强有力的攻击，致使网络系统难以防范。另外，隐蔽性和潜伏性是计算机病毒保护自己的最有效手段，使被攻击系统难于检测和预防。
- 破坏性和危害性。恶意的网络攻击和计算机病毒会破坏网络和计算机的信息资源，并占用大量系统资源，例如网络带宽、处理器和内存空间等，使计算机和网络不能提供正常的服务，甚至破坏重要的系统文件、文件备份和客户数据。
- 突发性和扩散性。计算机病毒利用 Internet 的开放性和互联性传播计算机病毒，病毒在发作时迅速在网络中蔓延，网络安全管理系统难于预测和控制计算机病毒在网络中的传播，随着病毒的扩散会占用大量的网络资源并影响网络的正常通信。

3. 产生网络安全威胁的原因

网络安全威胁产生的主要原因是网络系统和网络应用与服务存在着安全漏洞或设计缺陷。攻击者通常会利用网络和操作系统的安全漏洞对网络实施恶意攻击，此外，攻击者还可以利用网络设备和资源共享存在的漏洞对系统实施攻击。

- 网络资源的共享性。计算机网络最重要的功能就是实现“信息资源共享”，即通过计算机网络实现世界范围内的信息资源共享，但是，网络化的信息资源共享也为网络攻击者提供了便利，利用资源共享渠道对系统实施攻击。
- 网络操作系统的漏洞。网络操作系统的漏洞是指网络操作系统的设计缺陷和安全漏洞，由于网络操作系统和网络通信协议的复杂性致使网络操作系统存在很多缺陷，攻击者利用各种漏洞对系统实施攻击，取得系统资源的访问权限，对系统执行非法操作和破坏系统资源。

- 网络系统的开放性。计算机网络的开放性是导致计算机网络系统易受攻击的主要原因，任何网络用户都可以通过互联网系统访问网络共享的信息资源，也可以通过公共的网络传输信息资源，当然网络攻击者也可以通过公共的网络对网络系统的应用和服务实施攻击，窃取用户资料和非法使用信息资源。
- 恶意网络攻击。恶意网络攻击是指黑客利用攻击工具或网络病毒对公开的网络平台进行的破坏性攻击，是目前网络攻击的主要形式，主要目的是非法获得信息资源、破坏网络通信系统、占用大量计算机系统资源和阻断网络应用与服务。

2.1.3　网络体系结构

1. 网络体系结构概述

网络系统设计是采用结构化的设计思想，可以提高系统的可靠性、可用性和可维护性，就是将复杂的通信网络分解为若干个子系统进行设计，子系统之间通过标准数据接口实现数据通信，子系统的设计、编码和测试相互独立，结构化的设计思想简化了复杂系统的设计和实施。

网络系统设计是采用分层的结构化设计方法，每个层次完成不同的网络功能，层与层之间通过接口相互通信，下层为上层提供服务，上一层依赖于下一层提供的服务来提供更高级的服务，由低层到高层功能越来越强。常见的层次化结构模型有 OSI 参考模型和 TCP/IP 参考模型。

2. OSI 模型

OSI(Open System Interconnection，开放系统互连)模型，又称七层网络模型，是开放式系统互联参考模型，是从逻辑上将网络系统结构划分为七层。参考模型的每一层提供不同的网络功能，并有与之对应的网络设备，OSI 七层参考模型的结构如图 2-2 所示。

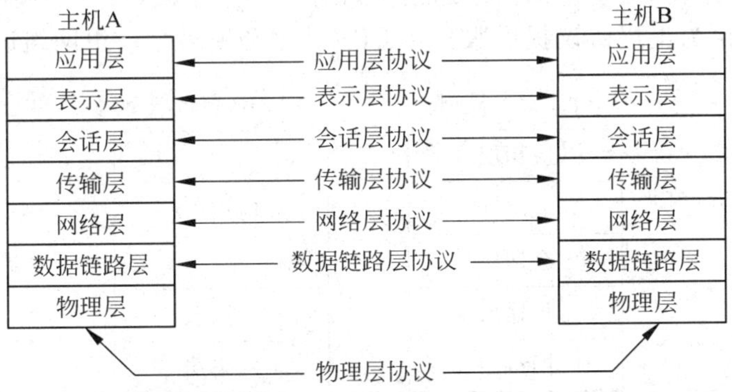

图 2-2　OSI 七层参考模型

OSI 参考模型的主要功能是实现异构网络的互联和通信，标准的参考模型可以解决异构网络的兼容性问题，有效地解决了不同类型计算机之间相互通信的问题。参考模型最大的优点是将服务、接口和协议明确地区分开来，通过标准化的七层模型可以实现不同系统和网络之间的可靠通信。

3. OSI 参考模型的七个层次

(1) 物理层。物理层的主要功能是定义物理传输介质的接口类型、设计标准和传输速率等，例如网线的接口类型、光纤的接口类型、各种传输介质的传输速率等。主要负责二进制的比特流传输，传输数据单位为比特。

(2) 数据链路层。数据链路层的主要功能是负责传输介质通信状态的监听，以及格式化的数据帧在传输介质中的可靠传输。数据链路层通过线路侦听、数据传输、错误检测和数据重传等机制实现数据的可靠传输，传输的数据单位为帧。

(3) 网络层。网络层的主要功能是根据数据传输的要求，例如省时、经济或安全，为通信双方选择合适的路由，同时，负责异构网络之间的互联和网络拥塞的控制等，传输数据的单位为数据包。

(4) 传输层。传输层的主要功能是为发送方和接收方的应用进程提供可靠的端到端的数据通信，负责应用进程通信数据的分段与重组和通信数据的完整性校验等，传输数据的单位为数据段。

(5) 会话层。会话层的主要功能是为客户端应用程序打开、关闭和管理会话，负责会话的连接管理服务、会话数据交换服务、会话连接同步服务和会话参数设置等。

(6) 表示层。表示层的主要功能是为网络中异构计算机之间相互通信提供公共语言，主要功能包括语法选择、语法转换和语法表示等。

(7) 应用层。应用层的主要功能是为应用程序提供网络通信接口，为应用程序提供端到端的网络通信服务。应用层提供的网络服务主要有文件传输、邮件传输和文件共享等。

4. TCP/IP 参考模型

TCP/IP 参考模型的设计是以 OSI 参考模型为基础框架，是在 Internet 中使用最广泛的参考模型，主要目标是实现异构网络设备的互联，其中 TCP 协议和 IP 协议是两个主要的通信协议，TCP/IP 参考模型与 OSI 参考模型之间的区别如图 2-3 所示。TCP/IP 参考模型采用层次化的设计结构，将复杂的网络通信协议分为四个层次，每一个层次实现不同的网络通信功能，下层协议为上层协议提供服务，TCP/IP 参考模型是一组网络通信协议的总称。

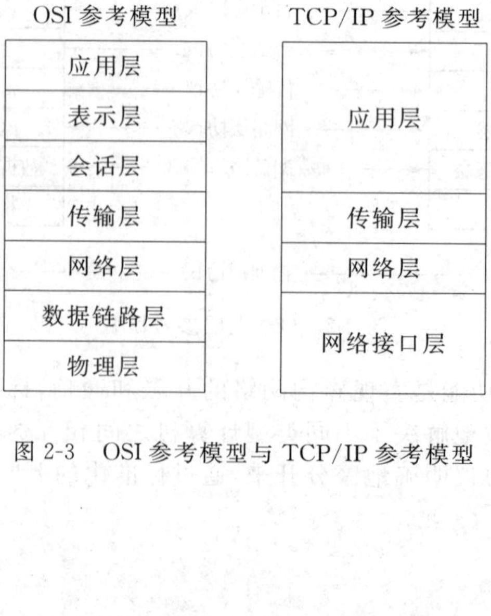

图 2-3 OSI 参考模型与 TCP/IP 参考模型

5. TCP/IP 参考模型各层次说明

TCP/IP 参考模型是 Internet 网络体系结构中的一组网络通信协议的总称，它的设计基于 OSI 参考模型，两者之间的关系如表 2-2 所示。TCP/IP 参考模型将网络协议分成四个层次，分别是网络接口层、网络层、传输层和应用层。

(1) 网络接口层。网络接口层与 OSI 参考模型中的数据链路层与物理层相对应，主要功能是按照固定的帧格式封装网络层的数据包，并通过网络接口层的物理通信介质传输二进制的比特流。网络接口层主要负责通信数据的传输、通信数据的校验和通信线路的状态侦听等。

(2) 网络层。网络层即 IP 层，主要负责主机间通信时的路由选择，实现异构计算机之间的可靠通信，控制网络流量和防止网络拥塞。网络层是 TCP/IP 参考模型的核心，主要功能是将 IP 数据包从源地址传递到目的地址。网络层的主要协议有网际协议(IP)、地址解析协议(ARP)、互联网组管理协议(IGMP)和互联网控制报文协议(ICMP)。

(3) 传输层。传输层主要是为应用进程提供可靠的端到端的数据通信，负责通信数据的分段与重组。传输层的主要协议有传输控制协议(TCP)和用户数据报协议(UDP)。

(4) 应用层。应用层是为应用程序提供网络通信接口和网络服务，能够提供的网络服务主要有文件传输、邮件传输和文件共享等。应用层的主要协议有文件传输协议(FTP)、简单邮件传输协议(SMTP)、超文本传输协议(HTTP)和域名服务(DNS)等。

6. OSI 参考模型与 TCP/IP 参考模型的比较

OSI 参考模型与 TCP/IP 参考模型的层次结构不同，OSI 参考模型中的应用层、表示层和会话层的功能相当于 TCP/IP 参考模型中的应用层，此外，OSI 参考模型中的数据链路层和物理层相当于 TCP/IP 参考模型中的网络接口层，如表 2-2 所示。

表 2-2　TCP/IP 结构与 OSI 结构的对应关系

TCP/IP	OSI
应用层	应用层
	表示层
	会话层
TCP 层	传输层
IP 层	网络层
网络接口层	数据链路层
	物理层

(1) OSI 参考模型与 TCP/IP 参考模型的共同点如下：

- OSI 模型和 TCP/IP 模型都采用层次结构的设计思想，下层协议为上层协议提供服务。
- 两者的设计目的都是为异构网络提供可靠的网络通信服务。

(2) OSI 参考模型与 TCP/IP 参考模型的不同点如下：

- OSI 模型与 TCP/IP 模型的分层结构不同，OSI 参考模型更复杂，但效率低。

• OSI 模型是理论上的网络模型，而 TCP/IP 模型是应用在 Internet 网络上的标准化通信模型。

2.1.4 网络安全协议

1. 网络协议的概念

网络协议是实现异构网络之间可靠通信的规范，主要包括信息交换的格式、信息交换的方法和信息交换过程的规则、标准或约定的集合。网络协议主要由语义、语法、时序三要素组成，语义是通信双方交换数据的方法，语法是通信双方进行信息交换时所采取的信息结构和格式，时序是通信过程中事件发生的顺序以及速度匹配和排序等。网络协议的主要功能是实现信息资源的共享和数据的传输，也可以协调网络上的多台计算机进行分布式运算。

2. 常用的网络协议

TCP/IP 参考模型定义了一组协议，采用层次结构设计思想，每一层包含若干协议，每个协议完成某个特定的网络通信功能，层与层之间互相联系，下层协议为上层协议提供网络通信服务，网络协议的结构关系如图 2-4 所示。TCP/IP 参考模型中最主要的两个协议是 TCP 协议和 IP 协议，在数据链路层中主要有 PPP 协议和 PPTP 协议，在网络层中主要有 IP 协议和 IPSec 协议，在传输层中主要有 SSH 协议和 SSL 协议等，在应用层中主要有 PGP 协议、S/MIME 协议和 HTTP 协议等。

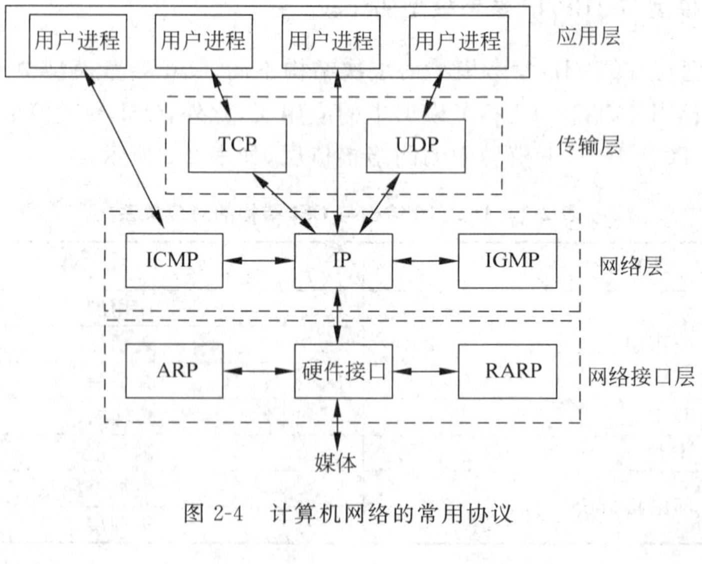

图 2-4 计算机网络的常用协议

3. TCP 协议

TCP(Transmission Control Protocol，传输控制协议)是一种面向连接的、可靠的、基于字节流的运输层通信协议。TCP 协议为应用程序提供可靠的数据传输、虚拟连接服务和有效的流量控制。

TCP 协议的主要特点是：面向连接的传输、可靠的端到端通信、数据传输的高可靠性、采用字节流方式传输数据以及具有紧急数据传输功能。

TCP 协议中数据通信的可靠性主要通过以下方式来实现：

(1) TCP 协议利用完整性校验技术验证传输数据的正确性，即通过验证报文段的首部和数据的校验和来检测数据在传输过程中是否有差错，如果出现错误，则重发报文。

(2) TCP 协议通过接收方的确认报文来检测接收方是否收到正确的数据，并重发未收到接收方确认报文的数据段。

(3) TCP 协议的发送方对数据分段和排序后发给接收方，收到数据后接收方对数据进行重新校验和排序。TCP 协议提供数据流量控制，根据接收方接收数据的能力来定义传输流量，防止数据缓冲区溢出。

4. IP 协议

IP(Internet Protocol，网际协议)是实现异构的计算机之间可靠通信而设计的网络通信协议，主要负责主机间通信时的路由选择，控制网络流量防止网络拥塞。在 Internet 中，IP 协议是网络通信协议的核心，主要功能是将 IP 数据包从源地址传递到目的地址。

IP 协议的主要功能是路由选择和数据报文分段，路由选择就是为网络数据报文选择合适的路由，数据报文的分段是根据网络设备的处理能力对报文大小进行重新组装。

5. 数据链路层协议

(1) 点到点协议 PPP。PPP(Point to Point Protocol，点到点协议)是实现点对点的多协议数据包的串行通信协议，主要功能是处理错误检测、支持多个协议和允许身份认证等。PPP 协议的组成主要包括封装、链路控制协议和网络控制协议。

PPP 协议的封装提供了不同网络层协议同时在同一链路传输数据的多路复用技术，实现多协议数据包的可靠通信。封装的主要任务是完成错误检测、选项协商和头部压缩等。

PPP 协议的链路控制协议是一种扩展链路控制协议，主要用于建立、配置、测试和管理数据链路连接。链路控制协议可用于启动路线、测试线路、协商参数以及关闭线路。

PPP 协议的网络控制协议的功能是协商数据链路上所传输的数据包格式与类型，建立和配置不同的网络层协议。

(2) 点到点隧道协议 PPTP。PPTP(Point to Point Tunneling Protocol，点到点隧道协议)是基于 PPP 协议开发的新型增强型安全协议，支持多协议虚拟专用网(VPN)通信，可以利用密码身份验证协议(PAP)、可扩展身份验证协议(EAP)等安全协议增强通信的安全性。用户在任何地方可以通过远程方式拨入 ISP，连接 Internet 或其他网络，安全地访问企业内部网络。

(3) L2TP 协议。L2TP(Layer Two Tunneling Protocol，第二层隧道协议)是基于 PPP 协议开发的隧道传输协议，在公共网络上利用端到端的多隧道方式来传送 PPP 数据包，用户可以根据不同的服务质量创建不同的隧道。L2TP 协议功能大致和 PPTP 协议类似，两者都可以对网络数据流进行加密，但是 L2TP 协议还可以提供隧道验证、多隧道传输以及包头压缩，而 PPTP 不支持。

6. 网络层安全协议 IPSec

IPSec(Internet Protocol Security,网络层安全)协议是 Internet 的安全通信规范,利用加密和认证技术来实现 IP 协议分组的保密性、完整性和身份可认证性,主要目的是保护 IP 协议分组的网络传输安全。IPSec 协议是一种开放标准的框架结构,是利用信息安全加密技术和安全服务实现 IP 数据分组的安全通信。

IPSec 主要分为两部分协议:第一部分是 IKE(Internet Key Exchange,互联网密钥交换)协议;第二部分是加密分组流的 ESP(Encapsulating Security Payload,封装安全载荷)协议或 AH(Authentication Header,认证头)协议,主要用于实现数据分组的保密性、来源可认证性、数据的完整性和抗重播服务。

(1) 认证头协议 AH。认证头协议 AH 主要用于认证数据源和验证 IP 数据报的完整性,但是不提供数据报的机密性保护,即只保证数据分组的完整性和身份可认证性。此外,AH 协议可以有效地防止重放攻击。验证数据报头的认证算法有两种:一种是基于对称加密算法;另一种是基于单向散列算法。

(2) 封装安全载荷协议 ESP。封装安全载荷协议 ESP 比 AH 协议复杂,主要安全功能包括认证数据源的身份、校验数据的完整性和提供数据保密。ESP 协议除了可以有效地检测数据在网络传输过程中是否被篡改和验证数据源的身份是否合法之外,还可以实现保密通信。正是由于 ESP 协议可以实现保密通信功能,使其执行速度明显低于 AH 协议。

7. 传输层安全协议

SSL 协议是为端到端的网络安全通信设计的安全通信协议,可以实现数据的保密性、完整性和身份可认证性。SSL 协议利用多种密码技术和基于 PKI 的数字证书技术来实现信息安全通信,目前 Web 站点的安全通信主要使用的就是 SSL 安全通信协议。

SSL 协议为应用层协议提供网络安全通信服务,主要负责加密算法协商、通信密钥的协商以及服务器认证。基于 SSL 协议可以保证应用层所传送数据的保密性、完整性和身份可认证性。

SSL 协议处于传输层协议 TCP 和应用层协议 HTTP 之间,主要提供的安全服务有认证用户和服务器、加密数据以及维护数据的完整性。

- 认证用户和服务器。通过数字签名与认证技术实现用户和服务器的身份认证,用户和服务器通常利用数字证书实现身份认证。
- 加密数据。利用信息安全加密技术对通信数据进行加密处理,即客户和服务器在发送数据前加密通信数据,即使攻击者在公网上截获信息也很难破译,因此,信息安全加密算法要具有足够的加密强度,才能保证通信安全。
- 维护数据的完整性。通过信息安全加密技术的数据完整性校验算法实现通信数据的完整性校验,使接收者在接收到通信报文时能够准确地判断数据在传输过程中是否发生改变。

8. 应用层协议

1）安全电子交易协议 SET

SET 协议是由 Master Card 和 Visa 联合 Netscape、Microsoft 等公司开发的电子支付协议。SET 协议的主要功能是在开放的网络上提供一个基于信用卡体系的安全的电子交易和电子支付平台，电子交易双方可以实现身份认证、保密通信和数据完整性校验。SET 协议是一组电子商务安全交易和支付规范，电子商务交易实体利用 SET 协议可以实现安全的电子商务交易。SET 协议通过为电子商务参与方提供数字证书的形式来实现交易实体身份认证，利用报文加密和信息加密技术来保证通信数据的保密性。

SET 协议主要解决如下问题：

(1) SET 协议实现网络传输数据的保密性，商家只能看到客户的订单信息但不能看到交易的支付信息，而银行只能看到交易双方的支付信息而不能看到交易双方的交易信息。

(2) SET 协议实现电子商务交易的不可否认性，利用数字签名和验证技术来验证电子交易数据的真实性，一旦出现交易纠纷可以出示电子交易时保留的电子证据追回合法权益。

(3) SET 协议利用数字证书提供的身份认证功能和签名验证功能来验证交易实体的身份，有效地预防了身份伪冒攻击和网络钓鱼攻击。

(4) SET 协议规范了电子交易和电子支付的电子文件格式标准，不同的第三方电子支付系统提供商可以按照标准开发支付系统，在统一的协议框架下支付系统之间具有兼容性和互操作性，并且可以运行在不同的硬件和操作系统平台上。

SSL 协议和 SET 协议是两个主要的电子商务安全通信协议，两者都具有实现通信数据保密性、完整性和身份可认证性的功能，但在信息安全性、执行效率和认证功能方面存在较大差异。

- 安全性。SET 协议应用公钥加密体制、数字摘要算法和数字签名算法来实现信息的保密性、身份可认证性、完整性和不可否认性，此外，SET 协议应用双重数字签名技术来实现交易和支付信息的保密性，商家只能获得持卡人的订单信息，银行只能获得持卡人的支付信息。SSL 协议与 SET 协议类似，主要应用公钥加密体制、数字摘要算法和数字签名算法来实现信息的保密性、身份可认证性、完整性和不可否认性，但是与 SET 协议相比身份认证功能和抗抵赖性较弱。
- 执行效率。在执行效率和实用性方面 SSL 协议和 SET 协议之间存在较大差异，SET 协议框架完善、复杂，因此处理速度比 SSL 协议慢，而 SSL 协议实用、简单，且处理速度比 SET 协议快。
- 认证功能。在身份认证方面 SSL 协议与 SET 协议存在较大差异，SSL 协议不具备多方身份认证功能，并且 SSL 协议的商家服务器的认证是必需的，客户端的认证则是可选的。与之不同的是 SET 协议要求所有参与电子交易的实体都必需进行数字认证，并且具有客户与银行、客户与商家、商家与银行之间的多方认证功能。
- 协议层次和功能。虽然 SSL 协议和 SET 协议都可以应用于电子商务安全通信，但 SSL 协议的安全技术规范不具备电子支付的商务性、协调性和集成性的特点，而 SET 协议是专门为信用卡设计的电子支付协议，不仅与电子商务活动的流程相符，而且制定了严格的数据加密和认证标准，具备商务性、安全性和集成性。

SSL协议的地址信息由底层控制，所以不能阻止攻击者进行流量分析。SSL协议不是专门的电子支付协议，因此，交易信息的保密和数字签名与认证方面的功能都比较弱。SET协议对整个电子支付活动进行了规范，严格规定了电子商务交易过程中的加密与认证标准，最大限度地保证了安全性、身份可认证性和集成性。但是SET协议过于复杂，执行效率较低，而且没有明确规定交易数据的后期处理问题。

目前STE协议和SSL协议是两种主流的安全支付协议，但是由于SET协议较复杂没有得到广泛地应用，而SSL协议本身并不能完全符合电子商务支付系统的安全性需求，因此，设计安全、高效的电子支付协议是推动电子支付发展的关键。

2）安全外壳协议SSH

SSH（Secure Shell，安全外壳）协议的主要功能是实现保密通信，可以有效地防止DNS欺骗和IP欺骗，另外，可以实现网络通信数据的压缩，有效地提高了传输速率。SSH协议专为远程登录和其他网络服务提供安全通信服务，利用SSH协议可以防止远程管理过程中的信息泄露。SSH协议提供两种级别的安全认证功能：一种是基于口令的安全认证；另一种是基于密钥的安全认证。

- 基于口令的安全认证。基于口令的安全认证是最基本的安全认证方式，通过验证用户的用户名和口令来确认用户的合法身份。为保证安全性，基于口令的安全认证协议对所有通信数据进行加密处理，确保通信数据的保密性，但是，未对通信数据进行数字签名，即不能保证通信数据的身份可认证性，因此，基于口令的认证方式不能有效地防御仿冒攻击。
- 基于密钥的安全认证。基于密钥的安全认证是利用公钥加密体制来实现身份认证，客户与服务器拥有各自的密钥对，包括公钥和私钥。客户向服务器验证身份时需要向服务器发出密钥认证“请求”，并将私钥签名的请求发送给服务器，服务器对客户的请求进行身份认证，如果客户身份认证通过则确认客户为合法客户，并用客户的公钥加密密钥认证“应答”并传送给客户，客户用私钥解密“应答”。基于密钥的安全认证是公钥加密体制的基本功能，除可以实现通信数据的保密性之外，还可以实现通信数据的身份可认证性。

SSH协议框架主要由三部分组成，分别是传输层协议、用户认证协议和连接协议。

- 传输层协议。传输层协议的主要功能是服务器认证、数据保密、数据完整性校验和数据压缩等。
- 用户认证协议。用户认证协议的主要功能是实现客户和服务器的身份认证。
- 连接协议。连接协议的主要功能是将加密的信息通道复用成若干个逻辑通道，提供给更高层的应用协议使用。

3）S/MIME协议

S/MIME(the Secure Multipurpose Internet Mail Extensions，安全多用途因特网邮件扩展)协议是RSA公司提出的电子邮件安全协议，内部消息格式采用MIME格式，不仅能发送文本，还可以传送各种附加文档，例如HTML、图像、音频、视频等多媒体数据内容，目前绝大多数电子邮件产品都支持S/MIME协议。

S/MIME协议应用单向散列函数、对称加密算法和非对称加密算法实现电子邮件通信安全，可以提供的邮件安全服务包括身份认证、数据完整性校验以及数据保密等。

S/MIME 协议通过层次结构的数字证书认证系统来实现邮件的身份认证，通常采用 X.509 数字证书系统。

4）Web 安全协议 S-HTTP

S-HTTP(Secure Hypertext Transfer Protocol，安全的超文本传输协议）是为 Web 服务专门设计的安全通信规范和标准，主要目的是为客户机和服务器提供安全通信服务。S-HTTP 协议可以与 HTTP 协议相互结合使用，实际上 S-HTTP 协议可以看作是 HTTP 协议安全功能的扩展。此外，S-HTTP 协议与 HTTP 协议之间具有良好的兼容性，即使用 S-HTTP 协议的客户能与不支持 S-HTTP 协议的服务器正常通信。

S-HTTP 协议在安全管理方面具有很强的灵活性，可以实现通信数据的保密性、完整性和身份可认证性，协议中的客户机与服务器可以协商和选择密钥管理机制、安全策略、加密算法以及安全事务处理模式等。通常客户端浏览器与 Web 服务器之间的通信数据不需要保密时采用 HTTP 协议传输数据，但是对于在网上传输敏感信息的情况，例如网络银行的账户信息、电子支付信息和电子商务交易信息，需要客户端浏览器与 Web 服务器之间的通信采用 S-HTTP 协议。

2.2 网络安全技术

随着网络技术的发展，电子商务、网络银行和网上证券业务也随之快速发展。提供一个安全的网络交易环境已经成为促进电子商务健康发展亟待解决的首要问题。近年来计算机病毒、木马和恶意软件等攻击行为趋于频繁与激烈，给网络通信安全带来严重威胁，影响了电子商务、网络银行和网上证券等电子化业务的快速发展。

黑客、攻击者和病毒制作者会利用各种新发现的系统漏洞和设计缺陷对系统实施入侵和攻击，并且给网络系统带来灾难性影响甚至使网络系统崩溃，同时网络攻击者利用黑客技术制作和传播病毒，利用恶意软件盗取客户资料和发送垃圾广告来获取非法利益。

根据国家计算机网络应急技术处理协调中心 2012 年上半年报告，境内感染网络病毒的终端数约为 475 万个，境内被篡改网站数量为 1566 个，其中被篡改的政府网站数量为 155 个；境内被植入后门的网站数量为 6064 个，其中政府网站有 441 个；针对境内网站的仿冒页面数量为 1666 个。国家信息安全漏洞共享平台收集整理信息系统安全漏洞 466 个，其中，高危漏洞 188 个，可被利用来实施远程攻击的漏洞有 432 个。从国家计算机网络应急技术处理协调中心 2012 年上半年的统计数据可以了解到目前我国网络安全现状不容乐观，针对我国互联网基础设施和金融、证券、交通、能源、海关、税务、工业、科技等重点行业信息系统的探测、渗透和攻击逐渐增多，各种网络安全威胁不可轻视。

2.2.1 常用的网络攻击手段

1. 计算机网络的组成

计算机网络按照系统组成对象的性质可以划分为硬件设备和软件系统两大部分。

- 硬件设备主要包括计算机、通信线路、网桥、交换机、路由器和网关等。

- 软件系统主要包括操作系统软件、网络协议软件、信息管理软件、网络通信和服务软件等。

2. 主要网络攻击方式

Internet 上网络攻击方式主要包括软件攻击和网络黑客攻击。

(1) 软件攻击方式主要包括计算机病毒、计算机蠕虫、特洛伊木马和逻辑炸弹。

- 计算机病毒——是与其他应用程序绑定在一起的一段恶意程序代码,可以实现自我复制和传播,对计算机系统和网络系统能够形成一定危害或致命攻击。
- 计算机蠕虫——不需要依附于其他应用程序,也可以不需要使用者介入操作就能自我复制或执行,通常通过执行垃圾代码以发动分散式阻断服务攻击,降低计算机的执行效率,从而影响计算机的正常使用。
- 特洛伊木马——由服务端和客户端组成,主要目的是通过网络控制主机并盗取客户文件、程序以及用户账户信息和密码,被攻击的计算机是服务端,而黑客利用客户端远程控制植入木马的计算机。
- 逻辑炸弹——是指在满足特定逻辑条件时,启动攻击程序对计算机发起破坏性攻击,该程序触发时造成计算机数据丢失,计算机系统不能正常工作,症状与病毒类似但更注重破坏性。

(2) 网络黑客攻击方式。黑客最初是指精通计算机技术的高水平电脑专家,尤其是优秀的程序设计人员,但是目前黑客是指利用计算机某些程序的设计缺陷,使用各种攻击方法对网络设备和应用系统进行破坏的攻击者。网络攻击通常是指以各种计算机技术和网络技术对存在设计漏洞的网络系统实施攻击,目的是破坏正常的网络通信,破坏通信数据的安全性、有效性和完整性。黑客常用的入侵技术主要有端口扫描、网络监听、IP 地址欺骗、拒绝服务攻击、垃圾邮件和缓冲区溢出等。

2.2.2 网络安全防御技术

随着网络技术的发展,计算机网络为企业内部网络资源共享和业务管理提供了便利,但是网络安全问题显得尤为突出,并且表现为自动化攻击能力增强、攻击速度越来越快、攻击方法向复杂化和多样化发展以及网络攻击的破坏力和影响力越来越大,因此,采取适当的网络安全防御技术是抑制网络攻击的有效手段。完善网络防御技术的主要措施有完善网络系统设计、完善网络安全保护、加强用户及管理人员的管理以及加强网络评估和监控。

1. 完善网络系统设计

完善的网络系统设计可以提高系统的安全性,有效地预防各类网络攻击,通过修补系统漏洞和减少系统设计缺陷来改变系统易受攻击的现状是网络安全系统设计亟待解决的问题。从网络系统整体结构着手设计安全、可靠的计算机软件系统、硬件系统以及网络系统,通过分析现有系统缺陷完善计算机网络系统设计。

(1) 系统和应用软件及时更新。计算机操作系统、网络操作系统、管理信息系统和网络应用与服务软件系统在设计过程中的某些缺陷和漏洞是导致系统遭受攻击的主要原因,因此,及时对操作系统和应用软件修补漏洞和升级是预防各种网络攻击的有效措施。

(2) 建立完善的访问控制机制。建立完善的网络资源访问控制机制是防止系统资源非法访问的有效措施，通过配置安全的计算机本地安全策略来防止非法用户登录计算机系统，以及限制授权以外的计算机访问企业内部计算机。另外，通过合理配置网络应用与服务的访问控制策略可以有效地控制网络系统资源的访问，通过设置不同的权限组来规范系统资源的访问，不同权限组的成员有不同的网络资源访问权限，各权限组成员不能越权访问网络系统资源。

2. 完善网络安全保护措施

完善的网络安全保护措施是保证计算机网络系统安全、可靠运行的基础，采取有效的物理保护措施来防止自然灾害和人为破坏，通过日常的维护和管理来保证系统的可靠运行，利用数据备份与恢复技术来保护系统数据的安全。

(1) 安全物理环境的建设与维护。按照国家统一颁布的标准对网络服务器机房进行建设和施工，并经公安、消防等部门检查验收合格后投入使用。规范网络服务器机房管理制度，并配备防水、防盗、防震、防火、防雷、防磁等防护设备。

(2) 制定维护管理制度。完善网络设备维护和管理制度，定期对网络设备进行检修和维护，针对突发性的安全事故制定应急预案，对关键服务器和网络设备，要指定专人负责，保证在发生故障时能及时修复，最终目标就是建立一个安全、可靠的网络系统设备运行环境。

(3) 制定系统备份制度。网络系统的备份和恢复机制是保证系统数据安全的主要措施，网络系统在遭受网络攻击、出现系统故障或遇到自然灾害时有可能导致系统数据丢失，因此，制定规范的网络系统数据备份和恢复制度可以使网络系统具有快速的灾难恢复功能。网络系统备份的内容包括通信线路状态备份、设备配置信息备份、软件系统备份、文档备份等。

3. 完善网络系统防护措施

建立完善的网络系统防护措施是保证网络系统安全的根本保证，在内部网络与外部网络间建立防火墙防止外部网络用户对内部网络的攻击，安装病毒查杀软件实时监控计算机系统的运行状态，利用文件加密技术保护用户文件数据安全，通过物理隔离技术阻断外部网络对内部网络的直接攻击。

(1) 防火墙的应用。防火墙是网络与网络之间的安全防护屏障，通过网络间访问控制来有效地阻止攻击行为从一个网络蔓延到另外一个网络。其主要功能是防止外部网络用户非法入侵内部网络并访问或获取内部网络资源。防火墙通过监测进出网络的数据报文的特征来判断报文的安全性，当出现异常时阻止报文的传输以实现网络安全通信。

(2) 计算机病毒的防治。计算机病毒防治技术是指为防止计算机病毒复制和传播而采取的能够有效地预防、检测和清除计算机病毒的技术措施。反病毒技术是通过安全规则和智能识别模块对计算机的行为、操作进行实时监测和分析，利用安全规则和智能识别模块对系统异常操作行为进行评估，及时终止计算机病毒的复制和传播。反病毒技术是一种动态的评估机制，能够阻止计算机病毒对系统的传染、驻留和攻击。常用的反病毒措施主要包括计算机注册表保护、磁盘引导区保护、访问控制策略保护、可执行程序保护、读写权限保护和智能的系统操作行为检测等。此外，还需要定期对杀毒软件升级、定期对计算机系统进行病毒扫描，要建立“防杀结合，以防为主，以杀为辅，软硬互补，标本兼治”的计算机网络病毒防治措施。

(3) 文件加密技术。加密技术是计算机信息保密的主要技术措施，文件经加密处理后变成不可读的密文，可以保证文件的存储安全和网络传输安全，即使公共网络上传输的密文信息被恶意攻击者窃取，也不会泄露文件内容。文件加密的主要目的是使未经授权的用户不能获取明文信息内容，从而保护数据文件的安全性。

(4) 物理隔离技术。物理隔离技术是指涉密的计算机及信息系统要与互联网等公共网络实行隔离，即实现内部网和公共网的隔离，主要目的是确保内部网不会受到来自公共网络的恶意攻击。此外，物理隔离明确了涉密计算机及信息系统的应用范围，使内部网络的可控性增强，便于内部网络管理和防范各种攻击。物理隔离技术已经成为涉密计算机及信息系统的主要安全管理措施。

4. 加强系统管理人员的管理

制定规范的人员管理制度和系统管理制度是保证计算机网络系统安全运行的前提。主要措施包括：提高网络管理人员的安全意识，定期对安全管理人员进行培训，对网络管理权限进行分级，明确管理人员权限级别和管理职责；制定网络系统资源访问控制策略，防止非法用户访问网络资源；对于重要的网络系统资源采取多人协作管理，只有管理人员人数达到一定数目时才能进行某项网络资源管理和操作；制定严格的审计制度，对异常的网络资源访问行为进行跟踪。

5. 加强网络评估和监控

建立网络安全评估机制，定期评估网络系统安全状况，及时修补系统漏洞。加强对网络系统的监控，通过网络监控软件监控网络流量状况和通信状况，对异常网络通信状态进行检测、判断和跟踪，及时发现并阻止网络攻击。

(1) 入侵检测技术。入侵检测技术是主动地检测网络系统的关键硬件设备和软件系统，通过统计和分析检测数据判断异常行为，及时向系统发出警报并采取相应的防护措施。入侵检测技术是一种动态网络安全防御技术，能有效地预报、分析和阻止内部攻击和外部攻击，在网络系统遭受攻击之前拦截入侵行为。入侵检测系统已经成为电子商务安全体系架构中的重要组成部分，与防火墙和系统扫描技术相结合可以有效地预警、阻断和定位网络攻击。

入侵检测系统与防火墙密切配合可以有效地预防各种网络攻击，主要原因是：第一，入侵检测系统能够提供很好的预警机制，为防火墙制定防护策略提供依据；第二，入侵检测系统的动态检测和识别能力可以提高防火墙的静态防护策略的实时性和有效性；第三，入侵检测系统的动态识别与防火墙的静态访问策略相结合，可以阻止各种网络攻击。因此，安全的网络系统要配备入侵检测系统，入侵检测系统的功能是实时分析进出网络的数据流，对网络违规事件进行跟踪、实时报警、阻断连接并做日志。入侵检测系统可以主动保护系统免受各种网络攻击，既可以预防内部攻击，又可以预防外部攻击。

(2) 安全审计技术。建立规范的网络安全审计制度是预防各种网络攻击和约束网络管理人员行为的有效技术措施。规范的网络安全审计制度可以及时发现网络访问的异常行为，并根据审计记录对异常行为进行分析和跟踪，有利于网络系统的安全管理和维护，有利于及时发现攻击者痕迹并对攻击者进行跟踪。网络安全系统的审计内容主要包括登录系统的身份信息、对系统的基本操作、对系统管理策略的操作以及其他与系统安全有关的事件。

网络安全系统审计的主要功能是审计网络系统中可能导致系统遭受安全威胁的操作行为，识别系统异常行为，并能及时报警和采取措施。在审计系统中建立安全检测控制中心，主要负责系统操作行为的监测、控制、处理和审计。

网络安全审计和跟踪的主要作用是跟踪和确定事故责任人、提高系统安全性以及为系统制定实时的安全策略提供依据。

第一，审计系统检测发现违背系统安全规则的事件后，根据审计记录跟踪执行该事件的当事人，明确事故责任。

第二，经过审计系统的分析，发现系统设计或管理存在的不足，及时修改系统安全设计和访问策略来提高系统的安全性。

第三，审计系统与安全策略管理相结合，可以提高系统安全防护策略的时效性。

(3) 主动防范网络入侵。防范网络系统入侵的方式可以分为主动方式和被动方式。被动方式是指系统安全管理员发现网络安全受到威胁时，阻止入侵并及时恢复网络的正常运行，配置安全策略以尽量降低遭受攻击的可能性。主动方式是指在保证网络资源及各项网络服务不受损害的基础上，故意诱使入侵者攻击系统，通过监测非法入侵者的活动，追踪入侵者并分析入侵者的来源和攻击方式，采取有针对性的安全防护策略来保护系统安全。

2.3 网络安全管理

网络安全管理是指通过合理配置网络系统安全管理策略和网络资源访问控制策略，保证网络系统安全、可靠地运行，实现网络通信数据的保密性、完整性、可用性、可控性、抗抵赖性和身份可认证性，使计算机系统、网络设备、网络通信协议和网络服务与应用免受自然灾害的侵袭和网络恶意程序的攻击，防止网络通信数据被非法用户盗取，其主要管理对象包括网络操作系统、网络设备和各种网络应用与服务等。

2.3.1 网络安全体系结构

网络安全体系结构是指网络安全系统的总体规划、各功能模块之间的相互联系和不同安全管理模块的职能划分。网络安全体系主要包括服务器的安全、浏览器的安全、网络操作系统的安全、应用程序的安全、无线局域网的安全以及移动通信系统的安全等。网络安全体系结构设计是否合理和完善将直接影响网络系统的执行效率和安全水平。完善的网络安全体系结构是保证通信数据的保密性、完整性、可用性、可控性和身份可认证性的基础。

1. OSI 的网络安全体系

OSI 模型是开放式系统互联参考模型，是从逻辑上将网络系统结构划分为七层。参考模型的每一层提供不同的网络功能，并有与之对应的网络设备。设计 OSI 参考模型的主要目的是实现异构网络的互联和通信。OSI 参考模型可以解决异构网络的兼容性问题，即解决了不同类型的计算机之间相互通信的问题。参考模型最大的优点是将服务、接口和协议明确地区分开来,通过标准化的七层模型实现不同系统和网络之间的可靠通信。

OSI参考模型除了可以实现异构网络的兼容和互联,还可以为网络通信提供保密和认证服务。OSI模型提供的安全服务主要有认证(鉴别)服务、访问控制服务和信息安全通信服务。

OSI模型可以提供信息安全通信服务,可以实现数据的保密性、数据的抗抵赖性、访问控制策略、数据完整性校验、身份认证、业务流量填充和安全路由控制。

- 数据的保密性——是保证数据安全通信的基本方法,主要应用密码学的加密技术来实现,在OSI安全体系结构中不同协议层利用不同的加密算法和协议实现数据加密。
- 数据的抗抵赖性——是指利用信息安全技术的数字签名技术来防止信息的发送者日后对发送数据的抵赖,可以有效地防止网络通信数据的仿冒和抵赖。
- 访问控制策略——是指允许用户访问计算机资源的策略,通过明确规定计算机用户对资源的访问权限来控制网络资源的共享和使用,在OSI模型中各层次协议均明确规定访问控制策略,可以及时阻止试图非法使用网络资源的行为。
- 数据完整性校验——是指信息在生成、传输、存储的过程中未发生篡改、丢失和损坏,主要利用信息安全技术的数据完整性校验算法来实现。通信数据完整性缺失的主要原因包括数据在信道中传输时受信道干扰或数据在传输和存储过程中被非法入侵者篡改,以及计算机病毒对程序和数据的破坏等。
- 身份认证——是指网络通信实体的身份认证,网络通信实体认证主要包括用户认证、消息认证、站点认证和进程认证等,网络通信实体的认证方法主要有密码识别、共享密钥、数字签名、生物特征等。
- 业务流量填充——是防止攻击者通过分析通信网络的流量和流向来判断事件发生的可能性而采取的一种安全措施。通信流量填充是指当正常通信数据流量较低时,填充一些随机数据,使攻击者不能准确获得真实通信流量信息。
- 安全路由控制——是指为网络通信数据包选择一个安全的路由,防止数据包通过不安全的网络,安全路由控制机制可根据信息发送者的要求选择安全路径,以确保数据安全。

2. OSI的安全管理

(1) 安全机制管理。OSI模型的安全机制是安全服务的基础,有安全机制才能提供好的安全服务,安全机制管理主要包含密钥管理、加密与解密管理、数字签名管理、数据完整性管理、实体认证管理、访问控制管理、信息过滤管理、路由控制管理以及公证管理等。

(2) 安全服务管理。OSI模型的安全服务管理是指为实现某个安全服务而制定和采用的具体安全管理方案。安全服务管理的主要内容包括确定具体的安全机制和维护安全机制所选用的规则,对本地或远程的网络通信安全机制进行协商,通过安全机制管理功能管理和协调各种选定的安全机制。

(3) 安全系统管理。安全系统管理是指利用系统提供的各种安全服务并协调系统的各功能模块实现通信系统安全,包括事件审计、灾难恢复、安全策略管理和安全应用与服务管理。

3. P2DR 模型

P2DR 模型是美国 ISS 公司提出的动态网络安全体系的代表模型，也是动态安全模型的雏形，如图 2-5 所示。P2DR 模型主要包含四个部分：Policy（安全策略）、Protection（防护）、Detection（检测）和 Response（响应）。

图 2-5 P2DR 模型示意图

- 策略。策略是 P2DR 模型的管理核心，网络安全体系通过制定安全策略来管理网络通信，网络管理系统都是依据安全策略来实施防护、检测和预警。网络安全策略一般包括总体安全策略和局部安全策略两个部分。
- 防护。防护是网络安全体系根据系统可能遭受的攻击而采取的预防措施，主要通过制定相应的防护策略来侦测和识别各种攻击行为。网络系统安全防护措施可以分为主动防御措施和被动防御措施，主动的防御措施通常包括数据加密、身份认证、访问控制、授权和虚拟专用网 VPN 技术，被动的防御措施通常包括防火墙、安全扫描和数据备份等。
- 检测。检测是实时检测系统中是否有违反安全策略的行为和被攻击的迹象，及时发现并报告系统。系统的安全检测与防护策略相结合可以有效地阻止各种网络攻击，安全检测是安全管理系统动态响应的依据。
- 响应。响应是网络安全体系在检测到网络安全威胁时所采取的一系列安全处理措施，例如生成新的安全策略和防护规则来阻止网络攻击。安全管理系统的响应主要包括应急响应和系统恢复。

4. P2DR 模型的基本原理

P2DR 模型是以安全策略为核心，以防护措施、安全威胁检测和系统响应为基础的网络安全体系架构。网络系统在安全策略的控制和保护下，充分利用各种安全防护工具保护网络系统安全，例如防火墙、病毒查杀系统和虚拟专网 VPN 等，使用入侵检测系统侦测网络通信系统遭受的各种安全威胁，通过适当的系统安全响应机制将网络系统调整到高安全和低风险的状态。在 P2DR 模型中策略、防护、检测和响应组成了一个完整的、动态的安全循环机制，在安全策略的控制下使网络系统处于安全状态，同时也在不断地完善网络系统的安全策略。

2.3.2 服务器的安全配置

1. 服务器的概念

服务器是指能够为网络上其他计算机提供某种网络服务的高性能计算机，通常提供的网络服务有文件传输、资源共享、IP 地址分配、域名解析以及代理上网等。通常服务器的高性能主要表现为超强的运算能力、连续可靠的运行能力、强大的网络数据吞吐能力等。服务器的系统结构与 PC 的系统结构基本相似，也是由处理器、硬盘、内存、系统总线等构成。

2. 服务器的性能要求

服务器是针对某一具体的网络服务而设计的，因此服务器与PC在处理能力、稳定性、可靠性、安全性、可扩展性、可管理性等方面存在较大差异。Web服务器的主要功能是在互联网上实现信息资源的共享，最显著的性能要求是响应时间和吞吐率。电子商务网站系统就是Web服务的具体应用，Web服务器的主要性能要求包括响应用户请求的能力、处理动态页面和静态页面的能力、网站内容搜索能力以及服务站点的远程控制能力等。

3. 服务器的安全要求

服务器安全包括服务软件系统安全和服务器系统设备安全，典型的服务器安全主要包括：

(1) 为服务器建立标准机房，保证服务器设备安全和服务软件系统安全，建立服务器维护和管理制度。

(2) 服务器的日常管理操作只能由授权用户执行，其他人员如需操作服务器必须经过管理员和部门主管同意方可进行。

(3) 制定安全的服务器访问和控制策略，拒绝通过Web访问不公开的信息资源，防止非法用户对服务器资源执行非法操作。

(4) 停止服务器上无用的服务，定期修复系统漏洞和应用程序漏洞，控制各种形式的可执行程序的运行。安装服务器病毒防护系统，定期对系统进行病毒查杀，清理系统资源。

(5) 建立服务器安全审计和跟踪机制，记录服务器安全事件和用户的关键操作，定期审计日志记录，对严重的系统错误要及时检查并排除故障。

(6) 建立服务器备份和恢复机制，当服务器遇到软件故障、硬件故障、黑客入侵与攻击和网络服务故障时能够及时恢复和还原。

4. 服务器的种类

服务器是为网络上其他计算机提供某种网络服务而建立的，在各种网络服务中，提供服务的计算机被称为服务器，接收服务的计算机被称为客户机，网络服务的结构如图2-6所示。目前常用的网络服务器主要有文件服务器、数据库服务器、邮件服务器、网页服务器、FTP服务器、DNS服务器、DHCP服务器以及代理服务器等。

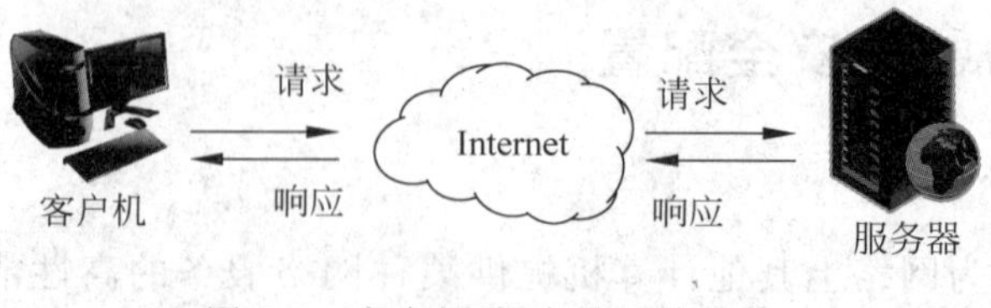

图2-6 客户机/服务器系统结构

5. 服务器的攻击手段

(1) DDOS攻击。DDOS(Distributed Denial of Service，分布式拒绝服务)攻击是指利用受控的“僵尸主机”(被攻击者控制的主机)向网络上某一特定服务器发动攻击，导致服务器网络阻塞或服务器资源耗尽无法为正常用户提供服务。当发生 DDOS 攻击时,攻击数据包就会像洪水一样涌向受害主机,使合法用户不能访问服务器的网络资源,因此,DDOS 攻击又被称为“洪水式攻击”,目前常见的 DDOS 攻击有 SYN Flood、ACK Flood、UDP Flood、ICMP Flood、TCP Flood、Connections Flood、Script Flood、Proxy Flood 等。DDOS 攻击的目的是使目标计算机或网络无法提供正常的服务,使目标系统停止响应甚至崩溃。

(2) TCP 全连接攻击。TCP 全连接攻击是通过控制大量的“僵尸主机”不断地与被攻击服务器建立大量的 TCP 连接,导致服务器网络阻塞或服务器资源耗尽无法为正常用户提供服务。TCP 全连接攻击可以绕过防火墙的检查,虽然防火墙具备过滤和阻止 DDOS 攻击的能力,但是无法鉴别哪些 TCP 连接是正常的哪些是来自“僵尸主机”的,因此,对于接收 TCP 连接数目有限的网络服务程序(例如,IIS、Apache 等 Web 服务器)来说,很难承受大规模的 TCP 全连接攻击。

(3) 跨站脚本攻击。CSS(Cross Site Scripting,跨站脚本)攻击是指攻击者利用 Web 网站对用户提交的数据过滤不严的缺陷,将恶意脚本程序代码以数据的形式存入网站数据库,当其他合法用户在浏览网站、使用即时通信软件、甚至在阅读电子邮件时,通常会触发恶意脚本代码泄露客户信息或遭受攻击。通常被攻击的 Web 网站在接收到页面请求后会产成一个包含恶意代码的页面,而请求该页面的合法用户就会遭受跨站脚本攻击。因为跨站脚本攻击是向网页代码中嵌入一段恶意的脚本或者 HTML 代码,所以跨站脚本漏洞也称为 HTML 注入漏洞。

(4) SQL 注入式攻击。SQL 注入式攻击是指攻击者利用 Web 应用程序页面请求检测漏洞,将 SQL 命令插入到 Web 表单的输入域或页面请求的查询字符串中,欺骗目标服务器执行恶意的 SQL 命令。容易遭受 SQL 注入式攻击的 Web 程序是在设计时将用户在表单中输入的内容未经检测直接用来构造动态 SQL 命令,或作为存储过程的参数,使攻击者利用此漏洞植入恶意的 SQL 命令。对存在 SQL 注入式漏洞的 Web 应用,攻击者可以提交一段数据库查询代码,根据 SQL 命令的查询结果,获得某些隐秘信息。

6. 服务器的安全配置

服务器的安全配置是保证网络服务器安全、可靠地运行的基础,是正确执行安全管理规范和实施安全管理策略的基础,服务器的安全配置主要内容包括定期安装服务器补丁、安装病毒查杀系统、安装防火墙并定期升级防护策略、删除默认共享和无用的服务、严格管理用户和管理员的权限、规范网络资源使用权限管理、制定服务站点的安全管理规范、安装入侵检测系统以及设立标准机房等。

7. Web 服务器的安全配置

(1) 内容分级管理。Web 服务器的网站内容分级管理可以有效地限制未授权用户对网络资源的访问,通过细分网络资源的访问权限来保证信息资源的安全性。目前 IIS(Internet Information Services,互联网信息服务)站点可以对网站内容分级进行管理和控制,通过细化资源的访问权限可以保证信息资源的可用性和保密性。

(2) 安全与权限设置。安全与权限设置是保护 IIS 站点安全的重要安全措施,合理限制用户对 IIS 站点资源的访问权限,正确配置 IIS 站点的访问控制策略可以有效地预防针对

IIS站点的网络攻击和入侵。IIS站点的安全设置主要包括关闭未用端口、删除未用网络协议和共享、升级IIS服务以及备份服务器信息等。

(3) 安全认证。为IIS站点配置正确的用户身份认证策略可以有效地阻止非法用户的入侵，安全认证主要包括密码认证、数字证书认证和IP地址认证等，可以有效地限制用户对未授权网络资源的访问。

2.3.3 网络操作系统安全

1. 网络操作系统的概念

NOS(Network Operating System，网络操作系统)是指具有网络通信功能和网络服务功能的计算机操作系统。网络操作系统基于网络硬件设备为计算机提供各种网络服务，是网络应用系统的运行基础。网络操作系统的主要功能是资源共享、信息传输、远程交互通信、网络控制、电子商务、日志管理以及多用户管理。

2. 常用的网络操作系统

网络操作系统除了具有单机操作系统的处理器管理、存储器管理、设备管理和文件管理功能外，还可以提供高效、安全、可靠的网络通信环境和各种网络服务，例如文件传输服务、打印服务、域名解析服务、数据库服务以及Web服务等。常用的网络操作系统有Windows NT、UNIX和Linux。

(1) Windows NT系列。Windows NT系列网络操作系统由Microsoft公司开发的网络操作系统，以图形化的操作界面进行网络管理与资源管理，几乎可以在所有主要的处理器上运行，易于管理和维护，已经成为企业组网的标准平台。

1993年，Microsoft推出Windows NT 3.1版本，并不断地对Windows NT操作系统的网络性能、网络安全性和网络管理等方面进行改进，1999年，Microsoft推出Windows NT 5.0，即Windows Server 2000。Windows Server 2000可以提供多种网络服务，能够为部门级工作组或中小型企业用户提供文件共享、网络打印、Web应用等各种服务。在2003年Microsoft对Windows 2000进行升级，Microsoft推出了Windows Server 2003。目前，最新的Windows NT产品是Windows Server 8，相对以前的版本，Windows Server 8无论是在稳定性、安全性、可靠性，还是在Web应用等方面都有显著增强，能够为网络用户提供更强大的网络服务，满足企业的各种业务需求。

(2) UNIX操作系统。UNIX操作系统是具有多用户、多任务的特点，支持多种处理器架构的分时操作系统，以简洁、优美的风格，稳定、高效的性能赢得了广泛的网络应用空间。UNIX操作系统能够提供大型网络服务，最大的特点是灵活性，即UNIX操作系统是唯一能在不同的计算机硬件平台上运行的操作系统，包括笔记本、PC、小型机，还有巨型机。UNIX操作系统的网络功能非常强大，支持所有通用的网络通信协议，例如NFS、IPX/SPX、SLIP、PPP等。

(3) Linux操作系统。Linux操作系统是一种自由和开放源码的类UNIX操作系统，支持多用户、多任务、多线程和多CPU的操作系统。Linux操作系统继承了UNIX操作系统的很多优点，例如多任务、多用户。Linux操作系统的主要特征包括真正的多任务、虚拟内存、共享库、按需装载、共享程序执行的写时复制、优秀的内存管理以及TCP/IP网络支持等。Linux 操作系统的最大特点是源代码完全公开,用户可以根据自身需求修改 Linux 操作系统内核。目前 Linux 操作系统主要分为开源版和企业版,开源版有 Ubuntu、openSUSE、Fedora、MEPIS 等,企业版中处于领先地位的是 Red Hat Enterprise Linux 和 Novell 的 SUSE Enterprise Linux。

3. 网络操作系统安全管理

目前,网络操作系统提供了强大的网络安全管理功能,有效地利用网络操作系统的安全功能是保证通信网络安全、可靠地运行的基础。在对网络操作系统进行安全配置时要停止无用的应用和服务,保证开启的软件和服务处于最佳的安全配置状态,尽量避免管理员和服务器的信息泄露。网络操作系统安全管理的主要内容有:

(1) 操作系统更新。网络操作系统及时更新是修补系统漏洞和设计缺陷的最有效手段,由于网络操作系统结构的复杂性而导致系统存在大量的设计缺陷和漏洞,因此,及时修补网络操作系统漏洞可以有效地预防各种网络攻击。可以使用操作系统提供的系统升级功能更新操作系统,也可以采用第三方开发的网络安全管理软件更新操作系统。

(2) 敏感信息保护。尽可能地减少服务器相关信息的泄露,屏蔽操作系统的关键信息,例如管理员信息,删除操作系统以及各种应用程序的默认账户,删除默认的共享目录。

(3) 最小化安全原则。网络操作系统安全管理应遵循最小化安全原则,关闭操作系统不必要的组件、服务和应用,关闭无用的端口和网络通信协议,卸载无用的应用程序和软件,停用系统无用的账户。

(4) 访问控制。网络操作系统通过制定合适的访问控制策略可以有效地防止各类网络攻击和限制系统资源被非法用户访问。网络操作系统的访问控制策略是操作系统检测和识别网络安全事件的主要依据,因此,访问控制策略设置是否合理会直接影响网络操作系统的安全。

(5) 端口和进程。关闭网络操作系统中无用的进程和通信端口可以降低遭受攻击的可能性。网络攻击主要是利用网络系统的各种漏洞和缺陷对系统发出攻击,因此,关闭无用进程和与之对应的通信端口可以阻止网络攻击。

(6) 系统的关键参数调整。调整网络操作系统的关键参数以阻止常见的网络攻击,例如禁止系统转储核心文件、禁止堆栈执行代码以及防止缓冲区溢出等。

(7) 防止 DOS 攻击。为网络操作系统安装防火墙等安全设备过滤 DOS 攻击,并定期检测网络操作系统的系统日志和设备日志,及时发现并解决对系统的安全威胁。

(8) 完整性检验。完整性检验是防止数据在处理过程中出现错误的最有效措施,网络操作系统担负大量的网络数据和系统数据的处理任务,完善的数据完整性检验策略是保证系统正常运转和数据完整的前提。

(9) 完善审计制度。建立网络操作系统的审计和跟踪制度可以预防各种网络攻击和约束网络管理人员的行为,审计和跟踪可以及时发现网络访问的异常行为,并根据审计记录对异常行为进行分析和跟踪,有利于网络系统安全维护和管理。

2.3.4 浏览器安全

1. Web 浏览器的基本功能

Web 浏览器是目前基于 B/S 结构网络服务的通用客户端软件,主要功能是与网络服务器通信实现各种网络服务，包括网页浏览、文件传输和网络资源管理等。Web 浏览器负责向服务器发出服务请求，服务器响应浏览器的请求并作出相应的处理，Web 浏览器收到服务器的响应后解释执行返回的网页文件并显示在客户端浏览器窗口，完成一次页面请求。Web 浏览器作为客户端软件在互联网上与 Web 服务器通信，从服务器下载和获取站点文件，实现网络资源的共享。

很多第三方软件开发商都推出了自己的 Web 浏览器，在遵守基本 Web 通信协议的基础上风格各异，目前常用的浏览器有 Microsoft Internet Explorer 浏览器、Firefox 浏览器、Chrome 浏览器和 Opera 浏览器等等。

2. Web 浏览器安全

Web 浏览器是网络用户浏览 Web 网站的客户端工具，也是网络攻击者实施网络攻击的主要渠道之一，因此，保证 Web 浏览器的安全是有效预防网络攻击的关键。尽管 Web 浏览器的提供商不断推出性能更强、安全性更高的 Web 浏览器，但是针对 Web 浏览器的攻击一直呈现上升趋势。随着网络应用技术的快速发展，浏览器作为客户端软件集成了越来越多的网络应用，诸如 ActiveX、Cookies、Java 等应用插件。浏览器添加插件是为了增强浏览器的功能，例如显示图像、浏览视频、播放动画以及创建良好的用户交互界面等，但是同时也产生了大量的缺陷和漏洞，网络攻击者正是利用浏览器的缺陷和漏洞执行恶意程序代码以达到攻击目的的。

3. 常见的 Web 浏览器安全问题

(1) 浏览器劫持。浏览器劫持是指通过浏览器插件、BHO(Browser Helper Object，浏览器辅助对象)等形式对用户的浏览器进行篡改的恶意程序攻击，通过修改用户的浏览器配置，强行打开网络广告页面，窃取用户输入的隐秘信息。浏览器劫持的主要特征是网站的主页被恶意程序修改为不知名的网站，经常自动弹出广告页，输入正常的网站地址却连接到其他网站，收藏夹内被自动添加陌生网站地址等。

(2) 恶意代码。Web 浏览器的恶意代码是指攻击者将来源不可信的数据嵌入 Web 页面，所以 Web 网页中可能会包含一些恶意的脚本程序，其他网页浏览者在浏览网页时通常会触发恶意脚本代码泄露客户信息或遭受攻击。只要访问被恶意代码攻击的站点页面就会出现 IE 首页被篡改，以及 IE 的某些选项被禁用，甚至恶意代码还可以格式化硬盘或删除硬盘上存储的数据。

(3) ActiveX 控件安全。ActiveX 控件是可重用的计算机组件，可以用来扩展 Web 浏览器的功能，不同 ActiveX 可以实现不同的网络功能，通过使用 ActiveX 控件，开发人员可以轻松地在 Web 页中插入多媒体效果、交互式对象以及复杂程序等。ActiveX 控件可以作为独立的预装配组件应用于 Web 程序开发，提高 Web 应用程序的交互性和动态效果。ActiveX 控件可以根据用户的需求以动态的方式添加到 Web 浏览器中或者从浏览器上移除，是一种有效的 Web 浏览器功能扩展方式。当然，攻击者利用 ActiveX 控件可以在 Web 浏览器中动态添加的特点，将植入恶意代码的 ActiveX 控件安装于客户端浏览器并对客户机构成安全威胁。为确保 Web 浏览器安全，浏览器在添加 ActiveX 控件时对其进行安全级别限制和认证，对于高安全级别的用户限制 ActiveX 控件的自动安装，并在安装 ActiveX 控件前对其身份有效性进行验证。

(4) Cookies 安全。Cookies 是网站服务器为掌握客户端基本信息将客户基本信息存储在客户端计算机上,以便于对客户端的浏览习惯进行跟踪或客户在下次登录系统时为其提供用户名、密码和其他相关信息。Cookies 为网站管理提供了很多便利,可以及时掌握客户端浏览器的浏览内容、浏览时间和用户个人信息,但是也对客户端计算机安全构成了威胁,攻击者利用 Cookies 分析软件可以盗取客户的基本信息,给网络安全管理带来很大的困难。为保证客户端浏览器安全,Web 浏览器提供了 Cookies 管理功能,使用者可以通过修改客户端浏览器安全设置来禁止在客户端计算机上建立 Cookies,可以有效地防止客户信息失窃。

(5) Web 浏览器本身的漏洞。随着网络应用技术的发展,Web 浏览器的功能越来越强大,使其系统程序结构变得更加复杂,这也导致 Web 浏览器出现很多设计缺陷和漏洞,给网络攻击者提供了便利,攻击者通常以 Web 浏览器为跳板对客户端计算机系统实施进一步的攻击。此外,Web 服务器会将客户端访问服务器的基本信息记录到系统日志,主要包括来访的 IP 地址、来访的用户名、请求的 URL、请求的状态和网络通信的基本情况等,客户端浏览器在向服务器传送上述信息的时候,很可能被网络攻击者截获而泄露隐秘信息。

4. Web 浏览器的安全设置

Web 浏览器提供了安全设置管理功能,用户可以通过浏览器的本地安全设置的"启用"按钮和"禁止"按钮来控制脚本程序和 ActiveX 控件是否可以在本地计算机上执行。在 Microsoft IE 6.0 中,选择"工具"→"Internet 选项"命令,在弹出的对话框中选择"安全"选项卡,单击"自定义级别"按钮,便可以在"安全设置"对话框中进行浏览器脚本的安全设置,如图 2-7 所示。

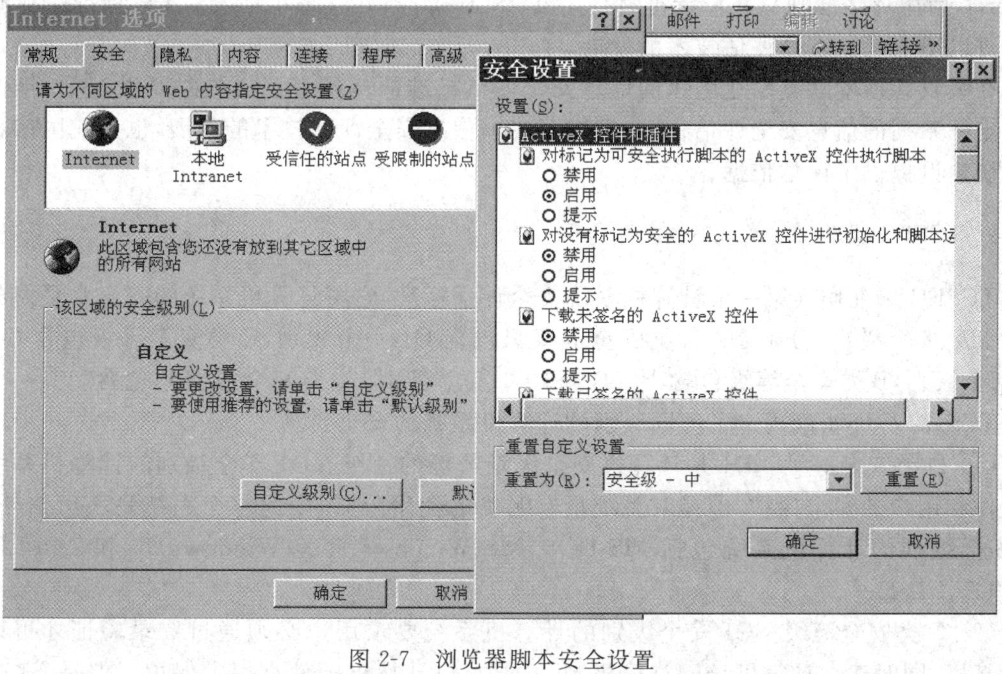

图 2-7　浏览器脚本安全设置

2.4 信息系统安全评估

信息安全评估是指根据信息安全评估标准对信息系统的安全水平进行科学的评价，并对系统存在的脆弱性、安全威胁以及安全威胁可能导致的灾难性后果给出明确的估计。信息安全评估标准是评价系统安全性的基本准则，随着互联网技术和信息安全技术的发展，世界各国都很重视信息安全评估标准的研究，因为它影响到国家基础设施的安全、社会稳定和经济发展。信息系统安全评估标准会随着信息安全技术的发展和对信息安全问题认识的逐步深化而不断完善。

2.4.1 信息安全评估标准

1. 安全评估标准

美国最早致力于研究计算机安全评估标准，20 世纪 70 年代，美国国防部成立专门机构研究计算机安全标准。并于 1985 年由美国国防部发布 TCSEC(Trusted Computer System Evaluation Criteria，可信计算机系统评估准则)，TCSEC 标准成为计算机系统安全评估的第一个正式标准，它将计算机系统的安全水平划分为 4 个等级、7 个级别。TCSEC 标准也被称为“橘皮书”，推动了计算机系统安全评估的研究，该标准的研究重点是通用的计算机操作系统安全性评价。

随着信息安全评估技术的发展，TCSEC 标准逐渐被其他新的信息安全评估标准所代替，在 1996 年，美国、加拿大及欧洲四国通过了新的信息安全评估标准——CC(Common Criteria，通用评估准则)。CC 标准替代了 TCSEC 标准，并且每年都会对 CC 标准进行修订和改进以适应信息安全评估技术的发展。

在吸收和借鉴欧美发达国家的信息安全评估标准的基础上，我国在 20 世纪 90 年代开始制定一系列的信息安全评估标准，推动了我国信息安全评估技术的发展，也为我国信息安全系统建设提供了评估依据。

2. TCSEC 标准

TCSEC 标准作为第一个计算机系统安全评估标准，它将计算机系统的安全水平划分为 4 个等级、7 个级别，分别是：D 类安全等级只包含 D1 一个级别，C 类安全等级包含 C1 和 C2 两个级别，B 类安全等级包含 B1、B2 和 B3 三个级别，A 类安全等级只包含 A1 一个级别。TCSEC 标准明确规定了不同级别的计算机系统的安全要求。

(1) D 类安全等级。D1 是计算机安全级别最低的一级。D1 安全级别的计算机系统提供文件和用户的安全保护，但是对系统没有明确的使用限制，因此整个系统是不可信任的。D1 安全级别的计算机系统包括 MS-DOS、MS-Windows 3. X/Windows 95 和 APPLE 的 SYSTEM 7. X 等。

(2) C 类安全等级。C1 安全级别的计算机系统要求用户必须通过登录验证才可以操作计算机，同时建立计算机访问许可机制，并要求对计算机硬件有一定保护。但是 C1 安全级别未对用户进行权限分级，用户可以进行权限相同的操作。C1 安全级别的计算机系统包括早期的UNIX、XENIX和Novell 3.X。C2安全级别的计算机系统增加了计算机用户的权限控制，并限制了用户执行某些系统指令，建立了用户分组管理机制，以便控制对计算机程序和分级目录的访问权限，建立系统审计和跟踪机制用来记录所有安全事件及系统管理员的操作。C2安全级别的计算机系统包括UNIX、XENIX、Novell 3.X以上版本和Windows NT。

(3) B类安全等级。B1安全级别的计算机系统支持多级安全策略，对网络中的每个对象都实施安全保护，对网络和应用程序实施不同的安全策略，任何对象都必须分配与之相对应的安全级别，否则不允许用户控制资源。B2安全级别的计算机系统通过明确的、文档化的安全策略控制系统安全，为工作站、终端、磁盘驱动器等设备分配不同的安全级别，限制用户的管理权限，避免用户享有操作和管理计算机的全部权力。B3安全级别的计算机系统要求用户在使用计算机系统前要进行身份验证，并且为每个对象建立安全审计和跟踪，利用硬件来保护系统的数据存储区，将系统管理员、系统操作员和系统安全员的职责分离，将人为因素引起的计算机安全威胁降低到最低限度。

(4) A类安全等级。A1安全级别的计算机系统包括以上各安全级别的所有措施，系统的设计者必须按照一个正式的设计规范来设计系统，所有构成系统的部件的来源都必须有安全保证，系统管理员必须从设计者那里接收到一个安全策略模型，所有的安装操作都必须由系统管理员完成，并要求有正式文档来记录系统管理员每步操作。

综上所述，D1安全级别的计算机系统不具备安全限制，C1和C2安全级别的计算机系统具备最低的安全限制，B1和B2安全级别的计算机系统具有中等安全保护能力，适合大多数计算机系统的安全要求，B3和A1安全级别的计算机系统属于最高安全等级，适合少数极其重要的计算机系统。

3. 通用评估准则

1996年，美国、加拿大及欧洲四国通过了新的信息安全评估标准——CC(Common Criteria，通用评估准则)。在1999年由ISO正式颁布为国际标准，已经成为全世界公认的信息安全技术评估准则，CC标准可以替代TCSEC等国际上重要的信息安全评估标准。CC标准定义了评估信息技术产品和系统安全性的基础准则，并且提出了目前国际上公认的表述信息技术安全性的结构。CC标准全面地考虑了与信息技术安全性有关的所有因素，以"安全功能要求"和"安全保证要求"两个方面来完善计算机系统安全评估准则。

(1) CC标准的范围。CC标准涉及信息安全系统的软件、硬件和其他网络设备，包含网络通信的保密性、完整性和可用性，但是其缺点是不包括属于行政管理安全措施的安全性评估、针对信息安全的物理方面评估和密码强度评估等。

(2) CC标准的用户。CC标准的主要目标用户包括客户、开发者和评估者三类。

- CC标准的客户可以用CC语言和结构来定义安全需求，可以根据评估结果来判断一个安全系统是否符合其安全需求，可以比较和分析不同系统的安全性，能够使用和维护安全系统。
- CC标准的开发者能够通过评估特定安全功能和安全保证来证明信息技术安全产品或系统是否能满足特定的安全要求，该标准可以帮助开发者规范安全系统的研发、生产和集成等过程。

- CC标准能够为评估者提供可重复性和客观性的评价标准，评估者根据评估方法对产品或系统的安全性进行评估，判断产品或系统的安全性是否符合标准的要求，确保评估结论具有独立性、客观性、公正性及可比性。

4. 我国信息安全评估标准

为推动信息系统安全评估工作的发展，我国在1999年颁布了《计算机信息系统安全保护等级划分准则》，即国家标准GB 17859—1999，使我国信息系统安全评估有了明确的评估依据。该准则是我国计算机信息安全等级保护系列标准的核心，是强制性的国家标准。该准则规定了计算机系统安全的五个等级，五个等级由低到高分别是：第一级，用户自主保护级；第二级，系统审计保护级；第三级，安全标记保护级；第四级，结构化保护级；第五级，访问验证保护级。

(1) 用户自主保护级。用户自主保护级的计算机信息系统采用细粒度的自主访问控制，访问控制的粒度是单个用户。该级别的计算机信息系统将用户的身份标识与用户所有可审计的行为相关联。通过用户与数据隔离的方式限制用户访问其他用户的数据，通过访问控制、身份识别和完整性校验保证用户数据的安全性，在用户访问数据前对用户进行身份识别，同时，通过数据完整性校验技术来防止恶意用户对系统数据的篡改。

(2) 系统审计保护级。与用户自主保护级的计算机信息系统相比，本级的计算机信息系统采用了粒度更细的自主访问控制，通过登录规程、审计安全性相关事件和隔离资源等方式实现系统安全。该级别的计算机信息系统维护受保护客体的审计跟踪记录，并能有效地阻止未授权用户访问系统资源。用户在访问系统资源前先要经过身份认证，身份认证后才可以操作系统资源，同时，利用数据完整性校验技术来防止恶意用户对系统数据的篡改。

(3) 安全标记保护级。安全标记保护级的计算机信息系统除具有系统审计保护级的功能外，还增加了安全策略模型、数据标记以及主体对客体强制访问控制的非形式化描述，该级别计算机信息系统具有准确地标记输出信息的能力，能够消除通过测试发现的任何错误。

(4) 结构化保护级。结构化保护级的计算机信息系统建立在可信的并具有明确定义的形式化安全策略模型上，它将系统中的自主和强制访问控制扩展到系统所有的主体与客体。另外，该级别的计算机信息系统的设计与实现能经受更充分的测试和更完整的复审，并加强了鉴别机制，能够提供可信设施管理，还增强了配置管理控制使系统具有较强的抗渗透能力。

(5) 访问验证保护级。访问验证保护级的计算机信息系统通过访问监控器仲裁主体对客体的全部访问，其中访问监控器可以防止篡改，能够对系统安全性进行分析和测试。该级别的计算机信息系统扩充了审计机制，还提供了系统恢复机制，并能提供较强的抗渗透能力。

安全保护等级越高计算机信息系统安全保护能力就越强，不同等级的计算机信息系统中采用不同的安全措施，以提供不同的安全功能和响应机制。

2.4.2 信息系统安全评估模型

信息安全评估作为信息安全管理的核心内容，是检测信息安全系统脆弱性和安全威胁的主要方法，其主要目的是对安全威胁可能导致的灾难性后果给出准确的估计。由于计算机信息系统安全受系统要素、环境因素和其他安全要素的影响，因此要准确地评估计算机信息系统的安全性，必须构建合适的信息系统安全评估模型，通过模型对计算机信息系统安全进行准确的评估，并给出评估结果用于指导计算机信息系统的安全管理。常见信息系统安全评估模型如下。

1. 多级安全模型

多级安全模型是指将计算机信息系统分成不同安全级别的子系统，并且各子系统之间可以进行安全的信息交互的安全评估模型。多级安全模型授予系统用户不同的访问级别，并且系统处理的数据也有不同的类别，另外，位于给定安全等级内的主体不能读取位于较高安全等级内的数据。多级安全模型是使用职责分割来避免授权用户对数据执行未经授权的修改，即通过用户分级方式来保护数据的完整性。

2. 信息流模型

信息流模型是指基于计算机信息系统中的信息流而建立的计算机信息系统安全评估模型，主要评估内容是计算机信息系统的客体之间的信息传输过程的控制。信息流模型遵守的安全规则是当系统状态转换时要保证信息流只能从访问级别低的状态流向访问级别高的状态。信息流模型实现安全评估的关键是能够对模型的信息流进行全面的分析，首先找出所有的信息流，并根据信息流的安全规则判断哪些信息流是异常信息流，如果存在异常信息流就必须反复修改系统的描述或模型，直到所有的信息流正常为止。

3. 多边安全模型

多边安全模型是主要考虑计算机信息系统内并行的子系统间信息交互的安全评估模型。计算机用户访问数据不是受限于数据的秘密级别，而是受限于主体已经获得了哪些数据的访问权限。多边安全模型将可能会产生访问冲突的数据分成不同的数据集，并规定所有用户最多只能访问一个数据集，并且用户只能访问与其他信息不冲突的信息。

4. 基于安全状态的安全模型

基于安全状态的安全模型是指对计算机信息系统的安全状态进行划分，并明确安全状态的划分依据、安全状态的属性以及安全状态间相互转换的过程和条件的安全评估模型。基于安全状态的安全模型是根据当前计算机系统所处的安全状态来判断其安全性级别，并能够制定相应的改进措施使计算机信息系统安全达到指定级别。

5. 基于安全保证组件的评估模型

基于安全保证组件的评估模型是指通过提高计算机信息系统的安全保证组件的安全性能来构建新的安全评估保证级的安全评估模型。基于安全保证组件的评估模型中通过对安全保证组件的属性调整可以建立不同安全评估保证级，保证级是计算机信息安全系统的安全水平和安全功能的级别划分。

2.4.3 信息系统安全评估流程

信息系统安全评估是通过度量信息安全系统的脆弱性和安全威胁，确定信息系统的风险，并采取相应的安全措施将安全风险降低到可接受的水平。信息系统安全评估的主要对象包括资产、威胁、脆弱性和风险，主要过程是根据信息安全技术和管理标准，对计算机信息系统以及由其处理、传输和存储的信息的机密性、完整性和可用性等安全属性进行评价。信息系统安全评估流程包括风险评估准备、资产识别、威胁识别、脆弱性识别、已有安全措施确认和风险分析。

1. 评估准备

评估准备是明确信息系统安全评估的目标和范围，确定评估对象的网络规模、结构和复杂度，了解当前信息系统的安全管理制度、采取的系统安全措施以及系统的运行情况。主要步骤为确定目标、确定范围、组建团队、系统调研、确定依据和制定方案。

2. 资产识别

资产识别是收集和掌握评估对象的资产信息，目的是掌握每个系统对象满足机密性、完整性和可用性的程度，以及系统对象的安全性没有达到要求时对系统的机密性、完整性和可用性的影响程度，其内容主要包括资产分类和资产赋值。

3. 威胁识别

威胁识别是根据信息系统的安全运行环境和系统运行记录掌握安全威胁的可能性、威胁的属性和威胁发生频率。安全威胁的内容包括威胁的来源、主体、资源、动机和途径等信息，主要获得途径是安全管理人员的问询和入侵检测系统的报警信息。信息系统的威胁因素可以分为人为因素和环境因素，信息系统风险评估者根据经验和统计数据对威胁作出判断，其中威胁出现的频率是评价威胁的一个重要内容。

4. 脆弱性识别

脆弱性识别是信息系统安全风险评估的关键环节，是以资产为核心，识别资产可能存在的脆弱性，并对资产的脆弱程度进行评估。信息系统的脆弱性主要包括技术脆弱性和管理脆弱性，管理脆弱性检查主要依靠发放调查问卷、问询系统安全管理员和分析现有的管理制度，技术脆弱性检查主要是利用专业的检测工具对评估系统的被检测对象进行全面的检测和识别，主要被检查对象有物理设备、网络系统、应用与服务以及系统管理制度等。

5. 已有安全措施确认

已有安全措施确认是在做安全风险分析之前对已有的系统安全措施进行核实和评估，判断已有的安全措施是否符合系统安全需求，主要包括系统的安全控制措施、管理措施和操作措施的评估和确认。安全措施的确认主要是评估安全措施的有效性，即安全措施是否降低了系统的脆弱性和提高了抗风险能力，因为有效的安全措施可以降低安全事件的发生率，也可以降低安全事件产生的不良影响。安全措施包括预防性安全措施和保护性安全措施两种，预防性安全措施可以降低系统的脆弱性，保护性安全措施可以减少安全事件对系统造成的影响。

6. 风险分析

风险分析就是通过信息系统的风险计算给出系统风险的评估结果，并给出具体的风险控制措施，降低信息系统安全风险。信息系统风险的要素包括资产、威胁和脆弱性，风险分析的目的是确定资产的威胁和脆弱性对系统风险的影响程度。风险分析主要包括风险计算、风险结果判断、风险处理和风险评估，风险计算是通过量化系统资产风险的方式来确定系统风险水平。

本章小结

本章主要介绍了计算机通信网络安全的基础知识，主要包括计算机通信网络的体系结构、安全通信协议、网络安全技术以及网络安全管理与风险评估等。需要重点掌握计算机通信网络的体系结构和网络安全通信协议，初步了解网络安全技术基础知识，能够掌握网络通信数据的保密性、完整性、可用性、可控性和身份可认证性的基本含义。同时，能够掌握网络操作系统和 Web 浏览器安全的基础知识，重点掌握信息系统安全评估的基本作用和意义，了解信息系统安全评估的通用标准和基本流程。

本章习题

1. 请简述常用的网络安全通信协议有哪些。它们的基本功能是什么？
2. 请简述目前我国网络通信安全的现状。
3. 请简述目前主要的网络安全防御技术有哪些。
4. 请简述目前网络攻击的主要手段有哪些。主要防御措施是什么？
5. 请简述目前网络操作系统主要有哪些。并简述它们各自的特点。
6. 请简述国内外信息安全的评估标准的发展现状。

第3章 信息安全技术

信息安全技术主要涵盖数学、密码学、通信、计算机、人工智能和安全工程等学科知识，是实现计算机网络系统安全通信的技术基础，也是实现通信数据的保密性、完整性、可用性、可控性以及不可否认性的安全技术手段。本章主要内容包括信息安全通信的基础知识、密码学技术基础、安全通信协议基础、常用的加密算法和标准、常用的数字签名算法和标准、密钥管理技术以及身份认证技术。

3.1 信息安全通信概述

信息安全的应用范围比较广，从电子商务交易安全到国家军事、政治以及社会基础设施安全。计算机网络系统与信息安全技术相结合，为电子商务交易提供了一个可靠的安全通信平台，电子交易实体可以通过公开网络传输电子交易数据。信息安全通信的主要目标是实现网络通信数据的保密性、完整性、可用性、可控性以及不可否认性。

3.1.1 信息安全通信的目标

信息安全通信是利用信息安全技术在安全的计算机通信网络上传输数据，保证通信数据的安全性，即通信数据的保密性、完整性、可用性、不可否认性以及可控性等。

- 保密性是指通信内容不被授权以外的人访问和控制，甚至隐蔽信息通信的行为事实。军方对信息保密性的要求远高于商业用户，军方的要求是在现有安全技术水平下尽可能地保证通信系统安全，而商业用户在考虑安全性的同时也会考虑安全系统的成本。
- 完整性是指信息在传输、接收或者储存的过程中未被篡改、未被破坏、未被插入、无延迟、未乱序和无丢失，并且能够正确识别信息是否被篡改以及篡改的具体位置。
- 可用性是指信息资源能够被合法用户随时访问和控制，并且在权限许可范围内对信息资源进行操作和处理。信息资源的可用性在系统遭受网络攻击、病毒感染、系统崩溃、战争和自然破坏时显得尤为重要。
- 不可否认性是指信息的处理者不能否认其曾经对信息做过的处理行为，主要目的是防止通信实体日后否认网络通信行为。不可否认性能够防止抵赖，是电子交易系统必须具备的功能，例如在电子商务交易过程中形成的电子合同必须具备不可否认性。
- 可控性是指能够对通信数据和通信系统实施可靠的控制，主要包括授权、审计、责任认定、传播源追踪和监管等控制。可控性是能够限制和控制主体对系统或数据的访问，避免非授权用户的登录、阅读、修改、执行等非法操作。

3.1.2 信息安全通信的基本原理

信息安全通信的参与实体可以分为发送方和接收方。发送方通过数字签名和加密技术将明文信息转换成密文在公开的网络上传输，接收方收到发送方发送的密文信息，首先对密文信息进行解密处理，然后再对接收到的信息进行身份认证和完整性校验，验证无误后接收方接受发送方的数据。如图 3-1 所示的网络通信协议是利用数字证书实现网络安全通信的具体过程，该通信协议需要通信双方拥有各自的数字证书，该协议可以实现信息安全通信的保密性、完整性和身份可认证性。

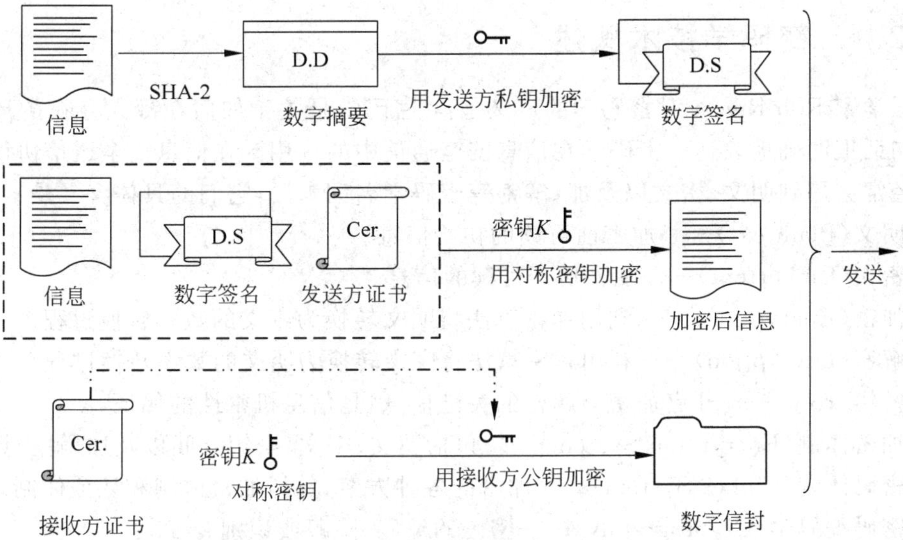

(a) 通信发送方

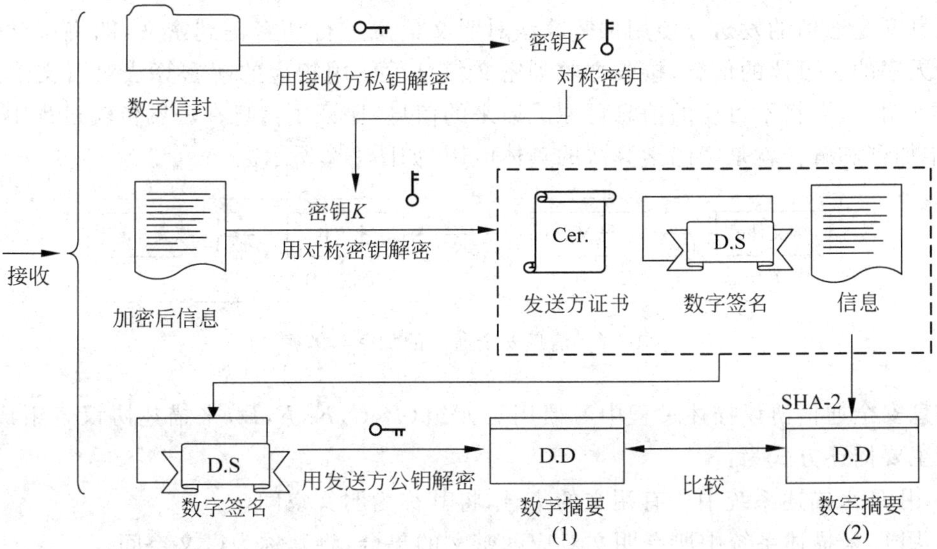

(b) 通信接收方

图 3-1 数字证书安全通信原理

3.2 密码学技术基础

密码学是以数学理论为基础,通过研究和设计安全、可靠的密码编码方法来实现信息安全通信的科学,主要包括密码编码和密码分析与破译。密码学的主要研究对象是密码编码,通过分析密码编码的安全性、执行效率和安全强度来评估密码编码的性能。密码学是信息安全技术的核心,是实现通信保密、数字签名和身份认证等信息安全技术的基石,也是构成各种网络安全通信协议和电子商务安全支付协议的基本组成单元。

3.2.1 密码学技术概述

密码学家 Ron Rivest 对密码学的定义是:"密码学是关于如何在敌人存在的环境中通信",这句话很明确地表达了密码学在信息安全通信中的作用。在信息安全通信协议的描述过程中经常会用到明文、密文以及加/解密等密码学名词术语,它们的具体含义是:

- 明文(Plaintext)——加密前可读的初始信息。
- 密文(Ciphertext)——加密后不可读的信息。
- 加密(Encryption)——利用加密算法将明文转换为密文的数学转换过程。
- 解密(Decryption)——利用解密算法将密文转换为明文的数学转换过程。
- 密钥(Key)——开启加密与解密的关键信息,是信息机密性的保证。
- 加密体制(Encryption System)——包括明文、密文、密钥空间以及加/解密算法。
- 密码体制(Cipher System)——加密的各种方案,包括加密体制和认证体制。
- 密码编码学(Cryptography)——密码的编码、隐藏或识别。
- 密码分析学(Cryptanalysis)——通过密码分析实现伪造或破译。
- 密码学(Cryptology)——密码编码学和密码分析学的统称。

信息安全通信的发送方使用加密算法对明文信息进行加密得到密文,即将可读的信息转换为无序的不可读的信息,接收方收到密文信息后使用相应的解密算法对密文信息进行解密得到明文,即将不可读的信息还原成原来的信息,保证了信息在公网传输过程中的保密性,其中加密和解密就是密码学算法的具体应用,如图 3-2 所示。

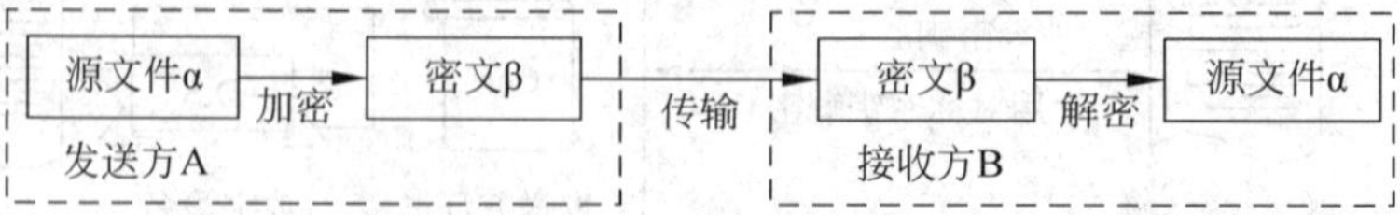

图 3-2 信息安全通信的加密与解密

信息安全通信协议描述过程中习惯用五元组(P,C,K,E,D)来描述协议各组成元素,它们的主要描述方式为:

- 用 P 来描述系统中所有明文的集合,将其称为明文空间。
- 用 C 来描述系统中所有明文对应的密文的集合,将其称为密文空间。
- 用 K 来描述系统中所有的密钥的集合,将其称为密钥空间。
- 对于任意的密钥 $k\in K$,用 $c=E_k(m)$来表示加密过程,用 $m=D_k(c)$来表示解密过程，其中 $m\in P, c\in C$。

随着网络技术的发展，密码学已经应用于政治、经济和生活的各个领域中，并逐步发展为与数学、计算机科学、电子通信、微电子等技术相结合的交叉性科学。基于密码学的信息安全技术已经被广泛地应用于信息安全通信系统的各个环节，例如电子商务安全交易、电子政务、电子银行和电子证券等网上业务。

1. 算法的分类

按照历史发展阶段可以将加密算法划分为古典密码和现代密码。古典密码是基于字符替换的密码，随着计算机技术的发展，密码破解效率不断提高，古典密码已经不具备安全保密功能，但是它代表了密码的起源。

按照加密密钥和解密密钥是否相同可以将加密算法分为对称加密算法和非对称加密算法。

- 对称加密算法是指加密密钥和解密密钥相同，此类算法也叫单密钥加密算法和私钥加密算法。
- 非对称加密算法是指加密密钥和解密密钥不同，此类算法也叫双密钥加密算法和公钥加密算法。

按照加密算法的加密模式可以将加密算法划分为序列密码和分组密码。

- 序列密码是按二进制位或字节对明文信息进行加密，也称为流密码。序列密码主要用硬件实现，例如数字电视信号的加密。
- 分组密码是加密前将明文按照固定长度进行分组，然后对每个明文分组分别进行加密，将所有密文连接起来得到最终的密文。分组密码主要用软件实现，例如 DES(Data Encryption Standard，数据加密标准)算法。

2. 古典密码

古典密码中最具有代表性的是换位密码，就是用某个字符来代替另外一个字符，实现加密的编码方法。最早的换位密码是由 Julius Caesar 发明的凯撒密码，主要原理是字母表中的每个字母用它之后的第 k 个字母代替。以循环方式连接字母表，即字母 Z 之后就跟着字母 A，比如当 $k=6$ 时：

明文为 a b c d e f g h i j k l m n o p q r s t u v w x y z

密文为 g h i j k l m n o p q r s t u v w x y z a b c d e f

如果被加密的明文信息为 University，则：

明文为 University

密文为 Atobkxyoze

3. 分组密码

分组密码是将明文信息按照固定长度进行分组，然后对每个明文分组分别进行加密处理得到对应的密文，将所有密文分组连接起来得到最终密文信息。分组密码的主要工作模式有四种，分别是电码本模式、密码块链接模式、密码反馈模式和输出反馈模式。

1) 电码本模式

ECB(Electronic Code Book，电码本)模式是典型的分组密码工作模式，首先将给定明

文 x 进行分组 $x=x_1x_2\cdots x_i$，每个分组 x_i 的长度分别为 b 比特，e_k 是分组加密算法，产生密文分组 $c_i=e_k(x_i)$，依次将 c_i 连接起来就得到密文信息 c，即 $c=c_1c_2\cdots c_i$，假设使用 DES 加密算法，每个分组的长度为 64 比特，加密过程如图 3-3 所示。电码本模式最适合处理较短的明文信息，因为相同明文分组得到的密文是相同的，当明文信息较长时容易出现重复的分组信息，这样会降低分组密码的安全性。

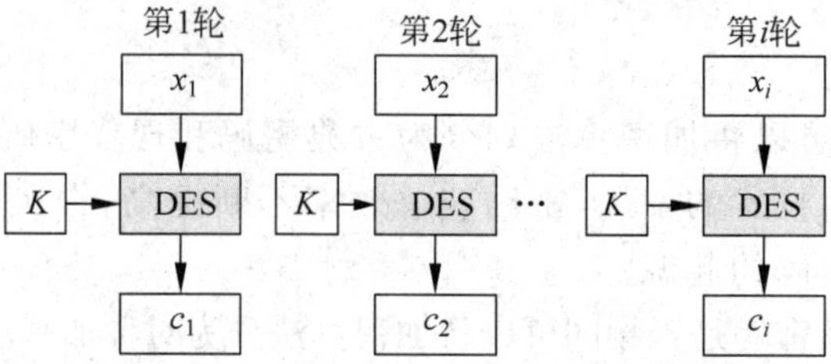

图 3-3 电码本 ECB 模式

2）密码块链接模式

CBC（Cipher Block Chaining，密码块链接）模式首先将给定明文 x 进行分组 $x=x_1x_2\cdots x_i$，每个分组 x_i 的长度分别为 b 比特，e_k 是分组加密算法，其中 IV 是一个 b 比特的初始向量。向量 IV 首先与明文的第一个分组进行按位的异或运算，将得到的结果进行加密得到对应的密文，然后该密文分组再参与下一个明文分组的加密运算。假设使用 DES 加密算法，每个分组的长度为 64 比特，如图 3-4 所示。密码块链接模式可以阻止对分组实施重放、插入和删除等攻击，但是此模式会导致错误在分组间传播。

$$c_1 = e_k(x_1 \oplus IV)$$
$$c_2 = e_k(x_2 \oplus c_1)$$
$$\vdots$$
$$c_i = e_k(x_i \oplus c_{i-1})$$

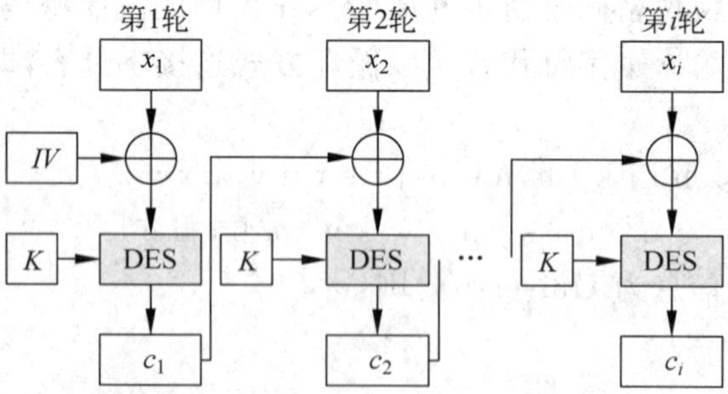

图 3-4 密码块链接 CBC 模式

3）密码反馈模式

CFB（Cipher Feedback，密码反馈）模式首先将给定明文 x 进行分组 $x=x_1x_2\cdots x_i$，每个分组 x_i 的长度分别为 b 比特，e_k 是分组加密算法，其中 IV 是一个 b 比特的初始向量。假设使用 DES 加密算法，每个分组的长度为 64 比特，首先将初始向量 IV 输入一个 64 比特的移位寄存器，加密算法输出的最左 j 位与明文的第一个分组 x_1 进行异或运算，产生密文的第一个单元 c_1，然后将移位寄存器的内容向左边移动 j 位，将前者得到的 c_1 添加到移位寄存器的最右边,以此类推,如图 3-5 所示。密码反馈模式适合以比特或者字节为单位的数据加密,但是此模式会导致错误在分组间传播。

$$z_1 = e_k(IV), \quad c_1 = x_1 \oplus z_1$$
$$z_2 = e_k(c_1), \quad c_2 = x_2 \oplus z_2$$
$$\vdots \qquad\qquad \vdots$$
$$z_i = e_k(c_{i-1}), \quad c_i = x_i \oplus z_i$$

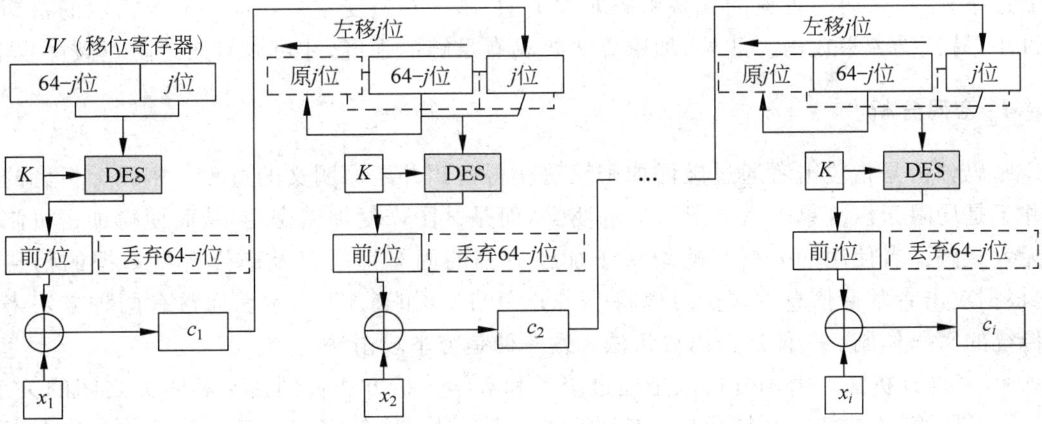

图 3-5 密码反馈 CFB 模式

4）输出反馈模式

OFB(Output Feedback,输出反馈)模式首先将给定明文 x 进行分组 $x=x_1x_2\cdots x_i$,每个分组 x_i 的长度分别为 b 比特,e_k 是分组加密算法,其中 IV 是一个 b 比特的初始向量。假设使用 DES 加密算法,每个分组的长度为 64 比特,输出反馈模式的结构类似于密码反馈模式,不同之处在于输出反馈模式是将加密算法的输出反馈到移位寄存器,而不是将密文输出反馈到移位寄存器,如图 3-6 所示。它解决了 CFB 模式中传输过程中的比特错误会被传播的问题,但是比起 CFB 模式要更加容易遭受对消息流的篡改攻击。

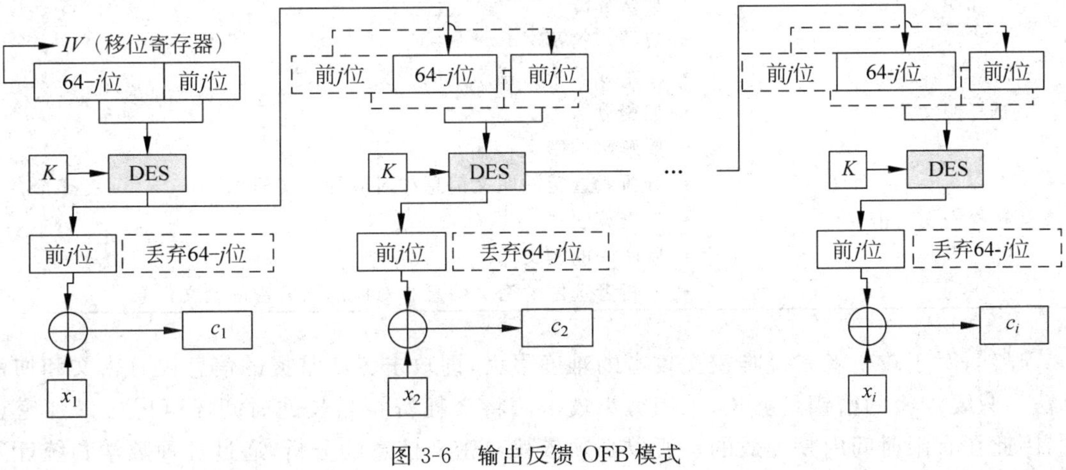

图 3-6 输出反馈 OFB 模式

$$z_1 = e_k(IV), \quad c_1 = x_1 \oplus z_1$$
$$z_2 = e_k(z_1), \quad c_2 = x_2 \oplus z_2$$
$$\vdots \qquad\qquad \vdots$$
$$z_i = e_k(z_{i-1}), \quad c_i = x_i \oplus z_i$$

通过对四种分组加密模式的具体分析,可以发现分组的大小会对分组加密的安全性产生较大影响,此外,加密算法的加密强度和密钥长短也会影响分组加密的安全性。如果分组长度过小,分组密码与古典的代替密码非常类似,系统易遭受攻击。如果分组密码的密钥长度过小,易遭受穷举攻击。此外,加密算法要具有足够的强度,才可以有效地阻止破译攻击。

4. 密码分析

密码分析是指攻击者通过破译加密算法获得密钥并还原明文的过程。密码分析者的目标并不是局限于恢复单个密文所对应的明文,而是试图恢复加密密钥,从而使得加密机制完全无效。破译者使用的分析策略取决于加密方案的固有性质以及破译者所掌握的信息数量,根据攻击者掌握信息的多少可以将攻击分为四类,如表 3-1 所示。通常有两种方法来破译传统的密码体制:一种是密码分析法;另一种是穷举攻击法。

- 密码分析法。密码分析法是通过统计和数学分析方法找到密文和明文之间的关系,利用算法的特征来推导出对应的明文,甚至是对应的密钥。密码分析法对攻击者获得的信息质量要求非常高,分析效率依赖于算法的类别和性质,以及明文的一般特征。
- 穷举攻击法。穷举攻击法是指攻击者穷举所有可能的密钥,直到发现能够解密的密钥为止。此种攻击方法非常简单,主要利用现代计算机的高速性来实现攻击。

表 3-1 密码分析的攻击类型

攻击类型	密码分析者掌握的信息
唯密文攻击	• 加密算法 • 要解密的密文
已知明文攻击	• 加密算法 • 要解密的密文 • 一个或多个密钥产生的明文-密文对
选择明文攻击	• 加密算法 • 要解密的密文 • 分析者选定的明文信息和对应的密文信息
选择密文攻击	• 加密算法 • 要解密的密文 • 分析者选定的密文信息和对应的已解密的明文信息

显然,对于攻击者来说唯密文攻击的难度最大,即攻击者所掌握的信息仅有密文和加密算法。只要加密的密钥足够长,采用穷举攻击法将会耗费相当长的时间才可以破译加密算法,因此在有限时间内是无效的。所以必须依赖对密文信息的分析,通过各种数学和统计分析方法来破译加密算法。

因为攻击者掌握的信息较少,所以唯密文攻击是最容易抵抗的。但是攻击者会采取各种方法来获得更多的信息，通常攻击者利用各种文件特定格式来获取更多的明文和与之对应的密文信息，例如银行转账信息、C 程序以及 ASP 代码都具体固定格式的文件开头，攻击者根据这些信息可以获得更多的明文和密文对，使攻击变得更加容易。

攻击者也可以利用网络通信协议的一些漏洞来获取更多的加密信息，例如攻击者可以选择特定的明文信息诱骗网络通信协议对指定明文进行加密，这样使攻击方式转变为选择明文攻击从而明显降低了破译难度。

5. 加密体制的安全观念

判断加密体制是否安全有不同的观念，其中主要的观念有两种，即无条件安全和计算上安全。

无条件安全也称信息论安全，是指即使破译者拥有无限的计算能力和尽可能多的密文信息，但是都无法解出对应的明文和获取明文的相关信息，即使解出了，也无法验证结果的正确性。

计算上安全是指破译加密体制所付出的计算代价和时间成本超出密文信息的本身价值，并且破译密码的时间超出密文信息的有效生命期，即破译已经失去实际意义。

密码破译的速度与采用的破译方法、计算机运算速度以及信息掌握程度都有密切的关系。如果一个加密算法在计算上是安全的，那么只有采用穷举法对系统进行破译。但是，随着密钥长度的增加穷举法所需要的时间呈指数规律增加，所以在计算机速度和破译时间合理的情况下，才能采用穷举攻击方法。如表 3-2 所示，使用穷举法破译不同密钥长度的分组加密算法时所需要的时间。其中 DES 加密算法的密钥长度是 56 位，三重 DES 加密算法的密钥长度是 168 位，AES 加密算法使用的最短密钥长度是 128 位。假设普通的计算机 $1\mu s$ 可以执行 1 次解密，假设大规模并行计算机 $1\mu s$ 可以执行 10^6 次解密。表 3-2 的数据表明使用大规模并行计算机破译 DES 加密算法已经非常容易，因此 DES 加密算法或安全强度低于 DES 的加密算法不再是计算上安全的。

表 3-2 穷举法解密所需的平均时间

密钥长度(位)	密钥个数	1μs 执行 1 次解密	1μs 执行 10^6 次解密
26 个字符	$26! = 4\times10^{26}$	$10^{26}\mu s = 6.4\times10^{12}$ 年	6.4×10^{6} 年
32	$2^{32} = 4.3\times10^{9}$	$2^{31}\mu s = 35.8$ 分钟	2.15ms
56	$2^{56} = 7.2\times10^{16}$	$2^{55}\mu s = 1142$ 年	10.01 小时
128	$2^{128} = 3.4\times10^{38}$	$2^{127}\mu s = 5.4\times10^{24}$ 年	5.4×10^{18} 年
168	$2^{168} = 3.7\times10^{50}$	$2^{167}\mu s = 5.9\times10^{36}$ 年	5.9×10^{30} 年

3.2.2 对称密钥加密技术

对称密钥加密技术是指加密的密钥与解密的密钥相同，也称为常规加密、单密钥加密或私钥加密。对称加密算法具有较高的执行效率，因此在实际网络通信系统中主要使用对称加密算法来加密通信数据，但是对称加密算法也有自身的弱点，即不能解决首次对称密钥传输问题，即发送方随机产生一个对称加密密钥，但是无法通过公开网络传送给接收方，必须借助其他方法传输密钥。在 1976 年之前，即公钥加密出现之前，只有对称加密这一种加密类型，现在对称加密依然使用很广泛。

常用的对称密钥加密算法有以下几种：

- 数据加密标准(Data Encryption Standard，DES)。
- 三重数据加密标准(Triple DES，3DES)。
- 国际数据加密算法(International Data Encryption Algorithm，IDEA)。
- 高级加密标准(Advanced Encryption Standard，AES)。
- RC4 和 RC5。

对称加密算法的基本模型如图 3-7 所示，主要由五个部分组成：

- 明文(Plaintext)——是加密前的可读信息，是加密算法的输入信息。
- 密钥(Secret Key)——开启加密与解密的关键信息，是信息机密性的保证。
- 密文(Ciphertext)——是加密后的不可读信息，是加密算法的输出信息。
- 加密算法(Encryption Algorithm)——是将明文转换为密文的数学转换过程。
- 解密算法(Decryption Algorithm)——是将密文转换为明文的数学转换过程。

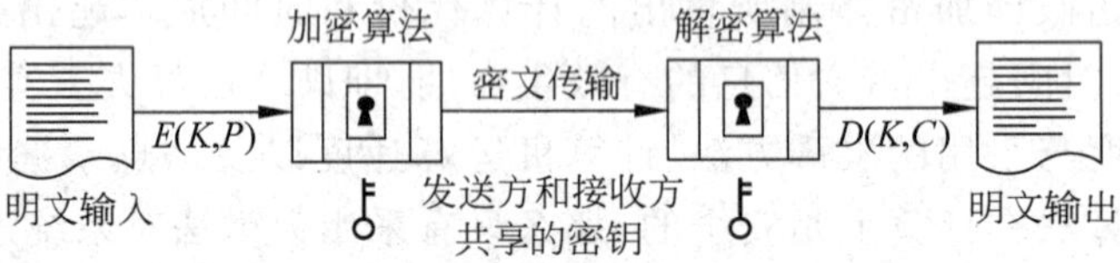

图 3-7 对称加密的基本模型

对称加密算法的速度优势使其成为数据通信的主要加密算法，因此要保证信息通信的安全性需要对称加密算法具备足够的加密强度，此外，由于对称加密算法的通信双方共享一个密钥，需要有安全的密钥共享渠道，因此对称加密要满足两个基本要求：

- 对称加密算法要具有足够的加密强度，攻击者在获得足够的明文和密文对的情况下，利用现有的计算机和数学知识在有效的时间内都无法破译加密算法，即对称加密算法可以达到计算上是安全的设计水平。
- 发送者和接收者之间建立密钥共享渠道，对称加密算法的首次通信密钥传输问题是它本身固有的弱点，因此首先在通信双方间建立一个安全通道实现密钥的传输，通常会采用公钥加密来解决对称加密的密钥传输问题。

利用对称加密算法实现保密通信的过程如图 3-8 所示。通信双方通过安全信道传输对称加密的密钥，通信双方在协商好通信密钥后，使用对称加密算法在公共网络上进行保密通信。破译者获得的基本信息包括加密算法和密文，只能在此基础上进行分析和破译。

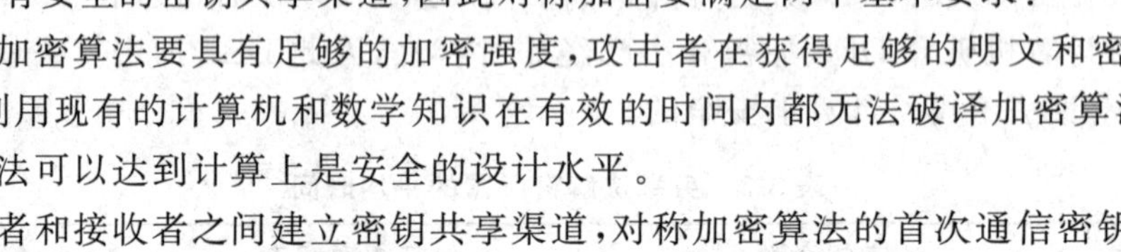

图 3-8 对称加密算法的保密通信过程

通常为描述方便，用 E 表示加密，用 D 表示解密，用 K 表示密钥，用 P 表示明文，用 C 表示密文，可以使用数学表达式来描述对称加密算法。

发送方利用密钥 K 将明文信息 P 加密得到密文 C，可以用数学表达式将加密过程表示为

$$C = E(K, P)$$

接收方利用密钥 K 将密文信息 C 解密得到明文 P，可以用数学表达式将解密过程表示为

$$P = D(K, C)$$

3.2.3 非对称密钥加密技术

非对称加密也称公钥加密，是整个密码学发展历史上最伟大的贡献。非对称加密技术是现代密码学应用的基础和核心，可以用于实现信息的保密通信和身份认证。理解公钥加密算法的基本原理需要掌握一些数论的基本概念和知识，例如素数、求余运算以及互素等概念。

1. 素数

素数是指只能被 1 和它自身整除的整数，其中 1 除外。若整数 $p>1$ 是素数，当且仅当它只有因子 ± 1 和 $\pm p$，通常加密算法和协议中只讨论非负整数。关于素数仍需注意以下几点：

(1) 对于任意整数 $a>1$ 可以被唯一地因数分解为 $a=p_1^{a_1} p_2^{a_2} \cdots p_n^{a_n}$，其中 $p_1, p_2, \cdots, p_n$ 是素数，满足 $p_1<p_2<\cdots<p_n$，且 $a_1, a_2, \cdots, a_n$ 是正整数。

(2) 素数的个数有无穷多个。

(3) 设 $\pi(x)$ 表示所有不大于 x 的素数的数目，则有

$$\lim_{x \to \infty} \pi(x) \ln x / x = 1$$

当 x 足够大时，$\pi(x)$ 可以用 $x/\ln x$ 近似表示，其中 $\ln x$ 表示自然对数。

2. 互素

设 a、b 为两个整数，将 a 和 b 的最大的公共约数称为 a、b 的最大公约数，记为 $\gcd(a, b)$，当 $\gcd(a, b)=1$ 时，称 a、b 互素。

3. 费马定理

费马定理有时被称为费马小定理，若 p 是素数，且 a 与 p 互素，则有

$$a^{p-1} \equiv 1 (\bmod p)$$

证明：

对于小于 p 的正整数集合 $\{1, 2, \cdots, p-1\}$，用 a 乘以集合中的每个元素，并分别对 p 取模，得到集合 X。

$$X = \{a \bmod p, 2a \bmod p, \cdots, (p-1) a \bmod p\}$$

因为$a\neq 0$不能被p整除，所以X中的元素互不相等且不为0。

模运算的基本性质：若a与n互素，且$(a\times b)\equiv(a\times c)(\bmod n)$，那么$b\equiv c(\bmod n)$。

因为a与p互素，假设存在$ma\equiv na(\bmod p)$且有$1\leqslant m<n\leqslant p-1$，所以根据模运算性质可以将等式两边的$a$消除，即$m\equiv n(\bmod p)$。但是由于$m\neq n$且小于$p$，因此假设不成立，$X$集合中的元素都是正整数且互不相等。

X集合中的元素互不相等，并且集合内全部整数模p以后的余数最多有$p-1$个，分别是$1,2,\cdots,p-1$，而集合X中恰好有$p-1$个数，所以集合X中的元素模p以后的余数一定正好包含集合$Y=\{1,2,\cdots,p-1\}$所有的元素。将集合X和Y的所有元素分别相乘，并对p取模，则有

$$a\times 2a\times\cdots\times(p-1)a\equiv[(1\times 2\times\cdots\times(p-1))](\bmod p)$$

$$a^{p-1}(p-1)!\equiv(p-1)!(\bmod p)$$

根据取模运算性质，得到

$$a^{p-1}\equiv 1(\bmod p)$$

这里可以举个例子：设$a=5,p=7$，则

$$5^6=5^3\times 5^3\equiv 6\times 6\equiv 1\bmod 7$$

$$a^{p-1}=5^6\equiv 1\bmod 7$$

费马定理的另外一种表示形式为：若p是素数且a是任意正整数，则

$$a^p\equiv a(\bmod p)$$

请注意，这种形式下的前提条件是不要求a与p互素的。

4. 欧拉定理

首先引入数论中一个非常重要的概念，即欧拉数$\phi(n)$。欧拉数$\phi(n)$是指在区间$[1,n]$中与n互素的正整数的个数，令$\phi(1)=1$。

例如计算$\phi(20)$的值，首先列出所有小于20且与20互素的值：

1,3,7,9,11,13,17,19

则$\phi(20)=8$。

若p是素数，则$\phi(p)=p-1$，因为区间$[1,p-1]$中的所有$p-1$个整数都与p互素。

若p和q是两个素数，且$p\neq q$，对于$n=pq$，则n的欧拉数为

$$\phi(n)=\phi(p\cdot q)=\phi(p)\times\phi(q)=(p-1)\times(q-1)$$

表3-3列举了$\phi(n)$的前30个数的欧拉值。

表3-3 前30个数的欧拉数

n	$\phi(n)$	n	$\phi(n)$	n	$\phi(n)$
1	1	11	10	21	12
2	1	12	4	22	10
3	2	13	12	23	22
4	2	14	6	24	8
5	4	15	8	25	20
6	2	16	8	26	12
7	6	17	16	27	18

续表

n	$\phi(n)$	n	$\phi(n)$	n	$\phi(n)$
8	4	18	6	28	12
9	6	19	18	29	28
10	4	20	8	30	8

欧拉定理：对于任意两个整数 a 与 n，且满足 a 与 n 互素，有

$$a^{\phi(n)} \equiv 1(\bmod n)$$

证明：

设小于 n 且与 n 互素的正整数集合 $Zn=\{x_1,x_2,\cdots,x_{\varphi(n)}\}$。

由于 $\gcd(a,n)=1$，且 $\gcd(x_i,n)=1$，对 $1\leqslant i\leqslant\varphi(n)$，则有 ax_i 与 n 互素。因此 ax_1，ax_2，$\cdots$，$ax_{\varphi(n)}$ 构成 $\varphi(n)$ 个与 n 互素的数，且两两不同余。

因此对于任意 x_i，$a\cdot x_i \bmod n$ 必然是集合 Zn 的一个元素。

设集合 $S=\{a\cdot x_1 \bmod n, a\cdot x_2 \bmod n,\cdots,a\cdot x_{\varphi(n)} \bmod n\}$。则 $S=Zn$，分别计算两个集合中各元素的乘积，有

$$ax_1\cdot ax_2\cdot\cdots\cdot ax_{\varphi(n)}\equiv x_1\cdot x_2\cdot\cdots\cdot x_{\varphi(n)} \bmod n$$

因为，若有 x_i，x_j 使得 $ax_i\equiv ax_j \bmod n$，则由于 $\gcd(a,n)=1$，可消去 a，从而 $x_i\equiv x_j \bmod n$。

由于 x_1，x_2，$\cdots$，$x_{\varphi(n)}$ 与 n 互素，故有 $a^{\varphi(n)}\equiv 1 \bmod n$ 成立。

5. 公钥加密基础

Whitfield Diffie 和 Martin Hellman 在 1976 年首次公开提出公钥加密思想。设计思想与对称密码完全不同，公钥密码是基于数学函数而非初等替换与置换，并且不像早期密码学中的对称密码那样通信双方只使用一个共享密钥，公钥密码是非对称的，使用两个完全不同并且相互独立的密钥，可以实现保密通信、密钥分发和身份认证等功能。

公钥密码学的出现解决了传统密码学中最难以解决的两个问题：密钥分发和数字签名。利用对称加密分发通信密钥主要有以下两个方法：

- 通过建立的安全传输通道传输对称加密的共享密钥。
- 利用密钥分配中心分发对称加密密钥。

建立安全的传输通道成本耗费较高，并且安全性较低，此外密钥需要经常变动以防止密钥泄露。因此，任何对称密码系统的强度都与密钥分发方法有密切联系。利用密钥分配中心分发密钥增加了密钥协商的复杂性，同时增加了通信系统的额外开销，另外，建立密钥分配中心有悖于密码学的精髓——保密性，公钥密码发明人 Whitfield Diffie 和 Martin Hellman 就曾经提到："如果必须要求用户与 KDC(Key Distributing Center，密钥分配中心)共享他们的密钥，这些密钥可能因为盗窃或索取而被泄露，那么设计不可破的密码体制究竟还有什么意义呢？"

公钥密码学的出现解决了数字签名问题，利用公钥加密体制可以实现网络通信数据的数字签名与数字认证，可以验证通信数据发送方的身份。目前，公钥加密体制已经成为网络通信实体身份认证的基础，广泛地应用于军事、政治和经济领域。

6. 公钥加密基本模型

公钥加密和认证的基本模型如图 3-9 所示，主要由六个部分组成，分别是明文、密文、加密算法、解密算法以及公钥与私钥。

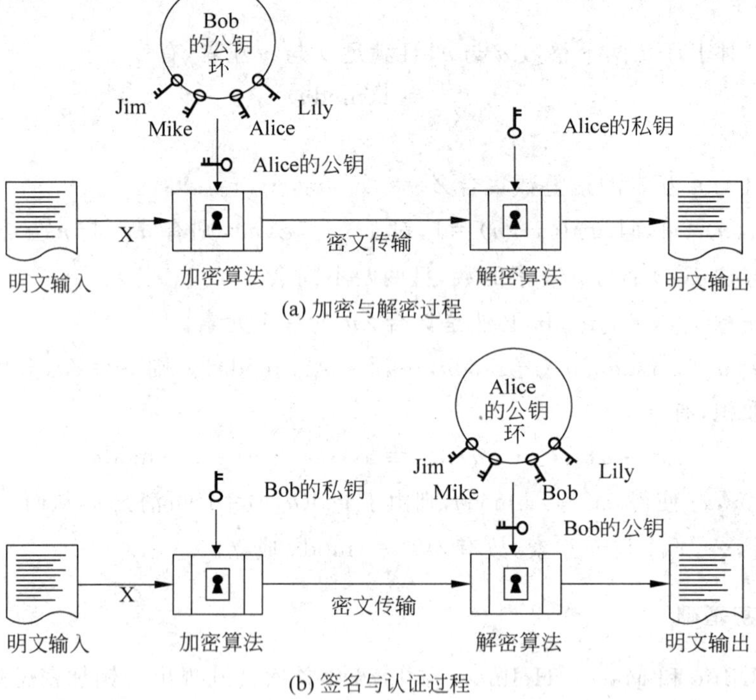

图 3-9 公钥加密和认证的基本模型

公钥加密算法的基本操作步骤如下：

(1) 每个用户随机产生一对密钥对，一个是公钥，即公开密钥，可以被其他用户下载，一个是私钥，即私有密钥，只有所有人知悉。密钥对可以用来实现数据加密与解密和数字签名与认证。

(2) 每个密钥对结合使用，用公钥加密的信息必须用私钥解密，同理用私钥加密的信息必须用公钥解密。

(3) 若 Bob 要发消息给 Alice，那么 Bob 下载并使用 Alice 的公钥对消息进行加密得到密文，并将密文发送给 Alice。

(4) Alice 收到密文后，使用自己的私钥对密文进行解密，得到明文。因为 Alice 的私钥只有自己知悉，所以只有 Alice 才能解密密文。

公钥加密的数字签名与认证的基本操作步骤如下：

(1) 若 Bob 要发消息给 Alice，并向 Alice 证明此信息确实是他发给 Alice 的，那么 Bob 首先用自己的私钥对信息进行加密，得到的密文就是 Bob 的数字签名，然后将密文发送给 Alice。

(2) Alice 收到密文后，使用 Bob 的公钥对密文进行解密，对得到的明文进行验证就是数字认证。数字签名与数字认证是两个密切结合的过程，没有签名就没有认证。

对于公钥加密体制，任何参与网络通信的用户之间都能很容易地获得彼此的公钥，但是，私钥是在用户的本地生成，无须分发，并且其他用户很难获得。用户可以定期更换自己的密钥对，保证密钥的安全。

7. 公钥加密算法

RSA 和 Diffie-Hellman 算法是两种应用最广泛的公钥加密算法。RSA 加密算法是 1977 年由 Ron Rivest、Adi Shamir 和 Len Adleman 在麻省理工学院开发的，并于 1978 年首次公开发表。RSA 方案因其良好的安全性使其成为被最广泛接受和应用的公钥加密算法。

RSA 加密算法的主要步骤如下：

(1) 随机选择两个大素数 p、q，且 $p \neq q$，并计算 $n = p \times q$。

(2) 求 n 的欧拉数，因为 p、q 互素，且为素数，所以 $\varphi(n) = (p-1)(q-1)$。

(3) 随机选取整数 e，并满足 $\gcd(\varphi(n), e) = 1$，且 $1 < e < \varphi(n)$。

(4) 计算 d，并满足 $d \cdot e \equiv 1 \bmod \varphi(n)$。

(5) 公钥为 $PK = \{e, n\}$，私钥为 $SK = \{d, n\}$。

(6) M 为明文信息，且 $M < n$，加密过程为 $C = M^e \bmod n$，则对应的解密过程为 $M = C^d \bmod n$。

Rivest、Shamir 和 Adleman 提出的 RSA 算法使用了乘方运算，通过分组的方式对明文信息进行加密处理，只要保证每个明文分组对应的二进制数不大于 n 即可实现加密和解密。在实际应用中，分组的大小是 i 位，其中 $2^i < n \leqslant 2^{i+1}$。

假设输入的明文 $M = 88$，则 RSA 加密的基本过程如图 3-10 所示，具体步骤如下：

选择两个素数：$p = 17$ 与 $q = 11$。

计算 $n = pq = 17 \times 11 = 187$。

计算 $\varphi(n) = (p-1)(q-1) = 16 \times 10 = 160$。

随机选取 $e = 7$，使 e 与 $\varphi(n) = 160$ 互素，且小于 $\varphi(n)$。

计算 d，满足 $ed \equiv 1 \bmod \varphi(n)$ 且 $d < 160$。可知，存在整数 k，使得 $d \cdot e = k\varphi(n) + 1$，假设 $k = 1$，$7d = 160 + 1$，所以 $d = 23$。

最终得到 RSA 加密算法的公钥为：$PK = \{7, 187\}$，私钥为 $SK = \{23, 187\}$。

- 加密过程：计算 $C = 88^7 \bmod 187$。

$$88^7 \bmod 187 = [(88^4 \bmod 187) \times (88^2 \bmod 187) \times (88^1 \bmod 187)] \bmod 187$$

$$88^1 \bmod 187 = 88$$

$$88^2 \bmod 187 = 7744 \bmod 187 = 77$$

$$88^4 \bmod 187 = 59969536 \bmod 187 = 132$$

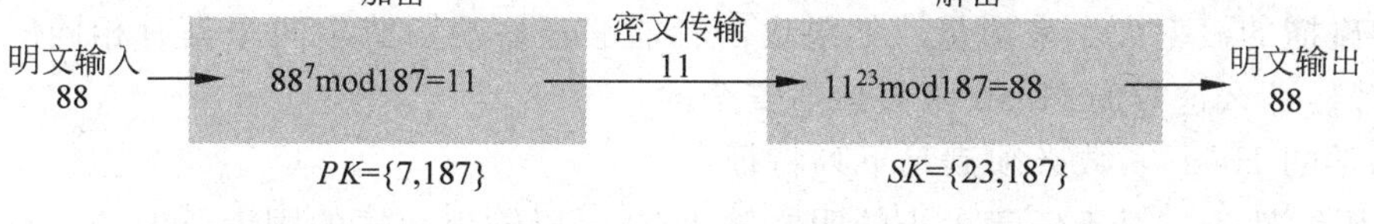

图 3-10 RSA 加密算法实例

$$88^7 \bmod 187 = (88 \times 77 \times 132) \bmod 187 = 894432 \bmod 187 = 11$$

• 解密过程：计算 $M=11^{23}\bmod 187$。

$$11^{23}\bmod 187 = [(11^1\bmod 187)\times(11^2\bmod 187)\times(11^4\bmod 187)\times(11^8\bmod 187)\times(11^8\bmod 187)]\bmod 187$$

$$11^1\bmod 187 = 11$$

$$11^2\bmod 187 = 121$$

$$11^4\bmod 187 = 14641\bmod 187 = 55$$

$$11^8\bmod 187 = 214358881\bmod 187 = 33$$

$$11^{23}\bmod 187 = (11\times 121\times 55\times 33\times 32)\bmod 187 = 79720245\bmod 187 = 88$$

3.2.4 两种加密技术的联合使用

公钥加密体制可以有效地解决对称加密体制的密钥分发问题，即对称加密的首次密钥传输问题。但是，公钥加密体制的运算速度远远低于对称加密体制的运算速度，并且运算过程复杂。加密和解密的过程运用了大量的幂运算，因此，在实际的网络通信过程中通信数据的加密和解密都采用效率较高的对称加密，而不采用公钥加密。基于公钥加密和对称加密各自的优点，实际的网络是联合两种加密技术来实现安全通信，如图 3-11 所示。

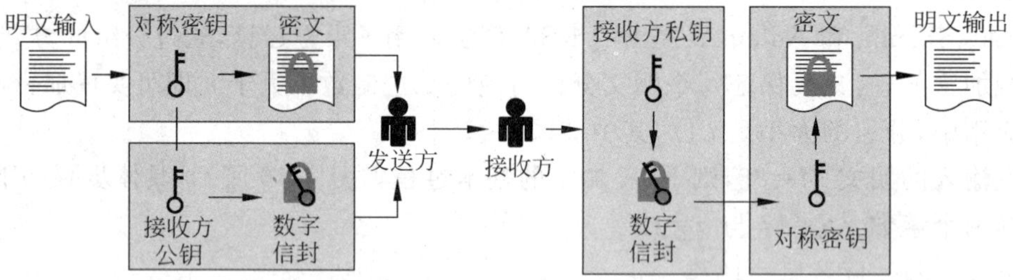

图 3-11 两种加密技术的联合使用

在如图 3-11 所示的联合加密体系中，使用对称加密算法(例如 AES 算法)加密通信数据，同时使用公钥加密算法(例如 RSA 算法)来传输对称加密算法的密钥，这样充分利用了两种算法的优点，既提高了通信数据加密和解密的速度，又解决了对称加密算法首次密钥传输的问题。

3.2.5 信息的数字摘要

数字摘要也被称为数字指纹，是将任意长度的明文信息转换为很短的固定长度的摘要信息，不同的明文信息得到不同的数字摘要。数字摘要算法，也称 Hash 函数，通常用 $H()$ 表示 Hash 函数，x 表示明文信息，则对应的数字摘要值为 $H(x)=y$。Hash 函数的安全性能由发生碰撞的概率大小来衡量。如果攻击者能够轻易地构造出两个具有相同的 Hash 值的不同信息，那么这样的 Hash 函数是不安全的。

密码学的 Hash 函数必须满足下列特征：

(1) 压缩性——对于任意大小的明文输入 x，可以输出较短的固定长度的 Hash 值。

(2) 高效性——对于任意大小的明文输入 x，容易用软件或硬件求 $H(x)=y$ 的值。

(3) 单向性——对于任意给定的明文信息 x 求 $H(x)=y$ 容易，但如果任意给定 y，求 x 满足 $H(x)=y$ 在计算上是不可行的，即求 Hash 函数的逆很困难。

(4) 弱抗碰撞性——对于任意给定的明文信息 x，找到 $x'\neq x$，满足 $H(x)=H(x')$ 在计算上是不可行的，就称 Hash 函数具有弱抗碰撞性。

(5) 强抗碰撞性——寻找任意的 (x,x') 对，满足 $H(x)=H(x')$ 在计算上是不可行的，就称 Hash 函数具有强抗碰撞性。

数字摘要算法通常用来实现通信数据的完整性校验，具体过程如图 3-12 所示。

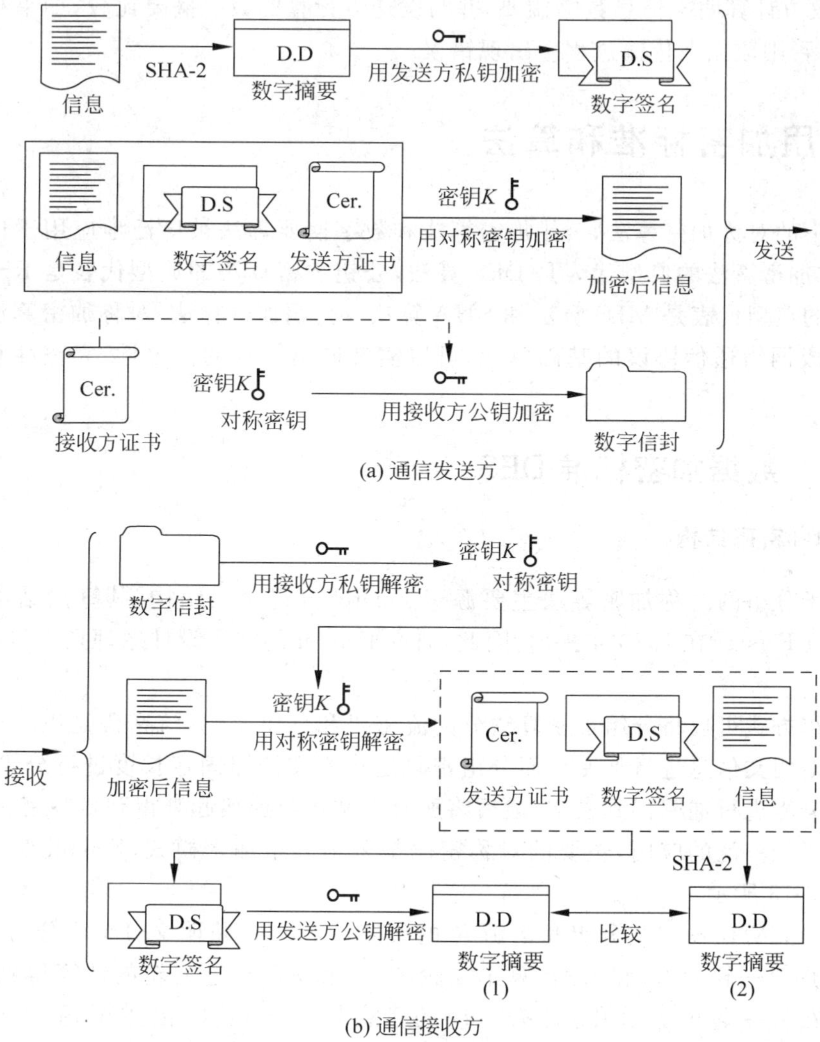

图 3-12 数字摘要算法在安全通信中的应用

发送方：

(1) 计算明文信息的数字摘要，使用发送方的私钥对数字摘要信息签名，得到数字签名。

(2) 使用对称加密算法加密明文信息、数字签名和发送方的数字证书，并将加密后的密文信息发送给接收方。

(3) 使用接收方公钥加密对称加密算法的密钥 K，形成数字信封，并将数字信封发给接收方。

接收方：

(1) 使用接收方的私钥解密数字信封，获得对称加密密钥 K。

(2) 使用对称加密密钥 K 对发送方发送的密文进行解密，得到明文信息、数字签名与发送方数字证书，并使用发送方公钥对数字签名信息进行解密，得到发送方计算的数字摘要。

(3) 接收方计算明文信息数字摘要，并与发送方计算的数字摘要比较，如果相等说明数据是完整的，否则数据在传输过程中出现错误。

3.3 常用加密标准和算法

密码学中的对称加密算法、公钥加密算法和数字摘要算法被广泛地应用于信息安全通信，其中对称加密算法的典型代表是 DES 算法，公钥加密算法的典型代表是 RSA 算法，数字摘要算法的典型代表是 MD5 算法和 SHA 算法。公钥加密算法、对称加密算法和数字摘要算法是构成网络通信协议的基础单元，可以实现通信数据的保密性、完整性和身份可认证性。

3.3.1 数据加密标准 DES

1. Feistel 密码结构

目前基于分组的对称加密算法主要源于 Feistel 分组密码结构，其算法结构是由 IBM 公司的 Horst Feistel 在 1973 年提出，因此，研究 Feistel 的密码设计原理是学习对称加密算法的基础。

根据分组方式可以将分组加密算法分为流密码和分组密码，流密码是以一个二进制位为分组单位对明文信息进行加密。而分组密码是将明文按照固定长度进行分组，然后依次对每个明文分组进行加密得到密文，最后将所有密文分组连接起来得到最终密文。目前，分组密码得到了较广泛的应用，主要的对称密码都采用分组加密模式，Feistel 对称加密算法的结构如图 3-13 所示。

Feistel 加密算法的明文分组和密钥 K 的长度是 $2w$ 位，将明文分组均分为左右两部分 L_0 和 R_0，利用第一轮的 L_0 和 R_0 计算第二轮的 L_1 和 R_1，经过 n 轮的计算得到长度为 $2w$ 位的密文。在每一轮的计算中，都有对应的子密钥参与运算，由主密钥 K 产生 n 个子密钥。

每轮加密算法相同，首先将 R_0 与 K_1 作为输入数据，经轮函数 F 运算后得到的输出数据与 L_0 进行异或运算，得到的结果作为下一轮的右半部 R_1，另外，R_0 直接作为下一轮的左半部分 L_1，依此算法完成 n 轮计算得到密文。

Feistel 分组密码结构是对称加密算法的设计基础，其具体实现依赖于以下参数：

- 分组大小——在其他条件不变的情况下，对称加密算法的分组越长加密算法的安全性越高，但是同时会降低加密和解密的速度。早期的对称加密算法的分组长度一般为 64 位，但是随着计算机速度的提高，目前越来越多的分组密码选择 128 位的分组长度。

- 密钥大小——密钥越长安全性越高，但是同时会降低加密和解密速度，目前对称加密算法普遍使用的密钥长度是 128 位。
- 迭代轮数——对称加密算法的迭代轮数越高安全性越高，但是轮数越高加解和解密的速度越低，通常使用的迭代轮数为 16 轮。
- 子密钥产生算法——通常子密钥产生的算法越复杂，密码的分析和破译就越困难。
- 轮函数——轮函数的复杂度越高，密码分析和破译的难度就越大。

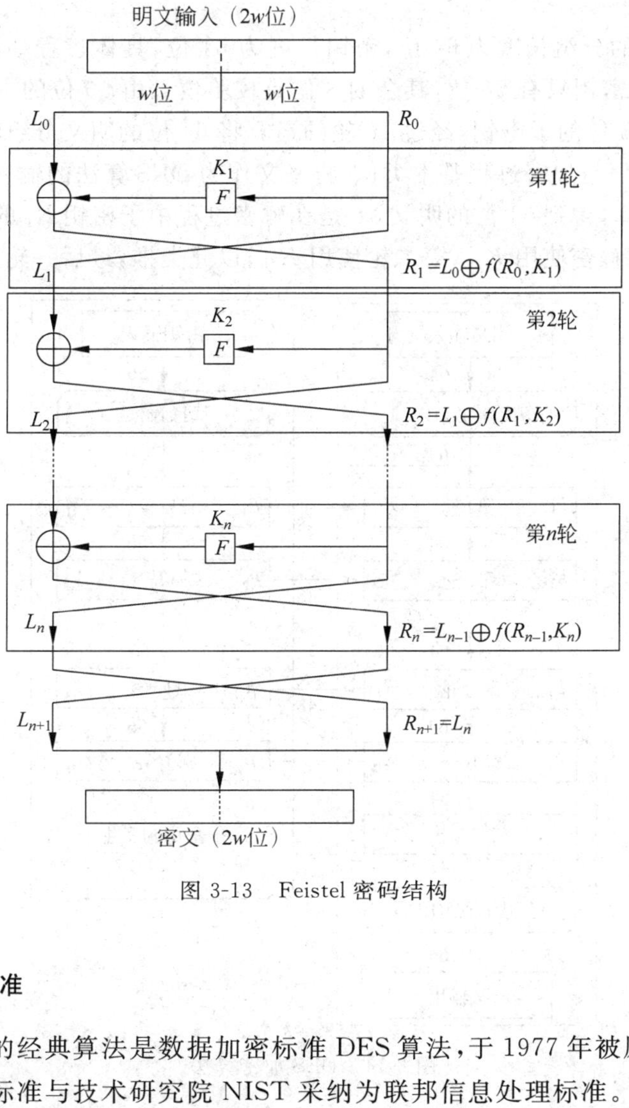

图 3-13 Feistel 密码结构

2. 数据加密标准

对称加密体制的经典算法是数据加密标准 DES 算法，于 1977 年被原美国国家标准局，即现在的美国国家标准与技术研究院 NIST 采纳为联邦信息处理标准。

DES 算法的设计是基于 Feistel 分组密码结构。在 20 世纪 60 年代后期，由 Horst Feistel 负责设计 LUCIFER 算法，LUCIFER 算法被应用于 IBM 公司的现金发放系统。LUCIFER 算法采用了 Feistel 分组密码结构，其分组长度为 64 位，密钥长度为 128 位。基于 LUCIFER 算法 IBM 公司启动商用的对称加密算法，由 Walter Tuchman 和 Carl Meyer

设计出适合单片机运行环境的对称加密算法，算法密钥为56位，明文分组为64位，在1973年被美国国家标准局NBS采纳为数据加密标准，即DES算法。

DES算法的安全性一度成为信息安全界争议的焦点，一方面DES算法的密钥长度从128位降低到56位，无法抵御穷举攻击，而另一方面DES算法内部的S盒设计被官方列入机密，使用户无法掌握DES内部结构设计的安全性。即便如此，DES算法还是得到广泛地应用，如Internet上的安全通信，尤其是金融行业。在1994年NIST重新决定将DES算法的联邦试用期延长5年，直到1999年NIST才宣布DES只能使用在早期的系统中。

3. DES加密算法

DES加密算法的分组长度为64位，密钥长度为64位，具体过程如图3-14所示。实际上DES加密算法的密钥只有56位，其余的8位是校验位。由56位的主密钥通过子密钥生成算法产生16个48位的子密钥，经过16轮的运算将64位的明文分组转换成64位的密文分组。DES解密过程与加密过程基本类似，将密文作为DES算法的输入，经过16轮与加密过程逆向的解密运算，得到64位的明文，但是在解密过程中子密钥 K_i 的使用顺序与加密的时候相反，即第一轮解密使用 K_{16}，第二轮使用 K_{15}，以此类推，最后一轮使用 K_1。

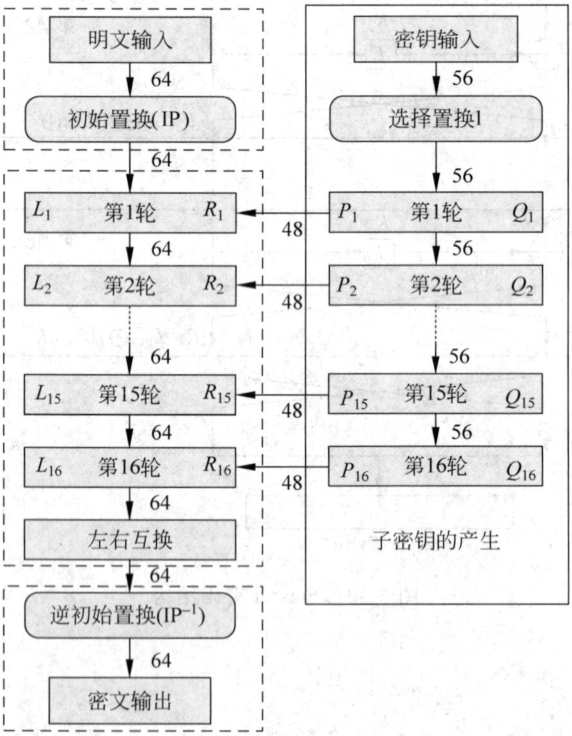

图3-14 DES加密算法

如图3-14所示，DES加密算法首先将64位的明文分组进行初始置换，然后均分为左右两个部分。接着对分组信息做16轮的加密计算，并将最后一轮的输出数据做逆初始置换输出最终的64位密文分组。与Feistel加密比较DES加密的初始和结束环节增加了初始置换和逆初始置换，其余算法结构与Feistel结构完全一致。

DES加密算法的密钥长度为64位，除去8位的校验位，剩余56位的加密密钥，经过16轮的迭代产生16个子密钥 $K_1, K_2, \cdots, K_{16}$，并参与每轮的加密计算。

下面详细讲解DES加密算法的执行过程。

1）初始置换与逆初始置换

DES加密算法的初始变换是按照IP变换表对64位的明文序列进行位置的调换，调换前对每个位进行标记，IP变换表标识了每个位调换后的次序，如表3-4所示。

表3-4 IP变换表

58	50	42	34	26	18	10	2	60	52	44	36	28	20	12	4
62	54	46	38	30	22	14	6	64	56	48	40	32	24	16	8
57	49	41	33	25	17	9	1	59	51	43	35	27	19	11	3
61	53	45	37	29	21	13	5	63	55	47	39	31	23	15	7

DES加密算法的逆初始变换是按照 IP^{-1} 变换表对经过16轮加密运算的64位的密文输出序列进行位置的调换，调换前对每个位进行标记，IP^{-1} 变换表标识了每个位调换后的次序，如表3-5所示。

表3-5 IP^{-1} 变换表

40	8	48	16	56	24	64	32	39	7	47	15	55	23	63	31
38	6	46	14	54	22	62	30	37	5	45	13	53	21	61	29
36	4	44	12	52	20	60	28	35	3	43	11	51	19	59	27
34	2	42	10	50	18	58	26	33	1	41	9	49	17	57	25

2）每轮加密过程

DES加密算法的每轮迭代计算过程，如图3-15所示。首先64位的明文分组经过初始变换后均分为左边32位和右边32位，分别使用 L_1 与 R_1 表示。上一轮的数据输出作为下一轮的数据输入，上一轮得到的两个数据分别用 L_{i-1} 与 R_{i-1} 表示。首先对 R_{i-1} 进行 F 函数运算，将输出的32位结果与 L_{i-1} 进行异或运算，然后将运算结果作为下一轮的右半部分 R_i，最后将 R_{i-1} 直接作为下一轮的左半部分 L_i。

DES加密算法的 F 函数运算过程如图3-15所示，首先通过扩张置换将 R_{i-1} 从32位扩展到48位，扩展置换表如表3-6所示，扩展算法的基本原理是将原数据的其中16位重复一次插入数据表中。

表3-6 扩展置换表

32	1	2	3	4	5	4	5	6	7	8	9
8	9	10	11	12	13	12	13	14	15	16	17
16	17	18	19	20	21	20	21	22	23	24	25
24	25	26	27	28	29	28	29	30	31	32	1

扩展后的48位数据与密钥 K_i 做异或运算得到48位数据输出，并通过 S 盒运算后输出32位结果值，S 盒的工作原理如图3-16所示，S 盒由8个子盒组成。

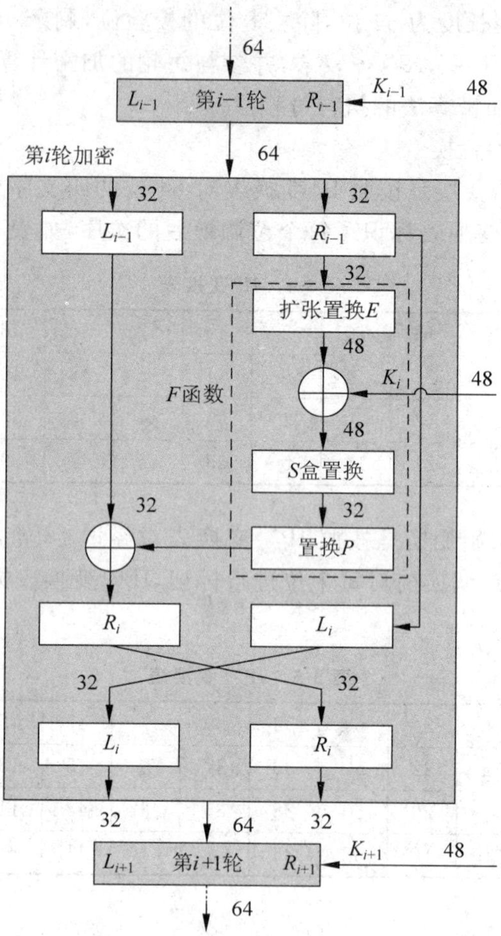

图 3-15 DES 每轮迭代计算过程

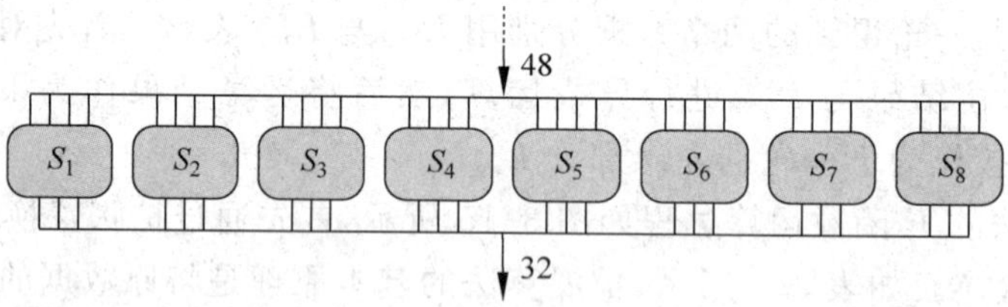

图 3-16 S 盒的内部结构

首先 S 盒将 48 位的输入数据均分为 8 份，每个子盒输入数据为 6 位，经过子盒处理后得到 4 位输出，其中 S 盒的第一个子盒 S_1 的变换表如表 3-7 所示。

表 3-7 子盒 S_1 的变换表

14	4	13	1	2	15	11	8	3	10	6	12	5	9	0	7
0	15	7	4	14	2	13	1	10	6	12	11	9	5	3	8
4	1	14	8	13	6	2	11	15	12	9	7	3	10	5	0
15	12	8	2	4	9	1	7	5	11	3	14	10	0	6	13

S_1 盒的输入为 6 位，将第 1 位和第 6 位组成的二进制数作为行号，将中间 4 位组成的二进制数作为列号，根据行号和列号查询 S_1 的变换表，将查询得到的十进制数转化为 4 位二进制数，并将此 4 位二进制数作为 S_1 盒的输出，其中行号和列号的范围分别为 0～3 和 0～15。

假设 S_1 盒的输入值为 111001，那么行号为二进制数 11，列号为二进制数 1100，查询 S_1 的变换表得到的十进制数据为 10，所以 S_1 盒的输出值为 1010。

S 盒的输出数据为 32 位，将经过 P 置换后的 32 位数据与 L_{i-1} 进行异或运算，并将异或运算结果作为下一轮的右半部分 R_i，其中 P 置换过程如表 3-8 所示。

表 3-8　*P* 置换表

16	7	20	21	29	12	28	17	1	15	23	26	5	18	31	10
2	8	24	14	32	27	3	9	19	13	30	6	22	11	4	25

3）密钥生成过程

DES 加密算法的密钥产生过程如图 3-17 所示。

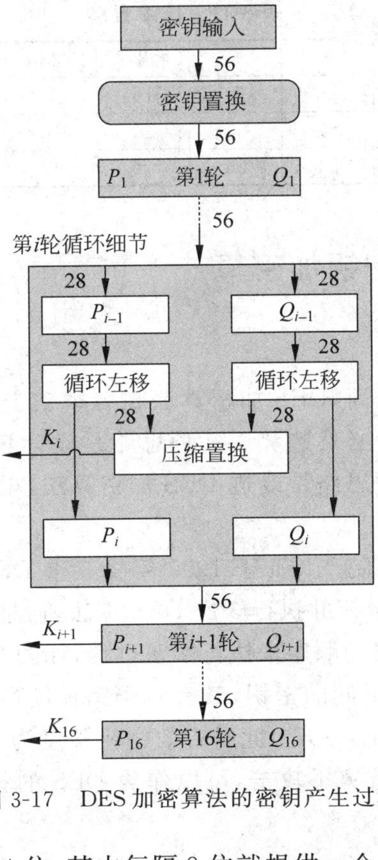

图 3-17　DES 加密算法的密钥产生过程

DES 加密算法的密钥为 64 位，其中每隔 8 位就提供一个数据校验位，因此，去掉 8 位校验数据后，实际 DES 加密算法的密钥长度为 56 位。首先对 56 位的密钥实施密钥置换，密钥置换过程如表 3-9 所示。

表 3-9 密钥置换

57	49	41	33	25	17	9	1	58	50	42	34	26	18
10	2	59	51	43	35	27	19	11	3	60	52	44	36
63	55	47	39	31	23	15	7	62	54	46	38	30	22
14	6	61	53	45	37	29	21	13	5	28	20	12	4

将置换后的56位密钥均分为 P 和 Q 两个部分，分别对 P 和 Q 循环左移，在每轮的密钥迭代计算过程中，上轮输出的 P_{i-1} 和 Q_{i-1} 分别经过循环左移一位或两位得到下轮的 P_i 和 Q_i。产生每轮密钥时 P 和 Q 的循环左移的位数如表 3-10 所示。

表 3-10 每轮密钥循环左移位数

轮数	1	2	3	4	5	6	7	8	9	10	11	12	13	14	15	16
移位次数	1	1	2	2	2	2	2	2	1	2	2	2	2	2	2	1

对每轮得到的 P_i 和 Q_i 进行压缩置换，得到48位的输出数据，将其作为子密钥 K_i 参与 F 函数运算，压缩置换如表 3-11 所示。

表 3-11 压缩置换

14	17	11	24	1	5	3	28	15	6	21	10
23	19	12	4	26	8	16	7	27	20	13	2
41	52	31	37	47	55	30	40	51	45	33	48
44	49	39	56	34	53	46	42	50	36	29	32

3.3.2 其他对称密钥加密算法

1. 三重 DES

随着计算机运算速度的提高，DES加密算法在穷举攻击之下越来越显脆弱，因此提高对称加密算法的加密强度成为必然趋势。一种思路是设计新的对称加密算法来替代DES算法，例如AES算法；另一种思路是改进DES加密算法，增加DES的加密次数和密钥数量，例如三重DES算法。

美国国家标准与技术研究院NIST于1999年将三重DES指定为过渡的加密标准，三重DES加密算法使用了3个密钥并执行3次DES算法，通过加密-解密-加密的顺序来执行加密过程，通过解密-加密-解密的顺序来执行解密过程，如图3-18所示。

三重DES可以使用三个不同的密钥，其有效密钥长度达到了168位，也可以在第一步和第三步使用相同的密钥，即 $K_1=K_3$，此时有效密钥长度为112位。密钥长度为168位的三重DES算法可以有效地抵抗穷举攻击，可以作为DES的替代算法，但是三重DES运算会大幅降低加密和解密的执行效率。

2. 高级加密标准

三重DES算法没有从根本上解决DES加密算法的脆弱性，因为加密和解密依赖于DES加密算法，三重DES和DES加密算法的明文分组都为64位，从安全性考虑需要设计更大的明文分组的对称加密算法，并不能将三重 DES 视为能够长期使用的对称加密算法。

美国国家标准与技术研究院 NIST 于 1997 年公开征集 AES(Advanced Encryption Standard，高级加密标准)，要求新算法在安全性和执行效率上都要优于三重 DES 加密算法。在 2001 年将 Joan Daemen 和 Vincent Rijmen 所设计的 Rijndael 算法作为 AES 加密算法。

Rijndael 加密算法具有如下特性：

- 对于所有已知的安全攻击具有免疫性。
- 适合于各种平台，执行效率高。
- 加密算法设计过程简单，程序代码紧凑。

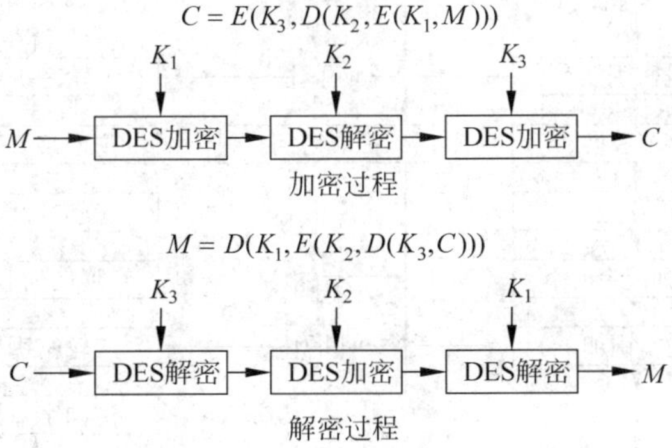

图 3-18 三重 DES 加密算法

实际 AES 加密算法和 Rijndael 加密算法之间有一定的区别，对于 Rijndael 加密算法，分组长度和密钥长度都可以被指定为 128 位、192 位或 256 位，而对于 AES 加密算法，密钥的长度可以选择 128 位、192 位或 256 位，但是分组长度只能够使用 128 位。AES 加密算法的相关参数与密钥长度有关，本书讲解 AES 算法时选择应用相对广泛的 128 位密钥，不同密钥长度的 AES 加密算法的各参数如表 3-12 所示。

表 3-12 AES 加密算法的参数

密钥长度(字数/字节数/位数)	4/16/128	6/24/192	8/32/256
分组长度(字数/字节数/位数)	4/16/128	4/16/128	4/16/128
轮数	10	12	14
每轮密钥长度(字数/字节数/位数)	4/16/128	4/16/128	4/16/128
扩展密钥长度(字数/字节数)	44/176	52/208	60/240

AES 加密算法的结构不同于 Feistel 加密算法结构，没有像 Feistel 算法那样将明文分组分割为左右两部分，加密算法的轮数也不相同。AES 加密算法的主要特点是用一部分数据来处理另一部分数据，在每轮替换和移位计算的时候同时并行处理整个数据分组，AES 加密算法的加密和解密过程如图 3-19 所示。

当密钥为 128 位时，AES 加密算法的加密和解密的轮数为 10 轮。加密时每轮迭代包含四个步骤，分别是字节替换、行移位、列混合和轮密钥加，最后一轮只包含三个步骤。同样，解密时每轮迭代包含四个步骤，每个步骤是加密的逆运算，最后一轮只包含三个步骤。AES 加密算法主要有如下四个步骤：

- 字节替换——是以字节为单位的非线性变换，利用 AES 加密算法的 S 盒将加密数据的每个字节用另外一个字节代替。

- 行移位——是以字节为单位的线性变换，对加密数据实施行内的循环移位。
- 列混合——是以字节为单位的线性变换，利用列变换函数对数据实施以列为单位的变换。
- 轮密钥加——是将正在处理的明文分组数据与每轮的轮密钥进行按位的异或运算。

AES 加密是在密钥的作用下实现加密数据的扩散、混乱和非线性转换，将明文分组转换为密文分组。对于字节替换、行移位、列混合和轮密钥加运算，在解密算法中都有相应的逆运算，但是 AES 的解密算法结构和加密算法结构不相同，这一点由 AES 的算法结构决定。

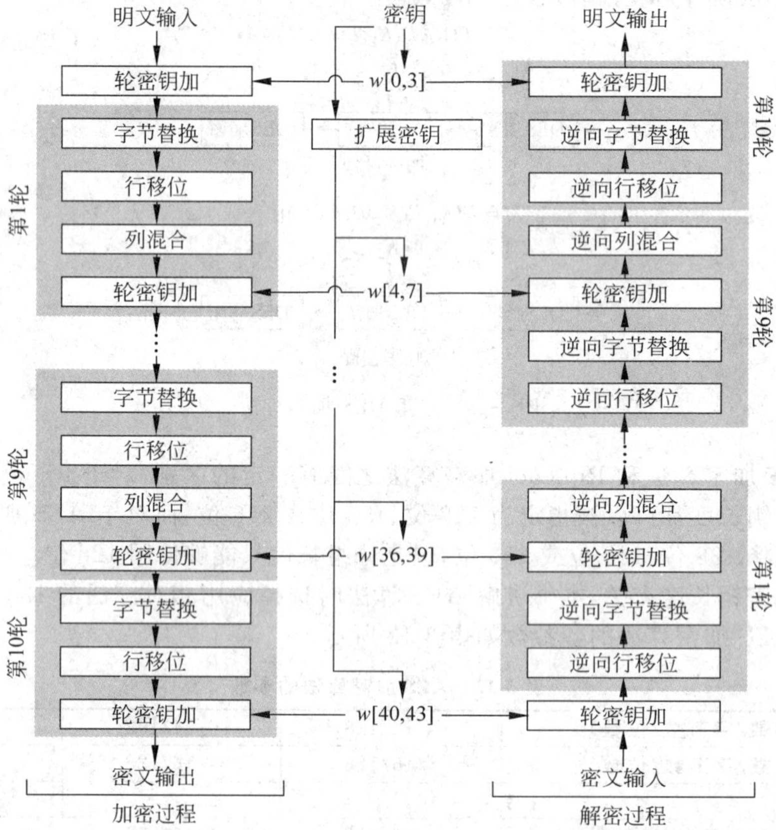

图 3-19　AES 加密算法的执行过程

AES 加密算法输入的明文分组是 128 位，每个明文分组用以字节为单位的正方形矩阵来描述，如图 3-20 所示，每个 128 位的明文分组转换为 16 字节，按照从上到下、从左至右的方式进行排列，形成一个 4×4 的矩阵。每个明文分组经过重复的替换和移位运算得到 128 位的密文分组，将所有密文分组连接起来得到最终密文，同理，解密时将 128 位的密文分组输入转换为 4×4 的矩阵并进行解密运算输出明文分组。

选择 AES 加密算法的密钥长度为 128 位，如图 3-21 所示，将 128 位的密钥转换为以字节为单位的 4×4 矩阵，通过密钥扩展算法将密钥扩展成一个以字为单位的密钥序列数组，其中每个字由 4 个字节组成。密钥序列的长度等于加密算法的轮数加 1 后与明文分组的长度相乘，例如 AES 加密算法的密钥长度为 128 位，共经历 10 轮运算，加上起始的一次轮密钥加，所以经过扩展后成为 11×128=1408 位的密钥序列，其中密钥矩阵中的字节依旧是按

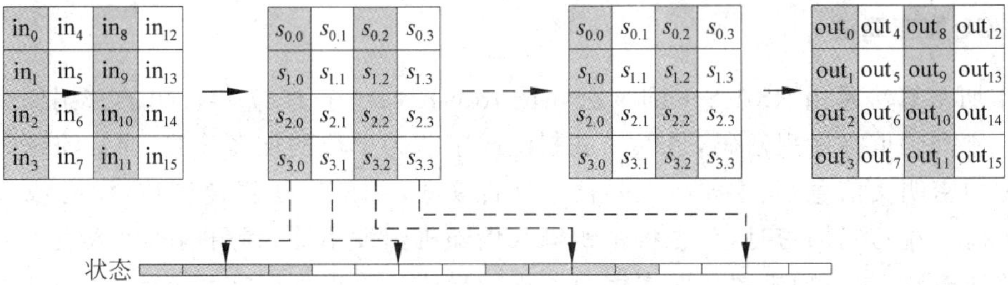

图 3-20 AES 加密算法的明文分组

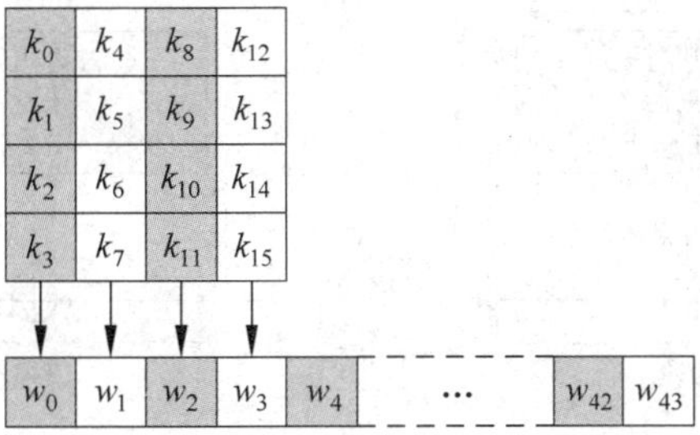

图 3-21 密钥与扩展密钥

照从上到下、从左至右的顺序排列。

AES 加密算法的结构与 Feistel 加密算法的结构不同，它每轮计算中都使用替换、移位和混乱来并行处理整个分组，因而它扩散和混乱的速度比 DES 加密算法快。AES 加密算法每轮的迭代加密过程如图 3-22 所示。

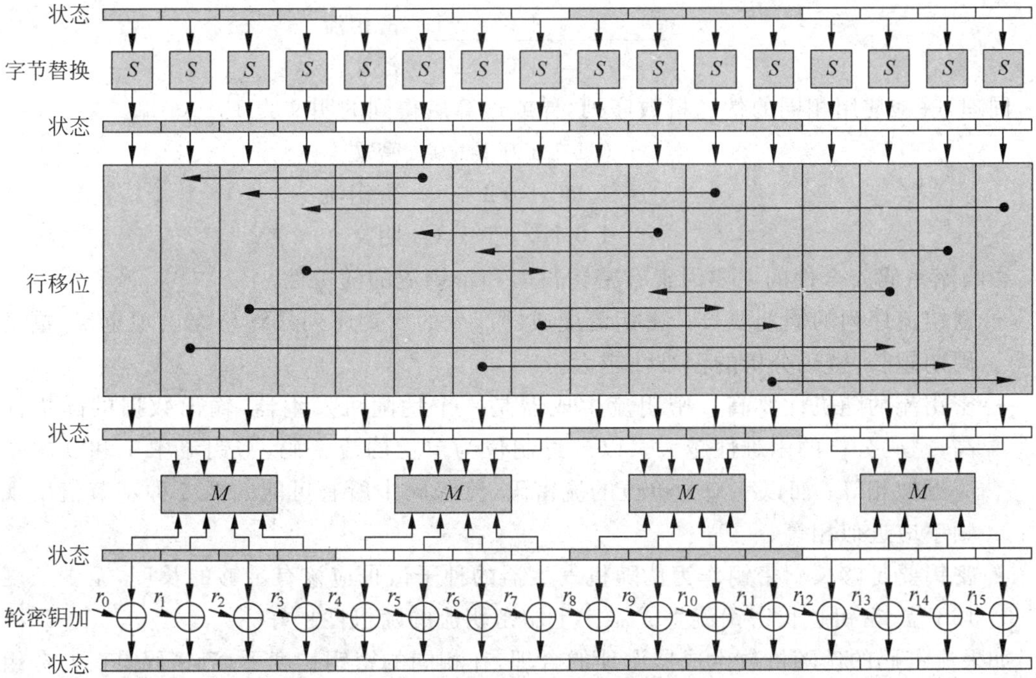

图 3-22 每轮的迭代加密过程

3. RC4 加密算法

RC4 加密算法是由 RSA Security 公司的 Ron Rivest 于 1987 年提出的密钥长度可变的流密码。流密码也称序列密码，是以二进制位或字节为单位的加密算法，通常流密码是以字节为单位加密明文信息，其主要特点是便于硬件实现、加解密运算速度快、没有或只有有限的错误传播。流密码加密时，首先将密钥输入伪随机数发生器，利用伪随机数发生器产生一串 8 位的随机数，并对随机数与明文字节流进行异或运算得到密文字节流，如图 3-23 所示。

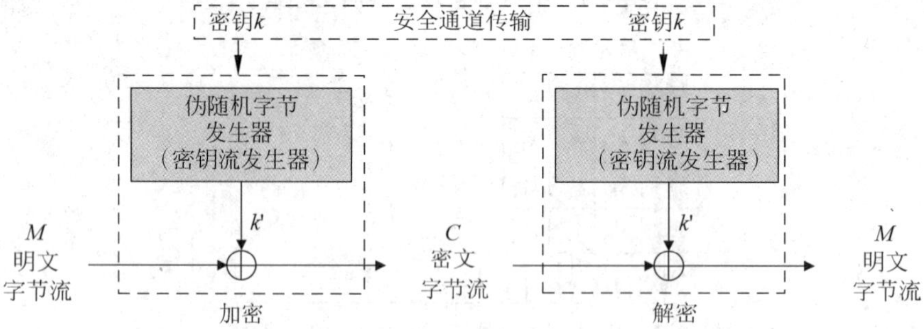

图 3-23 流密码结构示意图

在流密码加密过程中，伪随机流与明文字节流进行异或运算得到密文字节流；相反地，在解密时，伪随机流与密文字节流进行异或运算得到明文字节流。例如，假设伪随机字节发生器产生的下一字节的伪随机数为 11010101，明文为 10100011，那么异或运算后得到的密文是 01110110。

1 0 1 0 0 0 1 1	明文
⊕ 1 1 0 1 0 1 0 1	密钥流
0 1 1 1 0 1 1 0	密文

同理，解密使用相同的伪随机数序列，异或运算后得到的明文为 10100011。

0 1 1 1 0 1 1 0	密文
⊕ 1 1 0 1 0 1 0 1	密钥流
1 0 1 0 0 0 1 1	明文

影响流密码安全性的主要因素有密钥长度和密钥流的随机性。

- 密钥流序列的周期要长。密钥流生成器产生的密钥序列最终总会出现重复，重复的周期越长，密码分析的困难性越大。
- 密钥流的随机性要高。密钥流生成器是一个伪随机发生器，输出数据的随机性越高，密码分析的困难性越大。以二进制位为单位的流密码，密钥流中 1 和 0 的个数应近似相等；而以字节为单位的流密码，流密码中所有可能的 256 种字节值出现的频率应近似相等。
- 密钥要足够长。密钥作为伪随机发生器的种子值也应该有足够的长度，至少长度为 128 位，密钥越长密钥流生成器产生的密钥流的随机性越好。

如果流密码的伪随机数生成器设计的合理，在相同的密钥长度下，流密码具有与分组密码相同的安全性。但是相对于分组密码，流密码的优势在于其拥有更快的加/解密速度以及更简洁的代码。流密码适合数据流的加密和解密，例如网络流媒体加密，而分组加密适合成块的数据加密和解密，例如文件传输、电子邮件和数据库等。

RC4 加密算法的基础是随机置换，其密码流的周期大于 10^{100} 位，平均每个输出字节仅需要 8～16 条操作指令，运行速度非常快。RC4 加密算法广泛地应用于流媒体安全通信，例如安全通信协议 SSL/TLS 就采用 RC4 算法来实现浏览器与服务器之间的安全通信，此外，RC4 加密算法已经被广泛应用于无线局域网的安全通信协议中。

RC4 加密算法主要包括初始化算法和伪随机子密码生成算法两大部分，其中初始化过程包括 S 向量的初始化和初始排列。

1）初始化 S 向量

首先给 S 向量的元素按照升序赋值，即 $S[0]=0$，$S[1]=1$，…，$S[255]=255$。同时建立临时向量 T，若密钥 K 的长度等于 256 字节时，将 K 赋给 T，若密钥 K 的长度小于 256 字节时，则使用密钥 K 重复填充 T 中的元素，直到 T 中的所有元素都被赋值为止。向量 S 和向量 T 的初始化过程如图 3-24 所示。向量 S 和向量 T 的初始化操作如下：

```
For i = 0 to 255 do
S[i] = i;
T[i] = K[i mod keylength];
```

其中 keylength 为密钥的字节数。

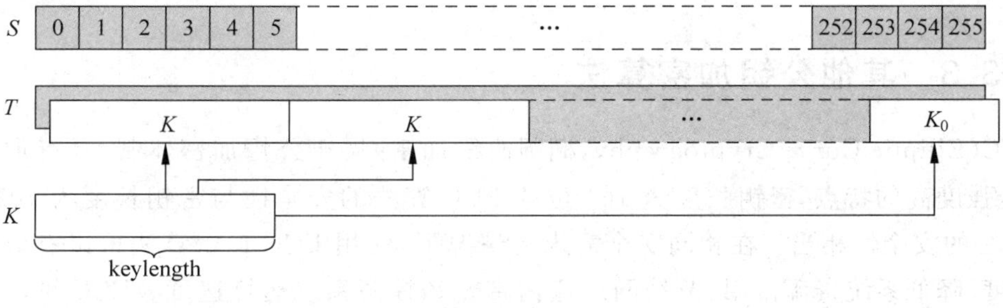

图 3-24　向量 S 和向量 T 的初始化

2）向量 S 的初始排列

根据向量 T 对向量 S 的元素位置实施互换，因为向量 T 由密钥 K 转换而来，此互换过程实际上是基于密钥 K 完成，经过互换得到新的 S 向量用于产生密钥流。向量 S 的初始排列过程如图 3-25 所示。向量 S 的初始排列操作如下：

```
j = 0;
for i = 0 to 255 do
j = (j + S[i] + T[i]) mod 256;
swap (S[i] , S[j]);
```

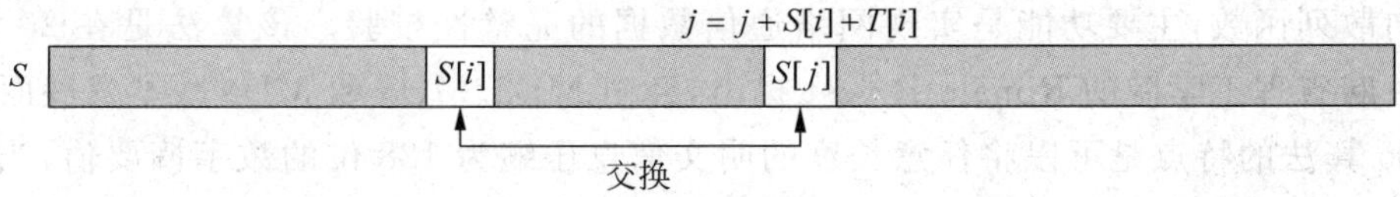

图 3-25　向量 S 的初始排列

3）密钥流的生成过程

根据当前向量 S 的值对当前 S 向量中元素的位置进行互换，并输出一个字节的流密钥，将输出的流密钥与下一个明文字节进行异或运算，得到一个字节的密文并输出。当向量 S 的最后一个元素 $S[255]$ 完成置换之后，操作重复从 $S[0]$ 开始，密钥流的生成过程如图 3-26 所示，具体操作过程如下：

```
i , j = 0;
while (true)
i = (i + 1) mod 256;
j = (j + S[i]) mod 256;
swap (S[i] , S[j]);
t = (S[i] + S[j]) mod 256;
k = S[t];
```

k 作为密钥流的输出，将 k 的值与下一明文字节进行异或运算得到密文。

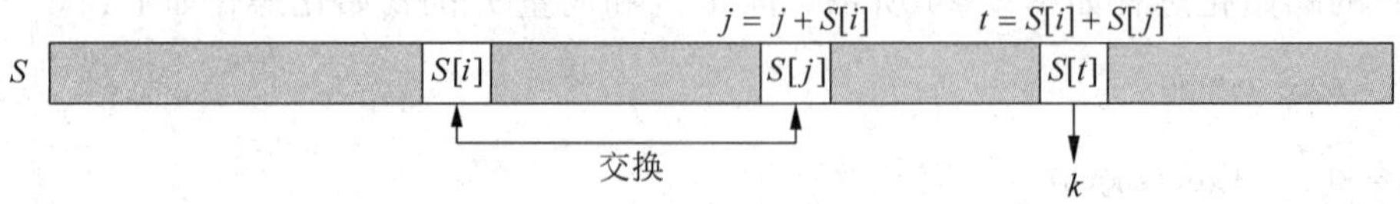

图 3-26　密钥流的生成过程

3.3.3　其他公钥加密算法

ECC(Elliptic Curve Cryptography，椭圆曲线加密)属于公钥加密体制，具有加密密钥短、安全强度高的特点，密钥长度为 164 位的 ECC 算法的安全性与密钥长度为 1024 位的 RSA 算法的安全性相当。在相同安全需求的情况下，使用 ECC 加密算法可以有效地降低密钥长度、降低系统资源占用、节约网络通信带宽和提高系统运算速度。ECC 算法尤其适合计算能力和存储能力低的移动通信终端设备，例如智能手机和掌上电脑。随着计算机运算速度的提高，要保证 RSA 加密算法的安全性，就要不断地增加密钥的长度，致使基于 RSA 的公钥加密和数字签名效率越来越低，特别是对于安全需求较高的电子银行交易系统和电子商务支付系统将产生很大的影响。因此，执行效率和安全强度均优于 RSA 加密算法的椭圆曲线加密算法已经成为公钥加密体制的主流算法，并广泛应用于网络安全通信，例如 3G 无线网络安全通信。

3.3.4　数字摘要算法 MD5

MD5(Message Digest Algorithm，消息摘要算法)也称数字摘要算法或者数字指纹，是一种单向散列函数，主要功能是实现网络通信数据的完整性校验。该算法是在 20 世纪 90 年代初由麻省理工学院的 Ronald Rivest 提出，经由 MD2、MD3 和 MD4 版本发展而来。

MD5 算法的特点是可以将任意长度的明文信息压缩为 128 位的数字摘要值，当明文信息发生微小的变化时，对应的数字摘要值都会发生剧烈的变化，因此，信息安全通信经常利用数字摘要这一特点校验通信数据的完整性。MD5 是一种单向散列函数，即由明文信息计算数字摘要值容易，但由数字摘要值计算对应的明文信息在计算上是不可能的。

MD5 算法将明文信息按照 512 位进行分组，然后将每个分组划分为 16 个 32 位的子分组。MD5 算法经过 4 轮运算，每轮运算都要进行 16 步迭代运算，4 轮共需要 64 步完成。经过 64 步运算，最终输出 4 个 32 位的数字摘要分组，将这 4 个 32 位的数字摘要分组级联后生成 128 位的数字摘要值。

3.3.5　安全散列算法 SHA

SHA(Secure Hash Algorithm，安全散列算法)由美国国家标准与技术研究所(NIST)开发，并于 1993 年公布，通常称为 SHA-1。2002 年 NIST 发布了三个新版本的 SHA，分别是 SHA-256、SHA-384 和 SHA-512。

SHA 是一种数字摘要算法，也称数字指纹，主要功能是实现通信数据的完整性校验，可以将任意长度的明文信息压缩为固定长度的数字摘要值输出。SHA 是一种单向散列函数，即由明文信息计算数字摘要值比较容易，但由数字摘要值计算对应的明文信息在计算上是不可能的。不同版本的 SHA 算法的主要参数如表 3-13 所示。

表 3-13　不同版本 SHA 算法的参数

参数＼版本	SHA-1	SHA-256	SHA-384	SHA-512
摘要值长度(位)	160	256	384	512
消息长度(位)	$<2^{64}$	$<2^{64}$	$<2^{128}$	$<2^{128}$
块大小(位)	512	512	1024	1024
字大小(位)	32	32	64	64
步骤数量	80	64	80	80

SHA-512 算法可以处理长度不超过 2^{128} 位的明文信息，生成固定大小的数字摘要值为 512 位，每次处理的明文块大小为 1024 位，经过 80 个步骤的运算输出数字摘要值，数字摘要的运算过程如图 3-27 所示。

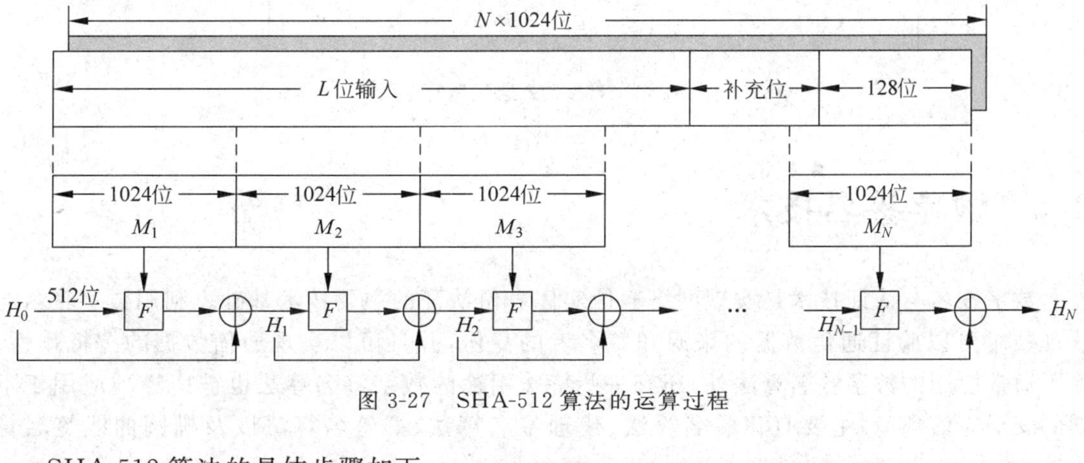

图 3-27　SHA-512 算法的运算过程

SHA-512 算法的具体步骤如下：

(1) 首先对明文信息进行填充，使填充后的明文信息长度是 1024 的整数倍少 128 比特，可以表示为 $N\times1024+(1024-128)$位。填充部分由单个比特 1 和数个 0 组成，使其长度达到要求。

(2) 在填充后的明文信息后追加 128 比特的数据块，此数据块是 128 比特的无符号整数，主要描述明文信息的长度。

(3) 明文信息经过填充后长度为 1024 比特的整数倍，然后按照 1024 比特对其进行分割得到的数据块为 $M_1,M_2,M_3,\cdots,M_N$。

(4) 建立 512 比特的缓冲区来保存散列函数的中间值和最后结果，该缓冲区是由 8 个 64 比特的寄存器 a、b、c、d、e、f、g 和 h 组成，首先对寄存器进行初始化并分别存储一个 64 比特的整数。

$$a=\text{6A09E667F3BCC908} \quad e=\text{510E527FADE685D1}$$
$$b=\text{BB67AE8084CAA73B} \quad f=\text{9B05688C2B6E6C1F}$$
$$c=\text{3C6EF372FE94F82B} \quad g=\text{1F83D9ABFB41BD6B}$$
$$d=\text{A54FF53A5F1D36F1} \quad h=\text{5BE0CD19137E2179}$$

(5) 依次处理长度为 1024 比特的数据块 $M_1,M_2,M_3,\cdots,M_N$，每个数据块经过 80 次的迭代运算，输出 512 比特的数字摘要参与下一个数据块的迭代运算，直到处理完所有的数据块并将寄存器 a、b、c、d、e、f、g 和 h 中的数据级联后作为最终数字摘要输出，其中迭代运算过程如图 3-28 所示。

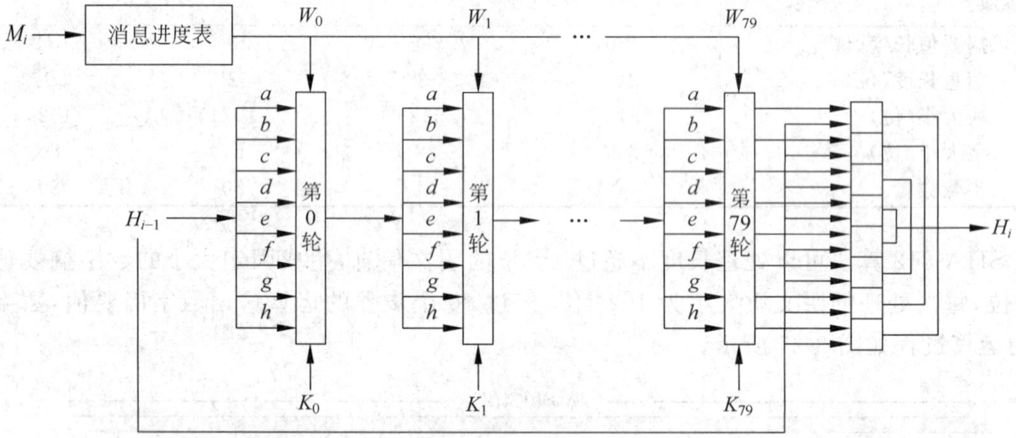

图 3-28 SHA-512 迭代运算过程

3.4 数字签名技术

数字签名与认证技术是实现网络通信实体身份认证的主要技术基础。利用数字签名与认证技术可以验证通信数据的来源和签名者的身份，并且可以实现通信数据的抗抵赖性。除了通常使用的数字签名算法外，还有一些特殊用途的数字签名算法也被广泛地应用于不同的安全通信环境，主要有盲签名算法、代理签名算法、群签名算法以及椭圆曲线签名算法等。

3.4.1 数字签名的基本原理

数字签名系统由签名者、验证者、密钥、签名算法和待签名消息等部分组成。

数字签名技术基于公钥加密体制，签名者使用自己的私钥对信息进行加密，并将加密后的密文发送给验证方，验证方利用签名者的公钥解密并验证。数字签名可以验证通信数据的真实性，可以有效地预防仿冒攻击。

数字签名的主要过程如下：

- 签名者使用单向散列函数（Hash 函数）计算明文信息的数字摘要。
- 签名者使用自己的私钥对数字摘要进行数字签名。
- 签名者发送明文信息和已签名的数字摘要给验证者。
- 验证者使用数字摘要算法计算明文信息的数字摘要值，并解密签名者签名的数字摘要，比较两个数字摘要，如果相同，则表示数据完整并身份可信；否则拒绝接收。

3.4.2 基于公钥密码体制的数字签名

基于公钥密码体制的数字签名可以实现身份认证和数据完整性校验。签名者首先利用自己的私钥对明文信息加密，然后将密文作为数字签名，连同相应的明文信息一起发送给验证者。验证者利用签名者的公钥对密文进行解密，并与签名者发送的明文信息进行比较以验证签名。

1. RSA 签名算法

签名者利用自己的私钥对明文信息加密，并将密文作为数字签名与明文信息一同发送给验证者。验证者利用签名者的公钥对密文进行解密并验证签名的有效性。同时，为了保证数字签名的时效性，通常签名者会在明文信息后附加时间标记来防止重传攻击。

2. El Gamal 签名算法

El Gamal 签名算法的安全性是基于求解有限域上离散对数的困难性。

首先选择一个大素数 p，整数 g 是 Z_p^* 的一个生成元，签名者的私钥为 x 满足 $1<x<p-1$，签名者的公钥为 $y=g^x \bmod p$。

明文信息为 M，计算 $H(M)$。随机选择整数 k，k 与 $p-1$ 互质，计算

$$r = g^k \bmod p$$

求解

$$s = (H(M) - xr)k^{-1} \bmod (p-1)$$

将明文信息 M 和数字签名(r,s)发送给验证者。

验证者接收到 M 和数字签名(r,s)后验证等式

$$y^r r^s \bmod p = g^{H(M)} \bmod p$$

若成立，则接受签名；否则拒绝签名。

3.4.3 数字签名算法 DSA

DSS(Digital Signature Standard，数字签名标准）由美国国家标准技术研究所（NIST）于

1991 年 8 月颁布，该标准采用的数字签名算法为 DSA(Digital Signature Algorithm)。

DSA 签名算法的参数定义和执行过程：

- 随机选取素数 p，满足 $2^{l-1} \leqslant p \leqslant 2^{l}$，$l$ 是 64 的倍数且 $512 \leqslant l \leqslant 1024$。
- q 为素数，能够整除 $p-1$，且 $2^{159} \leqslant q \leqslant 2^{160}$。
- $g = h^{\frac{(p-1)}{q}} \bmod p$，其中 h 满足 $1 < h < p-1$，且 $g > 1$ 的任意整数。
- 随机选择 x，满足 $0 < x < q$。
- $y = g^{x} \bmod p$，其中 $\{p, q, g, y\}$ 为签名者公钥，而 x 为签名者私钥。
- 随机选择 k，满足 $0 < k < q$。

DSA 中信息 M 的数字签名为两个 160 比特的证书 r 和 s，$H(x)$ 为数字摘要算法 SHA-1，数字签名如下

$$r = (g^{k} \bmod p) \bmod q$$
$$s = (k^{-1}(H(M) + xr)) \bmod q$$

验证者收到数字签名 $\{M, s, r\}$，并验证

$$w = s^{-1} \bmod q$$
$$u_1 = (H(M)w) \bmod q$$
$$u_2 = (rw) \bmod q$$
$$v = ((g^{u_1} y^{u_2}) \bmod p) \bmod q$$

如果 $v = r$，那么数字签名验证有效；否则说明与原信息 M 不一致，或者数字签名是伪造的。

3.4.4 特殊用途的数字签名算法

1. 盲签名

盲签名最初是由 David Chaum 于 1982 年提出的，其主要特征是在隐藏消息内容的情况下使签名者对消息实施数字签名，即当 A 方要求 B 方给指定信息签名时，不需要将信息内容泄露给 B 方。盲签名的出现满足了签名所有者的匿名要求，例如匿名的电子投票系统中，系统既要保证投票的合法性、准确性，又要保证投票者的匿名性。盲签名广泛地应用于电子货币，消费者在提取电子货币时需要有银行的数字签名，但是对银行隐藏电子货币提取人的身份，以实现电子交易的不可跟踪性。

因此，除满足普通签名的条件之外，盲签名还必须满足以下两个条件：

(1) 签名者无法看到其签署消息的具体内容。

(2) 即使公布数字签名信息，签名者也无法跟踪数字签名相关信息。

David Chaum 基于 RSA 算法设计实现盲签名，假设 A 需要 B 对信息 M 实施数字签名，其中 B 的密钥对为 (pk, sk)，签名系统的模数为 n，那么盲签名的过程如下：

(1) A 随机选择整数 r，满足 $\gcd(r, n) = 1$。

(2) A 计算 $x = r^{pk} M \bmod n$，将 x 发送给 B，而 B 无法根据 x 计算 r。

(3) B 计算 x^{sk}，并发送给 A。

(4) A 计算 $r^{-1} x^{sk} = r^{-1}(r^{pk} M)^{sk} = r^{-1} r^{pk \cdot sk} M^{sk} = M^{sk}$，获得 B 对 M 的签名 M^{sk}。

盲签名通过对签名者 B 隐藏部分被签名信息的内容实现签名的匿名性，并使签名者难

以伪造隐藏部分的信息。盲签名的基本流程如下：

(1) A 将明文信息 M 乘以一个随机数 t（盲因子），形成一个新信息 M' 并发送给 B。

(2) B 对信息 M' 实施签名，得到 sig(M')发给 A，但 B 不能获得 M 的内容。

(3) A 去除签名 sig(M')中的盲因子，得到 B 对明文信息 M 的数字签名 sig(M)。

2. 代理签名

代理签名也称为委托签名，是指签名者因为主观或客观原因无法行使签名权，而将签名权授权给代理人，委托其替代自己行使签名权。代理签名的主要特点如下：

- 不可伪造性。只有原签名人和代理人能够实施合法的代理签名。
- 可区分性。本人签名和代理签名是可以区分的。
- 可识别性。原签名人可以通过代理签名信息识别出代理人的身份。
- 不可抵赖性。代理人无法事后抵赖已做出的代理签名。
- 可证实性。验证者能够证实原签名人认同了代理人的签名。

代理签名按照密钥对管理方式分为完全委托和部分委托。

- 完全委托是指原签名人将自己的签名密钥对直接交给代理人，则意味着签名权的全部移交。完全委托方式要求原签名者对代理人签名的完全信任，完全委托签名方式如图 3-29 所示。

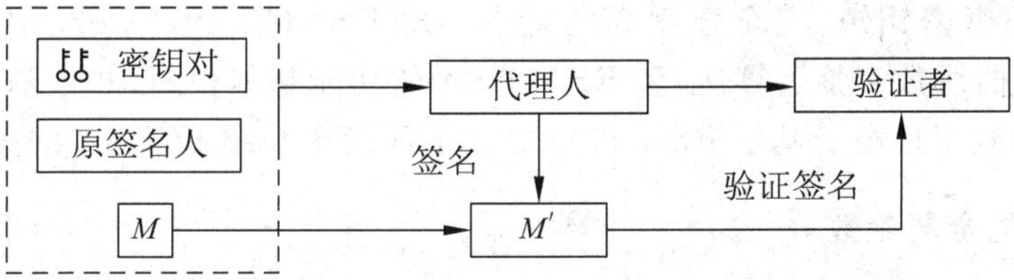

图 3-29 完全委托方式

- 部分委托方式是指原签名人和代理人分别拥有自己的密钥对，可以明确区分责任，并且原签名人可以通过代理签名信息识别出代理人的身份，部分委托签名方式如图 3-30 所示。

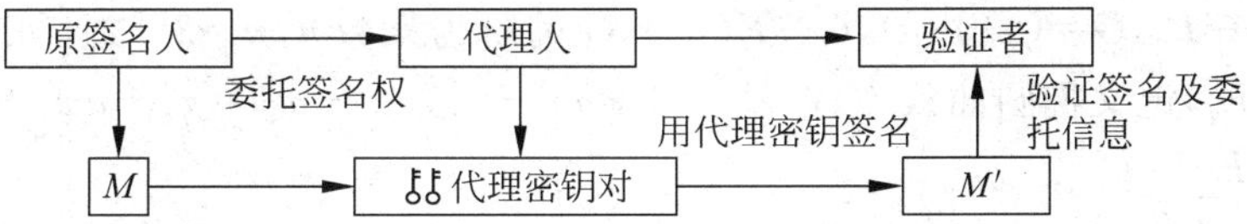

图 3-30 部分委托方式

由 K. Zhang 提出的基于离散对数问题的代理签名方案如下：

随机选取素数 p 和 q，且满足 $q|p-1$，整数 g 是 Z_p^* 的一个 q 阶生成元。A 随机的选择 $x\in Z_q^*$，并计算 $y=g^x \bmod p$，x 和 y 分别为 A 的私钥和公钥。签名人 A 将签名权授权给代理人 B 的过程如下：

- A 随机选取 $k'\in Z_q^*$，计算 $r'=g^{k'} \bmod p$，并将 r' 发送给 B。
- B 随机选取 $\alpha\in Z_q^*$，计算 $r=g^{\alpha}r' \bmod p$，并将 r 发送给 A。

- A 计算 $s'=rx+k' \bmod q$，并将 s' 发送给 B。
- B 计算 $s=s'+\alpha \bmod q$。
- 若授权签名 (r,s) 使等式 $g^s \bmod p = y^r r \bmod p$ 成立，则将 s 作为代理人 B 的私钥，将 $y_B = g^s \bmod p$ 作为对应的公钥。

3. 群签名

群签名也称为团体签名，是由 Chaum 和 Van Heyst 于 1991 年提出的，是指群中的任意成员可以以匿名的方式代表整个群对明文信息进行数字签名。验证者可以使用群成员共有的群公钥对数字签名进行认证。群签名具有匿名可撤销性，通常群签名的接收者能验证群签名的有效性，但是不能确定群签名成员的身份，但是当群签名出现争议时，可以恢复出签名者的身份。

群签名方案广泛地应用于需要多方签名的安全通信系统中，例如多银行的电子现金系统，可以利用群盲签名来构造由多银行参与发行的电子货币，银行间可以相互认证电子现金，能够实现电子现金的跨行结算，并且在中央银行的统一控制下发放和使用电子现金。

3.4.5 椭圆曲线数字签名算法

ECC(Elliptic Curve Cryptography，椭圆曲线加密)属于公钥加密体制，与 RSA 等加密体制相比具有加密密钥短、安全强度高的特点。ECDSA(Elliptic Curve Digital Signature Algorithm，椭圆曲线数字签名算法)和 RSA、DSA 的功能基本相同，并且基于椭圆曲线的数字签名和验证的效率远高于基于 RSA 和 DSA。下面简单介绍 ECDSA 的参数和算法结构。

1. ECDSA 的全局参数

ECDSA 的域参数由一条特征为 p 的有限域 F_q 上的椭圆曲线 E 和基点 $G \in E(F_q)$ 组成。

(1) 有限域大小为 q。基于 F_p 存在 $q=p$，其中 q 为奇素数。若基于 F_{2^m}，则 $q=2^m$。

(2) 用 FR 来描述 F_q 中的一个元素。

(3) 比特串 seedE 的长度至少为 160 比特。

(4) $x_G, y_G \in F_q$，$G=(x_G, y_G)$，$G \in E(F_q)$，G 的阶为素数 n，$n>2^{160}$，且 $n>4\sqrt{q}$。

(5) $a, b \in F_q$，定义椭圆曲线方程 $y^2=x^3+ax+b$ 或 $y^2+xy=x^3+ax^2+b$。

(6) $h=\dfrac{\# E(F_q)}{n}$。

上述参数可以表示为 $D=(q, FR, a, b, G, n, h)$。

2. 产生公钥和私钥参数

ECDSA 的公钥是椭圆曲线上的一个点，私钥是小于椭圆曲线阶 n 的整数。对于每个私钥和公钥对，都存在一个对应的全局参数组 (q, FR, a, b, G, n, h)。密钥对的产生过程如下：

(1) 选择一个随机数 d，$d \in [1, n-1]$。

(2) 计算 Q，$Q=dG$。那么公钥为 Q，私钥为 d。

3. ECDSA 的算法描述

用 U 表示签名方，用 V 表示验证方，数字签名初始化过程如下：

(1) U 建立椭圆曲线域参数 $T=(p,a,b,G,n,h)$。

(2) U 建立自己的密钥对 (d_u,Q_u)，$Q_u=d_uG$。

(3) U 选择一个 Hash 函数，并通过可靠的方式将所选择的 Hash 函数和建立的椭圆曲线域参数 T 传递给 V。

签名方 U 数字签名过程如下：

(1) 选择临时密钥对 (k,R)，其中 $R=kG=(x_R,y_R)$ 和域参数 T 相关。

(2) 令 $r=x_R \bmod n$，如果 $r=0$，返回上一步。

(3) 计算明文信息的 Hash 值 $e=H(M)$。

(4) 计算 $s=k^{-1}(e+rd_u) \bmod n$，如果 $s=0$，返回到步骤(1)。

(5) 输出 $S=(r,s)$ 为数字签名。

验证方 V 验证从签名方 U 发来的数字签名是否正确，从而判断接收到的消息是否真实，或者对方是否为真实的实体。验证过程如下：

(1) 如果 $r,s \notin [1,n-1]$，签名信息验证错误。

(2) 计算明文信息的 Hash 值 $e=H(M)$。

(3) 计算 $u_1=es^{-1} \bmod n$，$u_2=rs^{-1} \bmod n$。

(4) 计算 $R=(x_R,y_R)=u_1G+u_2Q_u$。

(5) 计算 $v=x_R \bmod n$，如果 $v=r$，验证成功，否则验证失败。

3.5 密钥管理技术

密钥管理是对信息安全加密体制所产生的密钥采取安全有效的管理措施，保证密钥在应用和传输过程中的安全性，主要包括密钥的生成与存储、密钥的分配、密钥的更新与撤销、密钥共享、会议密钥分发以及密钥托管等，其中公钥加密体制是制定密钥管理标准和规范的基础。

3.5.1 密钥管理技术基础

密钥管理是整个加密、解密系统中最重要的也是最易受到攻击的环节，攻击者直接入侵管理系统获得密钥远比破译加密算法所花费的代价小得多，因此攻击者往往选择窃取系统密钥，密钥的泄露将会直接导致整个安全通信系统失效。

密钥管理涵盖了密钥的整个生命周期，涉及密钥的生成、分发、存储、验证、传输以及销毁，密钥管理系统的主要目的是保护密钥安全和提供正常的密钥服务。密钥管理技术主要分为对称密钥管理技术和公开密钥管理技术两大类。

1. 对称密钥管理技术

由于对称加密体制的首次密钥传输问题，通常对称加密体制的通信双方利用公钥加密技术来传输对称加密的密钥。因此在实际通信系统中通信双方充分利用公钥加密算法和对称加密算法的优势实现安全通信，即充分利用对称加密算法的高效性和公钥加密算法的身份可认证性。

2. 公开密钥管理技术

公开密钥管理技术主要是应用数字证书管理体系来实现密钥的安全管理，可以实现密钥的生成、分发、存储、验证、传输以及销毁等。公开密钥管理技术主要是利用公钥加密算法的保密机制和签名与认证机制来实现密钥的安全管理。

3.5.2 RSA 密钥管理技术

RSA 密钥管理技术主要是利用 RSA 加密算法来实现通信密钥安全传输与管理。通信双方的密钥对由 KDC(Key Distribution Center，密钥分发中心)产生和分发，其中 RSA 加密算法的公钥为 $PK=\{e,n\}$ 和私钥为 $SK=\{d,n\}$。每次进行安全通信时，发送方随机产生一个大数作为会话密钥 S，并依次使用自己的私钥和接收方的公钥对会话密钥 S 进行加密，然后传给接收方。收到信息后，接收方依次使用自己的私钥和发送方的公钥进行解密，得到会话密钥 S。通信双方在协商好会话密钥 S 后，使用会话密钥 S 进行保密通信。这种方法既保证了会话密钥 S 的安全性，又能实现每次通信都能够使用不同的密钥。

3.5.3 Diffie-Hellman 密钥交换协议

Diffie 和 Hellman 在 1976 年提出一个安全的密钥交换算法，密钥交换算法的安全性基于求解有限域上离散对数的困难性。Diffie-Hellman 密钥交换算法如下：

(1) A 表示发送方，B 表示接收方，A 和 B 随机选择大素数 q 和 $GF(q)$ 上的本原元 g，其中 $1<g<q$，并公开 q 和 g。

(2) 发送方 A 随机选择 $X_A \in Z_q^*$，计算并公开 $Y_A = g^{X_A} \bmod q$。

(3) 接收方 B 随机选择 $X_B \in Z_q^*$，计算并公开 $Y_B = g^{X_B} \bmod q$。

(4) A 计算产生密钥 $K=(Y_B)^{X_A} \bmod q$，B 计算产生密钥 $K=(Y_A)^{X_B} \bmod q$。那么密钥 K 就是共享的密钥。A 的密钥 $K=(Y_B)^{X_A} \bmod q$ 等于 B 的密钥 $K=(Y_A)^{X_B} \bmod q$。

证明：

$$
\begin{aligned}
K &= (Y_B)^{X_A} \bmod q \\
&= (g^{X_B} \bmod q)^{X_A} \bmod q \\
&= (g^{X_B})^{X_A} \bmod q \\
&= g^{X_B X_A} \bmod q \\
&= (g^{X_A} \bmod q)^{X_B} \bmod q \\
&= (Y_A)^{X_B} \bmod q
\end{aligned}
$$

3.5.4 PGP 密钥管理

PGP(Pretty Good Privacy)是利用公钥加密算法、对称加密算法和数字摘要算法来实现网络安全通信的软件系统，通常应用 RSA 公钥加密算法、AES 对称加密算法和 SHA 数字摘要算法实现保密通信、数字签名和密钥管理等功能，主要保护对象包括电子邮件、文件、磁盘以及网络通信数据的安全。

PGP 使用 RSA 和 DSA 数字签名算法对数据实施数字签名，使用 AES、IDEA 对称加密算法对通信数据加密，使用 SHA 数字摘要算法计算通信数据的数字摘要值。为了提高数据处理速度，PGP 在传输数据之前，首先使用数据压缩技术对通信数据进行压缩，压缩率通常为 50%，这样既提高了加密速度，又能节约大量的网络带宽。

PGP 软件可以加密电子邮件，同时邮件接收者可以通过验证邮件的数字签名来确定邮件发送方的真实身份。此外，PGP 软件的一个重要应用是磁盘加密，主要包括本地磁盘加密、网络共享磁盘加密和虚拟磁盘加密。PGP 可以对本地的整块磁盘进行加密，要访问磁盘数据必须提供正确的密码，同时 PGP 可以像加密本地磁盘一样对网络共享的磁盘实施加密。虚拟磁盘加密是将磁盘部分空间虚拟为一个加密磁盘驱动器，并添加文档和文件夹到虚拟磁盘驱动器中，PGP 会自动处理虚拟磁盘驱动器中文件的加密和解密。

3.6 数字认证技术

数字认证技术是实现网络安全通信的基础，公共网络中通信数据的完整性校验和通信实体的身份认证是验证通信数据的正确性和来源的真实性的具体技术措施。数字认证技术主要包括消息认证技术、身份认证技术以及身份认证协议等。

3.6.1 消息认证

消息认证是对通信数据的真实性和完整性进行验证，主要目的是使数据的接收者能够验证其所接收的信息是否可信。消息认证包括两方面内容：一方面是验证消息的内容是否真实；另一方面是验证消息源是否可靠。此外，有时也会验证消息的时效性和顺序。

通常加密算法均具有消息认证功能，因为只有合法用户才能解密并获得正确信息。另外，若消息中包括校验码或者时间戳，就能准确地判断消息在传输过程中是否被篡改或者消息是否能够按预期到达。

1. 消息认证码

发送方 A 和接收方 B 若要传输消息 M，首先要协商会话密钥 K_{AB}，然后 A 计算消息验证码 $MAC_M=F(K_{AB},M)$，并且将其附加在消息 M 后一起传送给接收者 B。B 计算消息验证码 $MAC_M=F(K_{AB},M)$，并且将计算得到的 MAC_M 和接收到的 MAC_M 进行比较，如果相同说明消息完整，即接收者能够确认消息没有被篡改、消息来自合法的发送者和消息序列正确，具体过程如图 3-31 所示。

2. 单向散列函数

相对于消息认证码，单向散列函数具有更高的效率，并且应用单向散列函数计算散列值时不需要密钥。单向散列函数已经成为消息认证码的替代算法，主要用于通信数据的完整性校验。通常单向散列函数与对称加密算法和公钥加密算法相互结合使用，主要应用形式如下：

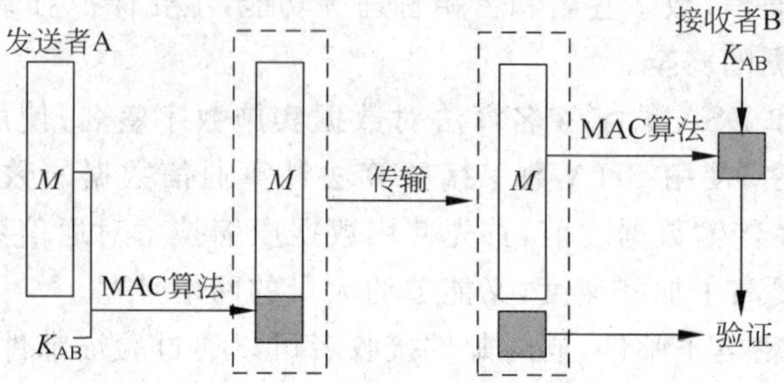

图 3-31 消息认证过程

第一种方式是单向散列函数与对称加密算法结合使用,发送者首先计算明文信息的散列值,然后用对称加密算法加密散列值,并且与明文信息一起发送给接收方,认证过程如图 3-32 所示。

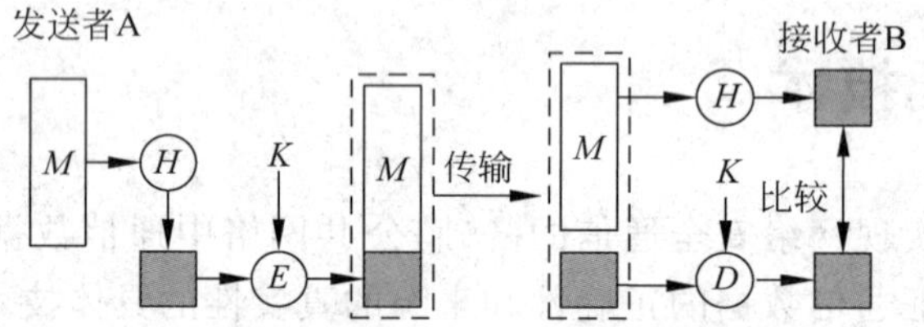

图 3-32 散列函数与对称加密算法结合

第二种方式是单向散列函数与公钥加密算法相结合实现通信数据的完整性校验,发送者首先计算明文信息的散列值,然后用接收方的公钥对散列值进行加密,并将其附在明文信息后发送给接收者,基本过程如图 3-33 所示。

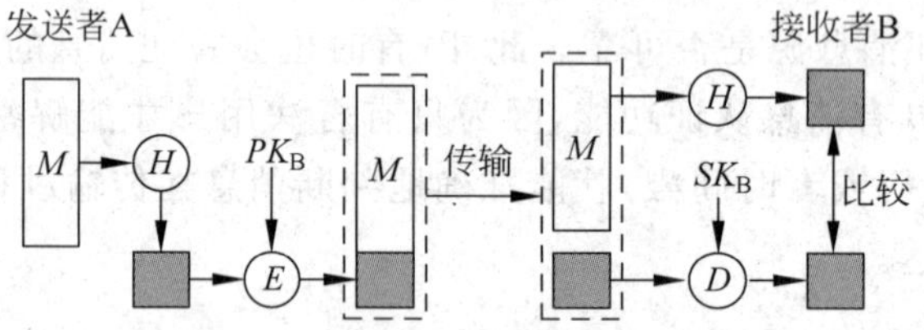

图 3-33 散列函数与公钥加密算法结合

第三种方式是单向散列函数与共享密钥相结合,发送方将共享秘密 S_{AB} 与明文信息合并,并使用单向散列函数计算散列值 $MD_M = H(S_{AB}||M)$,并将其附在明文信息后发送给接收者,基本过程如图 3-34 所示。

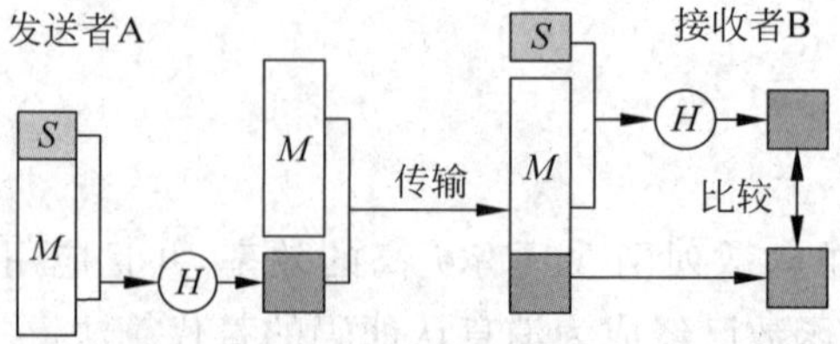

图 3-34 单向散列函数与共享密钥结合

3.6.2 身份验证技术

身份验证是指网络通信系统的实体身份认证，主要包括用户、服务器和其他网络终端设备。身份认证的主要目的是验证实体身份的真实性和合法性，认证对象主要包括用户密码和口令、身份证、护照、数字证书以及用户的基本特征（指纹、视网膜、DNA、声纹等）。

身份认证协议的主要形式有：

(1) 双向认证协议——通信双方相互认证彼此身份的真实性和合法性。

(2) 单向认证协议——仅通信的一方认证另一方的身份，例如服务器验证用户身份的合法性，但不对用户提供服务器身份认证。

(3) 基于对称密钥的认证协议——利用对称加密体制实现网络通信实体身份认证，通信双方需要事先约定好共享密钥。

(4) 基于公钥的认证协议——利用公钥加密体制实现网络通信实体身份认证，通常通信双方利用对方公钥对实体身份进行认证。

3.6.3 Kerberos 身份验证协议

Kerberos 协议是由麻省理工学院提出的网络通信实体身份验证协议，其主要目标是为网络客户机和服务器提供身份认证服务，主要特点是用户只需输入一次身份验证信息就可以访问系统中多个服务。

1. Kerberos 协议

Kerberos 协议主要应用在分布式的客户/服务器体系结构中的实体身份认证，系统可以采用一个或多个 Kerberos 服务器提供身份鉴别服务。

首先客户机向 Kerberos 认证服务器提供身份验证信息，通过 Kerberos 服务器认证后，客户机获得用于身份证明的电子票据，此后，客户机可以凭借此票据访问系统的多个服务器，而无须在登录每个服务器时都输入一次身份验证信息。Kerberos 协议通过集中管理用户身份认证，提高了身份认证效率和安全性，可以有效地防止客户机重复利用票据登录服务器，并且可以防止非法用户伪造票据。Kerberos 协议的基本结构如图 3-35 所示。

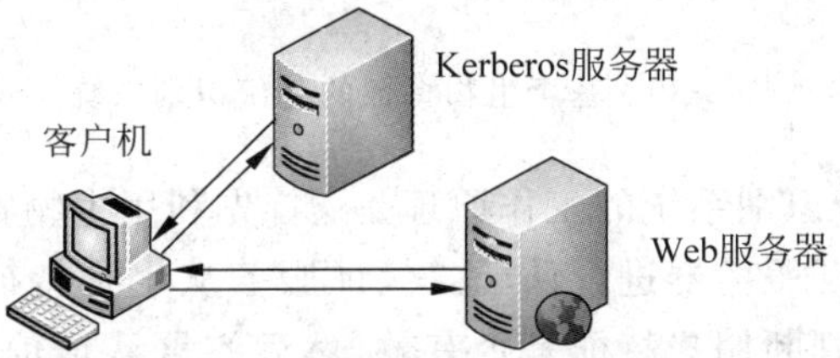

图 3-35 Kerberos 协议的基本结构

2. Kerberos 协议的术语

通常描述 Kerberos 协议需要掌握的术语如下：

主体——参与网络通信的实体，是具有唯一标识的客户机或服务器。

认证——验证通信实体所宣称身份的真实性和合法性。

认证头——身份认证的票据和提交给服务器的认证码。

认证路径——实现跨域身份认证时，所经历中间域的路径信息。

认证码——网络通信实体身份认证信息，内容主要包括时间戳、客户机地址和会话密钥等。

票据——Kerberos 协议中客户机用于证明其真实身份的电子证据，主要包括客户机身份标识、会话密钥、时间戳和其他信息。

会话密钥——任意两个通信实体之间实现相互通信而协商的临时对称加密密钥，只使用一次，使用结束立即作废。

密钥分发中心 KDC——Kerberos 协议中负责分发票据和会话密钥的可信网络服务中心。

Kerberos 协议主要包括认证服务器、票据授予服务和应用服务器，其中认证服务器和票据授予服务器为通信实体提供身份认证服务，应用服务器为用户提供最终的应用服务。

3.6.4 基于生物识别技术的身份验证技术

基于生物识别技术的身份验证是利用人体固有的生理特征和行为特征的统计特性对通信实体的身份实施认证的技术，生物特征主要包括指纹、脸型、虹膜、笔迹和语音等，利用计算机与光学、声学、生物传感器将生物统计学特征转换为电子信号进行身份信息的存储和鉴别。基于生物特征的识别系统将采集的个体特征和事先存储在认证服务器的特征进行比对来验证实体身份的真实性和合法性。

基于生物特征的身份识别技术简化了密钥管理和分发机制，将生物特征作为身份识别的依据，可对网络通信数据实施数字签名和认证。基于生物特征的身份识别系统的工作原理如图 3-36 所示。

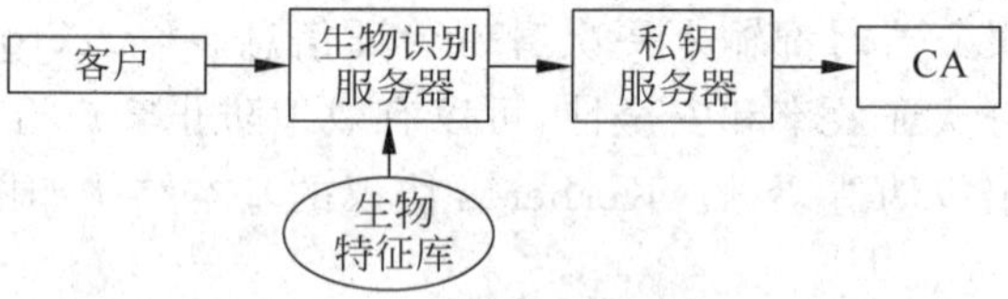

图 3-36 基于生物特征的身份识别系统

基于生物特征的身份识别系统的工作原理是：首先利用生物特征读取终端采集生物特征信息，并将其传送到认证服务器进行认证。认证服务从生物特征库中提取特征与采集到的用户特征进行比对，并判断用户特征是否有效，然后签署认证信息给私钥服务器，私钥服务器计算文档信息的数字摘要并向用户返回一个数字签名，这样就在用户与服务器间建立了完全信任的关系。基于生物特征的身份识别技术能够有效降低密钥管理的复杂度和成本，并且能够应用于各种网络服务系统的实体身份认证。

本章小结

本章主要介绍了信息安全技术基础知识，主要包括信息安全通信的基本原理、密码学技术基础、数字签名技术、密钥管理技术以及数字认证技术等。重点掌握对称加密算法、公钥加密算法和数字摘要算法的基本结构和原理；熟练掌握数字签名技术的基本原理和常用数字签名算法；熟练掌握密钥管理技术在维护网络系统安全中的重要作用；掌握数字认证的基本原理，了解常用的消息认证方法和基于生物特征的身份认证方式。

本章习题

1. 请简述对称加密算法和公钥加密算法的基本特征，并说明它们各自的优点是什么。
2. 请简述分组密码的四个工作模式，并说明它们各自的特点。
3. 请简述 DES 加密算法和 RSA 加密算法的基本流程。
4. 请简述安全散列算法 SHA 的基本流程。
5. 请简述 Diffie-Hellman 密钥交换协议的基本流程。
6. 请简述基于椭圆曲线加密体制的数字签名算法的基本流程。

第4章 网络安全防护技术

网络安全防护技术是为实现网络安全通信而采取的具体的安全防护措施，常用的网络安全防护技术主要包括入侵检测系统、防火墙以及各种网络安全管理系统等。本章主要介绍安全防护技术的基础知识，其中包括保护内部网络安全的防火墙技术、实现远程安全访问的 VPN 技术、保护数据安全的数据库安全系统、监测和预警攻击行为的入侵检测技术以及控制系统资源访问的访问控制技术等。其中详细介绍了防火墙的功能和作用以及各种类型防火墙的优点和缺点，并结合网络安全防护技术的基础知识讲解各种防护技术的配置和应用。

4.1 防火墙技术

防火墙是建立在内部网络与外部网络之间的一道安全防护屏障，通过合理配置安全防护规则，可以有效地阻断来自外部网络的攻击，并且可以限制内部网络用户访问外部网络的行为和权限。本节主要介绍防火墙的基础知识，主要包括防火墙的概述、防火墙的基本类型、配置、优缺点等知识。

4.1.1 防火墙概述

1. 防火墙的定义

防火墙的最初得名是古时候为防止火灾蔓延在房屋之间砌起的一道墙，而网络系统中的防火墙是内部网络与外部网络之间的安全隔离系统，用来阻挡外部网络对内部网络的威胁与入侵。

防火墙由计算机软件和硬件组成，主要负责内部网络和外部网络之间的安全通信，可以限制外部网络用户对内部网络的访问，以及可以限制内部用户访问外部网络的行为和权限。防火墙的实质是建立在内部网络与外部网络之间的安全防御系统，主要具有以下属性：

- 进出网络的数据必须经过防火墙，防火墙设置在需要安全防护的网络间和安全域间。
- 符合防火墙安全防护规则的数据才能通过防火墙。
- 防火墙系统具有抵抗各种网络攻击的能力。
- 防火墙位于两个或多个网络或安全域之间，是实施访问控制策略的一组软件和硬件集合。

2. 防火墙的位置

(1) 防火墙的物理位置。防火墙的物理位置处在本地受保护区域与外部网络之间，通常防火墙由硬件设备和软件系统组成，其物理安放位置主要分为两种：

- 安放在内部网络和外部网络之间，防火墙安放于内部网络和外部网络之间，主要是对进出网络的信息流进行安全监控。
- 安放在内部网络的各子网之间，防火墙可以位于等级较低内部网络中各子网之间，主要是对各子网之间的数据流进行安全控制。

目前，防火墙已经成为控制网络间安全通信的主要防护措施，尤其是软件防火墙已经应用于每一台联网主机的网络接口。防火墙在网络中的常见位置如图 4-1 所示。

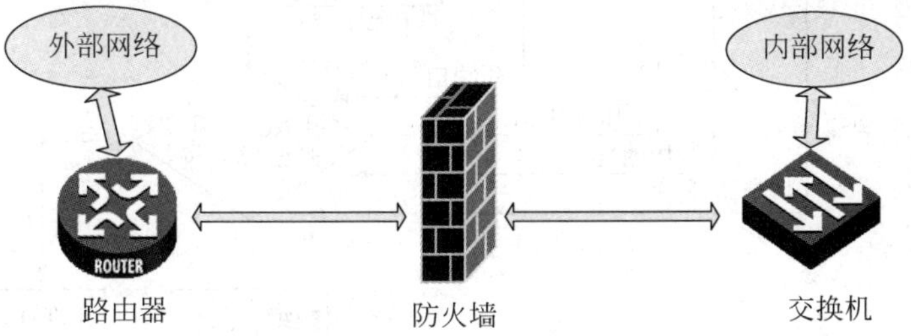

图 4-1 防火墙在网络中的常见位置

(2) 防火墙的逻辑位置。防火墙的逻辑位置是指防火墙与网络协议相对应的逻辑层次关系。防火墙的功能主要由其所处的网络层次来决定，根据 ISO OSI/RM 网络七层模型中各层协议特点设计不同功能的防火墙。防火墙所处的协议层次越高功能越强，可以过滤和检测的数据就越多，其提供的安全保护等级就越高。防火墙与网络 OSI 七层协议的层次关系如表 4-1 所示。

表 4-1 防火墙与网络协议的层次关系

ISO OSI/RM 七层模型	防火墙级别	ISO OSI/RM 七层模型	防火墙级别
应用层	网关级	网络层	路由器级
表示层	—	数据链路层	网桥级
会话层	—	物理层	中继器级
传输层	电路级		

4.1.2 防火墙的基本类型

根据不同的分类标准，防火墙可以分为多种类型，其中主要包括包过滤防火墙、代理服务型防火墙、复合型防火墙、状态检测型防火墙。

1. 包过滤防火墙

包过滤是防火墙的核心功能之一，防火墙的包过滤标准依赖于防火墙的安全策略，通常防火墙的安全策略由网络管理员预置在防火墙设备的 ACL(Access Control List，访问控制列表)中，防火墙根据 ACL 规则对网络数据流进行过滤，阻止不符合安全策略的通信。

1）包过滤原理

网络通信的数据包分为报头和数据两个部分。报头的内容主要包括封装协议、IP 源地址、IP 目标地址、ICMP 消息类型、TCP 和 UDP 目标端口、TCP 报头中的 ACK 位等。而数据的内容是各种网络应用的通信数据。网络通信系统中的路由器就是根据数据包的 IP 目标地址选择合适的路由，将数据包发送给目标机器。

包过滤防火墙根据安全策略检查通信数据流中的每个数据包的报头信息，若报头信息与过滤规则匹配，则允许数据包通过；否则拒绝数据通过，并丢弃被拒绝的数据包，其中 ACL 对数据包的过滤流程如图 4-2 所示。

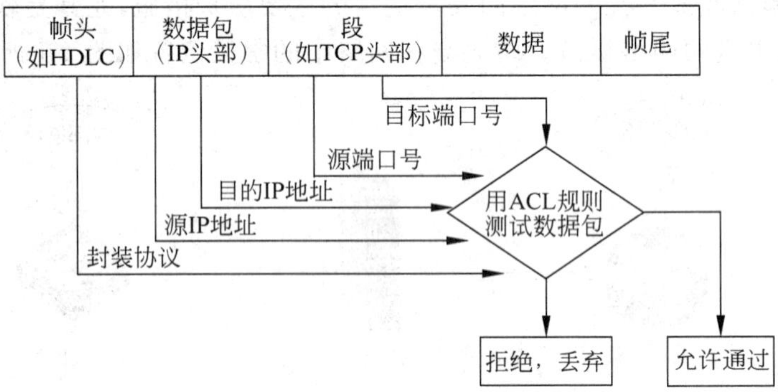

图 4-2 ACL 对数据包的过滤流程

2）包过滤防火墙的优点

包过滤防火墙具有操作简单、运行高效、易于安装和使用等特点，通常包过滤防火墙内嵌在路由器中对通信数据包实施过滤。路由器是网络互联的关键节点设备，因此在路由器中内嵌包过滤功能几乎不需要任何额外的费用。

包过滤防火墙的优点主要体现在下面几个方面：

- 包过滤防火墙不会影响到应用程序的正常运行。包过滤防火墙工作在网络层和传输层，与应用层无关，因此不会影响客户机和服务器上的应用程序。
- 包过滤防火墙可以保护整个内网安全。内嵌于路由器中的包过滤防火墙可以检测所有进出网络的数据包，能够起到保护内网安全的作用。
- 包过滤防火墙对于用户是透明的。包过滤是在 IP 层完成，网络用户感受不到防火墙对数据包的处理，包过滤由防火墙系统自动完成。
- 包过滤防火墙具有良好的网络性能。包过滤防火墙过滤速度快、效率高，通常只检查数据包报头信息，很少查看数据包的内容，此外，防火墙的核心部分主要由高速的硬件实现。

3）包过滤防火墙的缺点

包过滤防火墙主要缺点是安全性较差、功能相对单一以及不能防止地址欺骗等。

- 包过滤防火墙的安全性较差。基于网络层和传输层的包过滤只能配置有限的安全策略，因此包过滤防火墙的功能会受到一定限制。
- 包过滤防火墙对个别协议并不支持，例如 UDP 协议、RPC 协议，并且包过滤防火墙缺乏审计和报警机制，另外，无法提供完整的安全策略服务，例如，数据包的报头信息只能说明数据包的来源主机，而不能确定用户、端口或应用程序。

- 包过滤防火墙不能防止地址欺骗。包过滤防火墙主要根据源 IP 地址和目的 IP 地址对数据包实施过滤，攻击者通过伪冒合法 IP 地址就可以欺骗包过滤防火墙，因此，包过滤防火墙的主要弱点是不能实现用户级的过滤。

包过滤防火墙比较适合安全性要求不高的网络通信环境中，通常为了改善包过滤防火墙的安全性，将其与应用网关配合使用或与其他防火墙技术结合使用，组成安全性较高的防火墙系统。

2. 代理服务型防火墙

1）代理服务型防火墙概述

代理服务型防火墙是利用代理服务器将内部网络和外部网络分开，在数据通过代理服务器时利用防火墙对进出网络的数据进行安全检测，并阻止各类网络攻击。代理服务器基于应用层实现代理服务，访问外网的用户首先向代理服务器发出连接请求，代理服务器对其进行验证，然后将验证后的请求转发给外网服务器，外网服务器将应答交给代理服务器，经代理服务器检测后发送给请求用户。因此，代理服务器在外部网络和内部网络之间充当通信代理，有时也称为应用层网关。代理服务型防火墙可以隐藏内部网络结构，并且可以提供用户级的身份认证、日志记录和账号管理，彻底分隔外部与内部网络。但是，代理服务器容易成为网络通信的"瓶颈"，因为所有内部网络的主机均需通过代理服务器连接外部网络。代理服务型防火墙分为应用层网关防火墙和电路级网关防火墙两类。

2）应用层网关防火墙

应用层网关防火墙是典型的代理服务型防火墙，运行于网络协议的应用层，实现数据包的过滤和转发功能。应用层网关防火墙针对于特定的网络应用服务协议采用指定的数据过滤逻辑，并在过滤的同时对数据包进行必要的分析、登记和统计，形成检测报告。应用层网关防火墙的工作原理如图 4-3 所示。

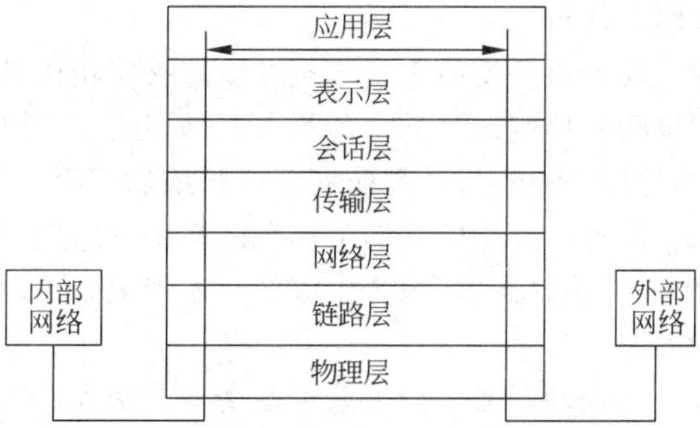

图 4-3 应用层网关防火墙的工作原理

应用层网关防火墙的核心是代理服务器，其主要功能是基于网络协议的应用层实现协议的过滤和转发。外部网络用户访问内部网络时，应用层网关防火墙首先会对数据包进行过滤，同时对数据包进行必要的分析、登记和统计，并形成检查报告。如果用户的连接请求符合预定的安全策略或规则，代理防火墙就允许用户与内网的服务器建立正常的网络通信。对不符合预定安全规则的数据包，则阻止或抛弃。同时，应用层网关防火墙也可以控制内部用户对外网的访问，即将内部用户的请求确认后发送到外部服务器，再将外部的响应回送给用户。

3）电路级网关防火墙

电路级网关防火墙，也称 TCP 通道防火墙。在电路级网关防火墙中，数据包被提交给用户的应用层进行处理，电路级网关用来在两个通信终端之间转换数据包，电路级网关防火墙的工作原理如图 4-4 所示。

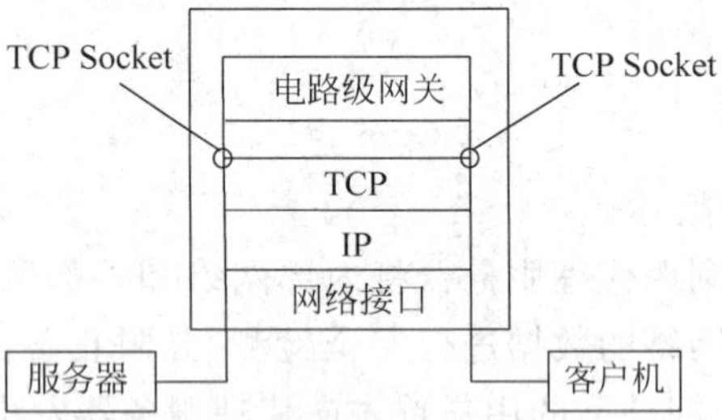

图 4-4 电路级网关防火墙的工作原理

电路级网关防火墙通过检查内部网络与外部网络机器通信时建立的 TCP 三次握手信息、双方的 SYN、ASK 标志和序列号等是否符合逻辑，来判断请求的会话是否合法。如果电路级网关防火墙确认会话合法，就为双方建立通信会话，并将会话记录到合法会话表中，防火墙仅允许与合法会话表中条目相匹配的会话信息通过，会话结束后，会话表中对应的条目被删除。

电路级网关防火墙与包过滤防火墙都是依靠特定的逻辑来判断是否允许数据包通过，但是两者之间存在明显的区别，即包过滤防火墙允许内、外网之间的计算机直接建立连接，而电路级网关防火墙则禁止它们直接建立端到端的 TCP 连接，而是要以防火墙为中转设备分别建立连接。当两个连接建立后，电路级网关防火墙的主要工作是检测和转发数据包，因为电路级网关防火墙在会话建立后不对所传输的内容做进一步的分析，因此安全性稍低。

4）代理服务型防火墙的优点

- 易于配置和管理。代理服务型防火墙与包过滤防火墙相比易于配置和管理，通过对数据包的分析和检测来控制进出防火墙数据的安全性。同时可以添加一些高层过滤功能，例如文本过滤、图像过滤、预防病毒或扫描病毒等。
- 能生成各项记录。代理服务型防火墙工作在网络协议的应用层，对网络数据包进行过滤和分析，并生成各项日志、记录。生成的日志和记录可以用于流量分析、安全检查以及服务计费等。
- 提供其他安全服务。代理服务型防火墙可以增加加密和解密功能，还可以添加其他安全解决方案，例如认证身份、授权访问以及管理账号等。防火墙与安全协议有效地结合，可以提高网络系统的安全性。

5）代理服务型防火墙的缺点

- 速度相对较低。代理服务型防火墙的速度较包过滤防火墙慢，因为包过滤防火墙只检测 TCP/IP 报头中几个特定的区域，并且不需要生成日志和记录，而代理服务型防火墙工作于应用层，需要按照特定应用协议的规则检测和审查数据包的内容，并负责转发请求或响应。

- 需要用户配置和管理。代理服务型防火墙可以提供比包过滤防火墙更强的安全检测和防护功能，因此需要用户根据安全防护要求来配置和管理防火墙的安全策略和规则。代理服务型防火墙可以根据具体的网络协议、应用和服务生成特定的网络安全访问策略，因此安装和配置特定的安全策略相对比较耗时。同时，安全策略设置的是否合理会直接影响到网络防护的效果和系统的安全性。
- 无法控制底层协议。代理服务型防火墙工作于网络协议的应用层，因此无法改善低层通信协议的安全防范能力，例如 IP 地址欺骗、伪造 ICMP 消息以及拒绝服务攻击等。

3. 复合型防火墙

复合型防火墙也称自适应代理防火墙，是将包过滤防护墙的高效率和代理服务型防火墙的高安全性等优点结合起来，在保证安全性的前提下，提高了防火墙系统的运行效率，主要由自适应代理服务器和包过滤器组成。目前，复合型防火墙还融合了入侵检测技术、安全认证和评估技术以及虚拟专网等技术，使之成为真正的复合型网络安全防护系统。复合型防火墙的功能如下：

- 复合型防火墙以网络安全防护为基本功能，同时融合入侵检测、安全评估、虚拟专网等网络安全通信模块，形成了一套完整的立体的网络安全解决方案。
- 复合型防火墙采用安全评估和识别技术实现网络对象检测、控制和管理，安全评估模块可以自动地检测内部网络的主机状态、端口、安全漏洞、RPC 远程过程调用和服务中可能存在的薄弱环节，并生成检测和分析报告。
- 复合型防火墙可以提供系统入侵检测功能，通过监测网络中的数据包来发现网络入侵行为，作为网络安全的重要环节，入侵检测模块与防火墙模块可以形成安全防护联动系统，当入侵检测模块发现网络入侵行为时立即通知防火墙，并且自动生成安全防护规则阻止网络攻击。
- 复合型防火墙可以提供虚拟专网功能，利用隧道技术、加/解密技术、密钥管理技术以及身份认证技术在公共网络上建立虚拟专网，网络数据通过安全的“虚拟专网通道”在公共网络上传播。复合型防火墙将防火墙的安全防御功能与虚拟专网的安全通信功能结合起来以实现网络资源的访问控制和网络通信数据在公共网络上的安全传输。

4. 状态检测型防火墙

1）状态检测型防火墙的工作原理

状态检测型防火墙是通过检测网络连接状态来判断网络通信系统的安全性，基本保持了简单包过滤防火墙的优点，其基本特征是通过网络连接的安全状态来识别和判断网络通信的安全性。状态检测型防火墙的核心部分是状态连接表，它将安全连接的通信数据作为一个整体处理，直接放行安全连接的通信数据，从而提高了数据包的检测效率。状态检测型防火墙相对于包过滤防火墙增加了网络通信状态的检测，主要功能是规范了网络层和传输层的通信行为，而应用代理型防火墙的主要功能则是规范了特定的应用协议上的行为。状态检测型防火墙的工作原理如图 4-5 所示。

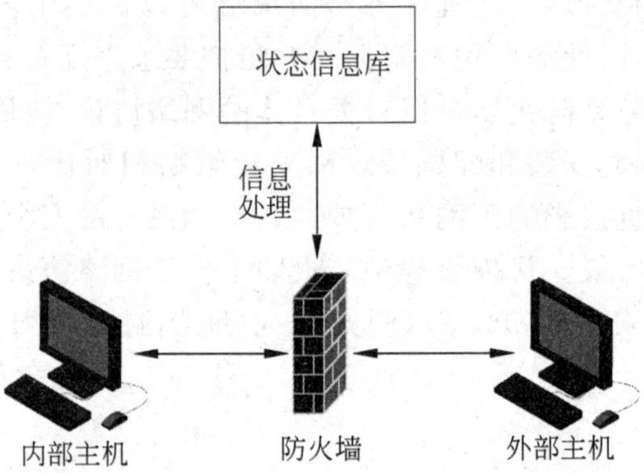

图 4-5 状态检测型防火墙的工作原理

2）状态检测型防火墙的优点

- 安全性好。状态检测型防火墙工作在网络协议的数据链路层和网络层之间，确保可以获取和检测所有通过网络的原始数据包，并依据安全策略和状态表对网络通信数据进行安全检测。
- 性能高效。状态检测型防火墙在网络协议的底层对通过防火墙的所有的数据包进行检测，节约了高层网络协议的检测开销，提高了执行效率。此外，防火墙将一个连接的数据作为一个整体来处理，直接放行安全连接的通信数据。
- 配置方便。状态检测型防火墙与代理服务型防火墙相比具有更好的适应性，可以管理所有的应用层通信数据，而代理服务型防火墙的管理相对有限，即一个应用对应一个服务程序。状态检测型防火墙不仅支持基于 TCP 的应用，而且支持基于无连接协议的应用，例如 RPC、基于 UDP 的应用(DNS 、WAIS、Archie 等)等。

3）状态检测型防火墙的缺点

状态检测型防火墙虽然继承了包过滤防火墙和代理服务型防火墙的优点，克服了它们的缺点，但是只能对数据包和连接状态进行安全检测，不能对通信内容进行深度检测，例如，不能检测数据包中大量的垃圾邮件、广告以及木马程序等。状态检测型防火墙、包过滤防火墙和代理服务型防火墙都有固有的无法克服的缺陷，不能对通信数据实施深度分析和提供全面的安全服务。

4.1.3 防火墙配置的原则

防火墙的配置原则首先要遵循安全、适用和高效的原则。因为防火墙是内部网络与外部网络通信的关键节点，所以在防火墙的配置过程中必须坚持以下三个基本原则。

1. 安全适用

防火墙的主要功能是防护内部网络免受外部网络攻击，并限制内部网络用户访问外部网络的权限和行为。因此防火墙的配置要具有安全防护能力，同时必须要具有足够的高效性以避免防火墙成为网络通信的瓶颈。

2. 综合检测

防火墙的安全策略配置必须遵循多层次、全方位、易扩展的原则进行，防火墙是内部网络与外部网络之间的安全防御系统，必须具有入侵检测、网络加密、病毒查杀等多种安全管理功能，才能保证内部网络的安全。

3. 内外兼顾

防火墙是内部网络与外部网络之间的安全防护系统，既要防止外部网络对内部网络的攻击，又要限制内部网络用户的权限和行为，防止来自内部网络的攻击，因此，要结合入侵检测、主机防护、漏洞扫描、病毒查杀等安全防护技术实现内部网络安全。

4.1.4 防火墙的局限性

防火墙的主要功能是保护内部网络安全，防止外部的网络攻击和内部的网络攻击，限制内部网络用户的访问权限和行为。防火墙在配置和使用过程中也暴露出了一些缺陷和局限性：

(1) 防火墙无法深度检测通信数据的具体内容。防火墙主要用于检测进出网络数据包的报头和连接状态的安全性，但是无法对通信数据进行深度地检测和分析，例如，不能检测数据包中大量的垃圾邮件、广告以及木马程序等。

(2) 防火墙不能防御利用计算机系统漏洞和病毒对系统实施的攻击。防火墙无法识别针对内部网络的计算机系统和网络服务系统漏洞的攻击。尤其无法防止网络的内部用户利用计算机系统漏洞和病毒对内部网络实施的攻击。防火墙无法检测和防御最新的拒绝服务攻击及蠕虫病毒的攻击。

4.2 VPN 与网络安全

VPN(Virtual Private Network，虚拟私有网络)也称虚拟专用网络，是利用信息安全通信技术在公共网络上建立虚拟的安全传输通道，以实现安全的网络通信。利用 VPN 技术，企业可以通过公共网络将分立在不同地区的部门连接起来，形成一个安全的虚拟专网，以实现网络通信的保密性、身份可认证性和数据完整性。

4.2.1 VPN 概述

1. VPN 的定义

VPN 是利用信息安全技术在 Internet 上建立一个虚拟的私有网络，可以实现跨地域的网络安全通信。VPN 是企业内部网最经济有效的扩展方式，企业用户、分支机构及商业伙伴可以通过 Internet 与企业内部网建立可信的安全连接，可以利用隧道技术、加/解密技术、密钥管理技术和使用者与设备身份认证技术实现网络通信的保密性、身份可认证性和数据完整性。VPN 实现远程安全通信的过程如图 4-6 所示。

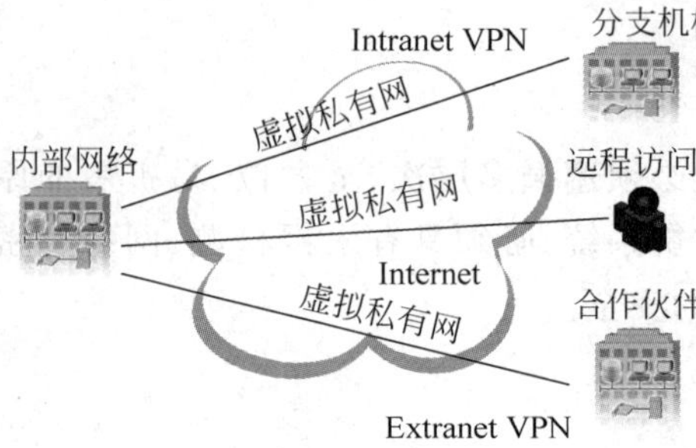

图 4-6 VPN 实现远程安全通信的过程

2. VPN 系统的构成

远程用户利用 VPN 系统可以远程登录企业内部网络，VPN 系统的主要组成对象包括 VPN 服务器、VPN 客户端、隧道协议等。VPN 系统的主要组成对象如图 4-7 所示。

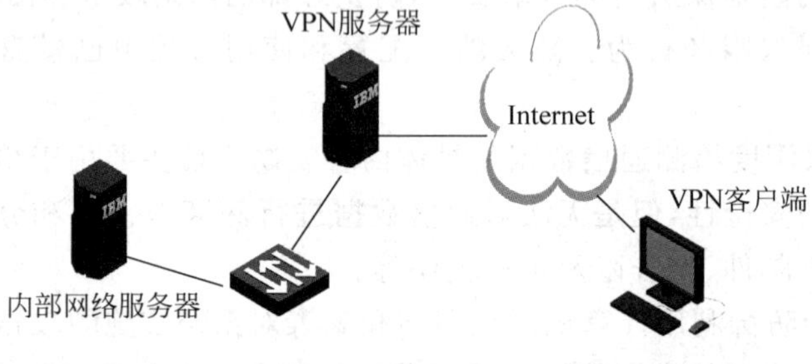

图 4-7 VPN 系统的主要组成对象

(1) VPN 服务器的主要功能是接收 VPN 客户端的连接请求，并验证 VPN 客户端的合法身份，为验证用户建立和管理虚拟的安全传输通道，实现公共网络上的安全通信。

(2) VPN 客户端的主要功能是向 VPN 服务器发出连接请求，并与 VPN 服务器建立虚拟的安全传输通道。

(3) 隧道协议主要功能是建立 VPN 客户端到 VPN 服务器端的安全信道，实现通信数据的封装、加密和认证等安全服务。

4.2.2 VPN 的分类

根据不同的划分标准，VPN 可以按几个标准进行分类。

1. 按接入方式划分

根据用户接入 Internet 的方式不同可以将 VPN 划分为专线接入方式和拨号接入方式。

- 专线 VPN 是为通过专线方式接入 ISP 的网络用户提供的 VPN 解决方案，可以节省传统的专线费用。
- 拨号 VPN 是为通过拨号方式接入 ISP 的网络用户提供的 VPN 服务。

2. 按协议实现类型划分

按照隧道协议所在的网络层次可以将 VPN 划分为第二层隧道协议 VPN 和第三层隧

道协议 VPN。

- 第二层隧道协议 VPN 主要包括 PPTP(Point to Point Tunneling Protocol,点到点隧道协议)、L2FP(Level 2 Forwarding Protocol,第二层转发协议)、L2TP(Layer 2 Tunneling Protocol,第二层隧道协议)、MPLS(Multi-Protocol Label Switching,多协议标记交换)等。
- 第三层隧道协议 VPN 主要包括 GRE(Generic Routing Encapsulation,通用路由封装协议)、IPSec(Internet Protocol Security,IP 安全协议)。

3. 按 VPN 的服务类型划分

根据 VPN 的服务类型,可以将 VPN 业务大致分为三类:远程接入 VPN、内联网 VPN 和外联网 VPN。

- 远程接入 VPN 是指企业员工通过公共网络远程访问企业内部网络的 VPN。
- 内联网 VPN 是指企业分支机构通过公共网络访问企业内部网络的 VPN,这是以对等方式连接起来的 VPN。
- 外联网 VPN 是指企业与企业间在公共网络上建立的 VPN,这是一种网络到网络以不对等的方式连接起来的 VPN。

4.2.3　Windows Server 2003 VPN 安装

Microsoft Windows Server 2003 操作系统提供 VPN 远程登录服务,企业用户可以通过公共网络安全访问企业内部网络,Windows Server 2003 系统中配置 VPN 服务过程如下:

(1) 选择"开始"→"管理工具"→"路由与远程访问"命令,在出现的对话框中选择主机并右击,在弹出的快捷菜单中选择"配置并启用路由和远程访问"命令,如图 4-8 所示。

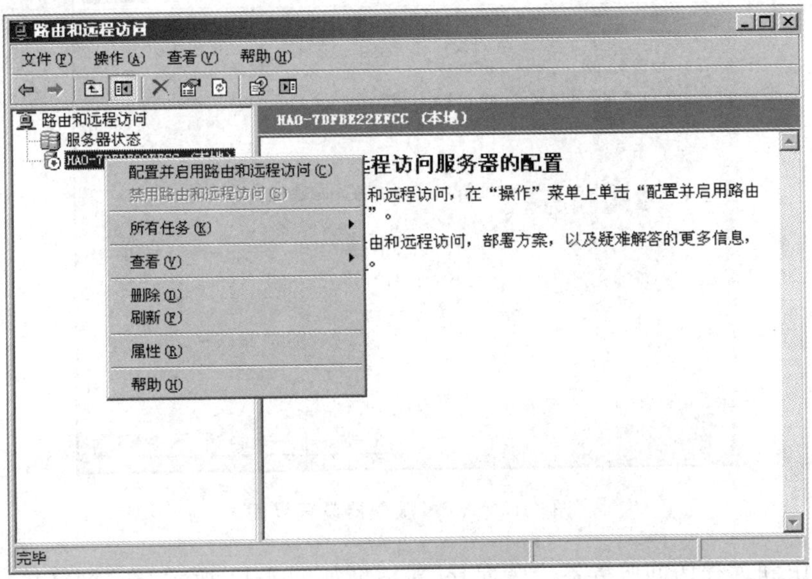

图 4-8　路由与远程访问窗口

(2) 在“路由和远程访问服务器安装向导”中选择“远程访问(拨号或 VPN)”单选按钮，如图 4-9 所示，单击“下一步”按钮。

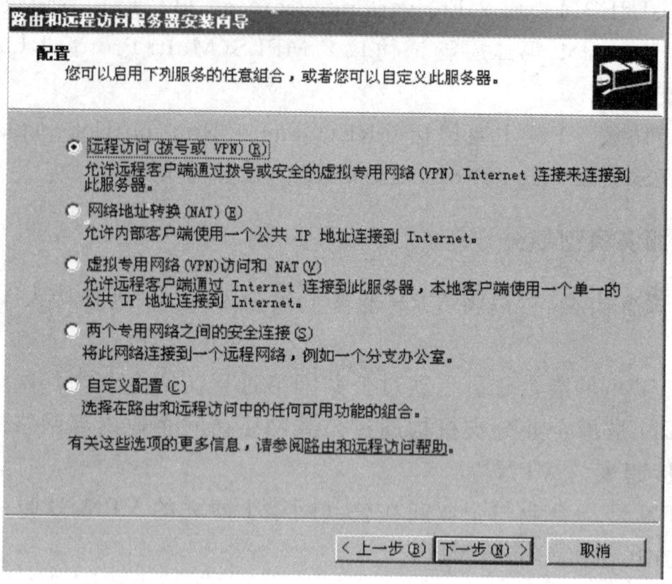

图 4-9　远程访问(拨号或 VPN)设置界面

(3) 在“路由和远程访问服务器安装向导”中选择 VPN 选项，如图 4-10 所示，单击“下一步”按钮。

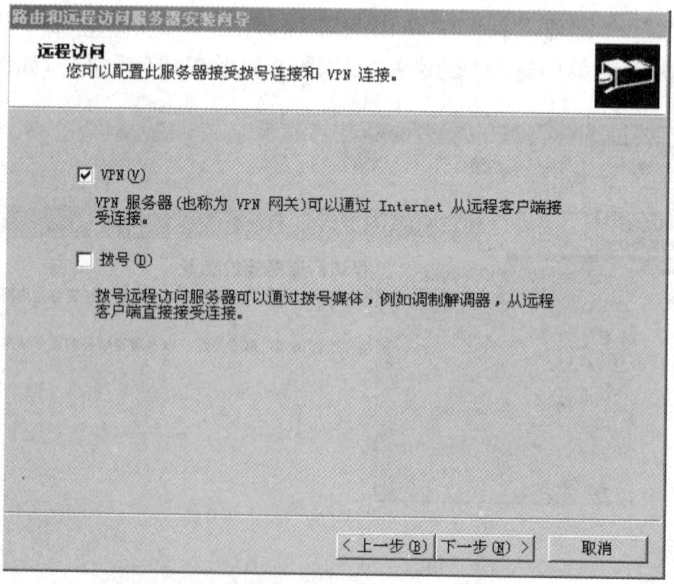

图 4-10　VPN 服务器设置界面

(4)“路由和远程访问服务器安装向导”对话框如图 4-11 所示，在“网络接口”列表中有两个网络接口，分别用于连接外部网络和内部网络。取消选中“通过设置静态数据包筛选器来对选择的接口进行保护”复选框，然后单击“下一步”按钮。

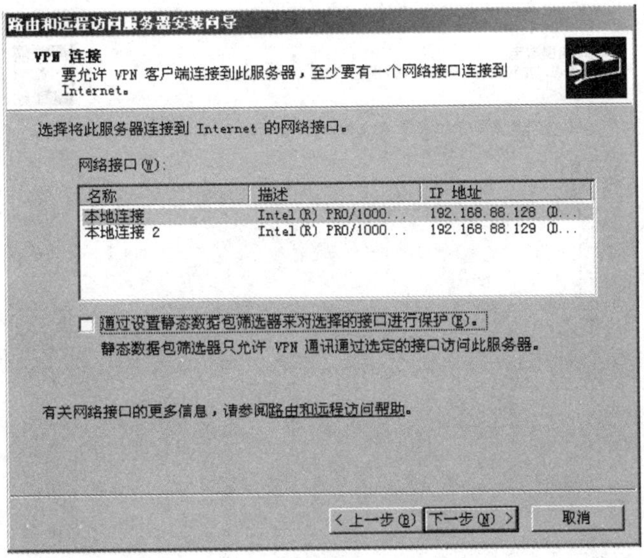

图 4-11　VPN 网络接口列表

(5) 在“路由和远程访问服务器安装向导”中选择“来自一个指定的地址范围”单选按钮，如图 4-12 所示，并单击“下一步”按钮。

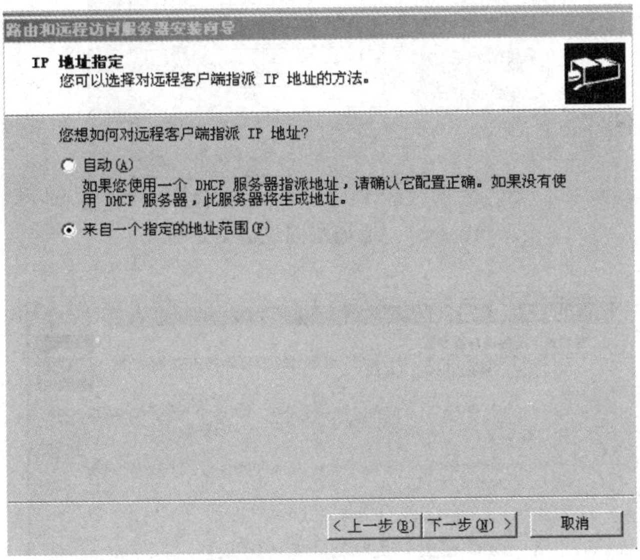

图 4-12　远程客户端的 IP 地址指派

(6) 在“路由和远程访问服务器安装向导”中单击“新建”按钮，如图 4-13 所示，在“新建地址范围”对话框中输入合法的 IP 地址范围，例如 172.16.6.10～172.16.6.28，如图 4-14 所示，即允许在地址范围内的远程用户通过 VPN 服务器来访问企业内部网络，然后单击“下一步”按钮。

(7) 在“路由和远程访问服务器安装向导”中选择“否，使用路由和远程访问来对连接请求进行身份验证”单选按钮，如图 4-15 所示，并单击“下一步”按钮完成设置。

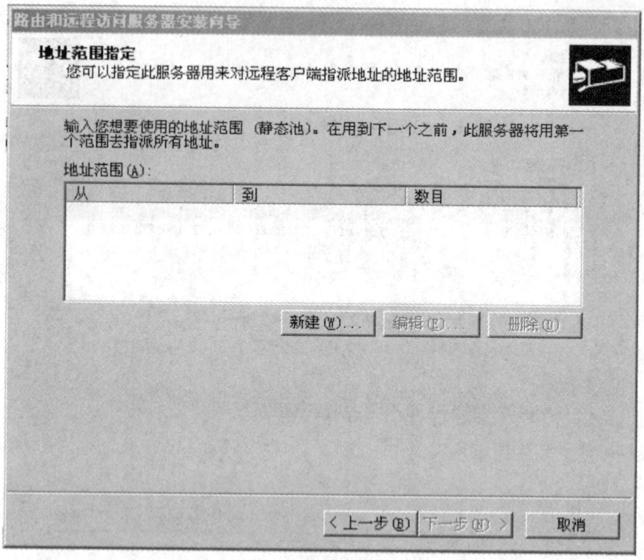

图 4-13　VPN 用户地址范围指定

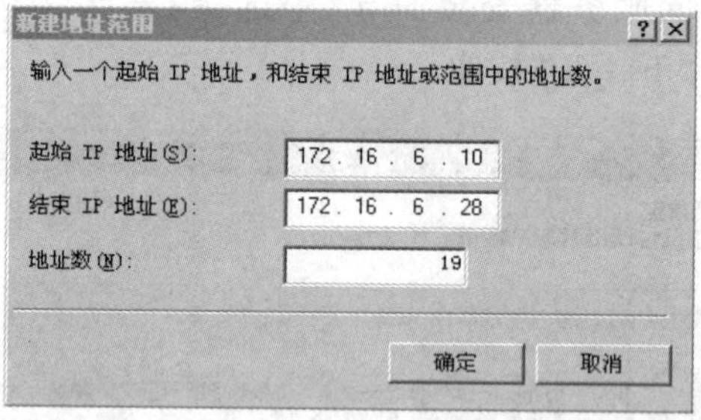

图 4-14　地址范围设置对话框

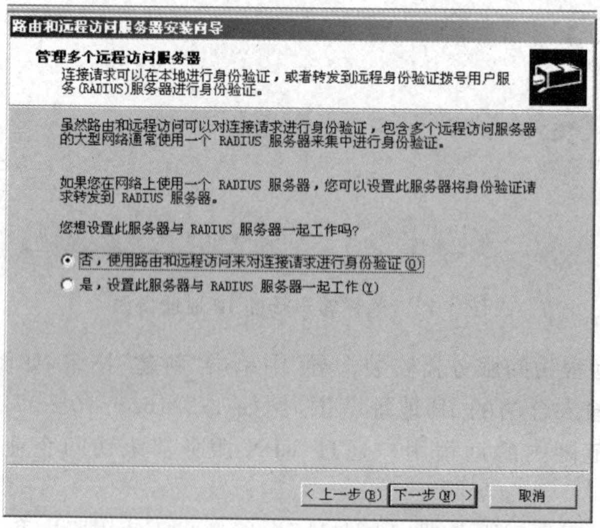

图 4-15　身份验证服务设置

(8) 建立的 VPN 服务器如图 4-16 所示，远程用户可以通过 VPN 服务器访问企业内部网络。

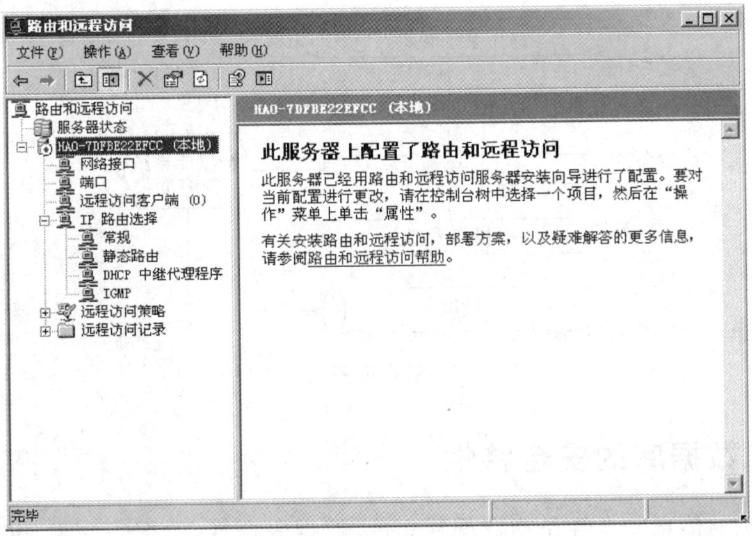

图 4-16　建立的 VPN 服务器

4.3 数据库安全

DBMS(Database Management System，数据库管理系统)是由数据库及其管理软件组成的数据处理的核心机构，用于数据的存储、管理与应用，主要内容包括数据、存储介质、处理对象和管理系统。数据库安全包含两层含义：第一层是指数据库系统运行安全；第二层是指数据库系统信息安全，主要包括数据独立性、数据安全性、数据完整性、并发控制、故障恢复等几个方面。

4.3.1 数据库系统概述

数据库系统主要包括操作系统、数据库查询语言、实用程序以及数据库管理系统等，其中数据库管理系统是数据库的管理核心，主要操作包括数据的插入、修改和检索等。数据库的管理员负责数据库的创建、监控、维护和管理，保证合法用户对数据库的有效使用。数据库系统可分为硬件、软件、用户三个层次，其系统组成如图 4-17 所示。

数据库系统存储着大量的数据，因此需要计算机系统具有较快的 CPU 处理速度、足够大的存储空间以及较高的系统并行处理能力。数据库系统软件和应用软件主要包括数据库管理系统 DBMS、支持 DBMS 运行的操作系统、数据库应用开发工具和数据库应用程序。数据库的系统用户主要包括建立与维护数据库系统的数据库管理人员、数据库系统的设计人员、应用系统的程序设计人员、使用数据库的最终用户等。

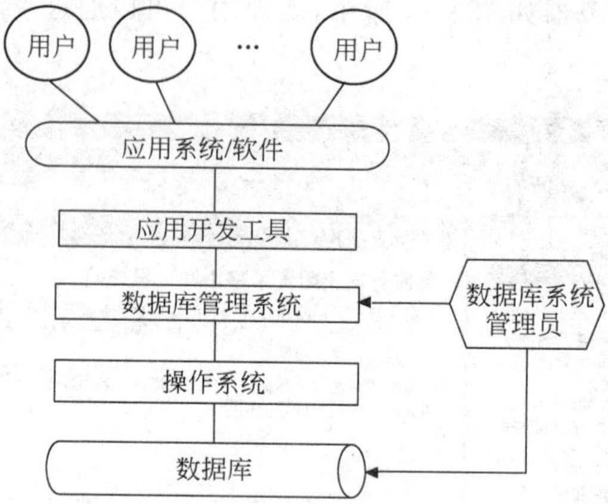

图 4-17 数据库系统的组成

4.3.2 数据库的安全特性

数据库系统的信息安全性是指数据独立性、数据安全性、数据完整性、并发控制和故障恢复等几个方面。下面分别对其进行介绍。

1. 数据独立性

数据独立性主要包括物理独立性和逻辑独立性。物理独立性是指用户应用程序与数据库存储的数据相互独立；逻辑独立性是指用户应用程序与数据库的逻辑结构相互独立。

2. 数据安全性

数据安全性是指利用信息安全技术和数据库管理技术为合法用户提供数据访问和控制服务，主要措施包括控制用户的访问权限和控制权限、加密存储数据以及防止注入攻击等。

3. 数据完整性

数据完整性主要是指数据在存储、传输和处理过程中保持正确性、有效性和一致性，正确性是指数据类型与数据表对应字段的类型一致；有效性是指数据属性符合数据表的字段约束；一致性是指不同数据表的关联字段中的数据保持相同。

4. 并发控制

并发控制是指有效地控制多个用户访问和共享数据库，在用户修改数据时独占数据表，防止其他用户同时访问数据，以保证数据的正确性。

5. 故障恢复

故障恢复是指数据库发现并修复故障的能力，即数据库系统能尽快地恢复数据库系统运行时出现的故障，包括物理上和逻辑上的错误。

4.3.3　数据库的安全控制措施

数据库安全包括数据库系统的安全和数据库的信息安全，主要安全控制策略包括安全账号管理、数据库加密以及数据库审计等。

1. 安全账号管理

为每位数据库用户设置安全的账户和密码，并对数据库用户分配相应的数据库管理和使用权限，停用系统默认用户，同时加强数据库用户密码的管理，并提高密码强度。

2. 数据库审计

通过数据库安全审计可以及时发现可疑事件，包括系统登录、操作和管理，并记录数据库系统的操作和管理日志，以便进行系统安全审计和管理。

3. 数据库加密

数据库加密可以有效地保证数据库存储数据的安全性，防止非法用户对数据库信息的访问，可以将数据加密后存储于数据库中。

4. 安全访问控制

修改数据库网络通信所使用的TCP/IP默认端口，可以有效地防止攻击者利用攻击工具对数据库系统实施的探测和攻击。限制网络连接的IP地址范围，仅允许合法用户访问数据库。

4.3.4　数据库加密技术

数据库加密是保护数据在存储和传输过程中不被窃取或修改的有效手段。明文信息经过加密后形成密文，并将数据以密文的形式存储和传输，攻击者即使通过非法手段获得存储数据也无法获得明文信息。

1. 常用数据库加密技术

数据库加密可以实现存储数据的保密性、完整性、身份可认证性和可用性，可以增强普通关系型数据库管理系统的安全性，可以达到有效地保护数据库存储内容的目的。数据库加密系统的主要功能包括字段加密、密钥动态管理、日常数据处理以及防止非法复制。

(1) 数据库加密是指使用对称加密技术和公钥加密技术对数据库中存储的数据进行加密，将加密后的密文存储于数据库系统中，利用公钥加密算法对对称加密密钥实施托管。数据库系统可以对密文形式的数据进行插入、修改、查询和删除等基本操作，既能保证存储和管理数据的安全性，又能保证存储和管理数据的高效性。

(2) 数字摘要算法可以实现存储数据的完整性校验，完整性是指数据在存储和管理过程中保持正确性、有效性和一致性。正确性是指数据在存储和管理过程中保持不变，利用信息安全技术的数字摘要算法计算存储数据的数字摘要，并将其附加在密文后一同存储于数据库。有效性是指存储数据要符合数据库存储字段的约束条件,防止由于数据类型不符合而导致数据丢失。一致性是指数据库中不同表中的关联字段中的数据保持相同,以保证数据库应用系统的正确性。

(3) 利用公钥加密体制和数字证书可以为数据库用户提供身份有效性验证的功能,即数据库用户利用数字证书对数据库中存储的数据进行数字签名,以便其他用户对签名数据的身份有效性进行认证。

(4) 密钥管理是指利用信息安全技术的公钥加密体制对数据库系统的密钥进行加密,以保证数据库存储数据的安全性。密钥管理通常使用多级密钥管理技术对数据库的主密钥和二级密钥实施保护。

(5) 数据库备份和恢复是指定时对数据库数据进行备份,目的是在数据库遭受到攻击后可以及时恢复,保证数据库数据的完整性和可用性。

2. 数据库加密的主要形式

数据库加密的主要形式有系统加密、服务器端(DBMS 内核层)加密、客户端(DBMS 外层)加密。

系统加密是利用软件加密系统或硬件加密系统对明文信息进行加密,然后将密文信息存储到数据库系统。但是加密系统无法处理数据库中数据表之间的关系,只能将数据先进行加密,然后将密文存储于数据库的相应字段,读取数据时再逆向进行解密。系统加密无法直接对数据库中的密文进行插入、更新、查询和删除等基本操作,只能将查询数据转换为密文再进行相应的数据库查询和管理,因此效率相对较低。

DBMS 内核层加密是在数据库管理系统内部实施加密操作,系统在物理存储数据之前加密数据,在读取数据后解密数据。内核层加密方式的优点是加密和解密的效率高,并且因为加密处于存储介质之前,因此加密功能不会影响 DBMS 的功能,可以使加密功能与数据库管理系统相互结合。内核层加密的缺点是加密运算在服务器端完成,增加了网络和服务器负载,并且加密操作处于数据库管理系统的核心层,需要数据库开发商的配合。DBMS 内核层加密形式如图 4-18 所示。

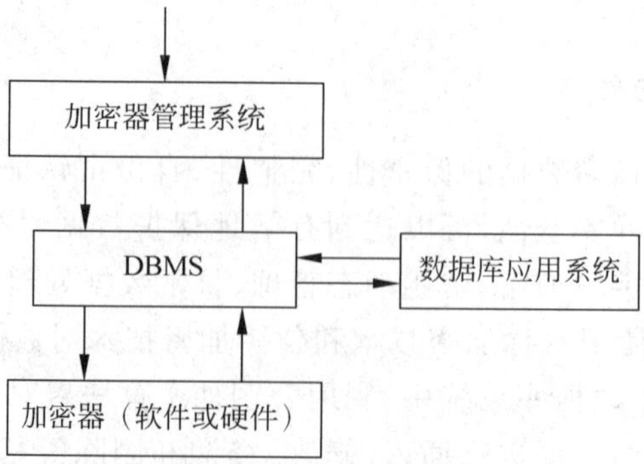

图 4-18 DBMS 内核层加密形式

DBMS 外层加密是指数据库管理系统在对数据进行插入、更新、查询和删除等数据库操作前对数据进行加密和解密,将数据库加密系统做成 DBMS 的一个外层工具,并自动完成对数据库中数据的加密和解密处理。与内核层加密相比，外层加密可以在客户端实现加密和解密，其优点是不会增加网络和数据库服务器的负载。DBMS外层加密形式如图4-19所示。

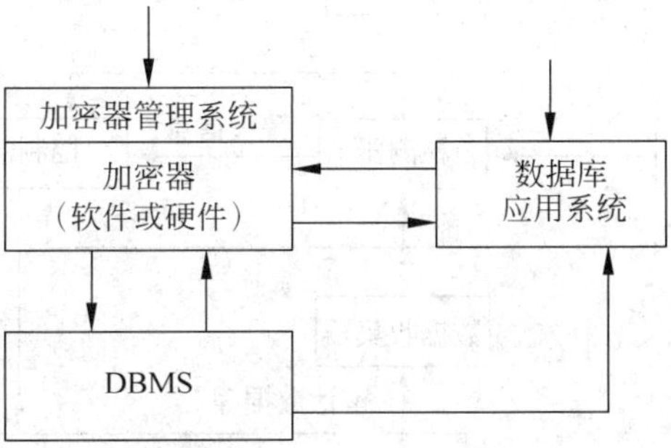

图 4-19 DBMS外层加密形式

数据库加密系统包含两个核心组件：一个是加密字典管理程序，另外一个是数据库加/解密引擎，其内部结构框架如图4-20所示。数据库加密字典中存储着数据库加密系统的基本安全参数的配置信息，包括加密算法、密钥长度以及密钥管理等，系统利用数据加/解密引擎实现数据库表的加密、解密及数据转换等操作，此外，数据库中数据的加/解密处理是在后台完成，对用户和数据库服务器是透明的。

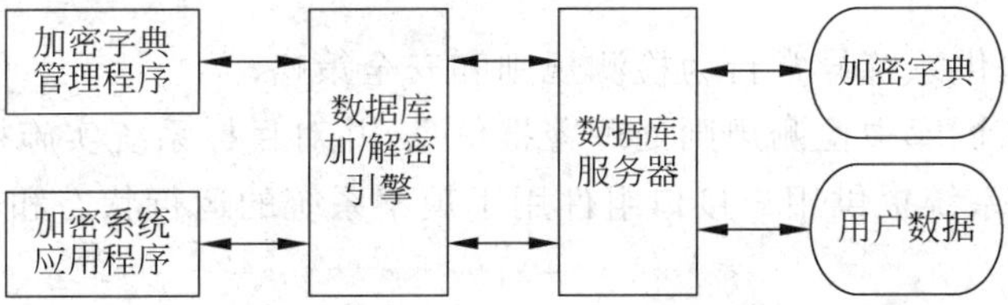

图 4-20 数据库加密系统结构

功能独立的数据库加密系统的主要优点是：第一，加密系统对用户和数据库服务器是透明的，可以自动在底层完成数据的加密和解密操作；第二，加密系统独立于应用程序，应用程序无须考虑数据的加密与解密，并且不影响数据库应用系统的基本功能；第三，数据库加密系统可以根据用户的安全需求对加密算法和强度进行调整，具有良好的适应性。

4.4 入侵检测系统

入侵检测系统是指依据计算机和网络系统的安全策略实时检测并识别网络攻击行为，同时对系统未授权或异常行为进行跟踪和记录，阻断各种网络攻击并及时报警。入侵检测系统的主要功能是动态识别和预防各种网络攻击，既包括内部攻击，又包括外部攻击。

4.4.1 入侵检测概述

入侵检测系统利用检测器对计算机和网络资源的恶意使用行为进行识别和处理，并对异常事件进行报警和跟踪。入侵检测系统包括硬件系统和软件系统，入侵检测系统模型如图 4-21 所示。

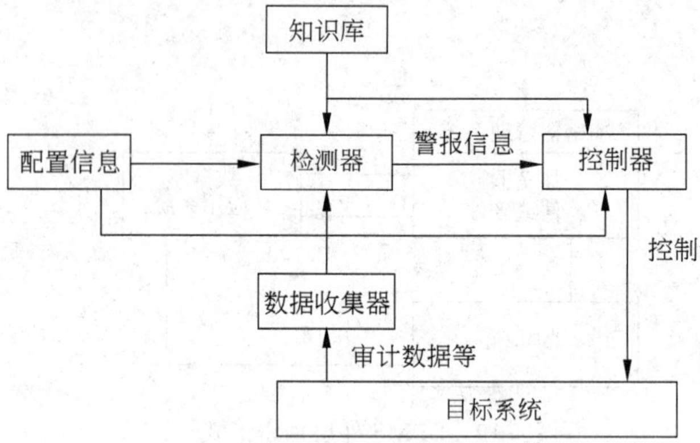

图 4-21 入侵检测系统模型

如图 4-21 所示，入侵检测系统主要由以下几个部分组成。

数据收集器：主要负责从目标系统采集特征数据，并将特征数据发送到检测器进行处理，特征数据采集对象主要包括网络数据包、日志文件等。

检测器：也称为分析器或检测引擎，主要负责分析和检测系统异常行为，并发出警报信号。

知识库：主要提供系统异常行为检测规则和安全策略。

控制器：根据知识库中检测规则处理警报信息，并对目标系统实施控制。

此外，入侵检测系统提供用户接口组件用于观察系统的运行状态和输出信号，并对系统行为进行控制。

4.4.2 入侵检测系统的分类

可将入侵检测系统按照检测对象划分为基于主机的入侵检测系统、基于网络的入侵检测系统和混合型入侵检测系统，下面分别予以介绍。

1. 基于主机的入侵检测系统

基于主机的入侵检测系统主要用于检测主机上的未授权行为、异常事件或恶意攻击行为，通常通过对主机系统审计日志的实时检测做出智能分析和判断，即如果主机系统事件出现异常，入侵检测系统就会采取相应措施。

1）主机入侵检测系统的优点

主机入侵检测系统主要用于检测针对主机的各种攻击行为，根据安全检测规则对系统访问行为和数据进行分析和检测，主要检测内容包括程序运行、文件操作、系统调用以及系统管理等。与网络入侵检测系统相比，主机入侵检测系统能够提供更详细的检测信息，并且具有较高的检测准确率，因为检测主机上执行的所有操作比检测网络流更准确和详尽。

2）主机入侵检测系统的缺点

虽然安装主机入侵检测系统的计算机可以有效地防御各种攻击，但是主机入侵检测系统会降低计算机系统的运行效率。在企业内部网络中，全面布置主机入侵检测系统会增加入侵行为分析的工作量，但如果只选择部分主机进行保护又会降低系统的安全性。此外，主机入侵检测系统检测主机系统的异常事件依赖于主机系统固有的日志与监视能力，如果主机未配置日志功能，则需要重新配置。

2. 基于网络的入侵检测系统

基于网络的入侵检测系统通常放置于被检测网络中，并不停地检测网络中的各种数据包。根据安全策略规则对数据包进行特征分析，如果发现可疑数据包，入侵检测系统就会发出警报甚至直接切断网络连接。

1）网络入侵检测系统的优点

网络入侵检测系统能够检测来自网络的各种攻击，与网络防火墙协同工作可以阻断网络攻击。网络入侵检测系统与网络内其他计算机相互独立，不需要改变服务器等主机的配置。网络入侵检测系统不需要在应用系统的主机中安装检测软件，从而不会影响主机的CPU、I/O与磁盘等资源的使用，不会影响应用系统的性能。网络入侵检测系统与路由器、防火墙等关键设备不同，不会成为网络间数据通信的瓶颈，即使入侵检测系统发生故障也不会影响网络的正常运行。

2）网络入侵检测系统的缺点

网络入侵检测系统只能检测其所处网段的网络通信的安全性，不能检测其他网段的网络通信。通常网络入侵检测系统采用速度较快的特征检测来检测网络通信数据，致使入侵检测系统只适合检测普通攻击，而难以检测需要大量计算与分析的攻击。因为网络入侵检测系统需要将大量的数据传回系统进行分析，因此会产生大量的分析数据，直接影响系统的执行效率。

3. 混合型入侵检测系统

混合型入侵检测系统是基于网络入侵检测系统和主机入侵检测系统的弱点提出来的综合型入侵检测系统，通过它可以构造完整的立体的入侵检测体系。因此，混合型入侵检测系统同时具备网络入侵检测系统和主机入侵检测系统的优点，既可以检测网络攻击行为，也可以通过分析系统日志发现系统异常事件。

4.4.3 入侵检测的主要技术

1. 入侵检测技术分类

按照入侵检测系统所采用的检测技术可以将入侵检测分为特征检测和异常检测两种。

1）特征检测

特征检测是根据已知攻击或入侵方式的特征对网络入侵事件或行为进行分析和判断。当审计的事件与已知的入侵事件模式相匹配时，入侵检测系统立即报警。入侵检测系统需要通过提取已知攻击和入侵方式的特征来建立特征库，特征库的完善程度会直接影响到检测系统的性能。特征检测的预报和检测的准确率较高，但对于未录入特征库的入侵事件与攻击行为无法识别和预警。

2）异常检测

异常检测是根据系统事件与网络行为的统计规律对网络入侵事件或行为进行分析和判断。异常检测可以有效地检测未知的和新的攻击，通过对正常主体活动的统计规律分析得出正常行为的统计特征，当主机事件和网络活动的内容与统计规律相差较大时，则认为主机事件和网络行为存在异常。异常检测的误报率较高，因为难以设计一个高效的异常检测规范来识别系统异常行为。

2. 常用检测方法

入侵检测系统常用的检测方法有特征检测、统计检测。目前入侵检测系统绝大多数使用特征检测方法，因为统计检测方法的检测准确率较低，容易出现误判。

1）特征检测方法

特征检测方法是根据系统的行为特征来判断其安全性。首先入侵检测系统根据已知入侵事件和行为的特征分析建立特征库，当执行入侵行为检测时，将系统审计事件的特征与已知入侵事件特征进行匹配，如果匹配成功，则入侵检测系统报警。

2）统计检测方法

入侵检测系统的异常检测主要使用统计检测方法来实现，统计检测方法常用的测量参数包括审计事件的数量、间隔时间、资源消耗情况等。常用的入侵检测统计模型有：

- 操作模型是将系统的一项或者多项操作的统计特征作为检测对象，当系统某项操作测量结果与统计值相差较大时，则入侵检测系统报警。
- 方差模型是通过计算系统事件或行为的统计学方差来判断系统异常，若测量参数的方差超过置信区间，则表明系统出现异常。

由于系统事件和行为的统计特征具有较好的稳定性，因此统计检测方法的主要优点是具有较高的检出率与有效性。但是入侵者可以通过调整入侵事件的发生频率使其符合正常操作的统计规律，从而避开入侵检测系统。

4.5 访问控制技术

访问控制技术可以有效地防止各类网络攻击，限制系统资源被非法用户访问。访问控制策略是系统检测和识别网络安全事件的主要依据，因此，访问控制策略设置是否合理会直接影响网络操作系统的安全。如果说用户身份认证是网络安全的第一道防线，那么访问控制技术就是网络安全的第二道防线。访问控制技术主要是通过计算机操作系统的访问控制策略来控制系统资源的访问。

4.5.1 访问控制概述

访问控制是通过访问控制策略对系统用户的访问权限和范围进行约束的一种方法。通过限制系统用户对网络资源的访问权限来防止非法用户的入侵或合法用户的越权使用，从而保证网络资源在可控和合法的状态下使用。系统用户只能根据分配的访问权限访问和控制系统资源，无法越权访问。访问控制的基础是身份认证技术，系统通过身份认证技术来识别系统用户的真实身份并赋予相应的系统访问权限，系统用户只能依照访问控制策略执行各项操作，访问控制的安全服务系统结构如图4-22所示。

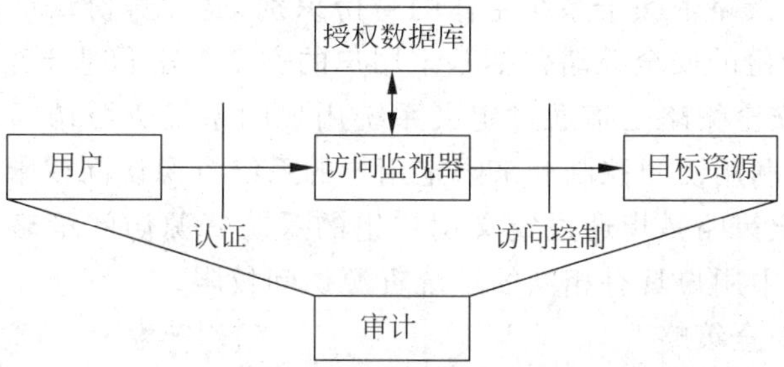

图4-22 访问控制的安全服务系统结构

访问控制的安全服务系统一般包括以下几个实体：

(1) 主体——发出访问操作和存取请求的实体，通常指用户、主机、终端或进程等。

(2) 客体——主体访问的对象，通常是被调用的程序、进程，要存取的数据、信息，要访问的文件、系统或各种网络设备、设施等资源。

(3) 安全访问策略——主体安全访问系统资源的规则和规范，用来确定主体是否对客体拥有访问权限。

因此，访问控制的主要功能可以概括为：限制主体对客体的访问权限，从而有效地控制用户对计算机系统资源的合法使用。访问控制机制可以限制用户对系统关键资源的访问，防止非法用户进入系统及合法用户对系统资源的非法使用。目前的主流访问控制技术有自主访问控制、强制访问控制、基于角色的访问控制。

4.5.2 访问控制策略

访问控制策略是计算机系统安全防护的核心策略之一，其主要任务是限制计算机用户对系统资源的非法使用和访问。访问控制策略是计算机用户安全访问系统资源的规范和约束，即规定用户可以对系统资源执行的操作。

1. 访问控制策略的实施原则

通常依照主体对客体的访问权限来制定系统访问控制策略，具体原则如下：

(1) 权力最小化原则——是指按照主体权力最小化原则分配给主体访问系统资源的权限。其优点是最大限度地约束了主体的权限，可以避免主体越权访问系统资源。

(2) 最小泄露原则——是指在满足主体执行任务时所需基本信息的前提下，尽量少的泄露系统信息给主体。

(3) 多级安全策略——是指将安全策略按照绝密、秘密、机密、限制和无级别进行划分，其优点是可避免敏感信息的扩散。

2. 安全策略的实现

访问控制的安全策略有两种实现方式：基于身份的安全策略和基于规则的安全策略。基于身份的安全策略等同于自主访问控制安全策略，基于规则的安全策略等同于强制访问控制安全策略。

1）基于身份的安全策略

基于身份的安全策略依赖于系统主体的身份识别，通过身份认证的主体可以访问系统数据和资源。基于身份的安全策略包括基于用户的安全策略和基于组的安全策略。

- 基于用户的安全策略是指通过定义系统用户的系统资源访问策略来约束用户的访问权限，通常利用访问控制表来限定用户的系统资源访问权限。
- 基于组的安全策略是指通过定义用户组的系统资源访问策略来约束组中用户的访问权限，即组中用户具有相同的系统资源访问权限。

2）基于规则的安全策略

基于规则的安全策略是指系统赋予主体和客体一定的安全级别，例如绝密、秘密、机密、限制和无级别，主体无权修改自身和客体的安全级别，只有系统管理员能够确定主体和组的访问权限。基于规则的安全策略在实施访问控制时，系统通过比较实体的安全级别和客体的安全级别来判断是否允许实体访问客体。

4.5.3 本地安全策略

本地安全策略是 Windows 2000、Windows XP 以及 Windows Server 2003 等 Windows 系列操作系统自带的系统安全管理工具，通过设置本地安全策略可以有效地阻止各类网络攻击。本地安全策略主要包括账户策略和本地策略。账户策略主要是规定用户密码的设置和锁定策略，提高用户密码的安全性，系统用户设置的密码必须符合账户密码策略和账户锁定策略。

密码策略通过强制增加密码长度、提高密码复杂性、提高更换频率等措施来提高密码的安全强度。设置密码策略的方法如下：选择“开始”→“程序”→“管理工具”→“本地安全策略”选项，打开“本地安全设置”窗口，如图 4-23 所示。在左侧目录窗口选择“账户策略”→“密码策略”选项，打开如图 4-24 所示的“密码策略”窗口，在右侧详细信息列表窗口中显示当前可配置的密码策略选项。

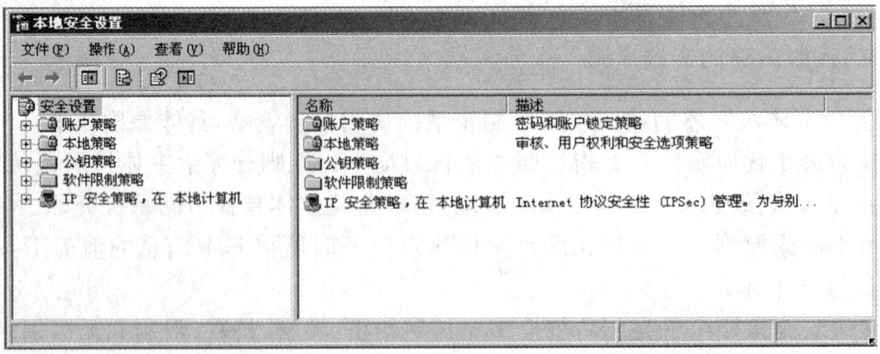

图 4-23 “本地安全设置”窗口

1. 密码必须符合复杂性要求

配置方法如图 4-24 所示，在右侧详细信息列表窗口中双击“密码必须符合复杂性要求”

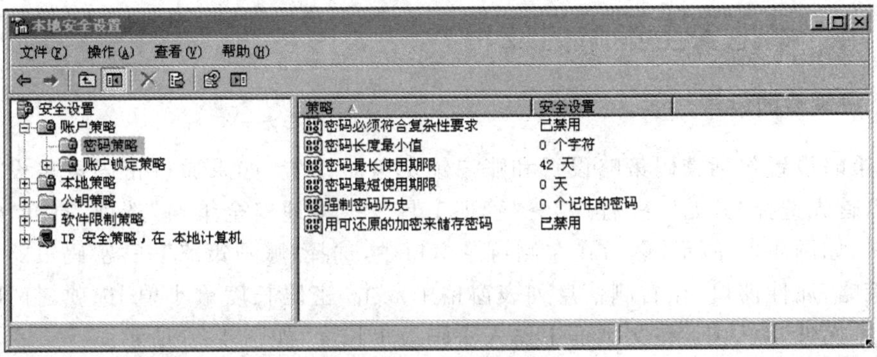

图 4-24 密码策略窗口

选项，打开“密码必须符合复杂性要求 属性”对话框，选择“已启用”单选按钮，如图 4-25 所示。

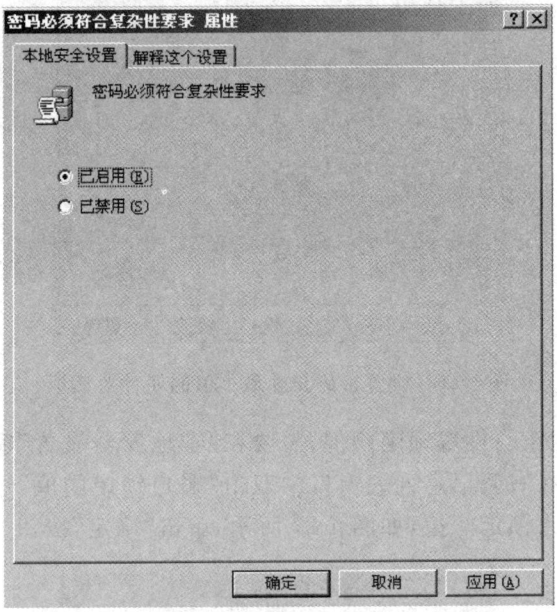

图 4-25 “本地安全设置”选项卡

2. 密码长度最小值

密码长度最小值用于定义用户密码的最小长度，通常密码长度的最小值可以设置在 1～14 之间，或者将其设置为 0，即不需要密码。

3. 密码的使用期限

密码的使用期限用于定义用户密码的最长和最短使用期限，最长使用期限的设置范围为 0～999 天之间，当值为 0 时，表示密码永不过期，建议不要使用这种配置，通常设置密码在 30～90 天后过期。

4.5.4 本地安全策略的应用

1. 账户策略的设置

账户策略设置包括密码策略设置和账户锁定策略设置，如果通过密码策略设置密码的最小长度，首先选择"开始"→"程序"→"管理工具"→"本地安全策略"选项，打开"本地安全设置"窗口，如图 4-23 所示，然后在左侧目录窗口中，选择"账户策略"→"密码策略"选项，打开"密码策略"属性窗口，在右侧信息列表窗格中双击"密码长度最小值"选项，打开"密码长度最小值 属性"对话框，在文本框中输入密码最小长度，如图 4-26 所示。

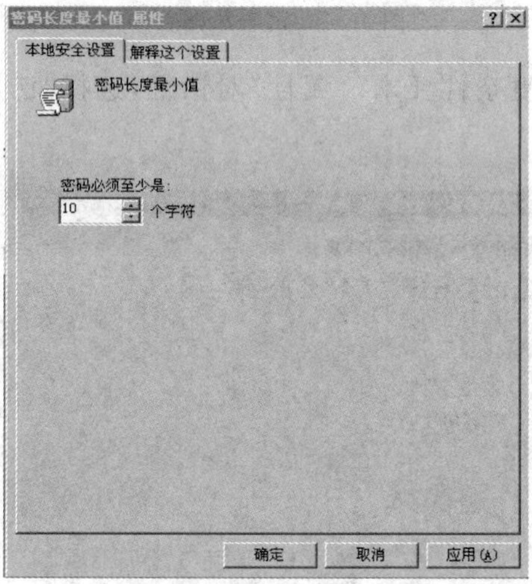

图 4-26 设置密码长度最小值的属性对话框

如果通过账户锁定策略设置锁定阈值，需要在"本地安全设置"窗口的左侧目录中选择"账户锁定策略"选项，在右侧信息列表窗口中双击"账户锁定阈值"选项，打开"账户锁定阈值 属性"对话框并输入锁定阈值，如图 4-27 所示，单击"确定"按钮完成设置。

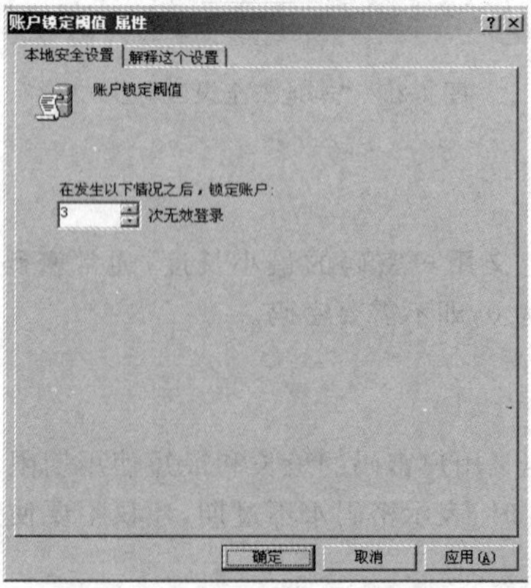

图 4-27 设置账户锁定阈值的属性对话框

2. 用户权限分配设置

如果为系统用户设置权限，系统管理员需要以 Administrator 账户登录系统，选择“开始”→“程序”→“管理工具”→“本地安全策略”选项，在左侧目录窗口中，选择“本地策略”→“用户权限分配”选项，打开“用户权限分配”属性窗口，如图 4-28 所示，在右侧信息列表窗口中双击相应的“策略”选项，并对用户权限进行设置。

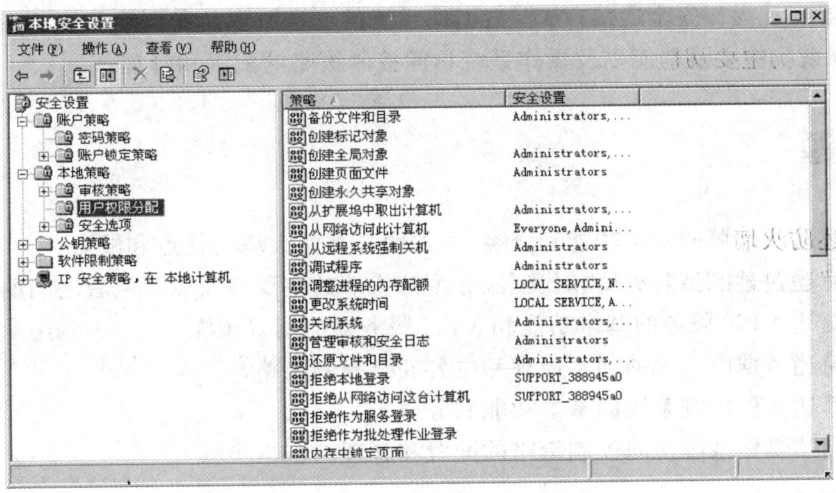

图 4-28 用户权限分配窗口

3. 安全选项设置

如果修改系统安全选项，系统管理员需要以 Administrator 账户登录系统，选择“开始”→“程序”→“管理工具”→“本地安全策略”选项，在左侧目录窗口中，选择“本地策略”→“安全选项”选项，打开“安全选项”属性窗口，如图 4-29 所示，在右侧信息列表窗口中双击相应的“策略”选项，并对系统安全选项进行设置。

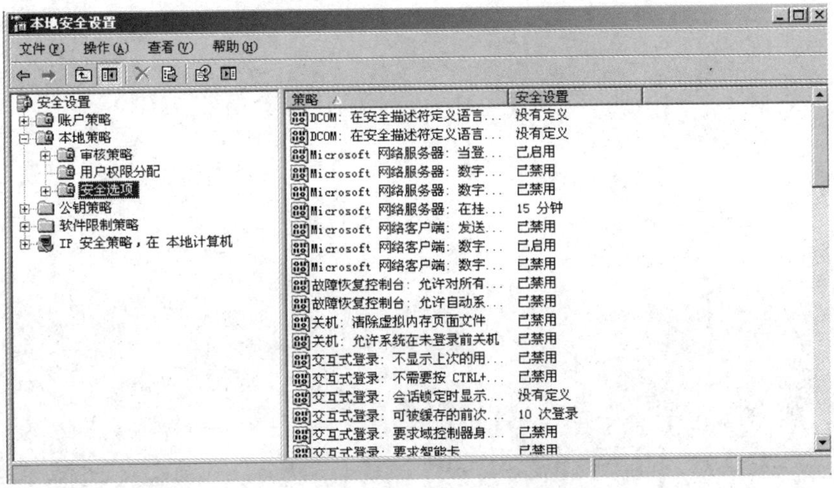

图 4-29 安全选项设置窗口

本章小结

本章主要介绍了网络安全防护技术的基础知识，主要包括防火墙技术、VPN 服务与应用、数据库系统安全、入侵检测系统以及访问控制技术等。重点掌握防火墙的基本功能、分类方法以及各种防火墙的优点和缺点；熟练掌握 VPN 服务器的安装和配置，能够使用 VPN 服务器实现远程安全通信；掌握数据库系统的加密原理和安全管理技术基础；熟练掌握入侵检测系统的主要功能以及操作系统访问控制策略的配置和管理。

本章习题

1. 请简述防火墙的基本功能和分类，并说明各类防火墙的优点和缺点。
2. 请简述包过滤型防火墙和代理服务型防火墙的主要特点以及两者之间的区别。
3. 请简述 VPN 服务的基本功能和 VPN 服务器的配置步骤。
4. 请简述数据库系统的加密原理和主要安全控制策略。
5. 请简述入侵检测系统的基本功能和分类。
6. 请简述操作系统访问控制策略的配置和管理的基本步骤。

第5章 数字证书

数字证书是网络通信实体身份的电子凭证，是以密码学为基础，采用数字签名、数字信封、时间戳等密码技术为通信实体提供基于互联网的实体身份认证，建立基于互联网的信任机制和身份认证机制。目前数字证书主要应用于安全电子邮件、可信网站服务、网上银行、网上办公、网上招投标、政府公文流转、网上报税、网上购物等领域。本章主要介绍数字证书的基础知识，主要包括数字证书的格式标准、数字证书的申请与发放、数字证书的密钥管理以及数字证书的撤销等，其中详细介绍数字证书的申请、数字证书的分发以及密钥对的更新，并且结合数字证书的基本功能讲解数字证书的格式标准和应用。

5.1 数字证书概述

数字证书，又称数字凭证、公钥证书、数字标识，是利用公钥加密体制实现网络通信实体身份认证的电子证明文件。数字证书由权威认证机构颁发，主要内容包含证书持有者的基本信息、密钥对以及公钥加密算法等，此外，证书上还附有认证机构的数字签名。在电子商务交易中，交易实体可以使用数字证书对交易数据进行加密和解密，以实现交易数据的保密性、完整性和身份可认证性。

5.1.1 数字证书的格式

目前数字证书的主要类型包括 X.509 公钥证书、简单 PKI 证书、PGP 证书、属性证书，每种类型的数字证书都具有各自的格式标准。其中使用最为广泛的数字证书的格式标准是由 ITU(International Telecommunications Union，国际电信联盟)所制定的 X.509 标准，目前所有的数字证书都符合 ITU X.509 国际标准，因此符合 X.509 标准的数字证书可以通用于各种身份认证系统，可以说 X.509 标准提供了一个标准的证书认证平台，X.509 数字证书实例如图 5-1 所示。

目前 ITU 制定的数字证书 X.509 标准已经有三个不同的版本，应用最为广泛的是第三版 X.509 数字证书标准。其中第一版和第二版 X.509 标准所定义的基本数字证书格式如图 5-2 所示。

ITU 制定的 X.509 标准数字证书的主要内容包括：

- 版本——证书版本的标识信息，用 0 表示第一版，用 1 表示第二版，用 2 表示第三版。
- 序列号——用于标识数字证书的唯一编号，由 CA 签发数字证书时确定。
- 签名算法——签发机构在签发证书时采用的数字签名算法，主要包括算法标识符和相关参数。目前数字签名所采用的相关算法有 RSA、AES、EL GAMAL、SHA-2、

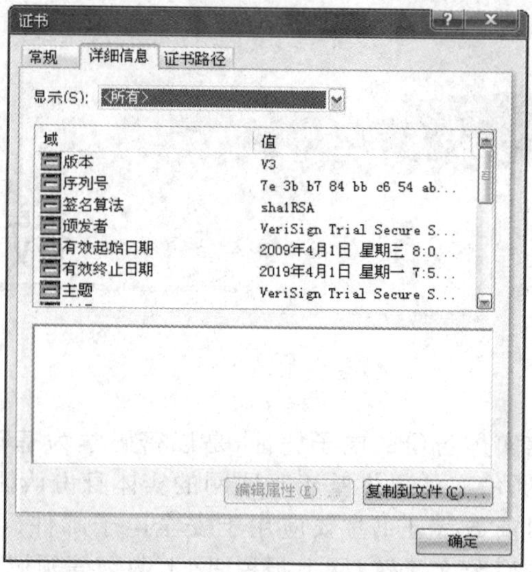

图 5-1 X.509 数字证书

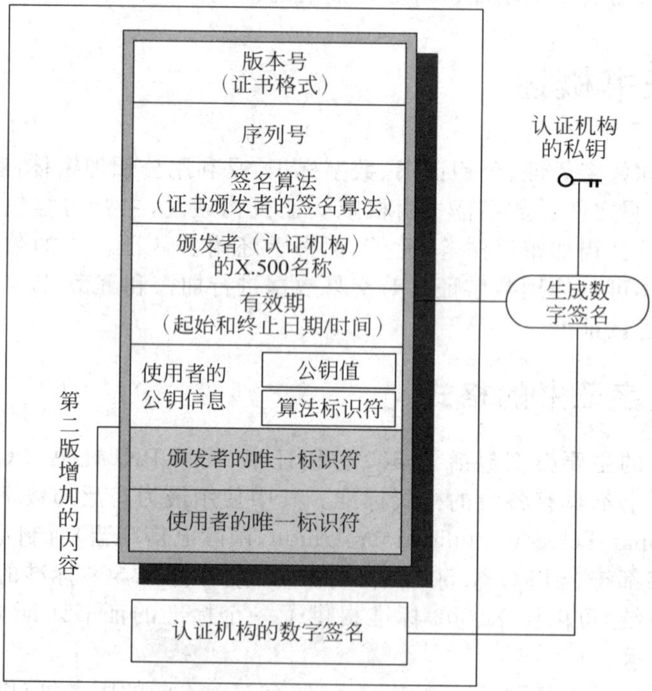

图 5-2 第一版和第二版 X.509 标准数字证书格式

DSA 等。

- 颁发机构的名称——证书颁发机构 CA 的标识名称，使用 X.500 命名规则，可以包括国家、省市、地区、组织机构、单位部门和通用名。
- 证书的有效期——用于确定数字证书的生效时间和失效时间。
- 主体的名称——用于标识数字证书持有者的名称，使用 X.500 命名规则，可以包括国家、省市、地区、组织机构、单位部门和通用名，也可包含 E-mail 地址等详细资料。

- 主体的公钥信息——主要内容包括数字证书持有者的公开密钥的值、公钥加密算法的标识符以及算法中所选用的参数。
- 颁发者的唯一标识符——用于标识证书颁发机构 CA 的唯一编号，仅在第二版和第三版中使用。
- 主体的唯一标识符——用于标识证书持有者的唯一编号，仅在第二版和第三版中使用。
- 证书扩展——为满足数字证书特殊需求而增加的属性，主要应用于 X.509 第三版系统中。
- 颁发机构的数字签名——数字证书的颁发机构使用私钥对数字证书的各项信息进行数字签名。

5.1.2 X.509 第三版数字证书的格式

ITU 制定的数字证书 X.509 标准已经有三个版本，应用最为广泛的是第三版 X.509 数字证书标准。第三版 X.509 数字证书标准相对于以前版本增加了扩展字段，增加了证书的灵活性和适用性，第三版 X.509 标准数字证书格式如图 5-3 所示。

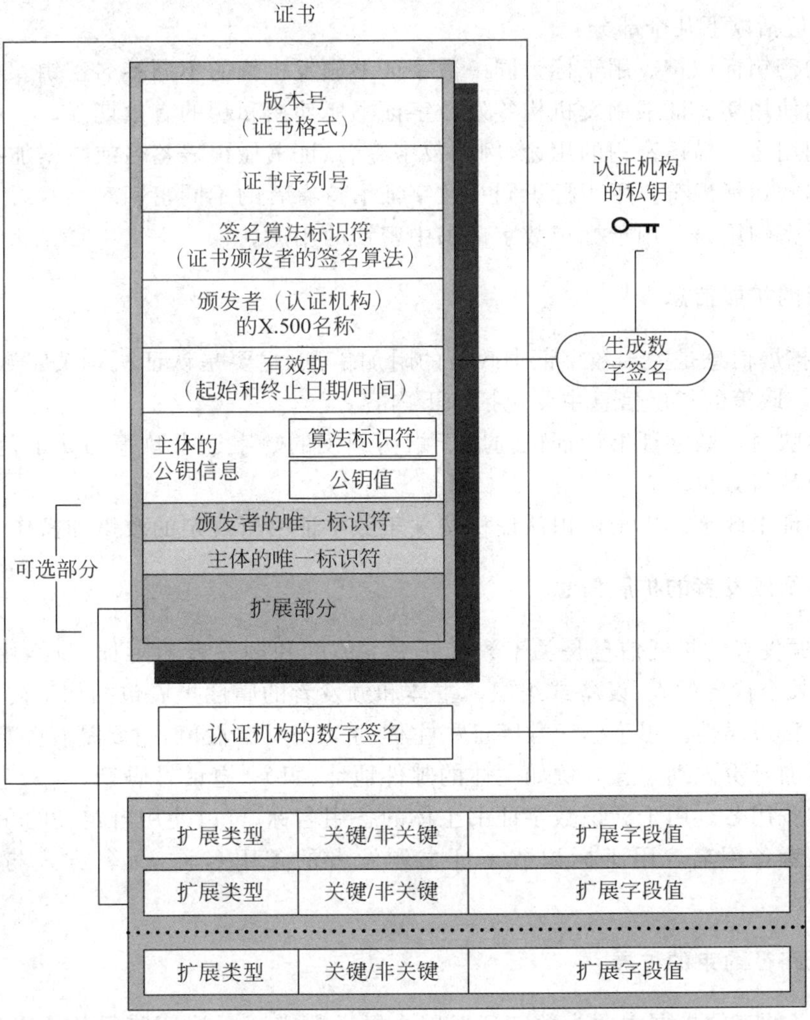

图 5-3 第三版 X.509 标准数字证书格式

第三版 X.509 数字证书标准增加了扩展项，即可以将任意数目的扩展字段添加到数字证书中。数字证书应用程序可以按照需要定制特殊的名称格式来描述持有者的身份而不采用 X.500 的名称格式。每个扩展项都由三部分组成：扩展类型的对象标识符、关键程度指示器、扩展字段值。

5.1.3 数字证书的扩展标准

X.509 数字证书标准增加了扩展项，为数字证书的使用增添了灵活性。随着 X.509 数字证书扩展项的广泛使用，ISO、ITU 和 ANSI 等组织制定了一系列 X.509 数字证书的扩展标准，扩展标准主要包括以下几个部分。

1. 密钥的扩展信息

密钥的扩展信息主要包含证书持有者和颁发者的密钥附加信息，例如主体密钥标识符和密钥有效期。管理者可以通过密钥的扩展信息约束和限制数字证书和认证密钥的使用，其主要内容包括以下几个部分：

- 机构密钥标识符。用于标识同一数字证书颁发机构的不同签名密钥。
- 私钥使用期。证书颁发机构签发数字证书所使用私钥的有效期限。
- 密钥用途。描述密钥的用途，例如数字签名、证书撤销表签名或数据加密等。
- 主体密钥标识符。用于标识同一数字证书持有者的不同密钥对。
- 扩展密钥用途。用于标识数字证书中密钥的用途。

2. 政策的扩展信息

政策的扩展信息是关于数字证书政策的附加信息，主要是认证机构关于数字证书的政策标识信息。政策的扩展信息主要包括如下内容：

- 政策映射。数字证书认证机构用于指明颁发的数字证书政策与认证范围内使用的其他政策等价。
- 数字证书政策。用于标识认证机构关于数字证书所规定的政策和操作说明。

3. 主体及颁发者的扩展信息

主体及颁发者的扩展信息是关于数字证书主体的和颁发者的附加属性，用于明确数字证书是属于某个特定的人、设备或组织。主体和颁发者的属性扩展包括如下内容：

- 主体目录属性。用于标识数字证书主体的 X.500 属性值，主要是有关数字证书主体的附加身份识别信息。例如主体的邮件地址、职务、电话号码等。
- 主体备用名。用于标识数字证书主体的备用名称，可以使用自定义的命名方式。
- 颁发者备用名。用于标识数字证书颁发者的备用名称，命名方式与主体备用名相同。

4. 认证路径约束的扩展

认证路径约束的扩展主要为数字证书用户提供数字证书认证路径的约束信息，为数字证书提供正确的认证路径。认证路径约束的扩展主要包括如下内容：

- 基本约束。用于标识数字证书的主体是否为认证机构，并明确认证路径的长度约束。
- 政策约束。用于标识数字证书的政策映射和政策标识。
- 命名约束。用于标识从本数字证书出发的认证路径上的后续数字证书可以接受的名称范围。

5.2 密钥对管理技术

密钥对管理技术是信息安全系统中重要的组成部分，安全的密钥对管理技术是保证网络认证系统安全运行的基础，密钥对的泄露会直接威胁到整个通信系统的安全，因此安全的密钥对管理技术是保证基于数字证书的身份认证体系安全运行的基础。密钥对管理涉及从密钥对产生到最终销毁的整个过程，包括密钥对的产生、传输、存储、使用、吊销、更新、销毁等。

5.2.1 密钥对的生成

在基于公钥加密体制的安全体系中，任何通信实体都拥有一对密钥对，密钥对中包含公钥和私钥，并且公钥与私钥相互结合使用。安全、可靠的密钥对生成技术是保证信息安全通信的基础，目前密钥对的生成方式主要有：

(1) 由密钥对持有者系统生成。密钥对由持有者系统生成并存储于系统中，密钥对在使用过程中始终未离开系统，这种密钥对生成和管理技术可以有效地防止密钥对的泄露。

(2) 由密钥管理中心系统生成。密钥对在密钥管理中心的系统中生成，然后通过安全信道分发到密钥对持有者系统，这种密钥对生成技术主要适合处理能力和存储空间都有限的持有者系统。

5.2.2 私有密钥的保护

基于公钥加密体制的数字证书是实现网络通信实体身份认证的基础，其中数字证书中私有密钥的安全是整个认证系统的安全核心。通常利用信息安全保密技术将私有密钥存储于各种存储介质中，私有密钥的存储方式主要有以下几种：

(1) 将私有密钥加密后存储于计算机硬盘或其他数据存储媒介中，只有合法的私有密钥持有者才可以访问和控制私有密钥。

(2) 将私有密钥存储于不可写的硬件存储器中，只有通过身份验证的合法持有者可以使用私有密钥，例如智能卡。

(3) 将私有密钥存储于数字证书服务器中，只有通过证书服务器验证的合法私有密钥持有者才可以下载和使用私有密钥。

如图 5-4 所示，第二种私有密钥保护方式的安全性要比第一种和第三种方式高，但第二种方式的成本花费也较高。第一种保护方式下的私有密钥容易被攻击者复制，并在离线方式下对其进行破解。而对第三种方式来说，数字证书服务器容易被攻击者攻击。

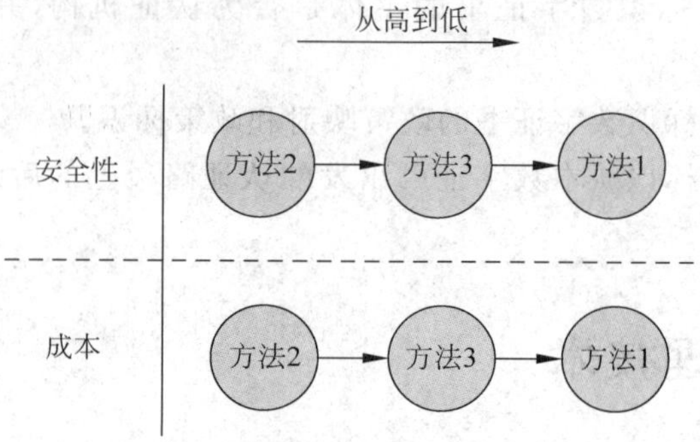

图 5-4　三种私有密钥保护方式的安全性和成本对比

5.2.3　密钥对的更新

密钥对的生命周期是有限的，定期对数字证书的密钥对进行更新可以提高证书认证体系的安全性。根据各 CA 系统的证书有效期限的不同，密钥对的更新周期大约为 2～3 年，最理想的密钥对更新是在密钥对使用达生命周期的四分之三时自动和透明地完成，使新旧密钥对能够平滑地转换，防止服务的中断。另外，当已知或怀疑私有密钥存在泄露时，也需要及时更新密钥对。用户更换新的密钥对后，证书管理中心需要为其生成新的数字证书，并将用户旧的数字证书存档。密钥对主要有以下几种更新方式。

1. 用于加密的密钥对更新

为保证通信数据的保密性，需要对通信数据进行加密。使用公钥对通信数据进行加密时，首先必须保证公钥在数字证书的有效期内使用。而用于解密的私钥的有效期可以与公钥的有效期不同，即私钥可以具有较长的有效期，因为私钥存储于持有者系统，具有较高的安全性。

2. 用于数字签名的密钥对更新

用于数字签名的密钥对更新要能够保证密钥对的历史有效性和实时有效性。

- 历史有效性。历史有效性是指能够随时验证历史上使用数字证书不同时期的密钥对形成的数字签名。因为验证数字签名有可能涉及历史上任何密钥对更新周期的密钥，认证系统有必要保留密钥对更新链上的所有数字证书，以及所有证书撤销列表或其他撤销状态信息，以便于验证数字签名时使用。
- 实时有效性。实时有效性是指用户在使用数字证书前验证数字证书是否有效，通过验证数字证书是否真实和是否在使用有效期内来确定当前数字证书的有效性。判断数字证书的真实性是验证数字证书是否存在仿冒和篡改，而判断数字证书是否在使用有效期内需要检验数字证书是否过期或者是否已经提交到证书撤销表中。

3. 认证机构的数字签名密钥对更新

认证机构的密钥对更新会涉及到整个认证系统的数字证书，当认证机构发布新的根证书时，需要将所有用户对原密钥对的信任关系转移到新密钥对上来。为了有效地转移新密钥对和旧密钥对之间的信任关系，认证机构会同时颁发“新私钥旧公钥”和“旧私钥新公钥”这两个过渡证书。认证机构的密钥对更新有可能同时涉及前面讨论的两种密钥对更新情况，其中历史有效性验证经常用于解决交易争端，而实时有效性验证是使用认证机构数字证书前的基本验证。

数字证书的有效生命周期不仅受自身有效期的约束，还受到签发数字证书的认证机构的数字签名有效性的约束。因此，认证机构必须确保自己的公钥和相应的数字证书的有效期必须比所发放的数字证书的有效期长。

5.3　数字证书的申请与应用

在数字证书的日常管理工作中，通常利用公钥加密体制来保护和管理数字证书，包括数字证书的申请、传输、存储、应用、注销以及更新。数字证书的管理机构主要包括认证机构和注册机构，认证机构专门提供网络身份认证服务，负责签发和管理数字证书，是具有权威性和公正性的第三方可信机构；注册机构负责证书申请者的信息录入，按照证书管理策略和规范对用户的申请资格进行审查，并协助认证机构对数字证书进行管理。

5.3.1　数字证书的注册管理机构

1. 认证机构

CA(Certificate Authority，认证机构)通常被称为认证中心、证书授权机构，是由具有权威性和公正性的可信第三方机构组成。认证机构是整个信任链的起点，是认证系统的重要组成部分，任何网络通信实体都可从 CA 中心获得 CA 的证书，用于验证认证机构所发放数字证书的数字签名，从而确定证书是否合法。认证机构的具体功能是采用公钥加密技术为网络中的通信实体提供身份认证服务，负责签发和管理数字证书，CA 的具体功能如图 5-5 所示。

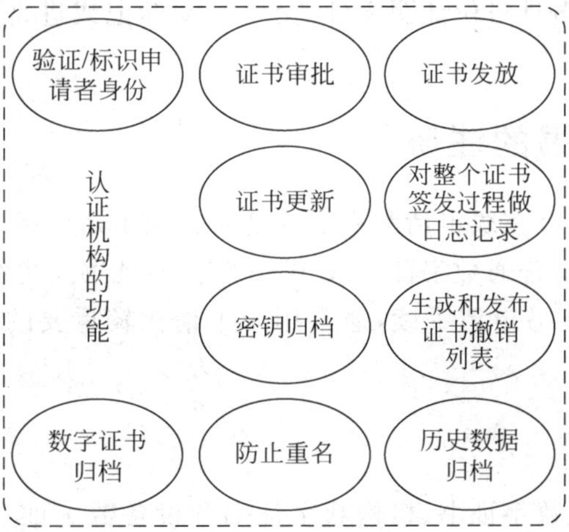

图 5-5　认证机构的具体功能

CA 的核心职能是发放和管理用户数字证书，主要功能是接收数字证书的注册请求，处理、批准/拒绝注册请求，还有颁发证书。CA 作为提供身份验证的可信第三方机构，在电子商务交易系统中可以为交易双方提供身份验证服务，电子商务交易双方的身份验证过程如图 5-6 所示。

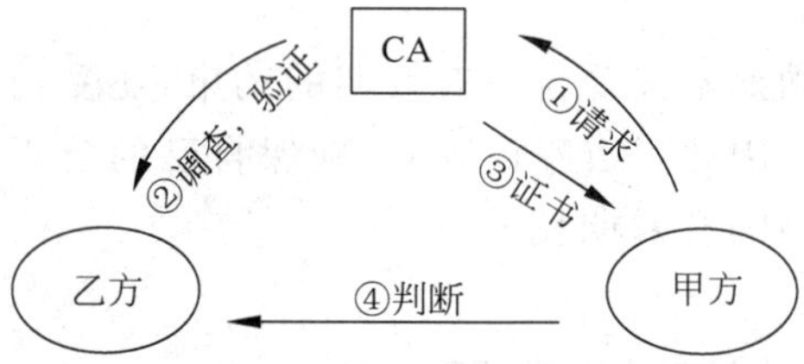

图 5-6 电子商务交易双方的身份验证过程

在电子商务交易过程中，交易双方可以彼此认证身份的合法性，如图 5-6 所示，甲方若要验证乙方的合法身份，可以通过数字认证中心 CA 下载乙方的数字证书并对乙方的身份进行认证。电子交易双方的身份验证具体过程如下：

(1) 甲方向认证中心 CA 提出对乙方身份合法性验证的请求。

(2) 认证中心 CA 根据甲方提出的请求对乙方身份的合法性进行调查和验证。

(3) 认证中心 CA 将包含乙方公钥的数字证书传送给甲方。

(4) 甲方对乙方的数字证书进行验证并判断乙方身份的合法性。同样，乙方也可以向认证中心 CA 提出验证甲方身份合法性的请求。

2. 注册机构

RA(Registration Authority，注册机构)负责验证和录入证书申请者的信息，并按照特定的政策和管理规范对申请者的资格进行审查，是用户和认证机构 CA 之间的接口。主要功能是向 CA 转发从安全服务器传输过来的证书申请请求，并向目录服务器和安全服务器转发 CA 颁发的数字证书和证书撤销列表。认证机构可以设置多个注册机构，并且注册机构可以分散在不同的注册地点，便于数字证书申请人申请数字证书。通常申请证书时，申请人需要亲自到场确认，并出具身份证明文件、交换实物标记或进行生物测定，以此来确定申请人的身份。

5.3.2 数字证书的注册

数字证书的申请方式有在线申请和离线申请。在线申请是指通过浏览器登录到 CA 网站申请证书，通常用于申请普通数字证书或 Web 服务器证书。离线申请是指申请人直接到证书注册机构办理数字证书申请手续，通常用于申请比较重要的证书，例如电子银行数字证书。

1. 数字证书的申请

数字证书可分为个人数字证书、机构数字证书和设备数字证书等。用户可以根据实际需要来申请不同类型的数字证书，数字证书的申请过程如图 5-7 所示。

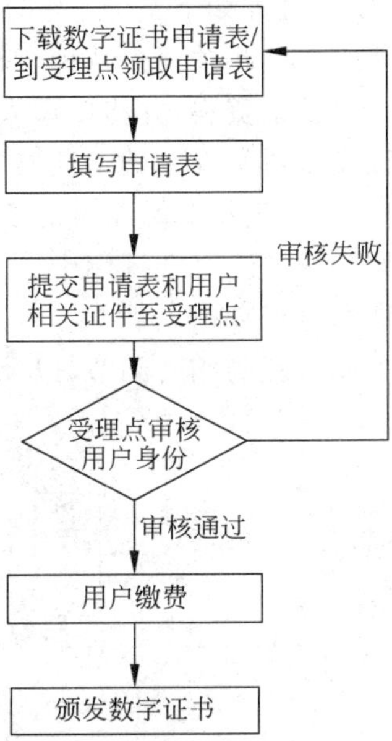

图 5-7　数字证书的申请过程

2. 本地注册机构

LRA(Local Registration Authority,本地注册机构)是为方便数字证书申请人注册数字证书而建立的注册机构,主要负责办理注册手续,如填表、验证身份和取证(签字、指纹)等。数字证书申请人可以在本地注册机构提交身份证明文件,但是本地注册机构不能制作证书。通常数字证书的安全级别越高,需要提供的用户资料越多,因此本地注册机构便于申请人注册。本地注册机构的功能如图 5-8 所示。

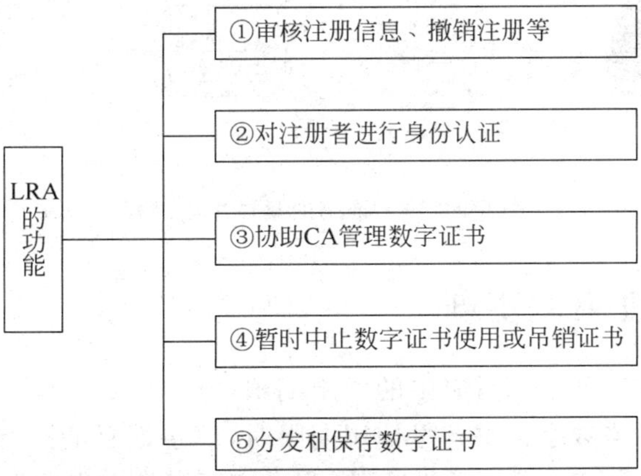

图 5-8　本地注册机构的功能

5.3.3 数字证书的生成

数字证书的生成过程主要包括身份资料验证、制作数字证书和发放数字证书。数字证书的具体生成过程如图 5-9 所示，主要过程如下：

（1）申请人将申请数字证书所需要的相关身份认证资料提交给认证机构。

（2）认证机构核实申请人的身份认证资料，并将申请人信息添加到数字证书。

（3）持有认证机构私钥的签证设备对签发的数字证书进行数字签名。

（4）认证机构将包含用户信息、私有密钥和数字签名等信息的数字证书发送给用户。

（5）认证机构将数字证书存储到数字证书数据库中。

（6）认证机构对用户的数字证书进行存档处理。

（7）认证机构记录数字证书生成过程的相关细节，以及数字证书其他的活动记录。

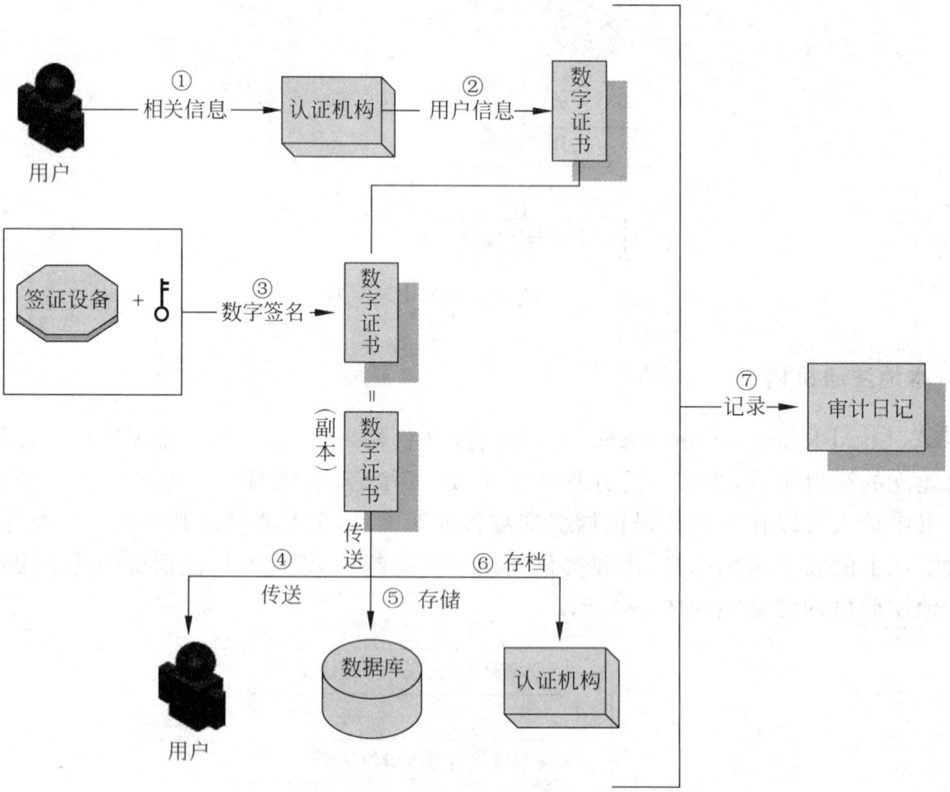

图 5-9 数字证书的具体生成过程

5.3.4 数字证书的更新

认证机构颁发的数字证书都有有限的使用期限，定期对数字证书进行更新可以提高证书认证体系的安全性。当数字证书超过使用期限时，数字证书的持有者可以向认证机构提出申请并获得一个新的数字证书。除此之外，当数字证书的内容发生变化时，数字证书的持有者也可以向认证机构提出申请，要求更新数字证书。通常认证机构可以定期地更新所颁发的数字证书，有利于保证数字证书的安全性。与密钥对更新类似，数字证书的更新要在数字证书过期前完成。数字证书的更新就是更换有效期或更换密钥对的过程，通常发生在密钥对期满、数字证书期满或用户信息变更的时候。数字证书的更新有如下两种情况。

1. 用户数字证书更新

数字证书的持有者可以在证书到期前的一个月或者一周向认证机构提出更新请求，认证机构为用户颁发新的数字证书，此时，密钥对仍然可以用于身份认证。

2. CA 数字证书更新

与用户数字证书类似，认证机构的密钥对和数字证书也会过期。当认证机构的私钥或数字证书将要过期时，或者是认证机构的数字证书需要升级时，为了保证数字证书的有效性，认证机构需要重新颁发数字证书。当更新数字证书时，用户将收到数字证书的更新通知，经用户确认后认证机构更新数字证书，但是通常数字证书的更新对用户来说是透明的。

5.3.5 数字证书在电子邮件中的应用

基于公钥加密体制的数字证书可以应用于电子邮件安全通信，可以加密电子邮件，也可以对电子邮件进行数字签名。通常电子邮件的数据是以明文的形式在公共网络上传输，攻击者通过搭线窃听的方式可以获得电子邮件的通信内容，利用数字证书可以实现电子邮件保密通信。通常电子邮件的接收者无法验证电子邮件发送者的真实身份，攻击者可以仿冒其他合法用户发送电子邮件，但是利用数字证书可以对发送的电子邮件进行数字签名，以验证电子邮件发送者的真实身份。电子邮件证书可以实现邮件通信的保密性、完整性、身份可认证性和不可否认性。

(1) 保密性。电子邮件发送方使用接收方数字证书的公钥对电子邮件进行加密，然后通过公开网络将电子邮件发送给接收方，接收方使用自己数字证书的私钥对电子邮件进行解密，得到电子邮件的明文。

(2) 完整性。为防止电子邮件在公共网络传输过程中被攻击者篡改，电子邮件的发送方使用信息安全技术的数字摘要算法计算电子邮件的数字摘要值并发送给接收者，电子邮件的接收者对电子邮件的完整性进行校验。

(3) 身份可认证性。电子邮件的发送方使用自己数字证书的私钥对电子邮件进行数字签名，并将其通过公开网络发送给接收方，接收方下载发送方的数字证书并获取发送方公钥对签名邮件进行验证。

(4) 不可否认性。由于电子邮件的发送方使用自己数字证书的私钥对电子邮件进行数字签名，因此接收方可以将其作为电子证据保留，使发送方无法否认曾经发送的电子邮件。

5.4 数字证书的分发

通过公共网络进行电子商务交易时，交易双方要彼此出示有效身份凭证来证明身份的真实性，如果电子商务交易双方的数字证书由不同的认证机构颁发，此时就会涉及数字证书的分发问题。数字证书所属的认证机构负责生成、管理和分发数字证书，认证机构根据数字证书申请者提供的公钥和个人身份信息为其生成数字证书，并通过安全的传输方式将数字证书分发给证书申请者，目前数字证书的分发方式主要有两种，分别是利用数字签名分发数字证书和利用目录服务器分发数字证书。

5.4.1 利用数字签名分发数字证书

网络通信实体利用数字签名分发数字证书的过程是证书发放者将其数字证书的副本附加在数字签名中，用于证实其数字证书的有效性。利用数字签名分发数字证书具有方便、快捷的特点，但是这种方法也存在缺陷。因为通信过程中的身份验证需要通信双方互传数字证书和证书认证路径信息，这样会明显增加网络通信带宽的占用率。

利用数字签名分发数字证书必须以公钥基础设施为基础，签名者利用数字签名分发数字证书和证书认证链上的其他证书，因此，根据证书认证链来判断是否附加数字证书或附加哪些数字证书由签名者来决定。但是从不同的签名验证者到签名者具有不同的数字证书认证路径，因此对于存在多个认证路径的认证系统中，签名者很难判断或决定从签名者到验证者之间的认证路径。若签名者将所有必需的数字证书附在数字签名中，将会增加大量的冗余信息，所以，验证者通常采用比较可靠的证书获取方法来获取所缺少的数字证书，例如检索目录或数字证书数据库。

5.4.2 利用目录服务器分发数字证书

利用目录服务器分发数字证书的基本过程是在网络中建立目录服务器用于管理和分发数字证书，各种用户可以根据需要通过目录服务器下载数字证书。利用目录服务器分发数字证书提高了数字证书的分发效率，弥补了数字签名分发数字证书的不足。用户通过查询目录服务器获得所需的其他用户的数字证书及其他相关信息，例如数字证书所有者的基本信息或电子邮件地址等。相对于数字签名分发方式，目录服务器分发方式不需要通信双方相互发送数字证书，降低了通信成本。

分布式目录标准 X.500 的主要功能是在网络中实现多用途分布式目录服务，可以根据网络资源的名称查询相应的地址以及关键属性。X.500 目录服务可以为各种网络程序和设备提供网络资源目录服务，例如，计算机网络用户可以根据用户姓名来查询并返回其电子邮件地址、电话号码等信息，还可以返回该用户所使用网络设备的基本信息。但是 X.500 目录服务的技术过于复杂，并且实施和配置的费用较高，致使其推广和使用较困难。

针对 X.500 目录服务的不足，设计者开发了 LDAP(Lightweight Directory Access Protocol，轻型目录存取协议)。在目录模型上，轻型目录存取协议 LDAP 与 X.500 目录服务协议相互兼容，但是在功能上与 X.500 目录服务协议存在着明显的区别，例如轻型目录存取协议 LDAP 支持 Internet 中的 TCP/IP 协议，并且比 X.500 目录服务协议更简单和易于实现。X.500 目录服务协议与轻型目录存取协议 LDAP 可以用于企业证书服务系统，两者之间的相互关系如图 5-10 所示，其中 DSA(Directory System Agent)表示目录系统代理，

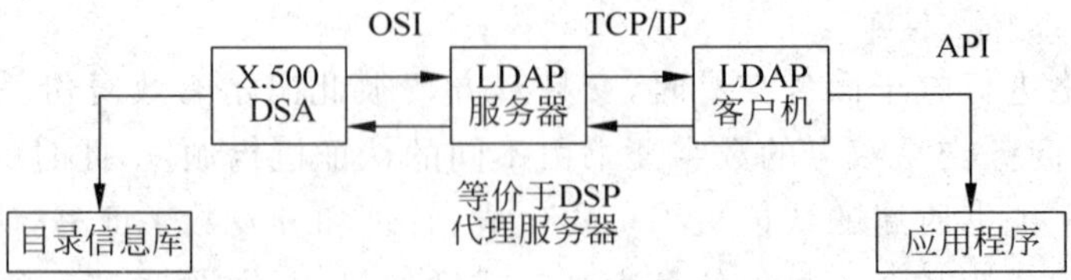

图 5-10 X.500 目录服务协议与 LDAP 之间的关系

DSP(Directory System Protocol)表示目录系统协议，API(Application Programming Interface)表示应用程序接口。

5.4.3 其他的数字证书分发方法

通常利用数字签名和目录服务器可以分发数字证书，此外还可以通过安全传输协议或传输通道来分发数字证书。如果数字证书具有自我保护功能，用户可以通过公开网络传输数字证书，而不需要安全通信协议和安全信道的支持。例如 S/MIME 协议可用于通过 E-mail 申请和接收数字证书，也可以通过 Web 服务器分发和管理数字证书，另外 PKI(Public Key Infrastructure，公钥基础设施)工作组基于 X. 509 标准制定了一系列数字证书管理和分发协议，用户可以利用 HTTP 和 FTP 协议通过 Web 方式请求、获取数字证书，对于需要重复使用的数字证书还可以存储在本地的目录服务器中。

5.5 数字证书的撤销

认证机构颁发的数字证书的生命期是有限的，每个数字证书都明确标识了有效的起始日期和终止日期。数字证书的有效期长短与数字证书的类别和认证机构的证书管理策略相关，一般有效期从几个月到几年不等。但是，由于密钥泄露或证书持有人身份变更等原因，用户不得不在数字证书有效期内终止数字证书，即撤销数字证书。认证机构负责接收和处理证书撤销请求，将撤销的数字证书添加到证书撤销表。由于安全原因数字证书可能在有效期内被撤销，所以数字证书实际使用期限可能要比原定的有效期短。

5.5.1 数字证书的撤销申请

由于密钥泄露或证书主体更换等原因需要撤销的数字证书需要向认证机构提出数字证书的撤销申请，认证机构根据证书类型和证书管理策略处理证书撤销申请，并将撤销的数字证书信息添加到证书撤销表中，用户、认证机构以及企业可以根据实际情况提出证书撤销申请。

1. 用户撤销数字证书

当用户已知或怀疑证书密钥泄露、证书主体名称变更或者证书主体与认证机构的关系发生变化时，证书持有者可以在数字证书的终止日期之前向认证机构提出数字证书撤销申请。认证机构负责处理数字证书的撤销申请，并及时将证书添加到数字证书撤销列表中，数字证书的撤销也表示证书有效性的终结。

2. 认证机构撤销数字证书

在数字证书的有效使用期内，认证机构可以撤销处于非正常使用状态的数字证书。例如，数字证书的持有者没有向认证机构缴纳管理费用，数字证书的应用超出认证机构所允许的功能范围，或者政府权力机构提出撤销某个数字证书。

3. 企业撤销数字证书

企业可以根据数字证书的应用情况撤销数字证书，例如，企业可以撤销职位发生变化的企业内部员工的无效数字证书，也可以撤销退休或离职员工的无效数字证书。

5.5.2 数字证书撤销表的格式

认证机构负责处理用户的数字证书撤销请求，并将撤销的数字证书添加到证书撤销表，通过网络分发数字证书撤销表或提供证书撤销表查询服务。

1. 证书撤销表

CRL(Certificate Revocation List，证书撤销表)是已经撤销的数字证书的记录集。认证机构将撤销的数字证书添加到数字证书撤销表，并使用自己的私钥对撤销表进行数字签名，同时向数字证书的验证者公布数字证书撤销表和提供查询服务。用户在验证数字证书的有效性时，如果发现数字证书已经记录在证书撤销表中，表明该数字证书已经失效，并通过验证证书撤销表的认证机构签名的有效性来判断撤销表的真实性。

为保证认证系统的安全，认证机构根据证书类别和用途定期更新证书撤销表，证书撤销表的更新周期长短根据认证机构的管理策略和数字证书的安全级别而定，证书撤销表的基本格式如图 5-11 所示。

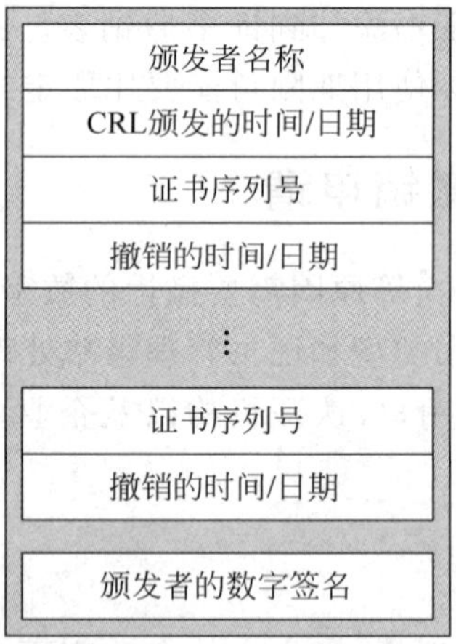

图 5-11 证书撤销表的基本格式

2. X.509 标准的证书撤销表格式

X.509 数字证书格式标准除了定义了标准的证书格式外，还定义了标准的证书认证路径算法和证书撤销表格式，其中证书撤销表的格式如图 5-12 所示。

(1) 版本：主要用于标识数字证书撤销表的版本信息，目前已经发展到第三版。

(2) 签名算法：主要用于标识数字证书撤销表颁发机构所使用的数字签名算法。

(3) CRL 颁发者：颁发数字证书撤销表的认证机构名称。

(4) 本次更新时间：当前数字证书撤销表的发放日期和时间。

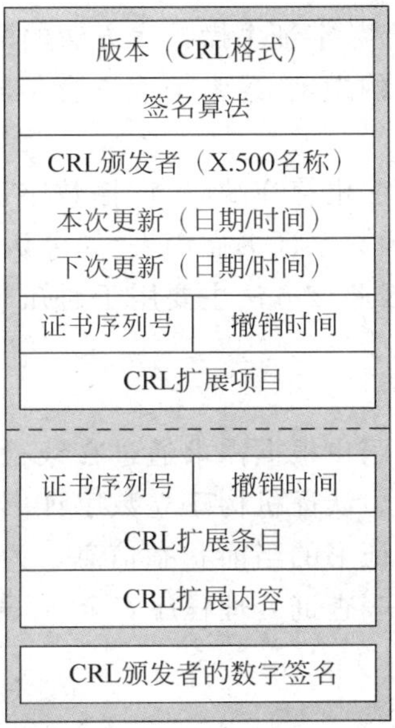

图 5-12　X.509 标准中的 CRL 格式

（5）下次更新时间：下次数字证书撤销表的发放日期和时间，主要用于标识证书撤销表的发放周期。

（6）证书序列号：被撤销的数字证书的序列号。

（7）撤销时间：数字证书被撤销的具体日期和时间。

（8）证书撤销表扩展条目：数字证书撤销表中每个证书撤销条目的附加信息。

（9）证书撤销表扩展内容：数字证书撤销表的附加信息。

5.5.3　撤销数字证书的方法

认证机构根据数字证书的类型和管理策略对数字证书采取不同的撤销方法，目前主要有如下几种撤销数字证书的方法。

1. 定期公布数字证书撤销表

定期公布数字证书撤销表方法是指认证机构按照固定的周期向用户发放数字证书撤销表，例如认证机构可以每天、每个星期或每个月向用户发放数字证书撤销表。认证机构根据认证系统的类型来决定数字证书撤销表的发放周期，即能确保数字证书系统能够及时获得最新的数字证书撤销表。定期公布数字证书撤销表具有一定的滞后性，即认证机构产生的数字证书撤销表不能及时发放给认证系统用户。

2. 广播数字证书撤销表

广播数字证书撤销表方法是指认证机构通过广播的方式发放数字证书撤销表，该方法的主要优势是认证机构可以实时地将数字证书撤销表分发给数字证书用户。当用户发现数字证书密钥可能存在泄露时可以向认证机构提出数字证书撤销请求，认证机构立即撤销数字证书，并将新的数字证书撤销表通过网络广播给系统用户。广播数字证书撤销表方法具有良好的时效性，避免了定期公布数字证书撤销表方法的滞后性，因此广播数字证书撤销表方法适用于非常紧急的数字证书的撤销，通常采取安全传输方式广播认证系统的数字证书撤销表。

但是广播数字证书撤销表方法也存在缺陷，广播数字证书撤销表方法会占用大量的网络带宽，并需要安全传输信道广播数字证书撤销表，如果认证系统需要广播大量的数字证书撤销表会耗费大量的系统资源，因此该方法主要用于通知非常紧急的数字证书撤销事件。

3. 进行在线状态检查

进行在线状态检查方法是指用户根据需求通过在线检测的方式查询数字证书撤销表，并获得数字证书的使用状态信息。认证机构建立数字证书撤销表查询服务器，并通过在线查询事务处理程序查询相应数字证书的当前状态信息。为保证数字证书系统的安全性，认证机构必须要保证数字证书撤销表查询处理程序安全、可靠。

4. 发行短期数字证书

发行短期数字证书方法是指在密钥对有效期内通过发行短期数字证书使证书因过期而自动失效的撤销方法。认证机构为密钥对持有者提供较长的信任周期，通常每一年确认一次合法身份，该密钥对在整个信任周期内有效。但是认证机构只给用户颁发短期数字证书，当认证机构要撤销用户的数字证书时，只需要停止对用户发放数字证书即可。例如，服务器获得的短期数字证书的有效期为 24 小时，那么服务器只可以使用该证书实现当天的网络安全通信。该种方法特别适用于资源受到严格限制的数字证书使用环境，例如移动通信系统的安全认证。

5. 其他数字证书撤销方法

其他数字证书撤销方法还有以下几种：

(1) 将数字证书从数字证书的数据库中删除，即将撤销的数字证书从认证机构的数字证书数据库中的目录条目中移除。

(2) 建立安全、可信的数字证书服务器或目录，用户通过数字证书服务器验证证书的有效性。

(3) 提供发布周期更短的数字证书撤销表，减少数字证书撤销表的时间滞后性。

(4) 建立数字证书撤销树，提高数字证书撤销表的查询速度。

5.5.4 证书撤销表分发点

认证机构为提高分发和管理数字证书撤销表的工作效率，在认证系统中建立多个数字证书撤销表分发点，由数字证书撤销表各分发点负责不同部分的数字证书撤销表的分发和管理，以解决数字证书撤销表规模过大的问题。认证机构的用户数量和数字证书的有效期是决定数字证书撤销表大小的两个主要因素，因为数字证书的有效期越长在有效期内因为密钥泄露或其他原因而撤销的数字证书就越多，同样，认证机构用户的数量越大，由于各种原因而撤销的数字证书的数量就越大。

在实际应用中，认证机构的数字证书撤销表需要包含所有最终用户的证书撤销信息，这样数字证书撤销表的主体数目可能达到数万、数十万甚至数百万，结果会导致数字证书撤销表因过于庞大而难于管理，甚至会面临失控的危险。因此，在第二版 X.509 证书标准中增加了数字证书撤销表分发点。

1. 数字证书撤销表分发点

数字证书提供撤销表分发点信息用于标识认证机构的某个或若干个数字证书撤销表分发点，这些数字证书撤销表分发点负责分发数字证书撤销表中的不同部分。数字证书的使用者为了验证数字证书是否被撤销，通过检查某个数字证书撤销表分发点的数字证书撤销表来验证数字证书的有效性。数字证书撤销表分发点所分发的数字证书撤销表可以包含因各种原因而撤销的数字证书，也可以仅包含因某些特殊原因而被撤销的数字证书。数字证书撤销表分发点可以按照不同分类标准进行划分，例如，可以按照数字证书撤销表的长度来划分数字证书撤销表分发点，也可以按照数字证书撤销原因来划分数字证书撤销表分发点。

2. 发放数字证书撤销表分发点

认证机构建立数字证书撤销表分发点后，需要将数字证书分发点的名称发放给所有系统用户。可以通过数字证书撤销表扩展字段列出所有数字证书撤销表分发点的名称，或者根据数字证书撤销原因列出某类数字证书撤销表分发点名称。为保证数字证书撤销表分发点信息的安全性，认证机构需要通过安全传输方式分发数字证书撤销表分发点信息，可以有效地防止攻击者在分发点用错误的数字证书撤销表代替正确的数字证书撤销表。

本章小结

本章主要介绍了数字证书的基础知识，主要包括数字证书的基本格式和标准、数字证书的密钥对管理、数字证书的申请、数字证书的分发以及数字证书的撤销等。重点掌握数字证书的基本结构以及数字证书扩展部分的基本功能；掌握数字证书密钥对的生成方法、存储方式和更新方法；重点掌握数字证书认证机构和注册机构的主要职能，以及认证机构生成和更新数字证书的基本过程，并了解数字证书的主要分发方法；重点掌握数字证书撤销的基本概念、数字证书撤销表的基本格式以及数字证书撤销表的分发方法。

本章习题

1. 请简述数字证书的基本格式标准，并说明数字证书中主要字段的含义。
2. 请简述数字证书中密钥对更新的必要性。
3. 请简述数字证书的申请过程，并画出数字证书申请过程的流程图。
4. 请在 Internet 上检索一个数字证书注册机构，并在该注册机构申请一个电子邮箱数字证书。
5. 请简述数字证书的主要分发方法。
6. 请简述数字证书撤销的基本概念，并说明数字证书撤销表的主要分发方法。

第6章 公钥基础设施的应用

公钥基础设施是基于公钥加密体制的安全认证服务体系，主要功能是为网络提供一个安全的身份认证服务平台。公钥基础设施的核心作用是建立互联网通信环境下的信任体系，实现网络通信实体间的身份认证，保证网络传输数据的真实性、完整性、机密性和不可否认性，建立开放网络环境中实体间的信任关系。本章主要介绍公钥基础设施的基础知识，主要包括公钥基础设施的常用信任模型、公钥基础设施的体系与功能以及公钥基础设施的认证机构等。

6.1 公钥基础设施概述

公钥加密体制包含两种模式：一种是加密模式；另一种是签名、验证模式。基于公钥加密体制的公钥基础设施的主要功能有认证机构的管理和数字证书的发布、管理和应用。公钥基础设施是由若干个相关联的安全子系统共同协作为网络通信实体提供身份认证服务的，是实现通信数据的保密性、完整性和身份可认证性的基础应用平台。公钥基础设施通过认证机构发放和管理数字证书，并为利用数字证书实现实体身份认证的安全应用提供安全服务，网络通信实体可以通过相互交换数字证书来验证彼此间身份的合法性。

公钥基础设施提供一套完整的网络实体身份认证解决方案，通过建立统一的安全认证标准和规范来实现公开网络上的实体身份认证，主要由认证机构、数字证书、数字签名以及相关安全应用组件构成。当然公钥基础设施的功能绝非仅限于网络实体身份认证，此外，还涉及电子商务、电子政务等国家信息化发展战略的多个层次的安全问题。公钥基础设施作为国家信息化基础设施建设的一部分，本身是一个复杂的网络安全认证服务体系。

6.1.1 PKI 系统的概念

PKI(Public Key Infrastructure，公钥基础设施)是一个基于公钥加密体制的网络安全认证体系，能够为所有的网络应用提供加密和数字签名等密码服务，并为网络通信实体提供一套完善的基于数字证书的身份认证体系。PKI 是利用公钥加密技术来实现网络通信的保密性、完整性以及身份可认证性，是电子商务安全技术的核心，主要功能包括数据加密、数字签名、数据完整性校验以及网络通信实体身份认证等。

PKI 的含义可以从狭义和广义两个层面上来理解。

从狭义上讲，PKI 是数字证书管理系统，主要功能包括创建、管理、存储、分发、撤销数字证书。PKI 系统由管理数字证书的软件、硬件、人、政策法规和操作规程组成。数字证书是PKI 的核心，是实现网络安全通信的基础。PKI 为各种网络应用提供一个统一的可信的数字证书认证体系，因此 PKI 可以被视为网络安全通信的基础设施。

从广义上讲，PKI 是实现网络安全通信的所有产品、服务、工具、策略、法规、协议和人的集合。PKI 不仅包含由数字证书构成的可信的认证系统，还包括实现网络安全通信和实体身份认证的软件、硬件、策略和人，是一个包含基础设施和相关应用系统的集成的安全应用体系。

PKI 主要由认证机构、证书数据库、密钥对和证书管理系统、PKI 应用接口组成，具有运行效率高、安全性好、易于扩展及易于操控等诸多优点。基于公钥加密体制的 PKI 既能保证网络通信数据的机密性，又能保证网络通信数据的身份可认证性，同时，PKI 通过应用程序接口可以为各种应用程序提供以数字证书为基础的安全服务，并且提供证书申请、撤销和恢复机制，具有适应性极强的安全通信能力。

PKI 的设计目标是基于公钥加密体制建立起来的通用的为各种安全应用提供安全服务的基础设施，目的是可以为电子交易、电子政务和各种安全通信提供全面的安全服务。PKI 通过标准的应用程序接口为各种网络应用程序提供安全服务，网络应用程序的设计者可以通过 PKI 应用程序接口获得 PKI 系统的各项安全服务。

6.1.2 PKI 系统的常用信任模型

PKI 的信任模型是网络通信实体之间建立信任关系和实现实体身份认证的结构框架，主要描述的是如何在不同认证机构之间建立认证路径以及如何构建和寻找认证路径的规则，即定义通信实体之间如何建立信任和如何控制信任的相关规则，为了便于理解 PKI 信任模型，下面引入几个与信任相关的基本概念。

- 信任。在 ITU-T 的 X. 509 标准给出的定义中，信任是指实体 A 认定实体 B 将严格地按 A 所期待的那样行动，则叫 A 信任 B。在这种关系中，A 称为信任者，B 称为被信任者。基于 PKI 建立通信实体之间信任关系的过程可以描述为：用户 A 可以通过 PKI 获得用户 B 的公钥，并使用该公钥来验证用户 B 的数字签名的真实性和有效性，同样，用户 B 也可以验证用户 A 的数字签名的真实性，如果彼此验证通过则称 A 和 B 建立了信任关系。
- 信任域。信任域是在一组公共的安全策略控制下相互信任的网络通信实体所组成的集合，其中公共安全策略是指系统颁发、管理、验证和撤销证书所依据的一系列标准和规定的集合。在一个组织中，可以按照组织机构或地理区域来划分信任域，因此识别信任域和边界是确定 PKI 结构的基础。因此，在实际的 PKI 应用系统中，在不同的组织或信任域之间建立具有高度信任水平的信任关系就成为解决网络实体身份认证问题的关键。
- 信任水平。用来度量网络通信过程中信任者与被信任者之间的信任程度，通常在 PKI 系统中要借助像认证机构 CA 这样的可信第三方来提高认证系统中信任者与被信任者之间的信任水平。

1. 严格层次信任模型

严格层次信任模型是认证机构 CA 之间按照严格的上下级关系建立的分层的 PKI 结构。严格层次信任模型是一种倒置的树状结构，整个信任域的最高级别认证机构被称为"根"CA，"根"CA 为下一级的 CA 颁发证书，"根"CA 与用户之间可以包含多层中间级 CA，最底层的 CA 负责向用户颁发证书。为保证信任域的安全，不允许"根"CA 直接给用户颁发证书，仅允许上一级的 CA 给下一级的 CA 颁发证书，并且可以决定颁发给下级 CA 证书的类型。严格层次信任模型具有单向特性，即下一级 CA 不能为上一级 CA 颁发证书。通常 CA 存在上下级关系时，将上一级 CA 称为父 CA，把下一级 CA 称为子 CA。严格层次信任模型如图 6-1 所示。

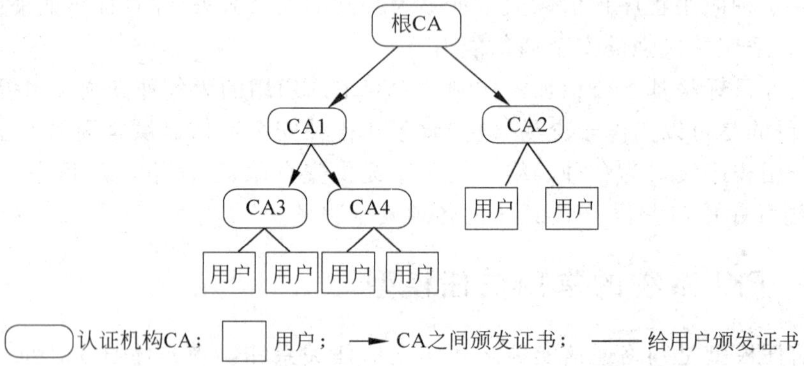

图 6-1　严格层次信任模型

2. 网状信任模型

网状信任模型也称对等信任模型，是指认证域中的认证机构 CA 之间以对等关系形成的网状 PKI 结构。网状信任模型与严格层次信任模型相比，CA 之间没有从属关系，而是完全的对等关系。在网状信任模型中，CA 之间可以相互颁发证书，建立双向的信任关系，但如果 CA 要限制与某些 CA 的信任关系，可以在证书上附加限制条件。CA 之间相互颁发的证书不可限制证书的类型。

对等信任模型是实现证书交叉认证的基础，利用对等信任模型可以实现信任域内的交叉认证和信任域之间的交叉认证。交叉认证是在以前无关的 CA 之间建立新的信任关系，进而使得处在不同信任域的用户之间建立信任关系成为可能。网状信任模型的结构如图 6-2 所示。

3. 桥接信任模型

桥接信任模型也称中心辐射式信任模型、混合型信任模型，是综合了严格层次信任模型、网状信任模型的优点而设计的模型。桥接信任模型中的"根"CA 是一个树状结构的 CA，将自己作为连接其他所有"根"CA 的"桥梁"，并负责为其他所有的"根"CA 签发证书，但不直接向用户颁发证书，它作为整个模型的信任源点与不同信任域的"根"CA 建立对等的信任关系，并保留了用户原有的信任源点。桥接信任模型如图 6-3 所示。

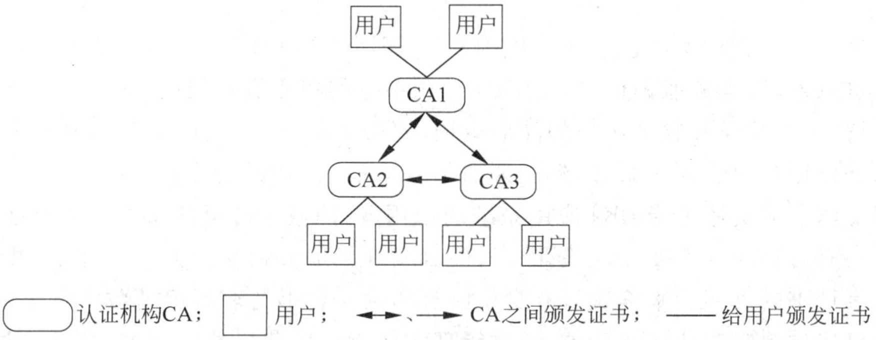

图 6-2 网状信任模型的结构

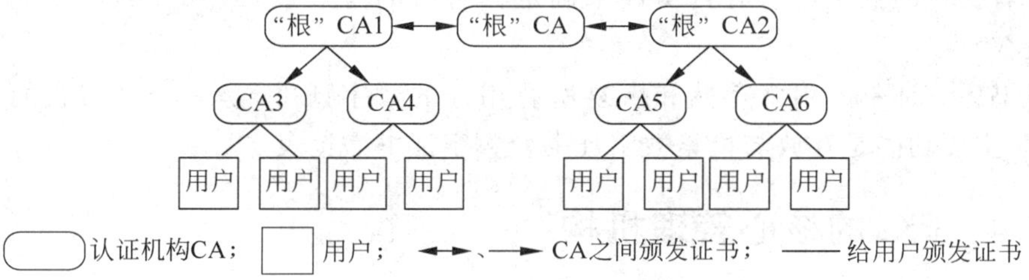

图 6-3 桥接信任模型

4. 以用户为中心的信任模型

在以用户为中心的信任模型中，由用户为所信任的其他用户发放数字证书，并建立信任关系，因此这种信任模型不需要专门的CA，用户完全决定与其他用户之间的信任关系，例如，用户可以通过亲属、朋友等关系网来建立信任关系，并为每个亲属和朋友签发公钥证书，以此来建立一个信任体系。例如，著名的安全软件PGP(Pretty Good Privacy)就是使用这种信任模型来建立用户之间的信任关系。

5. 信任列表信任模型

信任列表信任模型是利用动态的二维列表来存储所有信任的CA的根证书，所信任的CA的类型可以是层次结构、网状结构或混合结构。信任列表信任模型提供了一种信任模型整合机制，将来自不同信任模型或其他信任结构的CA整合到一起，可以在不同结构CA之间建立信任关系。这种信任模型降低了寻找认证路径的复杂性，并且在信任列表里增删CA比较简单，易于维护和管理。

6.1.3 PKI的运行模型

PKI系统中的实体主要包括管理实体、端实体和证书库。PKI系统通过管理实体、端实体和证书库来管理和使用证书，负责证书的申请、发放、管理、存档和撤销等。管理实体主要负责证书的申请、发放以及密钥对更新等，端实体作为证书的使用者主要利用数字证书验证实体身份，证书库主要为用户存储和恢复证书，并提供证书撤销表。这三种实体的主要功能分别是：

- 管理实体。管理实体包括认证机构 CA 与注册机构 RA，CA 作为 PKI 系统的核心，负责颁发、管理和撤销证书，是 PKI 应用系统的核心服务机构，而 RA 是 CA 功能的扩展，负责接受并验证用户的注册申请，协助 CA 分发证书。CA 与 RA 主要为分散的网络用户提供证书服务，建立证书服务体系，是 PKI 的运行基础。
- 端实体。端实体是指 PKI 应用系统的使用者，即数字证书的持有者或验证者。证书的持有者和验证者要彼此验证身份的真实性必须要相互交换数字证书，并通过验证数字证书的真实性来确认对方身份的真实性。证书持有者申请数字证书时，首先向管理实体提交申请证书请求，通过管理实体审核后获得数字证书，在使用过程中，证书持有者可以向管理实体提出更新或撤销证书的请求。证书的验证者通过验证持有者提供的数字证书的真实性来确定其身份的有效性，并为其提供相应的服务和授权。
- 证书库。证书库用于存储和恢复所有用户的数字证书，是一个分布式的证书数据库，主要功能是存放与检索数字证书及数字证书撤销表。

6.1.4 PKI 的核心管理机构

认证机构 CA 也称为认证中心，是 PKI 的核心管理机构，主要负责数字证书的申请、发放、更新及注销等。PKI 为电子商务交易提供了一个安全的认证平台，CA 作为电子商务系统的可信第三方，为电子交易各参与实体签发和管理数字证书，并验证各交易实体的真实身份。数字证书是网络通信实体身份认证的主要电子凭证，是实现电子商务安全交易的基础。CA 是电子商务交易实体所信赖的具有权威性和公正性的第三方机构，主要功能包括证书发放、证书更新、证书撤销和证书验证等功能，其中最核心的功能是发放与管理数字证书。CA 签发数字证书前，首先验证用户的真实身份，对通过验证的用户提供各项证书服务。CA 的具体功能是：

(1) 接收用户申请数字证书的请求，并确定是否接受用户申请数字证书的请求。

(2) 同意或拒绝向数字证书申请者颁发数字证书。

(3) 受理用户关于更新数字证书或密钥对的请求。

(4) 受理数字证书的查询与恢复请求。

(5) 接收用户的数字证书撤销请求，定期发布数字证书撤销表。

(6) 归档和备份密钥对、数字证书以及数字证书的相关历史数据。

6.1.5 PKI 的核心产品

数字证书又称数字凭证、公钥证书、数字标识，是 PKI 的核心产品，是应用公钥加密体制实现网络通信实体身份认证的电子证明文件。数字证书由权威认证机构 CA 颁发，主要内容包含证书持有者的基本信息、密钥对以及公钥加密算法等，此外，证书上还附有认证机构的数字签名。在电子商务交易中，交易双方可以通过交换数字证书来验证对方身份的有效性，也可以利用数字证书对交易数据进行加密和解密，以实现交易信息的保密性、完整性和身份可认证性。

CA 在颁发数字证书时为申请者的数字证书产生一对密钥对，包括公钥和私钥，公钥主要用于加密数据和验证数字签名，而私钥主要用于解密和数字签名。当通信双方应用数字证书实现保密通信时，发送方从 CA 下载接收方的公钥，并使用接收方的公钥加密通信数据，然后将加密数据传给接收方。而接收方收到密文后，使用自己的私钥对密文解密，得到明文信息，实现保密通信。当通信双方利用数字证书实现实体身份验证时，验证方从 CA 下载签名者的公钥对数字签名进行验证，如果验证通过则认为签名者的身份有效。

在 PKI 应用系统中，按照数字证书的所属主体不同可以将数字证书分为服务器证书、电子邮件证书、源代码证书及客户端个人证书等。服务器证书主要用于证明网络中各种服务器的有效身份，也可用于加密服务器和客户端的通信数据。通常服务器证书可用于防止站点仿冒，客户端浏览器可以通过验证服务器证书来确定服务器的有效身份，另外，客户端浏览器与服务器通过数字证书可以建立安全连接，客户端浏览器和服务器之间的所有通信数据都将被加密，可以有效地防止攻击者窃听网络通信数据。在电子商务交易系统中，服务器证书主要用于保护登录密码、账户信息以及安全登录网上银行服务器等。电子邮件证书的主要作用是验证电子邮件发件人的有效身份，同时可以实现电子邮件的保密通信。电子邮件的发送者在发送电子邮件前对电子邮件实施数字签名，将签名后的邮件发送给接收方，接收方利用发送方的公钥对电子邮件的真实性进行验证。源代码证书主要用于验证源代码发行方的身份有效性，为保证软件系统添加组件的安全性，软件系统在安装组件前对源代码的有效性进行验证，可以有效地防止计算机病毒的扩散和限制盗版软件的使用。客户端个人证书主要用于验证客户身份的有效性，可以有效地防止非法用户对系统资源的访问，通常客户端证书可储存于 IC 卡中，使用时需要输入密码。

6.2 PKI 的体系结构与功能

PKI 是基于公钥加密体制的标准化安全服务框架，能够为所有的网络应用提供加密和数字签名等密码服务，并为网络通信实体提供一套完善的基于数字证书的身份认证系统。其主要功能是利用加密技术和数字签名技术为网络通信实体提供网络安全服务，包括数据加密、数字签名、数据完整性校验以及网络通信实体的身份认证等。公钥基础设施 PKI 利用信息安全技术的对称加密算法、非对称加密算法和数据完整性校验算法来实现身份认证、数字签名和保密通信，其中对称加密算法主要用于通信数据的加密，非对称加密算法主要用于数字签名和身份认证，数据完整性校验算法主要用于检测网络通信数据在传输过程中的完整性。公钥基础设施 PKI 为网络通信实体提供身份认证并在实体间建立信任关系，可以应用于电子商务和电子政务系统，实现通信的保密性、完整性、身份可认证性和不可否认性。PKI 的体系结构主要由政策批准机构、策略证书机构、认证机构以及注册机构组成，CA 按照证书策略机构制定的证书策略发放和管理数字证书，为 PKI 系统各种用户提供安全服务。

6.2.1 PKI 的标准

PKI 的标准可以分为两个部分：一部分是关于 PKI 的基本协议标准；另一部分是关于 PKI 的应用协议标准。另外，如果按照时间来划分 PKI 协议标准，也可以将 PKI 协议分为两个部分，即第一代标准和第二代标准，其中第一代标准主要包括 RSA 公司的公钥加密标准、国际电信联盟的 ITU-T X.509 标准、IETF 组织的公钥基础设施 X.509 标准、无线应用协议论坛的无线公钥基础设施标准等。另外，IETF 组织还颁布了实时的证书状态查询协议标准。而第二代 PKI 标准是由微软、VeriSign 和 WebMethods 三家公司在 2001 年发布了 XML 密钥管理规范，主要由 XML 密钥信息服务规范和 XML 密钥注册服务规范组成。

PKI 系统几个较为常用和重要的标准如下：

(1) PKCS(Public Key Cryptography Standards，公钥加密标准)是由 RSA 数据安全公司与其合作伙伴共同制定的公钥密码学标准，于 1991 年首次发布，内容主要针对 PKI 系统中的加密/解密、签名、数字信封、密钥交换与分发格式等相关算法制定标准，同时标准的内容还涵盖证书的申请、证书的更新以及证书撤销表分发等标准。到目前，PKCS 已经成为 PKI 系统中的重要组成部分，共发布过 15 个标准，每个标准都经过数次修订，分别是 PKCS＃1～PKCS＃15。

(2) X.509 标准是由国际电信联盟 ITU 制定的数字证书标准，为网络通信实体提供安全的身份认证机制，规定了利用数字证书实现实体身份认证的证书语法及数据接口标准。X.509 标准是 PKI 应用系统中应用最为广泛、最为基础的一个国际标准，对 PKI 的应用发展起着举足轻重的作用。

(3) OCSP(Online Certification Status Protocol，在线证书状态协议)用于在线检测数字证书是否有效，主要目的是提高 PKI 系统的安全性。OCSP 为 PKI 系统用户提供网上实时查询证书状态的服务，规定了证书状态查询应用程序的格式标准和提供证书状态查询服务器的服务标准，使 PKI 系统具有更好的适应性。

(4) LDAP(Light Directory Access Protocol，轻量级目录访问协议)是由密歇根大学开发，主要优点是简化了 X.500 目录访问协议中烦琐的目录访问操作过程，在数据表示、协议功能、编码和传输方面都进行了改进。目前，第三版 LDAP 已经广泛应用于证书信息发布、CRL 信息发布、CA 政策以及与信息发布相关的各个方面。

(5) WPKI(Wireless Public Key Infrastructure，无线公钥基础设施)主要用于定义无线网络应用环境中的 PKI 系统的框架，主要包括加密算法、签名算法、证书的格式以及证书的申请、发放、存储、更新以及与撤销等环节相关的标准。WPKI 是将 PKI 安全机制引入到无线网络应用环境中，实现无线网络中实体身份认证、保密通信、数字签名以及其他各种安全服务。

(6) XKMS(XML Key Management Specification，XML 密钥管理规范)是在应用程序与 PKI 解决方案之间建立一个抽象的层，应用程序可以根据具体的功能需要决定插入不同的 PKI 解决方案，而不需要对应用程序本身做任何修改。XKMS 使应用程序完全独立于 PKI，无须理解复杂的 PKI 语法和语义，便可将安全服务的复杂性从客户机应用程序转移到 PKI，从而简化客户端应用程序，使内存较小的网络设备仍然可以使用 PKI 系统。XKMS 由两个部分组成：X-KISS(XML Key Information Service Specification，XML 密钥信息服务规范)和 X-KRSS(XML Key Registration Service Specification，密钥注册服务规范)。X-KISS 可以使 XML 应用程序通过委托可信第三方 CA 处理有关认证签名、查询、验证和绑定公钥信息合法性的信任服务，而 X-KRSS 可以提供公钥注册、撤销和恢复等网络安全服务。

6.2.2 PKI 体系的构成要素

1. 政策批准机构

PAA(Policy Approving Authority,政策批准机构)也称为策略批准中心,主要负责建立整个 PKI 体系的安全策略,批准下属的策略证书机构的管理策略,并为下属的策略证书机构颁发数字证书,为整个 PKI 体系建立一个完善的策略体系,能够使各机构协调一致地工作。PAA 为所有下属机构制定的规章制度主要包含证书政策和使用规范。PAA 的具体功能如下:

- 制定 PKI 体系的安全策略和操作规范,为下属机构颁发公钥证书。
- 制定 PKI 体系中策略证书机构的管理策略和操作规范,并发布下属策略证书机构的身份与位置信息,以及对下属策略证书机构和根证书进行身份认证与鉴别。
- 接收和发布下属策略证书机构的策略。
- 接收下属策略证书机构的关于撤销证书的请求,并认证签发的撤销申请和发放 CRL。
- 审计下属策略证书机构的相关政策,颁发证书和 CRL,存储和管理证书以及 CRL。

通常 PKI 体系中设立 PAA 的数量与 PKI 体系的管理区域大小相匹配,对于地理分布范围较大的 PKI 体系可以设立多个同等级的 PAA 来管理不同区域的下属机构管理策略,不同的 PAA 之间可以实现交叉验证,即在 PKI 体系中不同的 PAA 之间可以相互验证,相互签发证书,建立交叉的信任关系。

2. 策略证书机构

PCA(Policy Certification Authority,策略证书机构)也称为证书管理中心,主要负责制定本 PCA 的证书管理和操作运行策略,可以是 PAA 管理策略的扩展或细化,主要内容包括 PCA 管理范围内的密钥产生算法、长度、证书的有效期、CRL 的管理策略以及为下属 CA 签发的数字证书等。但是,PCA 不直接为终端用户签发证书,主要管理对象是下属 CA,并将上级 PAA 的证书和公钥传递给下属 CA。PCA 的具体功能如下:

- 公布 PCA 自身和下属 CA 的身份与位置信息。
- 公布 PCA 的服务对象,以及 PCA 制定的证书管理政策与证书操作的相关程序。
- 管理下属 CA 证书和公钥,并对下属 CA 的身份进行识别与认证。
- 将上级 PAA 与 PCA 自身的证书分发给下属的 CA。
- 制定证书作废请求管理策略,接收与认证其签发证书的证书撤销请求,并签发 CRL。
- 备份和归档各类证书和 CRL,审核相关信息及其签发的策略。

3. 认证机构

CA(Certification Authority,认证机构)也称认证中心,主要为用户制作和颁发证书,是 PKI 体系中直接负责审核证书申请和发放证书的管理实体。CA 根据数字证书的安全性与适用范围,将数字证书分为若干等级进行管理。颁发证书时,CA 根据证书申请人的情况对所颁发的证书赋予和标识相应的安全等级,其中 CA 对用户推荐的安全等级适用范围等描述被称为 CPS(Certificate Policy Statement,证书策略声明),通常用户证书的策略域会标识其证书的 CPS 标识符。CA 的具体功能如下:

- 公布对上级 PCA 证书管理策略的扩展内容。
- 接收证书申请并验证用户合法身份,颁发和管理用户的证书。
- 公布 CA 自身的证书和上级 PCA 的证书。
- 验证 RA 提供的用户的证书申请请求,并将制作好的证书传送给 RA。
- 接收用户证书撤销申请,并发放 CRL(Certificate Revocation List,证书撤销表)。
- 备份和归档证书,存储 CRL,并审计证书签发策略等。

4. 注册机构

RA(Registration Authority,注册机构)也称注册中心,作为 CA 的扩展机构负责审核用户的证书申请和发放证书。随着网络用户数量的增加,CA 审核和发放证书的工作负担逐渐加重,无法满足用户的要求,因此,设置 RA 协助 CA 完成有关证书申请、发放和相关管理工作。RA 也可以接收用户撤销证书的申请,申请经过 RA 核实,再上报到 CA 审核。但是,RA 无权生成和废除证书,只能协助 CA 完成证书管理工作。RA 的具体功能如下:

- 接收并验证用户的申请资料。
- 代理用户向 CA 提出证书申请,并发放证书。
- 接收用户关于证书更新和恢复的请求。
- 接收用户的撤销证书请求。

5. 验证机构

VA(Verify Authority,验证机构)也称验证中心,主要负责验证用户持有证书的有效性,证实用户证书信息的真实性和完整性,确保用户证书中的公钥和私钥相互匹配,并验证私钥的签名信息是否被篡改。VA 的具体功能如下:

- 验证用户的证书是否到期或被撤销。
- 检测用户证书相关信息的有效性。
- 审核 CA 的各项操作,为用户提供咨询服务并决定申请证书的安全等级。

6. 目录服务

DS(Directory Service,目录服务)用于存储、管理和分发数字证书,最初 CA 将其颁发的用户证书储存在本地,但随着 CA 用户数量的增加,CA 无法满足用户检索证书的需求,因此建立目录服务器,可以提高证书的检索速度,以减轻本地 CA 的负担。

6.2.3 PKI 体系结构的组织方式

在 PKI 体系结构中,有多种成员组织方式,其中最主要的三种方式:第一种是按照日常职能分类的 COI(Community Of Interest,共同权益)方式;第二种是建立在现有政府或组织机构的管理基础之上的组织化方式;第三种是按照安全级别划分的担保等级方式。

在 PKI 体系结构中,组织机构通过设置安全策略来管理系统成员的组织方式,主要将系统实施过程中所采取的组织方式作为组织 PKI 系统用户的基础,其中组织方式设置时考虑的主要因素有系统的可靠性、可扩展性、灵活性，以及使用系统的方便性、CA 的可信任性、与其他系统的互操作性、增加成员的成本和职责划分等。

6.2.4 PKI 系统的主要功能

PKI 系统的主要功能包括密钥管理、数字签名、数字认证、数字证书管理、证书撤销表生成与管理以及系统审计等。不同应用程序在实现网络安全通信时，可以根据系统的安全需求和安全等级选用 PKI 系统的不同安全模块来实现系统安全通信。PKI 系统具有如下主要功能。

1. 密钥管理

密钥管理主要包括密钥的产生、验证和分发。通常密钥的产生、验证和分发有两种方式：用户产生密钥方式和代理产生密钥方式。

第一种，用户产生密钥方式是由证书持有者自己选取密钥产生方式、密钥长度和加密算法等基本参数，并生成证书的密钥对。用户将自己的公钥以及相关身份信息提交给 CA，CA 对用户提交的信息进行审核，审核通过后，CA 根据用户提交的公钥和身份信息制作证书，并通过安全传输信道将证书发送给用户，例如通过安全的电子邮件等方式将证书发放给用户，最后 CA 对证书进行归档和备份，并将证书发布到目录服务器。另外，用户也可以将生成的密钥对和证书申请提交给 RA，再由 RA 代理用户将密钥对及相关信息提交给 CA 进行审核，由 CA 审核后发放证书。用户产生密钥方式如图 6-4 所示。

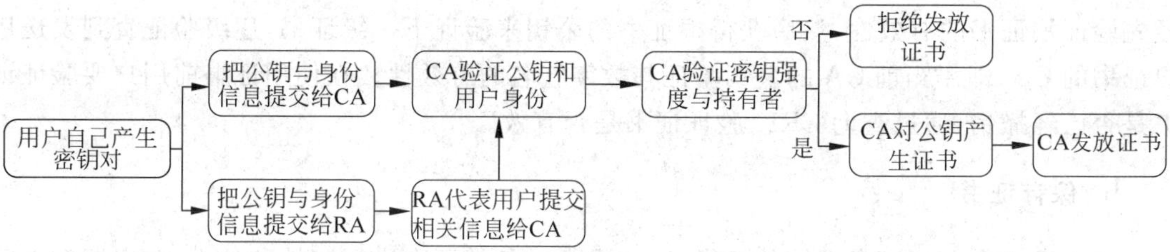

图 6-4　用户产生密钥方式

第二种，代理产生密钥方式可以细分为代理为用户产生密钥和代理为自身产生密钥。在代理为用户产生密钥方式中，代理通常是指 CA，CA 为用户随机生成密钥对，并将符合安全策略的密钥对发送给用户，而用户将公钥发送给 CA 或 RA 用于申请证书。而代理为自身产生密钥通常是指 PAA 为 PCA 签发公钥证书，并将其公钥传送给 PCA，接着 PCA 可以为 CA 签发证书，并将其公钥传送给下级 CA，最后 CA 为其管辖的 RA 签发证书，同时将上级 PCA 与 PAA 的公钥证书传送给 RA，代理产生密钥方式如图 6-5 所示。

2. 签名与验证

数字签名与数字认证是实现网络通信实体身份认证的两个相互独立又相互依赖的关键环节，数字签名是指证书持有者用自己的私钥对通信数据进行加密，数字认证就是签名的验证者通过 CA 下载签名者的公钥，并用签名者的公钥对数字签名进行认证，因此，签名与认证是两个不可分割的过程。通常用户的密钥和证书可存放在 U 盘、IC 卡或硬盘等设备中。

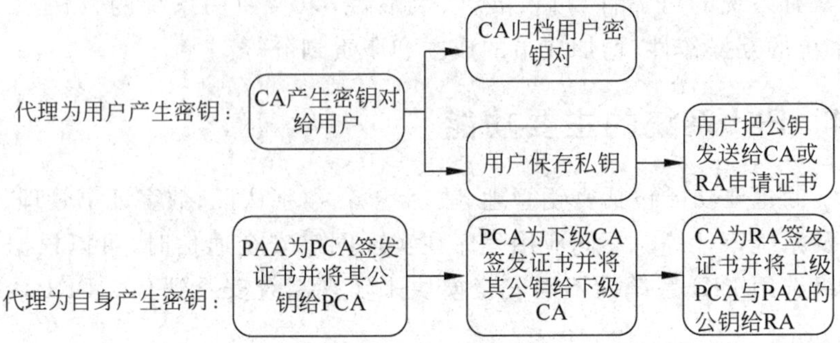

图 6-5　代理产生密钥方式

3. 证书的获取

用户主要通过 CA 和 RA 来获取数字证书，可以直接到发放证书的 CA 领取，也可以通过各种安全传输信道来获取数字证书。用户可以从目录服务器中获得 CA 发放的证书，也可以直接从 PKI 证书管理机构获得。

4. 验证证书

用户接收到 CA 颁发的证书后，必须要先验证证书的有效性，主要包括颁发证书 CA 的签名的有效性、证书持有者信息的有效性以及证书时间的有效性等。用户首先获得颁发证书 CA 的公钥，然后使用 CA 的公钥对证书的签名进行验证。通常用户根据证书的认证路径先验证根证书的有效性，然后获得根证书的公钥来验证下一级证书，逐级验证直到发送用户证书的 CA，即用当前 CA 的公钥验证其数字签名的有效性。在使用证书前用户要验证证书是否已经撤销，通过查询 CRL，验证证书是否有效。

5. 保存证书

PKI 系统为保证证书系统的可靠运行，通常对各类证书进行归档和备份，并定期对数字证书进行维护和管理，通过查询 CRL 及时将撤销的数字证书删除并归档，以免影响证书系统的安全性。

6. 本地证书的获取

本地存储的数字证书可以通过浏览器来查看，打开浏览器，选择“工具”→“Internet 选项”命令，在“内容”选项卡中单击“证书”按钮，可以看到“证书管理”对话框，选择“受信任的根证书颁发机构”选项卡，可以看到本地机器安装的所有数字证书，可以双击打开证书并对证书进行操作。

7. 证书撤销的申请

撤销的数字证书是指：由于 PKI 系统的网络通信实体存在私钥泄露的可能，也可能因为证书持有者身份发生变化或组织机构的法人发生变更，在有效期内而提前终止使用的数字证书。在 PKI 系统中，由 CA 负责处理用户的证书撤销申请，并发放和管理证书撤销表。

8. 密钥更新

密钥更新是指由于证书过期或者密钥泄露而需要CA重新生成新的密钥对和颁发新的证书的过程。证书持有者向CA提出密钥更新请求,CA验证用户的请求和个人信息后为用户颁发新的证书,并对证书进行归档和备份处理。如果CA的密钥泄露,那么CA需要重新发放由泄露密钥所签发的所有证书,重新为下级CA产生新的密钥对,并为下级CA生成的新密钥对签发新证书。另外,将由泄露密钥签发的证书加入CRL。

9. 获取CRL

PKI系统提供多种CRL获取方法,主要有定时广播、目录服务器在线查询以及实时广播等。通常CA可以将产生的证书撤销信息实时地公布到目录服务器,用户在验证证书有效性时通过查询目录服务器获得CRL。

10. 审计

PKI系统根据安全管理策略可以对系统内的任何实体进行审计,通常由CA执行安全审计,审计工作的内容包括密钥对的生成、证书的请求、密钥泄露报告、密钥更新以及证书撤销等。PKI系统的安全审计要求具有独立性、安全性、强制性和及时性。

11. 证书存档

证书存档包括对有效的证书存档和对撤销的证书存档,证书存档是恢复和管理证书的基本策略。通过证书存档可以为用户提供证书查询服务,同时可以为丢失证书的用户恢复证书。对撤销的证书存档可以为用户提供证书撤销查询服务,通常撤销证书有三种情况:第一是撤销个别实体的证书;第二是撤销某对密钥所签发的所有证书;第三是撤销某CA签发的所有证书。

6.2.5 PKI体系的互通性

PKI体系的互通性是指PKI体系中的认证机构之间可以实现畅通的相互的认证。目前,PKI体系的互通性主要指两种认证方式:交叉认证方式和在全球建立统一根的认证方式。

(1) 交叉认证方式。在PKI体系中,通过建立CA之间的交叉认证关系来实现认证体系的互通性,两个相互信任的PAA经过协商,并制定相互认证的安全策略来实现下属CA间的相互认证。PAA使用自己的私钥并通过根CA为其他需要参加交叉认证的根CA签发公钥证书来实现CA间的交叉认证。交叉认证扩展了认证体系的规模,简化了不同体系中网络通信实体之间的认证,认证体系的根CA需要保存所有与之交叉认证的根CA为其颁发的公钥证书。

(2) 在全球建立统一根的认证方式。在全球建立一个统一的根CA机构,将全球所有的PKI体系合并在全球统一的根CA之下,由可信的国际机构来负责建设全球的根CA,并为所有下属的PKI体系颁发公钥证书。但是,由于不同PKI体系的管理水平、文化和法律的差异以及运行策略的不同,使建立全球统一的根CA具有较大难度。目前,PKI体系的互通性主要是通过交叉认证方式来实现的。

6.2.6 PKI 提供的安全服务

PKI 是实现电子商务系统安全的基础，基于网络平台的电子化商业活动使整个商务流程变得更加快捷和高效，但是电子商务交易的安全性成为阻碍电子商务快速发展的主要制约因素，因此，基于 PKI 体系的安全认证系统为电子商务的快速发展提供了保证。PKI 体系提供的主要安全服务包括实体身份认证、数据完整性校验、保密性、不可否认性和公证服务。

(1) 实体身份认证。实体身份认证是确认网络通信实体声称的个人信息与其真实身份相一致，可以有效地防止身份仿冒。通常认证对象包括实体身份认证和数据来源认证。

- 实体身份认证。信息系统安全通信过程中，网络通信实体首先要验证彼此身份的真实性，然后才能进一步进行安全通信或电子交易。实体身份认证是实现 PKI 体系中实体身份认证的主要技术措施。
- 数据来源认证。数据来源认证是鉴别信息发出实体的身份真实性，明确信息发送者的身份确实与所声称的实体身份一致。数据来源认证是实现 PKI 体系实体身份认证、抗抵赖机制和支持不可否认机制的技术手段。

(2) 数据完整性校验。完整性是指数据在传输或存储过程中未发生任何变化保持与原数据一致。信息的完整性是利用信息安全技术的数据完整性校验算法来实现的，数据的接收者通过校验数据的完整性来确定数据在传送过程中是否发生过变化，对于未发生丢失和篡改的数据进行进一步的处理。数据完整性校验广泛地用于网络安全通信和电子商务安全交易，主要用于校验通信数据的完整性。

(3) 保密性。保密性是指网络通信数据不被授权以外的网络通信实体知悉或访问，是信息安全通信的基本要求，通常需要保密的数据包括：

- 隐秘的数据存储于公共存储媒介中。
- 数据可能被未授权的访问者访问。
- 隐秘的数据在公共的网络环境中传送。

保密通信是利用信息安全的加密和解密技术来防止攻击者窃取网络通信内容，实现在公共网络上传输保密信息。在 PKI 系统中，发送方通过 CA 下载接收方的公钥证书，用接收方的公钥加密通信数据，并将密文通过公共网络传输给接收方，接收方用自己的私钥解密获得明文。

(4) 不可否认性。不可否认性是指网络通信实体不能否认曾经发送的电子信息或者签订的电子合同，即使签发者否认也可以通过电子证据核实。不可否认性是建立网络诚信体系的基础，PKI 系统利用证书的签名和验证服务来实现网络通信的不可否认性，通信双方通过保存对方的签名信息来实现网络通信的不可否认机制。

(5) 公证服务。公证服务是指在通信双方出现纠纷时，PKI 体系中的 CA 充当可信第三方来公证数据、调节纠纷。在 PKI 体系中，利用数字证书实现身份认证和安全通信时，CA 可以作为权威的、公正的、可信赖的第三方参与公证事务处理，尤其在电子商务交易过程中，交易双方出现交易纠纷时，需要权威的可信第三方来提供公证服务。

6.2.7　PKI 证书的申请过程

PKI 体系的核心功能是为网络通信实体提供一个安全的身份认证体系，实现通信数据的保密性、完整性、抗抵赖性和不可否认性，实现安全通信、实体身份认证和安全电子交易。在 PKI 体系中，证书的申请过程如图 6-6 所示。

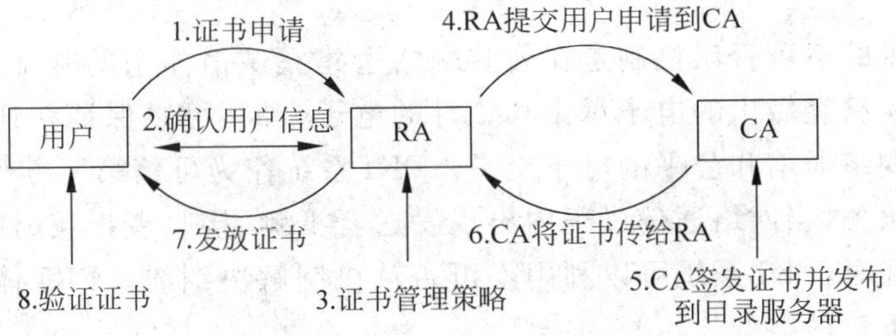

图 6-6　证书的申请过程

在 PKI 体系中，证书的主要申请步骤如下：

(1) 证书申请。证书申请者向 CA 或 RA 提交身份证明文件和证书申请表，并由相关认证机构验证申请者身份的真实性和有效性。

(2) RA 确认用户信息。在 PKI 体系中，为了保证申请者身份的真实性和有效性，通常都采用手工验证的方式验证申请人相关信息。为方便网络实体申请证书，建立 RA 来代理 CA 对证书申请者的身份信息进行验证和审核，并发放由 CA 签发的证书。

(3) 证书管理策略。证书管理策略是 PKI 系统为实现证书的安全功能而制定的管理规范。PKI 系统根据证书使用者的安全需求为其提供证书和与之相匹配的管理策略，例如名称的约束、密钥长度及证书有效期等。

(4) RA 提交用户申请到 CA。RA 代理 CA 接收和审核证书申请者提交的身份证明文件，并用私钥对用户的证书申请进行数字签名，然后将附有 RA 签名的证书申请提交给 CA，经过 CA 确认后正式颁发证书。

(5) CA 为用户签发证书。CA 根据证书管理策略为用户随机生成密钥对，并用自己的私钥对用户的基本信息和密钥对进行签名生成数字证书。

(6) CA 将证书传给 RA。通常 CA 通过 RA 将证书发送给用户，同时将证书与对应的公钥发布在目录服务器上。

(7) RA 给用户发放证书。通常 RA 作为 CA 的扩展机构负责为用户发放证书，接收用户的各项申请。

(8) 用户验证证书。用户首先要验证 CA 颁发证书的有效性，利用 CA 的公钥来验证证书的数字签名，即确保证书确实由指定 CA 颁发并未篡改，此外，还需要到目录服务器上检索证书的相关信息，以确保证书的有效性。

6.3　PKI 系统的应用

PKI 体系是实现网络安全通信和电子商务安全交易的基础，其基本功能是实现通信数据的保密性、完整性、身份可认证性及抗抵赖性。PKI 体系为网络通信和电子交易提供实体身份认证和数字签名，在公共网络上建立诚信体系，实现电子交易的安全性、公平性及抗抵赖性。PKI系统广泛地应用于各种网络安全通信系统，为网络通信实体提供身份识别与认证，作为可信第三方机构，PKI系统的主要功能有接收证书申请并签发和管理数字证书。

6.3.1 PKI的不可否认机制

PKI体系提供的不可否认机制是在公共网络上建立诚信体系的基础，可以有效地防止电子交易双方否认已经做出的电子承诺和签订的电子合同，可以保证在任意的网络通信实体间进行安全的网络通信和公平的电子交易。PKI系统作为可信第三方机构为网络通信实体提供不可否认服务，当网络通信过程中出现发送者抵赖、接收者抵赖、计算机程序出错或攻击者入侵等情况时，PKI系统可以利用不可否认机制解决纠纷。PKI体系提供的不可否认机制主要有如下三种类型。

(1) 来源的不可否认机制。来源的不可否认机制是指明确掌握信息来源的真实性和有效性，明确特定信息的生成者和生成时间等问题。接收方记录发送方签发的电子信息，将其作为电子证据保存，保证接收方接收信息的真实性和可重复验证性。PKI系统提供的来源的不可否认机制可以解决通信双方因否认签发特定信息而发生的纠纷，例如发送方否认曾经发送信息，但是接收方接收到了发送方签发的信息。PKI系统的来源的不可否认机制用于保护信息的接收方，通常通过以下两种方法实现：

- 发送方对发送的数据进行数字签名，并添加时间戳，以防重传攻击。
- 可信第三方对双方的通信数据进行数字签名，另外，可信第三方也可以对信息的摘要值进行数字签名。

(2) 递送的不可否认机制。递送的不可否认机制主要是为了证实接收方是否接收到发送方签发的信息，主要内容包括接收方确认收到特定信息和确认接收时间。PKI系统提供的递送的不可否认机制可以解决通信双方否认接收特定信息而产生的纠纷，例如发送方表示向接收方发送了特定信息，但是接收方否认收到信息。PKI系统的递送的不可否认机制可以提供相关证据保护发送方，实现递送的不可否认机制有以下方法：

- 接收方收到信息后向发送方返回签名回执。
- 可信第三方对双方的通信数据进行数字签名。

(3) 提交的不可否认机制。提交的不可否认机制主要是为证明发送方确实传送或提交了某特定信息给接收方，主要内容包括确认发送方传送或提交了特定信息和确认提交时间。PKI系统提供的不可否认机制可以解决通信双方否认曾经接收到发送方提交的特定信息而产生的纠纷，例如发送方提交了信息，但接收方否认接收到信息并表示发送方并未曾发出过特定信息。PKI系统提供的提交的不可否认机制可以用来保护发送方。与递送的不可否认机制的区别在于涉及传送信息的可信第三方。

在网络安全通信和电子商务安全交易过程中，可信第三方是解决交易纠纷维护公平电子交易的核心机构，可信第三方的介入可以实现电子商务的安全性和公平性。在PKI系统提供的不可否认机制中，可信第三方的主要功能包括：

- 验证通信双方的实体身份。
- 为通信双方保存电子证据，提供时间戳服务。

• 支持 PKI 系统的不可否认机制运行。

• 可信第三方充当中间人为发送方和接收方传递信息，确认是否已发送或接收特定内容。

• 作为仲裁人解决各类纠纷。

6.3.2 认证机构的功能与应用

认证机构是 PKI 系统的核心，是 PKI 体系中直接负责审核证书申请和发放证书的管理实体。CA 根据数字证书的安全性与适用范围，将数字证书分为若干等级进行管理。颁发证书时，CA 根据证书申请人的诚信级别为其颁发相应安全等级的证书。数字证书目前普遍采用 ITU X.509 第三版的标准，证书内容主要包括证书版本、证书序列号、证书有效期、签名算法、颁发机构名称、证书主体名称、证书主体的公钥信息、证书扩展及证书颁发机构签名等。

目前在我国大多数省市都建立了 CA 认证机构，例如在山东、宁夏、河南、陕西、福建、江苏、安徽、山西、广西、天津、辽宁、江西、四川、河北、湖南等省都建立了 CA 认证机构，负责各地区的证书签发与管理，但是目前我国现有的 CA 认证机构发展还不够完善，管理水平有待进一步提高。

同时，海关、保险公司及中国邮政局等部门、公司或机构也分别建立起独立的认证机构。例如 CPCA（China Post Certification Authority，中国邮政认证中心）是由中国邮政局组织建立的认证机构，并在各省市建立了注册机构负责审核证书申请和发放证书。CPCA 的主要业务包括客户实体身份认证、数字签名、电子公证及安全电子邮件等业务，可以颁发个人数字证书、服务器数字证书、机构数字证书和源代码数字证书。

CPCA 为电子邮政系统建立了一个安全的实体身份认证平台，可以实现网络通信数据的保密性、完整性、身份可认证性及抗抵赖性，在公共的网络上实现信息安全、可靠的传输，同时，认证平台具有良好的可扩展性和稳定性。CPCA 系统由全国中心和分布于各省市的审批受理中心与若干个业务受理点组成，整个系统分为三层，如图 6-7 所示。

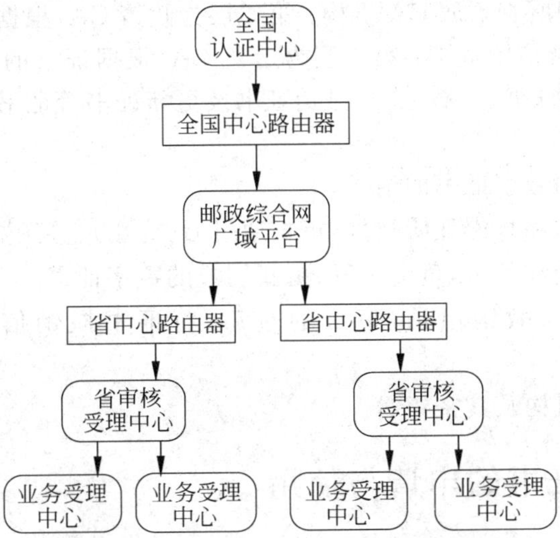

图 6-7 CPCA 系统层次结构图

CPCA 系统中各机构间的信任关系呈树状分布，全国认证中心和各省审核受理中心通过邮政综合网的广域网传输平台互相连接，而各业务受理中心与审核受理中心通过省内的邮政综合网传输平台或专用传输线路互相连接。CPCA 系统主要由认证机构 CA 与注册机构 RA 组成。

(1) 认证机构 CA 的主要功能如下：

- 审核申请、签发证书、发布 CRL、管理下级机构 RA。
- 授权建立下级机构 RA，并颁发证书。
- 审核由 RA 转交的用户申请或相关身份证明文件。
- 负责将证书发布到目录服务器上。

(2) 注册机构 RA 的主要功能如下：

- 负责接受与审核本地用户的证书申请。
- 维护本地用户的相关资料。
- 协助 CA 发放由 CA 签发的数字证书。
- 负责本地证书撤销表 CRL 的管理与发布。

6.3.3 中国金融认证中心的功能

CFCA(China Financial Certification Authority，中国金融认证中心)是由中国人民银行组织十二家商业银行建立的国家级信息安全认证机构，是专门为金融机构提供认证服务的国家级金融信息安全基础设施，是继《中华人民共和国电子签名法》颁发后，国内首批获得电子认证服务许可的金融认证管理中心。

CFCA 作为金融领域权威的、公正的第三方安全认证机构，主要负责金融管理系统中通信实体的身份认证，功能包括审核证书申请、签发和管理数字证书，并为网上银行、电子商务、电子政务提供安全认证服务，验证通信实体身份的真实性和有效性，同时保证交易信息的保密性、完整性、身份可认证性及抗抵赖性。

CFCA 认证系统采用的是 PKI 体系的层次信任模型，整个认证系统分为三个层次，第一层为根 CA，负责管理所有下属 CA 机构；第二层为政策 CA，根据不同行业制定认证系统的安全管理策略，并扩展信用范围；第三层为运营 CA，根据证书的运作规范为用户提供证书申请、资料审核、签发证书、下载证书、撤销证书及更新证书等证书服务。CFCA 认证系统的主要功能是：

- 接收用户的申请数字证书的请求。
- 审核用户的申请和身份证明文件，审核通过后，为用户签发数字证书。
- 数字证书的归档和备份，负责恢复、更新用户的数字证书。
- 审批用户的证书撤销申请，审批通过后，将证书撤销信息发布在证书撤销表 CRL 中。
- 管理下属认证机构及其密钥对。

6.3.4 数字证书的申请与使用

在 PKI 系统中，用户提交数字证书申请有两种方式：一种方式是用户直接将数字证书申请提交给认证机构 CA；另一种方式是将数字证书申请提交给注册机构 RA，由 RA 代替用户向 CA 提出数字证书申请。此外，根据数字证书的应用场合和安全需求可以将数字证书分为在线申请和离线申请两种方式。在线申请数字证书时，用户通过网络登录到认证机构的相关站点，并在线填写和提交数字证书的申请表，经认证机构审核后，签发数字证书并通过电子邮件发送给证书申请者，这种方式主要用于普通场合。而离线申请数字证书时，用户需要亲自到指定的认证机构受理点或注册机构办理证书申请手续，并现场提交身份证明文件，通过审核后，由认证机构签发证书，这种方式主要用于比较重要的场合，例如网上银行的数字证书。在 PKI 系统中用户数字证书的申请方式如图 6-8 所示。

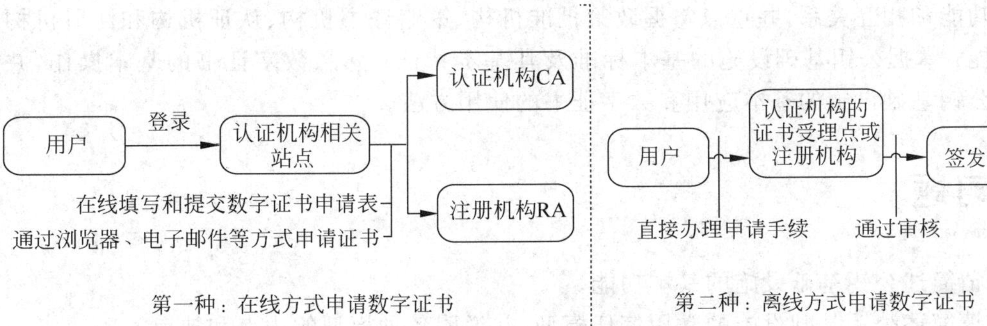

图 6-8 数字证书的申请方式

数字证书是证明网络通信实体身份的电子凭证，通常可以将数字证书存储于 IC 卡、硬盘或 U 盘等存储介质中，当通信实体在网络通信或电子商务交易过程中需要使用数字证书时，可以通过密码访问存储介质中的数字证书，或执行各种操作及管理数字证书。如果用户利用计算机来使用数字证书，首先需要在计算机上安装 CA 根证书，目前各种网络应用程序在使用数字证书之前会提示用户安装相应的数字证书。另外，用户根据需要也可以直接登录到 CA 的官方站点，下载并安装所需的 CA 根证书。在使用存储于 IC 卡或 U 盘中的数字证书时，应用系统会自动提示用户提供数字证书或插入证书存储介质。用户出示了正确的证书后，系统会要求用户输入登录密码，密码验证通过后，应用系统会自动调用用户的数字证书，并执行相关的操作。在操作完成之后，用户需要及时取出证书存储介质。随着电子技术的发展，数字证书的存储介质和存储方式会不断改进，但是数字证书的使用方式基本相同，如图 6-9 所示。

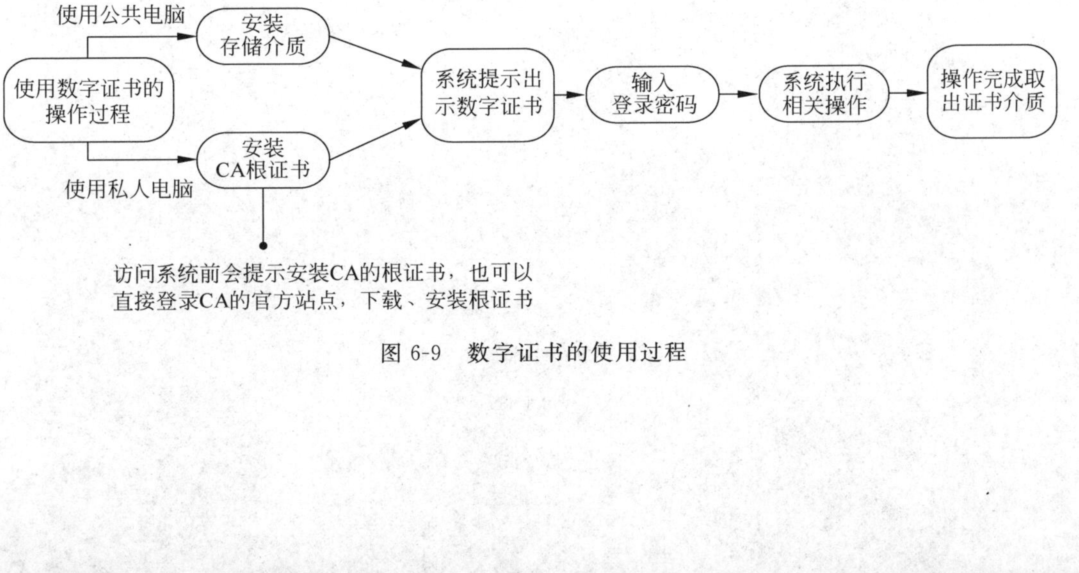

图 6-9 数字证书的使用过程

本章小结

本章主要介绍了公钥基础设施的基础知识，主要包括公钥基础设施的基本概念、公钥基础设施的信任模型、公钥基础设施的运行模型、公钥基础设施的管理机构、公钥基础设施的体系结构和功能、公钥基础设施的认证过程以及公钥基础设施的应用。重点掌握公钥基础设施的常用信任模型，并熟悉不同信任模型的优点和缺点；掌握公钥基础设施中管理机构的主要功能和相互关系，并重点掌握政策批准机构、策略证书机构、认证机构和注册机构的基本职能；掌握公钥基础设施的基本标准及其基本特征；熟悉数字证书的基本操作，并重点掌握公钥基础设施的基本应用和数字证书的使用方法。

本章习题

1. 请简述公钥基础设施的基本功能。
2. 请简述公钥基础设施的常用信任模型，并说明各种模型的优点和缺点。
3. 请简述公钥基础设施的相关国际标准及其基本内容。
4. 请简述公钥基础设施的基本职能机构，并简述各职能机构之间的相互关系。
5. 请简述公钥基础设施能为网络通信实体提供哪些信息安全服务。
6. 请简述应用数字证书实现网络通信实体身份认证的基本过程。

第7章 电子商务支付系统

电子商务支付系统是融合购物流程、支付工具、安全技术、认证体系、信用体系以及现代的金融管理体系为一体的综合性管理系统。电子商务支付系统为交易实体提供高效、便捷的支付服务，交易实体可以在任何时间、任何地点进行安全和有效的支付操作。由于电子商务支付系统有效地简化了支付流程，使交易过程变得更加简单和高效。与传统的支付方式相比，电子支付具有安全性高、覆盖面广、适应性强、服务质量高、业务类型全等优点。电子支付以虚拟化的形态、网络化的运行方式为网络用户提供各种金融结算服务。但是目前中国的电子商务支付系统仍然存在着信用体系不完善、法律体制不健全、安全服务不到位等问题。本章主要介绍电子商务支付系统的基础知识，主要包括电子支付系统的构成与功能、电子支付工具以及电子支付系统的应用等。

7.1 电子商务支付系统概述

目前，我国的电子商务正处于蓬勃发展的黄金时期，电子商务已经融入企业生产和流通的各个环节。电子商务作为一种全新的商务模式，为全球客户提供了一种成本低廉、操作便捷的交易方式。交易资金的流转效率是决定电子商务交易系统能否快捷、安全、低成本运行的关键，资金流动与处理的效率和成本的高低将直接影响到电子商务的执行效率，因此电子商务对交易的结算方式提出了更高的要求。这也是导致早期电子商务难以快速发展的根本原因，即电子支付安全问题没有得到很好地解决，使电子支付安全一直成为阻碍电子商务快速发展的瓶颈，因此只有有效地控制电子支付的风险，才能从根本上扭转这种局面。随着网络技术的发展和电子商务安全体系的不断完善，这一问题会逐步得到解决。

电子支付是指电子商务交易实体，包括消费者、商家和金融机构，利用信息安全技术通过公共网络实现电子货币支付或资金流转。与传统的支付方式相比，电子支付具有方便、快捷、经济、高效等优点，使支付操作自动化、网络化和快速化。

随着网络技术和通信技术的快速发展，尤其是电子商务的发展，传统的支付模式已经不能适应电子商务的发展，因此电子商务支付系统应运而生。电子商务支付系统主要由提供支付服务的可信第三方机构、提供货币清算业务的金融机构以及实现电子支付功能的管理信息系统共同组成，主要用于清算电子商务交易实体之间因实物资产或金融资产转移时所产生的债务，并将支付信息通过网络安全地传送到银行或相应的支付处理中心，所采用的新型支付手段包括电子现金、信用卡、借记卡、智能卡等。目前，国内已经有许多发展比较成熟的支付系统，例如最早开通的招商银行网银服务，应用广泛的支付宝、财付通等第三方支付系统，以及覆盖广泛的小额支付工具——八达通、羊城通等。

网上银行在使银行业务电子化的同时，还使银行不断地开发出大量的新型自助服务项目，为用户提供各种网络化和电子化的银行服务。同时，网上银行的发展对电子商务支付系统产生了深远的影响，给商业机构的传统业务模式和支付方式带来了巨大变革。目前，基于网络的电子支付系统已经成为推动电子商务快速发展的主要动力。另外，国家可以利用电子支付系统的相关统计数据来实时掌握整个社会的电子商务运营规模和交易状况，并以此为依据采取有效的宏观调控政策和制定相应的法律、法规。

7.1.1 电子支付系统的分类

依据不同的分类方法可以将电子支付系统分成多种类型，例如依据地域范围可以将电子支付系统分为同城支付、异地支付或国内支付等，也可以依据支付额度将电子支付系统分为四类：大额实时支付系统、联机小额支付系统、脱机小额支付系统和电子货币。

1. 大额实时支付系统

大额实时支付系统是一个国家支付体系的核心应用系统，通常由中央银行运行，该系统主要处理银行间大额资金转账，通常支付的发起方和接收方都是商业银行或在中央银行开设账户的金融机构。在我国，中国人民银行根据银行间和金融机构间的清算业务需要，利用网络通信技术和信息安全技术，处理跨行的同城或异地的大额业务、人民银行系统的贷记支付业务以及即时转账等业务。与其他支付方式相比，大额实时支付系统业务更加快速、准确、安全，是目前国内最快捷的结算手段之一，可实现一分钟内实时到账，在节约时间的同时也降低了成本。通常大额系统处理的支付业务量很少，但资金额却很大。

根据大额实时支付系统的设计目标和功能特点，以及小额批量支付系统应用范围的划分原则，确定大额实时支付系统的主要支付业务如下：

- 大额实时支付规定金额起点以上的跨行贷记支付业务。
- 大额实时支付规定金额起点以下的紧急跨行贷记支付业务。
- 各银行内部需要通过大额支付系统处理的贷记支付业务。
- 处理城市商业银行的汇票资金，主要包括移存和兑付资金的汇划业务。
- 处理中国人民银行会计营业部门和国库部门的贷记业务及内部转账业务。
- 中国人民银行规定的其他支付清算业务。

2. 联机小额支付系统

联机小额支付系统是指 POS 机系统和 ATM 系统，其支付工具为信用卡、借记卡或 ATM 卡等。小额支付系统主要用于处理小额的电子支付，其主要特点是金额小、业务量大、交易资金采用净额结算。小额支付系统是以国家处理中心为核心，以城市处理中心为接入节点的两层星形结构，并与大额支付系统在同一支付平台上运行。小额支付系统除传统的款项汇划业务外，还可以办理财税库横向联网业务、跨行通存通兑业务、支票圈存和截留业务、公用事业收费、工资和养老金发放等业务。

3. 脱机小额支付系统

脱机小额支付系统也被称为批量电子支付系统，主要用于处理预先授权的定期借记或定期贷记，系统的支付数据以磁介质或网络传输方式提交给清算所。脱机小额支付系统的结算是批量进行的，按照收款银行进行分类，所有在同一家收款银行处理的支付被打包成一个批次进行处理，然后提交给清算系统，支付批次指令被发往收款银行，最后的交割在每个清算期结束时进行。

4. 电子货币

银行业务的电子化和网络化，使以"现金流动"和"票据流动"为主的传统业务形式转变成以"数据流动"为主的数字化和网络化业务形式。资金在银行的计算机网络系统中以数字化的方式进行转账和划拨，并且可以在电子交易实体之间以数字形式流转。将这种以电子数据形式存储在计算机中并能通过计算机网络传输的资金称为电子货币。电子货币也叫电子现金，是指用一定金额的现金或存款兑换的等额的数字形式的货币。可以利用信息安全传输技术将数字形式的货币在电子交易实体之间流转和支付，实现电子形式的货币结算。目前，常用的电子货币有以下几种：

- 储值卡和信用卡型，例如常用的银行储蓄卡和信用卡。
- 智能卡型，例如 IC 卡存储的电子货币。
- 电子支票型，是指出票人通过电子方式制作支票并对其进行数字签名后出票。
- 数字现金型，是由电子银行发行的可以直接代替传统货币在网络上支付和流转的数字现金。

7.1.2 国内电子支付系统现状

随着网络和通信技术的快速发展，以及 Internet 在全球范围内的普及，电子商务经营模式的优势在不断展现并得到快速发展和完善。电子商务的发展离不开安全的电子支付平台，随着电子支付产业规模的壮大，电子支付工具也开始广泛地应用于电子商务交易中，特别是第三方支付平台的出现，为电子商务交易提供了一个安全的支付平台。相对于欧美等发达国家，我国的电子支付技术起步较晚，尤其在发展初期，发展速度和应用规模与欧美等发达国家存在较大差距。经过近十年的快速发展，我国的支付体系已基本形成，并成为影响经济和社会发展的金融基础设施，为电子商务和金融交易提供各种安全的电子支付服务。

目前，我国电子支付的主要方式有支票、ATM 机、基于卡类的电子货币、信用卡支付、借记卡支付、无纸信用转账、直接借记转账、电子化贷记转账、电子票据支付、实时全额清算、银行间大额转账、自动借记转账以及其他大额支付等。

随着电子支付服务的专业化和市场化，我国支付服务市场上出现了一些新的电子支付服务主体，例如，提供跨行银行卡信息交换服务的中国银联、提供清算服务的城市商业银行资金处理中心、农信银资金清算中心等服务机构。同时，随着像手机支付、电子钱包等新型支付服务的发展，吸引许多非银行组织甚至外资机构开始进入我国电子支付服务领域，例如首信易支付、快钱、支付宝等。国外第三方支付服务机构的介入，一方面促进我国支付服务市场朝着多样性的方向发展的同时，另一方面也增加了整个支付服务市场的竞争。目前，为提高我国第三方支付服务机构的服务质量，加强了对非银行支付服务机构的监管，目的是引导和规范电子支付服务行业的健康发展。目前，我国电子商务的支付模式如图 7-1 所示。

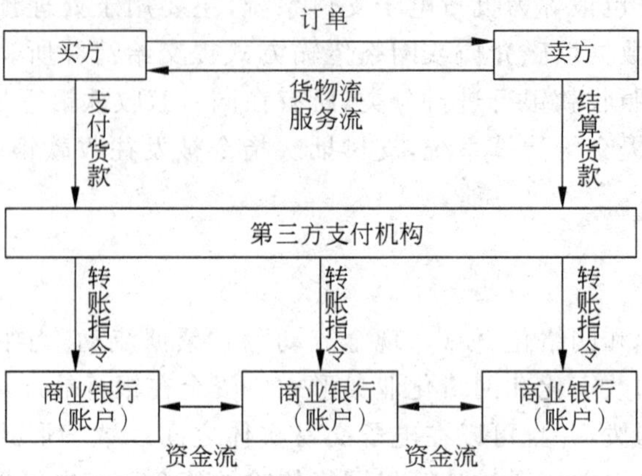

图 7-1　电子商务的支付模式

在我国，具有代表性的第三方电子支付系统是淘宝公司的支付工具——支付宝。支付宝以其系统功能完善和应用简单等诸多优势使之成为电子商务的主要支付工具。支付宝最初是淘宝公司为实现电子商务安全交易而提出的一种支付模式，即使用“第三方担保的模式”来实现电子商务安全支付，由买家将货款转到支付宝账户，由支付宝通知卖家发货，买家收到商品并确认，再由支付宝将货款转给卖家，以实现安全的电子商务交易。支付宝建立的第三方支付系统如图 7-2 所示。

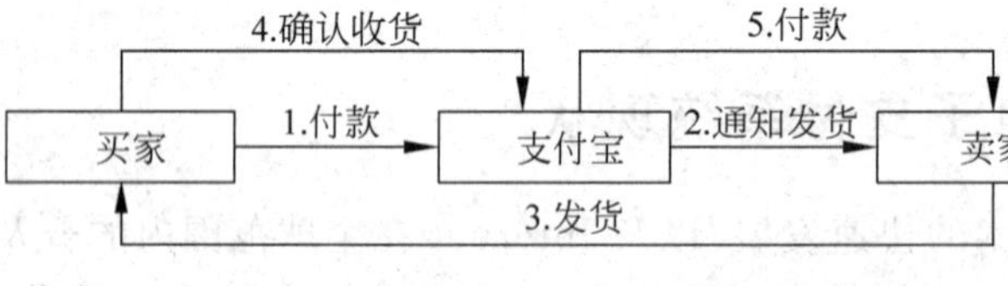

图 7-2　支付宝建立的第三方支付系统

在我国，国务院于 2005 年 1 月 8 日出台的《关于加快电子商务发展的若干意见》中，明确提出要加强我国电子支付体系的建设。同年，中国人民银行发布的《电子商务支付指引（征求意见稿）》中，对电子支付的定义、范围、责任等方面进行详细规定。此外，中国人民银行还针对电子支付公布了首个行政规定——《电子支付指引（第一号）》，其中明确规定：银行通过互联网为个人客户办理电子支付业务，除采取数字证书、电子签名等安全认证方式外，单笔金额不应超过 1000 元人民币，每日累计金额不应超过 5000 元人民币。

艾瑞咨询的统计数据显示，2012 年中国电子商务市场整体交易规模为 8.1 万亿元，增长 27.9%，与 2011 年 32.8%的增速相比，下降了近 5 个百分点，其中 2012 年第四季度中国电子商务市场的整体交易规模为 2.4 万亿元，环比增长 16.2%，同比增长 27.5%。

目前，全国具有规模的第三方支付机构已达 20 余家。艾瑞咨询的统计数据显示，在 2012 年中国第三方支付业务交易规模达 12.9 万亿，同比增长 54.2%，并预计到 2016 年，中国第三方支付业务交易规模将突破 50 万亿。第三方支付业务的发展对于推动我国电子商务的快速、稳步、健康发展起着积极的促进作用，为网络用户提供一个安全的支付平台，同时也有利于金融管理机构对电子商务交易的监管和控制。

目前，在中国国内使用的知名的第三方支付平台有易宝、支付宝、财富通、快钱、首信易、ChinaPay、百汇通、云网以及百付宝等，第三方支付平台的不断完善为电子商务安全交易提供了安全保障。作为电子支付的重要组成部分，第三方支付有利于促进电子商务快速发展、降低交易成本、方便社会公众支付和结算以及推动电子支付业务创新和发展。

7.1.3 国外电子支付系统现状

电子商务运行体系中三个重要的流动环节分别是信息流、物流和资金流，其中资金流是电子商务系统运行的内在动力。资金流的流动效率和质量直接影响到电子商务的发展速度，因此，不断提升电子支付的服务质量有利于推动电子商务的发展。电子支付是一种安全、快捷、经济的资金流转方式，降低了资金流转的风险和成本，为电子交易提供了一个良好的资金流转平台，完善了电子商务运行体系架构，有效地解决了电子商务的支付瓶颈问题。

随着电子银行业务的发展，现金和支票的使用量大幅度降低，例如新西兰、瑞典和瑞士已经取消了银行的支票业务，另外比利时、法国、德国、新加坡等国的支票业务量也明显降低，在非现金支付工具中所占的比例不足5%。近年来，电子化的支付方式和支付工具不断出现，例如银行通过扩展ATM和POS终端设备的功能以提供更多金融服务，手机等智能移动终端设备应用于移动电子商务，通过电子票据可以实现资金的流转和结算，利用电子钱包和电子货币可以实现安全、快捷的电子支付等。同时，在欧美等发达国家和地区，已经实现银行的内部系统与其企业级用户的内部管理系统相互整合，以实现资金流转和结算的一体化和自助化。例如，在芬兰，中等以上规模的企业或金融机构可以通过网络自动处理其支付业务，高达90%的银行业务是通过自助模式实现。

欧洲的一些国家的大型证券公司、投资基金公司和保险公司已经成为电子支付服务的主要提供者，主要为其客户或自身提供电子支付服务。此外，出现了一批专门从事电子支付服务的机构，例如专门提供国际特快汇款服务的西联国际汇款公司和MoneyGram公司，提供基于智能卡的电子货币服务的Mondex公司和其他银行卡组织等。新型支付工具和支付服务的出现，增加了电子支付服务市场的竞争性和多样性。

第三方电子支付的思想源于美国的独立销售组织制度，为解决电子商务的资金安全流转问题而提出，被广泛地应用于美国的电子商务系统中。随着电子商务在美国的快速发展，第三方电子支付机构在美国应运而生，主要目的是为电子商务系统提供资金结算等金融服务，其中Ebay旗下的公司PayPal已经成为全球最具实力的第三方电子支付平台。第三方电子支付系统是融支付工具、安全技术、认证体系、信用体系于一体的资金流转平台，有效地降低了银行、商家、消费者之间的资金流转成本和次数，提高了电子交易系统的安全性和资金流转效率，为用户和电子商务系统的运营者提供了更多的信用担保和技术保障。

国外知名的第三方支付服务机构主要有美国的PayPal、荷兰的GlobalCollect、美国的GoogleChecout、英国的WorldPay、英国的MoneyBookers、美国的MoneyGram、加拿大的AlertPay、澳大利亚的eWay以及澳大利亚的PayMate等。

PayPal是国际知名的第三方电子支付系统，总部设在美国的加利福尼亚州的圣荷西市。1998年12月，由Peter Thiel、Max Levchin和Elon Musk创立。PayPal第三方电子支付系统主要为网络用户提供安全、便捷的电子支付和结算服务。随着PayPal支付业务的拓展，使之很快成为美国最大规模电子商务网站 eBay 的电子支付系统。eBay 于 2002 年 7 月宣布出资 15 亿美元收购 PayPal，目前 PayPal 在全球拥有 1.28 亿活跃账户，适用于全球 193 个国家和地区的 25 种货币，主要用户有消费者、网上商店、开展电子商务的企业以及个人卖家，PayPal 电子支付系统的广泛应用促进了跨地域、跨币种、跨语言的电子商务业务的快速发展。

PayPal 电子支付系统基于用户的银行账户和信用卡为用户提供电子支付服务，用户通过个人或公司的 E-mail 注册 PayPal 账户。PayPal 用户首先通过银行账户或信用卡账户为 PayPal 账户充值，充值后用户在电子交易过程中就可以通过 PayPal 账户支付、提现或转账。付款人和收款人通过 PayPal 提供的网上支付系统可以实现跨行、跨国、跨地区和跨币种的转账和结算，PayPal 已经有效地促进了电子商务的快速发展。

电子商务交易过程中，付款人通过 PayPal 系统将资金支付给收款人的主要步骤如下。

首先，用户根据所需要的支付功能用 E-mail 地址注册一个 PayPal 账户，然后通过银行账户或信用卡账户为新开立的 PayPal 账户充值。

其次，用户通过 PayPal 账户付款时，将收款人的电子邮件地址提供给 PayPal 系统，并指定汇出金额，然后 PayPal 向收款人发出转账通知或收款通知，收款人登录 PayPal 账户并接受汇入通知，款项会立即转入收款人 PayPal 账户。

最后，收款人确认款项已经转入 PayPal 账户后则发送商品给付款人。作为 PayPal 用户，收款人可以留存电子交易款项于 PayPal 账户，也可以用于购买商品，还可以通过支票或其他方式将 PayPal 账户的余额兑现。

目前，PayPal 系统的账户分为个人账户、高级账户和企业账户，所有用户都可以免费使用 PayPal 的付款功能，但是对于高级账户和企业账户收款时需要向 PayPal 系统支付一定比例的服务费。PayPal 对于个人账户完全免费，此类账户主要适合网上购物的个人用户，但是此类账户不能接收来自银行借记卡和信用卡的付款。高级账户在接收付款时需缴纳数额较小的服务费，此类账户适合从事网上销售的个人用户。企业账户主要适合从事在线商务活动的企业，可以允许多人管理，适合公司和团体使用。PayPal 电子支付系统的支付流程如图 7-3 所示。

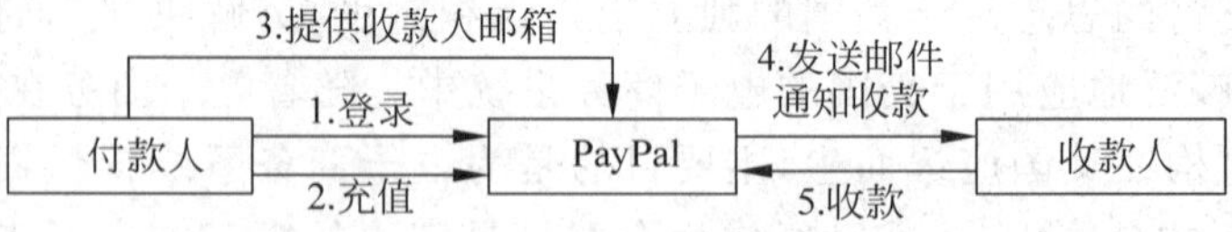

图 7-3 PayPal 的支付流程

7.2 电子支付系统的构成与功能

基于 Internet 的电子支付方式广泛地应用于各种电子商务交易系统中，为交易双方提供了一个跨地域、跨银行和跨币种的电子转账和结算系统，有效地提高了支付系统的运行效率和安全性。由于电子支付具有方便、快捷、低成本、高安全性和全球化等诸多优点使各国商业银行争相发展电子支付业务，使电子支付产业在较短的时间内得到快速发展，其基本构成和功能也不断完善，已经成为一种全新的支付模式。电子支付系统的构成与其功能和特性密切相关，为满足电子化、高效性、低成本和全球化等特点，电子支付系统需要由网络系统、安全系统、认证系统以及银行结算等系统共同组成，并随着电子支付业务的拓展，不断完善电子支付系统的功能，为电子商务提供更加高效、便捷的电子支付服务。

7.2.1　电子商务支付系统的构成

电子商务支付系统主要由电子商务结算系统、支付工具、通信网络、认证系统以及金融服务系统共同组成。客户通过电子商务结算系统发出支付请求，并通过支付工具将支付请求和指令发送给银行支付网关，依据支付指令，客户开户行与商家开户行通过银行内部网络完成结算，电子商务支付系统的构成如图 7-4 所示。

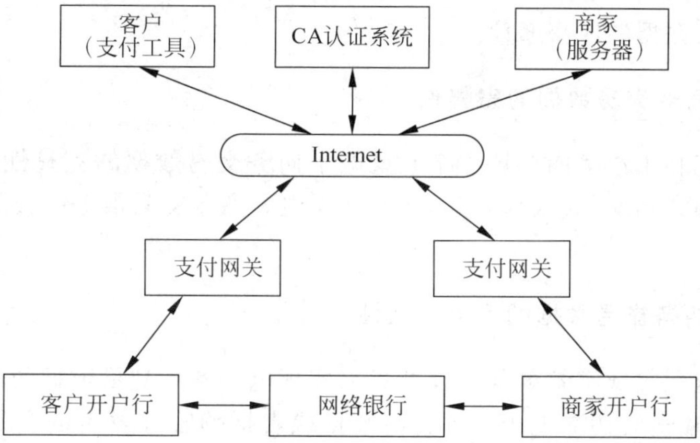

图 7-4　电子商务支付系统的构成

客户使用的支付工具通常是指电子钱包、信用卡或者其他银行发行的用于电子支付的电子货币；商家提供的服务器主要是指电子商务管理系统，包括网上商店管理系统、电子支付管理系统；客户开户行是指为客户提供电子支付工具的银行，主要功能是为客户提供电子支付服务；商家开户行是为商家提供电子支付服务的银行。商家将客户支付的电子货币或支付指令提交给自己的开户行，其开户行通过银行内部网络执行银行间的清算工作。

支付网关是银行内部网络和 Internet 公共网络之间的接口，是将 Internet 上传输的支付数据转换为银行内部网络数据的一组服务器设备。支付网关承担着异构网络间的数据转换业务，一方面，接收 Internet 传来的数据包，并按照银行内部网络的通信协议将数据重新打包；另一方面，接收银行内部网络传回的响应信息，并将数据转换为 Internet 传送的数据格式。支付网关的主要任务是完成异构网络间的数据转换和数据加/解密，以及保护银行内部网络。

7.2.2　电子商务支付系统的功能

电子支付是互联网发展到一定时期的必然产物，为电子商务提供了一个跨地域、跨国界和跨币种的电子转账和结算系统，有效地提高了支付系统的运行效率和安全性。电子支付具有方便、快捷、低成本、高安全性和全球化等诸多优点使其在较短的时间内得到快速发展，并促进了电子商务和金融业务的发展。电子支付已经成为电子商务交易的最重要环节，电子商务支付系统应该具备以下功能。

1. 电子商务交易实体的身份可认证性

电子支付系统利用数字签名和数字证书实现电子商务交易实体的身份认证。电子商务系统为保证电子交易的安全性，通过认证机构为电子商务交易实体发放数字证书，在电子商务交易过程中，交易实体利用数字证书来实现身份认证。

2. 实现电子商务交易数据的保密性

电子支付系统利用信息安全通信技术来实现电子商务交易数据的保密性，防止攻击者窃取电子商务交易数据。通常利用对称加密体制、公钥加密体制、数字签名以及数字信封技术来实现电子交易数据的保密通信。

3. 实现电子商务交易数据的完整性

电子支付系统利用数字摘要算法来验证电子商务交易数据的完整性，防止交易数据被未授权的第三方随意删除、嵌入和篡改，从而使得电子商务交易数据的接收者能够有效地判断数据的完整性。

4. 实现电子商务交易数据的不可否认性

电子支付系统通过数字签名与认证技术来实现电子商务交易数据的不可否认性和身份可认证，防止恶意攻击者伪造电子商务交易数据或者抵赖曾经发生的交易行为。当电子商务交易过程中出现交易纠纷时，电子商务交易双方可以利用交易过程中保存的电子证据来保护自己的利益。通常电子支付系统采用仲裁签名或不可否认签名技术来实现电子交易的不可否认性。

5. 实现多边支付的安全性

电子商务交易系统中的交易实体包括购买商品或服务的客户、提供商品或服务的商家、可信第三方以及银行等，因此电子支付系统必须解决电子商务交易系统的多边支付的安全性，即保证电子商务交易实体安全性的前提下，还要保证商家对客户的支付信息的不可见性，以及银行不可读取客户的订单信息，通常利用盲签名技术和多方签名技术来实现多边支付的安全性和抗抵赖性。

7.2.3 电子商务的交易模型

按照电子商务的业务类型可以将电子商务的交易模型分为 B2C(Business-to-Consumer，企业对消费者)模式、B2B(Business-to-Business，企业对企业)模式、C2C(Consumer-to-Consumer，消费者对消费者)模式以及 B2G(Business-to-Government，企业对政府)等模式。最初的电子商务系统不具备电子支付的功能，支付环节通过其他途径来完成，例如电话银行、银行转账等。为电子商务交易系统提供一个跨地域、跨国界、跨币种、安全和高效的电子支付方式是实现电子商务安全的保证，因此在新型的电子商务交易模型中会通过添加电子支付功能来提高系统的高效性、安全性和公平性。目前，按照电子商务交易模型所采用的支付模式不同将其分为以下几种。

1. 支付系统无安全措施的电子交易模型

在支付系统无安全措施的电子交易模型中，电子商务交易系统中的商家可以获得用户的信用卡信息和其他支付信息，因为此模型中用户将购买所需商品的支付信息首先发给商家，再由商家将用户的支付信息作为结算证据提交给银行进行结算。在此模型中如果商家将用户的信用卡信息透露给恶意攻击者，用户信用卡的安全将无法保障。此外，用户的信用卡信息在公开网络上传递，因为没有采取任何保密措施，极易被第三方截获。因此，此种交易模式安全性较差。支付系统无安全措施的电子交易模型如图 7-5 所示。

图 7-5 支付系统无安全措施的电子交易模型

2. 通过第三方经纪人支付的电子商务交易模型

在通过第三方经纪人支付的电子商务交易模型中，电子商务交易双方通过可信第三方实现电子支付，可信第三方是具有高可信度的第三方中介机构，主要通过交易担保的方式为交易双方提供电子支付服务。在此模型中用户的信用卡信息经加密后在公共的网络上传输，以保证交易数据的保密性。通过第三方经纪人支付的电子商务交易模型如图 7-6 所示。

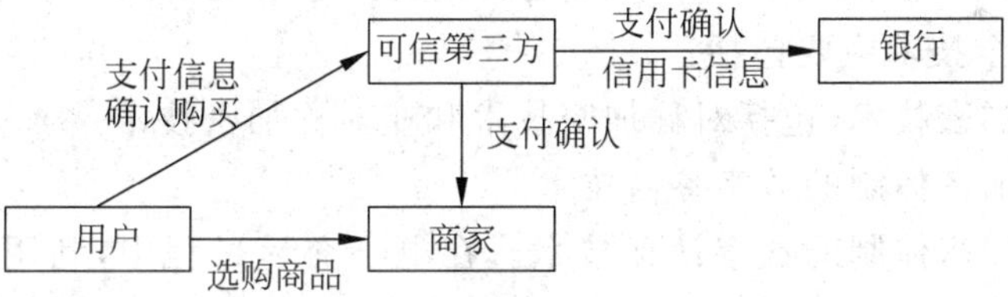

图 7-6 通过第三方经纪人支付的电子商务交易模型

3. 采用数字现金支付的电子商务交易模型

在采用数字现金支付的电子商务交易模型中，用户首先将指定额度的银行账户资金兑换为数字现金，在电子商务交易过程中使用数字现金来执行支付与结算，商家将收取的数字现金定期地存入银行并结算。另外，采用数字现金的电子商务交易系统利用数字签名与认证技术来实现电子交易的安全性。采用数字现金支付的电子商务交易模型如图 7-7 所示。

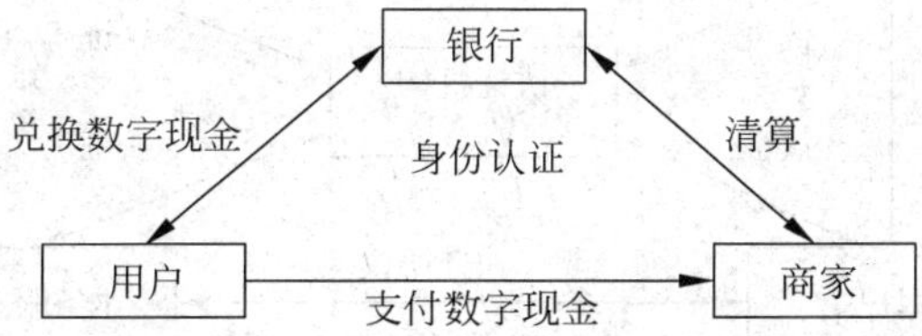

图 7-7 采用数字现金支付的电子商务交易模型

4. 采用简单加密支付的电子商务交易模型

在采用简单加密支付的电子商务交易模型中，用户首先在银行注册信用卡账户，在电子支付时将信用卡号码提供给银行验证，为保证支付安全在传输支付数据时对其进行加密。通常所采用的加密技术包括 SHTTP、SSL 等，只有支付业务提供商或第三方支付系统能够解密支付信息。此种模型的加密、授权、认证及信息传送等一系列操作会增加交易成本，降低执行效率，比较适合大额交易。采用简单加密支付的电子商务交易模型如图 7-8 所示。

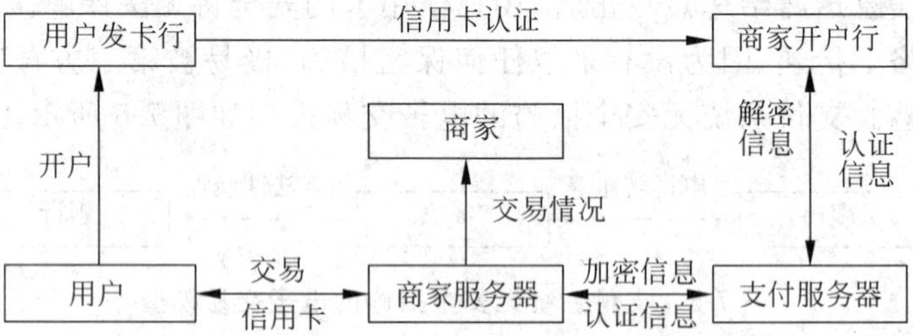

图 7-8 采用简单加密支付的电子商务交易模型

5. 采用 SET 协议的电子交易模型

在采用 SET(Security Electronic Transaction，安全电子交易)协议的电子交易模型中，用户、商家和银行可以通过认证机构 CA 来验证彼此身份的有效性，利用 SET 协议来实现安全的电子支付。SET 协议是在 Internet 上实现安全电子交易的一个国际标准协议，该协议所采用的信息安全技术主要包括：

(1) 信息安全加密技术，包括对称加密技术和非对称加密技术。

(2) 基于公钥加密体制的数字签名技术。

(3) 基于公钥加密体制的数字认证技术。在电子交易过程中，利用认证机构 CA 来确认用户、商家、银行及其他相关机构的身份有效性。

(4) 数字信封技术。为保证传输数据的安全性，加密电子交易数据的密钥必须定期更换，SET 协议使用数字信封技术在通信实体间协商会话密钥。

SET 协议为电子交易各参与实体提供身份有效性验证的同时，还要实现交易数据的安全性、完整性和不可否认性，特别是有效地防止了用户信用卡信息的泄露。采用 SET 协议的电子商务交易模型如图 7-9 所示。

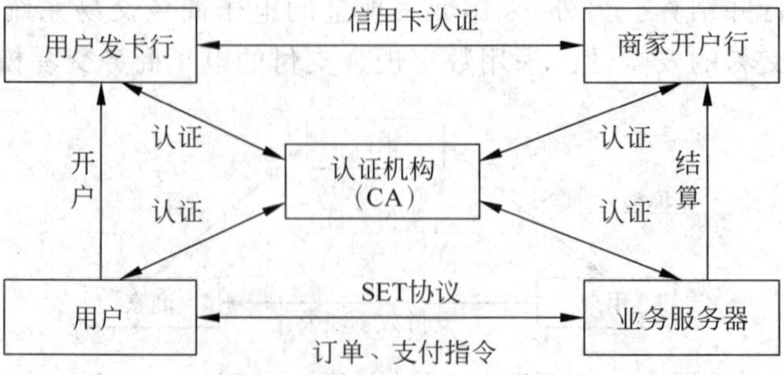

图 7-9 采用 SET 协议的电子商务交易模型

7.3　电子支付工具

随着信息安全技术和电子支付应用技术的发展，电子支付工具的安全性和执行效率不断提高、功能不断增强、适用范围不断扩大，推动了电子商务的快速发展，解决了阻碍电子商务快速发展的一些难题，例如无法进行异地付款和跨国支付，以及诚信体系缺失等关键问题。目前主要的电子支付工具有：储值卡、信用卡、电子现金、电子支票以及电子钱包等。在现代经济生活中，电子支付方式逐步取代传统支付方式并成为主流支付方式，利用电子支付工具实现电子资金的转移和结算。电子支付工具为电子商务交易提供了一种安全、公平、高效的支付手段，并成为电子支付系统的核心。

7.3.1　电子支付工具概述

电子支付工具是电子支付系统中承载电子资金的载体，主要功能是与电子支付系统服务器协同工作实现电子资金的支付和结算，也可以用于存储电子现金。利用电子支付工具可以实现支付数据的保密性、完整性、身份可认证性和抗抵赖性。随着电子商务的快速发展，电子支付工具作为金融与信息安全技术相结合的产物其功能将更加完善。与传统的支付工具相比，电子支付工具更方便、更快捷、更安全，同时降低了资金流转的成本、加快了资金流转的速度、提高了资金使用的效率，为客户提供了跨行、跨境和跨币种的银行支付业务、资金结算业务和资金清算业务。电子支付工具的应用明显提高了支付系统的安全性，可以通过匿名方式保护合法用户的交易信息，并且可以对非法用户的交易行为进行跟踪。目前，电子支付工具主要包括电子现金、信用卡、电子支票、银行卡、智能卡以及其他类型的电子货币。

7.3.2　电子现金系统

E-Cash(Electronic Cash，电子现金)是可以在电子商务交易实体间流通的电子形式的货币，可以将其视为传统货币的数字化或电子化形式。电子现金是利用信息安全技术将银行等额存储的资金转换为电子形式的资金，并将电子现金存储于各种存储介质中，可以防止复制、伪造、篡改和盗用。利用信息安全技术可以用一系列的加密序列来表示指定额度的电子现金，其中序列中不同的部分可以用于表示不同面额的电子现金，支付工具可以利用加密序列生成任意额度的支付金额，并将其支付给商家。随着电子支付技术的发展，电子现金在电子支付系统中的优势表现得更加突出，主要是因为电子现金具有安全性、简便性、匿名性、离线性等诸多优点，尤其在使用时无须直接与银行联网就可以使用，更适合于小额电子交易。

根据使用电子现金时是否需要银行的在线参与可以将电子现金系统分为在线电子现金系统和离线电子现金系统。电子商务交易过程中，在线电子现金系统需要银行的在线参与，用户通过支付系统将电子现金支付给商家，商家再通过支付系统与银行进行联机验证，若电子现金有效，则接受电子现金。而对于离线电子现金系统，电子交易无须银行的在线参与，只需通过支付终端设备来验证电子现金的有效性，并将有效的电子现金支付给商家，同时在电子现金的存储介质中保存电子现金的相关转移记录。商家可以将保存的离线电子现金定期地提交给开户行，完成交易资金的划转和结算。

1. 电子现金的特性

- 独立性。电子现金可以在支付系统中传输和流通，支付系统的终端设备在没有银行在线参与的情况下也可以对电子现金的有效性进行验证，并且利用信息安全技术可以防止伪造和复制电子现金。
- 匿名性。电子现金可以保护用户的交易隐私，就是无法将电子现金与购买行为联系在一起，即使银行和商家相互串通也无法跟踪电子现金的使用情况。
- 不可伪造性。利用信息安全加密技术和数字签名技术生成的电子现金具有极高的防伪特性，用户无法伪造出有效的电子现金，即使拥有多个有效的电子现金，也无法伪造出有效的电子现金。
- 可分性。电子现金不仅可以作为整体使用，而且还可以被分割成若干部分多次使用。
- 互通性。电子现金可以在不同国家、不同银行之间流通，也可以与其他支付工具兑换，例如纸币和银行存款。
- 可存储性。电子现金可以存储于各类存储介质中，例如计算机硬盘、智能卡或其他移动存储设备。

2. 电子现金系统的工作流程

电子现金系统利用信息安全技术将银行等额的存款转换为电子现金，并将电子现金存储于智能卡等存储设备中，在电子交易时将电子现金支付给商家。电子现金的工作流程如图 7-10 所示，主要步骤如下。

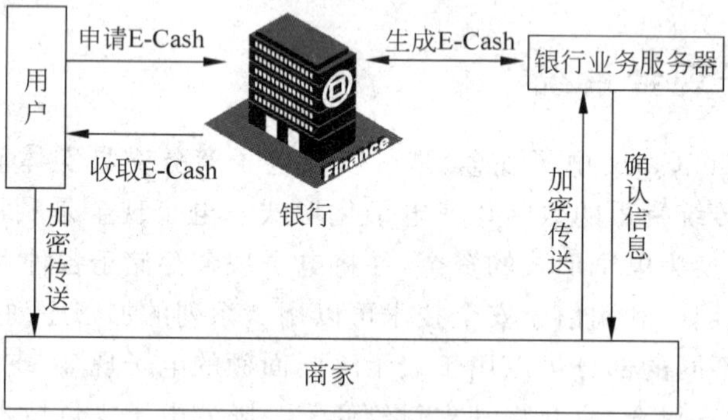

图 7-10 电子现金的工作流程

1）电子现金的生成

用户向银行申请指定额度的电子现金，银行从用户账户中扣除指定额度的存款，并利用信息安全加密技术和签名技术为用户生成指定额度的电子现金。银行生成的电子现金可以跨行使用，可以在用户、商家之间流通。

2）电子现金的存储

银行将生成的电子现金加密后发送给用户，用户利用电子现金终端软件接收并存储银行生成的电子现金，电子现金可以存储于计算机硬盘、智能卡或者其他移动存储设备中。

3）电子现金支付

在电子现金支付过程中，电子现金可以被分割成任意额度，用户将指定额度的电子现金加密后支付给商家，商家收到电子现金后对其进行有效性验证，若通过验证，商家发货给用户。

4）资金清算

商家定期将收到的电子现金发送给银行进行清算，银行对商家提供的电子现金的有效性进行验证，如果验证通过，银行在商家账户中存入与电子现金额度相当的存款，并给商家发送确认信息。

3. 电子现金系统

电子现金将成为取代纸质货币的主要支付工具，尤其适合离线情况下的小额电子支付，既可以保证支付过程的安全性，又可以降低支付成本和网络带宽占用。目前较为成熟的电子现金系统主要有以下几种。

1）DigiCash 系统

荷兰的 DigiCash 公司于 1994 年开发的完全匿名的电子现金系统 DigiCash 开始使用。系统用户在申请电子现金前要在银行注册一个普通账户，并为其充值保证账户中有足够的余额。当用户需要提取电子现金时，通过电子现金系统的客户端软件向银行发出生成电子现金申请，银行接收申请并利用信息安全加密技术和签名技术为用户生成指定金额的电子现金，并将电子现金存入用户的电子钱包中。用户可以使用申请的电子现金到商家购买所需商品和服务，并将电子现金支付给商家，商家对电子现金的有效性进行验证，若验证通过商家接受电子现金，并将用户订购的商品和服务发送给用户。

DigiCash 公司开发的 DigiCash 电子现金系统是一种完全匿名的电子现金系统。匿名性是指商家和银行无法跟踪用户的消费记录。通过验证发行电子现金的银行的数字签名来验证发行电子现金的银行的身份真实性和电子现金的有效性。商家可以定期将收到的电子现金提交给银行进行清算，银行将商家的电子现金兑换为等额的存款，存储在商家的账户内。

2）NetCash 系统

NetCash 电子现金系统是一种可记录的匿名电子现金系统，可以在公共网络上实现在线支付，具有较强的匿名性。用户首先使用传统货币从发行 NetCash 电子现金的银行购买足够额度的电子现金，电子现金是一个字符串，用户可以使用电子现金在 Internet 上购买所需的商品和服务。用户通过电子邮件将电子现金发送给商家，商家通过电子邮件接收并验证电子现金。商家通过电子邮件将电子现金发给银行并兑换成现金，银行将现金转入商家的账户。相对于 DigiCash，NetCash 的付款方式更加灵活和方便，但与 DigiCash 相比安全性较差，该支付系统的安全依赖于认证机构。

3）Mondex 系统

Mondex 电子现金系统是一种基于智能卡的电子现金支付系统，用户可以在发卡行申请一张 Mondex 卡，并通过发卡银行为其充值。Mondex 电子现金系统支持卡间的转账或付款，电子现金可以在 Mondex 系统中流通。Mondex 电子现金系统利用信息安全加密技术、数据完整性校验技术和数字签名技术来防止攻击者伪造电子现金。使用 Mondex 电子现金的交易系统可以降低支付成本，通常交易成本低于信用卡和借记卡，Mondex 电子现金系统为用户提供免费的支付服务，支付时不收取服务费，并且不限制使用次数。此外，Mondex 电子现金系统是一个匿名的电子支付系统，银行无法跟踪持卡人之间电子现金的转移记录。

7.3.3 电子钱包

电子钱包是电子商务交易中常用的一种支付工具，使用灵活、方便，尤其适用于小额交易，电子钱包主要用于申请、存放和转移电子货币，例如电子现金、电子零钱等。目前国际上知名的在线电子钱包服务系统有 VISA Cash 和 Mondex。

目前，可以将国内的电子钱包大致分为两类：一类是由行业机构发行的行业电子钱包，一类是由银行发行的通用电子钱包。例如"城市一卡通"，持卡人可以使用此卡到超市购买商品，可以乘坐公交车或者购买各种所需的服务，只要提供终端支付设备就可以实现电子支付。除此之外常见的行业电子钱包还有"校园一卡通"、购物卡和公交卡等。银行发行的通用电子钱包主要是指银行提供的电子现金存储工具，例如 Mondex 电子钱包。

7.3.4 电子支票

电子支票是利用信息安全加密技术和签名技术将纸质支票的功能电子化，通过网络实现客户间、客户与银行间以及银行间的电子支票传输和清算业务。电子支票票面内容与纸质支票票面内容一致，同样包含支票号、签发日期、支票支付人的姓名、支付人金融机构名称、支付人账户名、被支付人姓名、支票金额等。电子支票用数字签名来代替纸质支票的手写签名，电子支票的签发、背书、交换以及账户清算的流程与纸质支票完全一致，用数字签名来背书，用数字证书来认证参与实体的真实身份。此外，电子支票的收票人可以在收到支票时立即查询出票人账户余额和信用信息，可以避免退票风险。基于公钥加密体制的电子支票相对于纸质支票具有更高的抗伪造性。

电子支票具有与纸质支票相同的填写界面，除了类似纸质支票的基本信息外，还内嵌了电子支票的数字签名信息和身份证明信息，电子支票可以通过电子邮件直接发送给收款人，收款人通过电子邮件收取并签收电子支票，然后通过电子邮件将电子支票传送给银行并清算。

1. 电子支票的优点

电子支票具有如下优点：

- 电子支票与纸质支票的内容和工作流程非常相似，容易被用户接受。
- 电子支票基于公钥加密体制实现数字签名和身份认证，电子支票的付款人、收款人、收款人银行和付款人银行通过数字签名和数字证书来验证电子支票的有效性，使电子支票具有更高的安全性和通用性。
- 电子支票适用于网络传输，相对于纸质支票更加方便和快捷，成本也比较低，并且便于操作和管理。用户可以通过网络申请、签发和背书支票，而且电子支票遗失后可办理网上挂失和止付。
- 用户在收到电子支票时可以验证出票者的签名、资金状况，从而避免了收到无效或空头电子支票。

2. 电子支票系统的使用

用户使用电子支票系统进行支付和转账的主要工作步骤如下：

- 开具电子支票。用户首先需要在提供电子支票服务的银行注册账户，并存入足够的资金，银行根据账户的信用额度开具电子支票，并对开具的电子支票进行数字签名。
- 电子支票的支付。电子支票系统利用信息安全加密技术和签名技术来保障支付的安全性。买家购买商品时首先用自己的私钥对电子支票进行数字签名，然后使用卖家的公钥对电子支票进行加密，并通过公共网络将电子支票发送给卖家。卖家收到电子支票后用自己的私钥对电子支票进行解密，并用买家的公钥对其数字签名进行验证，如果通过验证，卖家将电子支票传送给银行并验证，如果验证有效卖家发送商品或服务给买家。
- 清算。电子支票清算时，收款人银行首先验证付款人和收款人的数字签名，并贷记收款人账号。同时，付款人银行验证付款人的数字签名，并借记付款人账号。然后，付款人银行和收款人银行通过银行内部网络进行清算，并将清算结果发送给付款人和收款人。

使用电子支票进行支付的主要流程如图 7-11 所示。

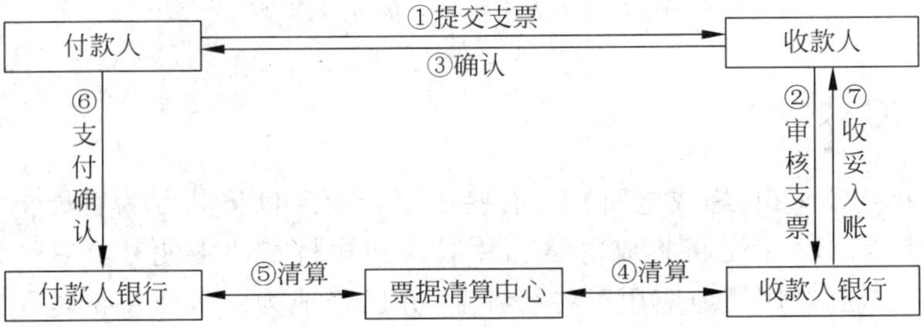

图 7-11 电子支票的支付流程

7.3.5 银行卡

银行卡是指由商业银行或其他金融机构面向社会发行的具有消费信用、转账结算、存取现金等全部或部分功能的信用支付工具，主要包括信用卡、借记卡和贷记卡等。银行卡是基于银行账户的凭证，可以实现跨币种、跨地域、跨机构、多储种、多渠道的资金管理和金融业务管理。

1. 银行卡分类

银行卡有多种分类方法，可以按照银行卡的性质、功能、存储方式、使用对象以及使用范围等对银行卡进行分类。其中最主要的分类方式是按照银行卡的性质不同将其分为借记卡和信用卡，而又可以按照是否向发卡银行交存备用金将信用卡分为贷记卡和准贷记卡。贷记卡是指发卡银行给予持卡人一定的信用额度，持卡人可以在信用额度内先消费、后还款。准贷记卡是指持卡人必须先向发卡银行交存一定额度的备用金，当备用金账户余额不足时，可在发卡银行规定的信用额度内透支。借记卡按照功能不同可分为转账卡、专用卡。借记卡与信用卡的主要区别在于借记卡不具备透支功能，而信用卡具有透支功能。

2. 银行卡的应用

目前，银行卡已经广泛地应用于社会经济生活的各种领域，其主要优点有：可以减少现金的使用量，可以降低货币流通成本，提供各种金融结算服务，方便网上支付，提高支付系统的安全性，便于管理和维护，能够对交易进行跟踪和分析，有利于完善税收体系，促进经济增长。应用银行卡的支付模型如图 7-12 所示。

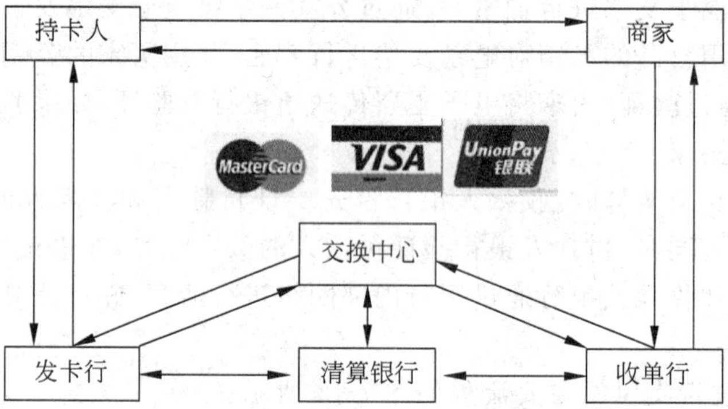

图 7-12 应用银行卡的支付模型

7.3.6 IC 卡

IC(Integrated Circuit，集成电路)卡，有些国家和地区也将其称为智能卡、智慧卡、微电路卡或微芯片卡等。IC 卡是将集成电路芯片嵌入到塑料基片中使其具有一定的存储能力和处理能力。IC 卡已经广泛地应用于各行各业，并已经成为一种重要的电子支付工具。例如银行发行的 IC 信用卡，用户在信用额度的授权范围内可以透支资金用于消费，用户可以通过信用卡中心联机到银行主机执行查询、授权和转账操作。另外，IC 卡还可以作为电子存折和电子钱包使用，可以用于存储资金和小额支付。IC 卡通过读卡器与应用系统交互数据，根据 IC 卡与系统通信时是否与读卡器接触将 IC 卡分为接触式 IC 卡和非接触式 IC 卡又称射频卡。

由于 IC 卡使用起来极其便捷，使其在多个领域得以广泛应用。在通信系统中，IC 卡主要应用于移动电话卡和公用电话卡；在交通管理系统中，IC 卡主要应用于汽车加油、公路收费、公交或地铁自动售票等方面；在社会保障体系中，主要应用于医疗保险、社会保险、养老保险等。此外，IC 卡也可以用于纳税管理，用于税费的征收、管理和稽查，还可以用于商场和超市的会员卡、优惠卡、购物卡等等。

7.4 电子支付系统的应用

随着经济和社会的发展，电子支付将成为主流的资金转移和结算方式。目前，我国的电子支付应用技术正处于高速发展的阶段，银行和金融机构通过引进先进的电子支付设备和金融业务管理系统来提高电子支付的管理水平、安全水平和服务水平。在电子支付系统中，ATM(Automated Teller Machine，自动柜员机)系统和POS(Point Of Sale，销售终端)系统的应用非常广泛，例如ATM系统为银行用户提供多种账户管理功能，包括取现、存款、转账和查询等，以及完成其他金融交易管理工作。而POS系统是银行为商业机构提供的电子支付网络，这种支付系统主要用于零售商业的销售网点。

7.4.1 ATM系统

ATM系统，即自动柜员机系统，是银行为银行卡持有者提供的网络化的自助银行系统，用户可以利用ATM机进行存款、取款、查询、转账、修改密码等自助银行服务。ATM系统为用户提供各种基于银行卡的金融服务，该系统的出现使金融服务变得更加方便和快捷，同时也提高了银行的服务效率，降低了银行的运行成本和管理成本，并且为用户提供了跨地域、跨银行、跨币种的自助银行服务。ATM系统由银行内部的服务器系统和分布于各地的ATM终端设备组成，其功能是实现基于银行卡的资金管理和金融理财服务。

1. ATM终端

ATM系统主要由硬件系统和软件系统两大部分组成。ATM机的硬件系统主要包括ATM机的系统控制部分和钱箱两部分。其中ATM机的上半部分主要是ATM控制机、外围设备的控制板、显示器、流水账打印机、凭条打印机和银行卡读写器等。而ATM机的下半部分主要是出钞模块、存款箱、取款箱、加密模块、传动系统等。ATM机的软件系统通常可以分为三个级别：第一级为驱动程序，主要为系统硬件设备提供驱动程序；第二级为动态链接库，是模块化的封装程序接口，负责给ATM控制软件提供服务；第三级为ATM系统控制软件，负责管理和调度各系统功能模块，为银行系统提供通信和控制服务。

ATM机的操作系统主要采用Windows操作系统，现在部分机器采用Linux操作系统，以前还采用过DOS和OS/2，但是目前很少有机器使用。由于DOS操作系统的单任务性，使其被OS/2所取代，但现在IBM不再提供OS/2的支持，使ATM操作系统的市场被Windows占据，其中大部分采用的是嵌入式XP系统。

2. ATM系统的网络结构

根据网络交换中心在ATM系统中的位置不同，可将ATM网络结构分为三种类型：后方交换型、前方交换型和复合型。后方交换型网络结构是指ATM系统的交换中心位于各成员行之后，每个成员行都拥有自己的ATM机或POS终端机。通常这种形式的网络结构适用于由多个专有ATM系统互连后形成的共享ATM系统，具体的网络结构如图7-13所示。

前方交换型网络结构是指ATM系统的交换中心位于各成员行主机和ATM/POS终端机之间，由交换中心判断用户所属行并将请求交由所属行来处理，共享ATM网络系统多属于前方交换型网络结构，各成员行之间共享ATM/POS终端机，具体的网络结构如图7-14所示。

复合型网络结构是指ATM系统的网络结构中既包含前方交换型网络结构又包含后方交换型网络结构，具体的网络结构如图7-15所示。

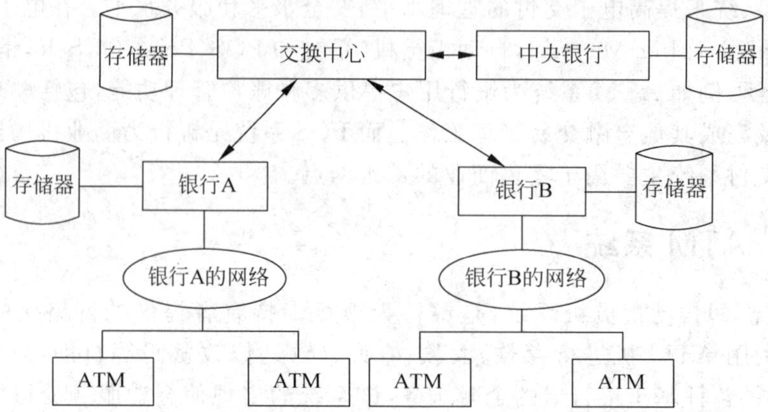

图 7-13　后方交换型网络结构

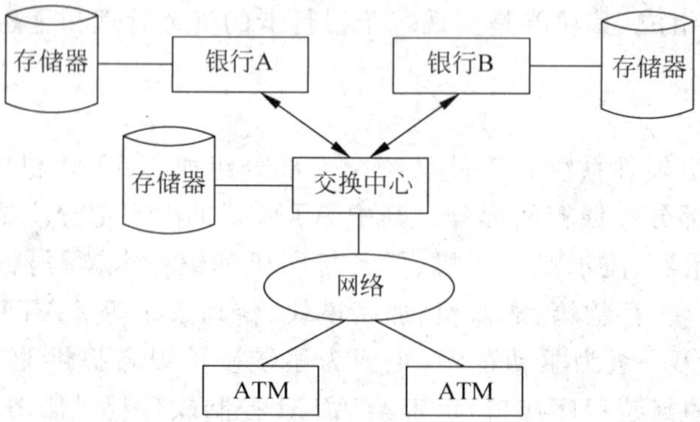

图 7-14　前方交换型网络结构

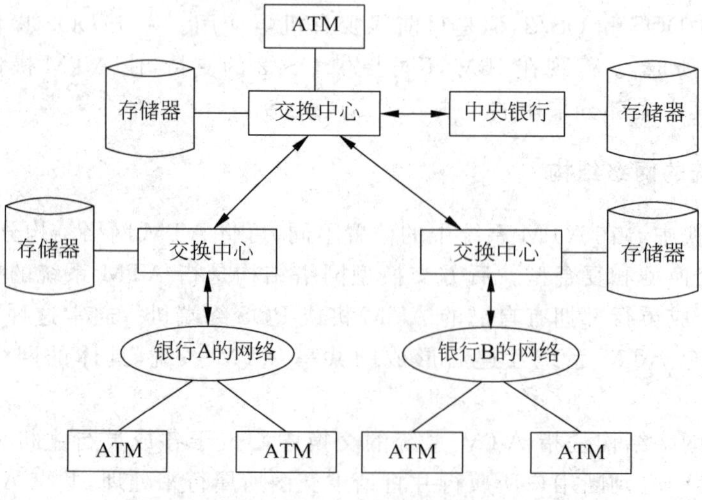

图 7-15　复合型网络结构

3. ATM 系统的交易处理流程

ATM 系统的交易处理流程与系统所采用的网络结构密切相关，前方交换型网络结构、后方交换型网络结构和复合型网络结构的交易处理流程由交换中心在系统所处的位置决定。

可以将后方交换型 ATM 系统的交易处理流程分为同行交易处理流程和跨行交易处理流程。

1）同行交易处理流程

持卡人将银行卡插入 ATM，ATM 验证银行卡的有效性，若有效，则提示持卡人输入 PIN 并检验其身份的有效性；若有效，则 ATM 系统提示持卡人选择交易类型，持卡人根据需要选择交易类型并输入金额，ATM 将交易请求提交给银行，银行根据请求执行转账或清算服务，并将响应信息发给 ATM，最后由 ATM 为持卡人打印交易单据、退卡和出现金。ATM 系统的同行交易处理流程如图 7-16 所示。

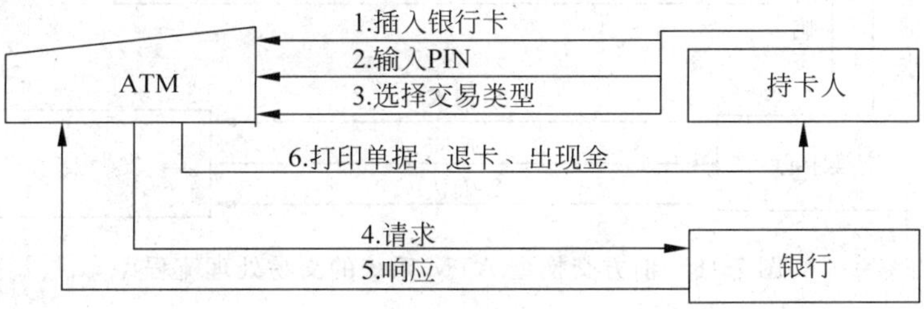

图 7-16　ATM 系统的同行交易处理流程

2）跨行交易处理流程

持卡人将银行卡插入 ATM，ATM 验证银行卡的有效性，若有效，则提示持卡人输入 PIN 并检验其身份的有效性；若有效，则 ATM 系统提示持卡人选择交易类型和输入金额，并将交易请求提交给代理银行。代理银行将交易请求通过交换中心发给持卡人的发卡银行，发卡银行对请求信息做出响应，代理银行根据发卡银行的响应对交易进行进一步的处理并将交易处理结果发送给发卡银行，其中代理银行与发卡银行之间的清算工作由清算银行负责完成。ATM 系统的跨行交易处理流程如图 7-17 所示。为保证资金的安全性，ATM 系统采用三种信息传输处理方法分别为请求处理、响应处理和确认处理，与此相对应，系统中传输的三种信息流分别为请求信息、响应信息和确认信息。

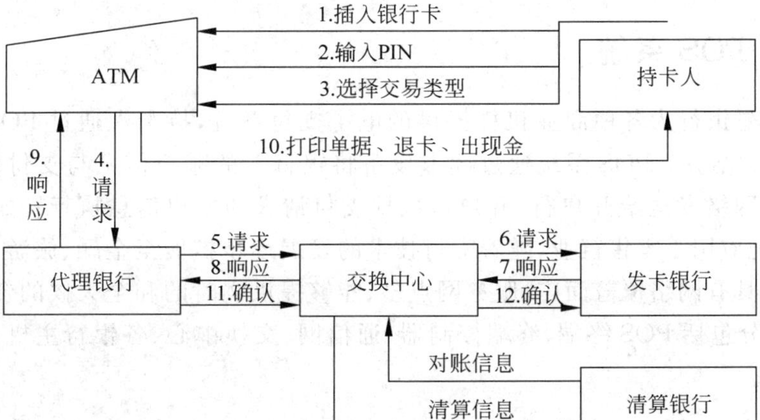

图 7-17　ATM 系统的跨行交易处理流程

前方交换型的 ATM 系统在进行存取款等交易处理时，合法的持卡人在输入 PIN、交易类型和交易额后发出交易请求，由 ATM 将交易请求通过交换中心发送给发卡银行，发卡银行响应交易请求并将响应信息通过交换中心发送给 ATM 系统，ATM 系统执行交易指令，并将交易处理的确认信息通过交换中心发送给发卡银行，发卡银行收到确认信息后，进行清算并修改交易账户的存取款信息，交易完成。前方交换型 ATM 系统的交易处理流程如图 7-18 所示。

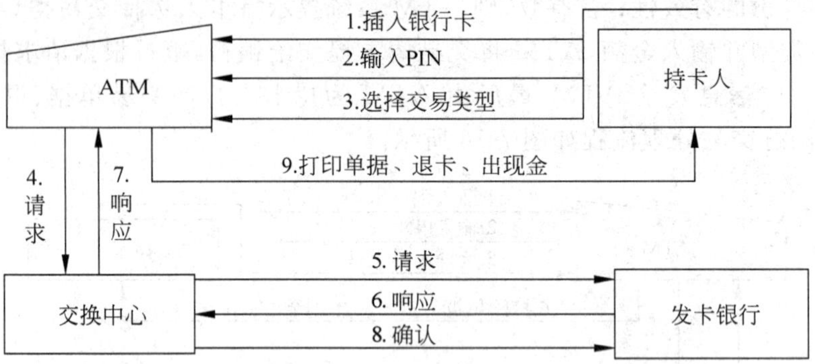

图 7-18　前方交换型 ATM 系统的交易处理流程

4. ATM 系统的安全保密

ATM 系统作为银行业务的自助处理系统，其网络系统的安全和数据信息的安全显得尤为重要。ATM 系统面临的主要威胁包括操作系统的漏洞、操作系统未用的系统组件或服务、应用程序漏洞以及计算机病毒等。为保证 ATM 系统的运行安全和数据安全，在 ATM 系统中采取相应的安全策略来保证系统安全，例如及时地更新操作系统的补丁，有效地防范已知病毒或攻击；加强 ATM 系统中进程的管理，未授权的进程禁止运行；加强 U 盘等存储介质的接入管理，未授权的用户禁止连接任何存储设备；加强系统对现金程序模块的监控，未授权的程序禁止访问现金程序模块等。为保证交易数据的安全，ATM 系统采用信息安全技术的对称加密算法、非对称加密算法和数据完整性校验算法实现交易数据的保密性、完整性、身份可认证性以及抗抵赖性等。

7.4.2 POS 系统

POS 系统是银行为各种商业机构提供的电子支付系统，持卡人通过 POS 系统的终端设备完成支付和结算。POS 系统通过读卡设备将银行卡的账户信息与支付信息通过计算机系统和通信网络发送给开户行，开户行根据支付请求和账户信息执行转账和清算服务。最初，POS 系统应用于零售行业，随着支付技术的发展逐步扩展至金融、旅游等其他服务行业。POS 系统具有网络覆盖面广、服务网点多、能够提供实时的和全天候的资金转账服务。其主要组成部分包括 POS 终端、终端控制器、通信网、交换中心、各银行主机系统和其他银行卡授权系统。

1. POS 系统的终端设备

POS 系统的终端设备的主要组成部分包括处理器、票据打印机、键盘、读卡器、显示器、条码扫描器及其他相关硬件和软件。商业机构可以根据行业需求、经营范围、经营方式来调整 POS 系统的终端设备的配置。POS 终端设备可以联机验证银行卡的合法性和持卡人身份的有效性，并为持卡人提供实时转账和支付服务，也可以读取银行卡上存储的账户信息，并将获取的信息和交易信息通过网络传输给发卡行，还具有打印收据功能和显示功能，此外，还可以对交易数据和通信数据进行加密和解密。POS 系统采用的是开放式的系统结构，利用系统网络的扩展来扩充业务服务范围。

2. POS 系统的网络结构

早期由各大银行运营的 POS 系统的终端设备直接通过集线器与银行主机系统相连，主要为银行的特约商家提供电子支付服务，此种网络结构主要适合资金和技术实力比较雄厚的大银行。随着电子支付技术的发展，银行之间通过合作方式建立覆盖面积更广的 POS 网络系统，即通过交换中心将各银行的 POS 系统连接起来，各银行间相互共享 POS 网络系统，其网络结构如图 7-19 所示。

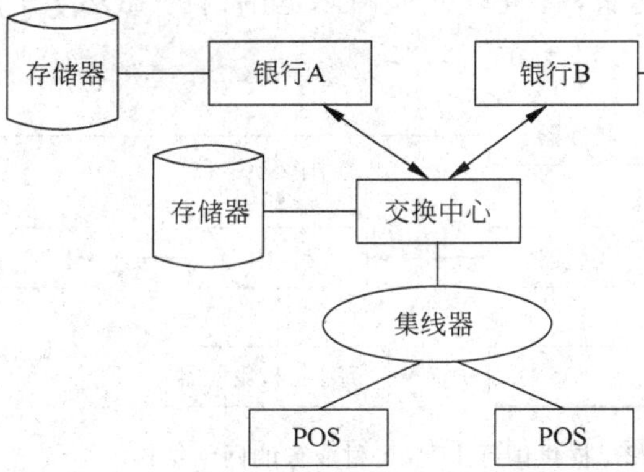

图 7-19　银行之间共享的 POS 网络系统

将大银行独立的 POS 系统与中小银行共享的 POS 系统连接起来，形成的复合型 POS 系统具有更高的共享程度。复合型 POS 系统同时包含了前方交换型和后方交换型网络结构，其结构如图 7-20 所示。

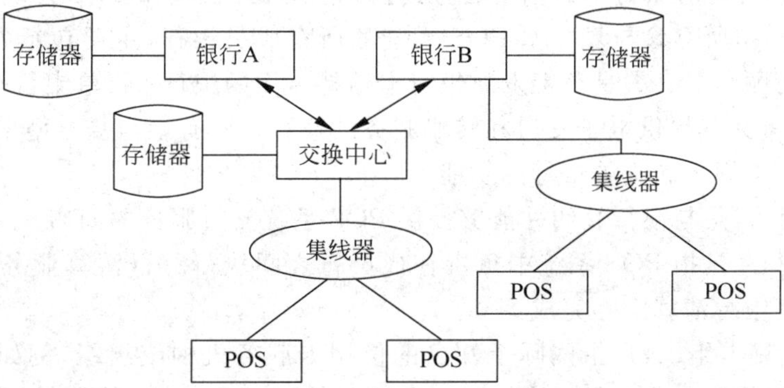

图 7-20　复合型 POS 系统的网络结构

随着 POS 系统的广泛应用，一些大型商业机构开始创建自己的 POS 系统，它们可以通过与银行签约的方式连接到银行的 POS 系统，并通过交换中心接入到银行共享的 POS 系统，其结构如图 7-21 所示。

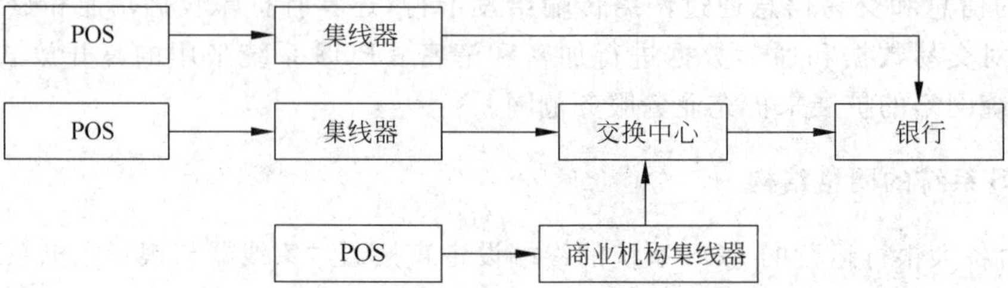

图 7-21 接入商业机构的 POS 系统的网络结构

如果通过交换中心将区域性的 POS 系统与全国性的 POS 系统连接起来，则区域性的 POS 系统就可以处理全国范围内异地的 POS 支付业务；如果将 POS 系统与国际信用卡组织的 POS 系统处理中心连接起来，就可以处理国际范围内的 POS 支付业务。提供国际 POS 支付业务的网络结构如图 7-22 所示。

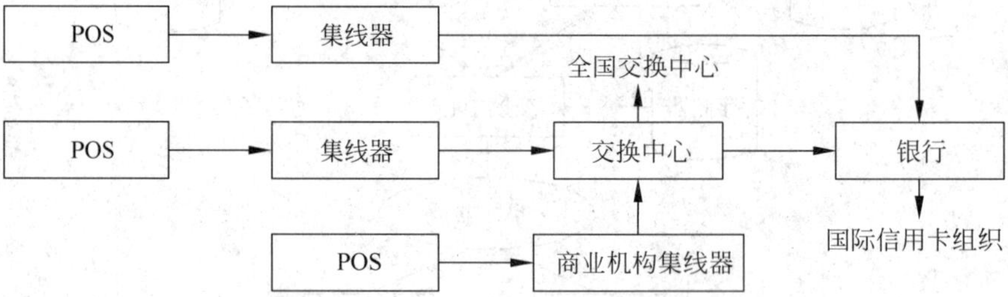

图 7-22 提供国际 POS 支付业务的网络结构

3. POS 系统的交易处理过程

目前，几乎所有的 POS 系统都是采用共享的复合型系统，能够为更多的持卡人和特约商店提供转账和支付服务。共享的复合型 POS 系统主要参与实体包括：

(1) 持卡人，即持有银行卡的消费者，所持银行卡已经授权在 POS 系统中使用。

(2) 银行，是指所有参与复合型 POS 系统的所有成员银行，主要包括发卡银行和收单银行。发卡银行顾名思义就是负责发放银行卡给持卡人的银行；收单银行是指特约商店的开户银行，并负责为其提供电子支付和转账服务的银行。所有参与复合型 POS 系统的成员行可同时具备发卡银行和收单银行的功能。

(3) 特约商店，是与银行签约并能够提供 POS 系统支付服务的商店。

(4) 清算中心，是指 POS 系统中负责在成员行之间执行跨行清算业务的金融机构，在我国由中国人民银行清算中心完成。

(5) 国际信用卡组织，是指国际上知名的信用卡服务机构或组织，例如发行 VISA 卡、MasterCard 卡等信用卡的服务机构。国内金融机构只要同这些国际信用卡组织签约并获得授权，就可以为国内用户发行国际信用卡组织授权的银行卡。因此，当国内银行通过地区交换中心与国际信用卡组织的全球网络连接起来时，凡是持有国际信用卡组织授权的银行卡的持卡人就可以在全球任何地方使用POS系统购物和消费。

持卡人在使用POS系统购物或者消费时，特约商店利用POS终端设备为持卡人打印销售单据，同时将销售单据发送给特约商店的收单银行，收单银行与发卡银行通过清算中心完成资金清算，并将货款拨付给特约商店。POS系统的交易处理过程如图7-23所示。

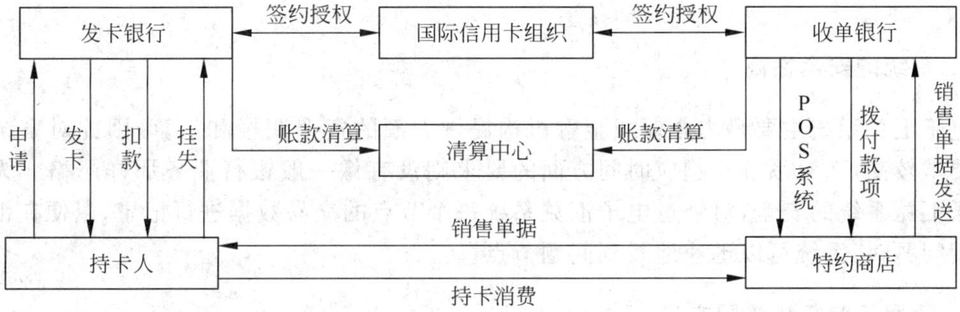

图7-23 POS系统的交易处理过程

4. POS系统的安全保密

为保证通信数据安全，POS系统采用信息安全加密技术、签名技术和数据完整性校验技术来实现通信数据的保密性、完整性、可认证性以及抗抵赖性。为保证交易的安全性POS系统首先检查交易授权的合法性，以防止恶意攻击者伪造交易信息。此外，在传输重要信息时，对数据进行加密处理，并采用数据完整性校验技术验证数据的完整性，防止交易数据被篡改。

(1) 可认证性。可认证性就是POS系统在处理交易前对交易的授权和交易数据来源的合法性进行验证，防止非法交易介入POS系统。POS系统通过信息安全技术和访问控制技术来实现系统实体身份的可认证性。

(2) 保密性。保密性是指POS系统利用信息安全的加密技术来加密持卡人输入的PIN和交易数据，防止交易数据在网络传输过程中被窃取。

(3) 完整性。完整性是指POS系统利用信息安全的数据完整性校验技术来验证交易数据的完整性，防止恶意攻击者篡改交易数据。

7.4.3 电子汇兑系统

电子汇兑系统是指银行之间为了提高大额资金的调拨效率在银行间建立的大额资金调拨业务系统和清算作业系统，是电子银行的核心业务系统。电子汇兑系统中的资金调拨系统主要包括托收系统、资金转账系统、支付系统等。电子汇兑系统中的清算作业系统主要是指行际间的资金清算。电子汇兑系统的主要客户是企业，其次是政府机构，个人用户较少。通常银行与公司、企业、政府部门以及其他金融机构的资金支付与结算属于大额支付业务，大额支付支撑着国家金融市场的运作，同时还支撑着多币种、跨国界的资本市场的运作，因此对大额支付系统的效率和安全性要求更高。电子汇兑系统的主要特点如下。

1. 适用于大额交易

电子汇兑系统处理的是银行与公司、企业、政府部门以及其他金融机构之间的大额支付业务。电子汇兑系统主要负责公司、企业、政府机构以及金融机构的大额资金调拨和清算作业。

2. 系统的安全性高

电子汇兑系统主要是为企业或金融机构提供大额的资金调拨和清算,因此对系统的安全性要求较高,而对系统在响应时间方面的要求则没有像一般银行业务那样严格。为了保证电子汇兑系统的安全,对经过电子汇兑系统每个节点的交易数据进行记录,以便在汇兑业务出现问题时,系统可以迅速地找到问题节点。

3. 适用于跨行和跨国交易

电子汇兑业务主要用于处理银行与公司、企业、政府部门以及其他金融机构之间的大额支付业务,主要包括大额资金调拨业务和清算作业。随着国际贸易的发展、跨国公司业务范围的扩大以及全球经济一体化进程的加快,使适用于跨行和跨国的电子汇兑业务得到快速的发展。

7.4.4 网上支付

网上支付是第三方机构通过与银行间的支付接口为用户提供的一种基于 Internet 的电子支付与结算方式。网上支付是以金融电子化为基础,以各种银行发行的银行卡为媒介,采用信息安全技术、网络通信技术以及计算机应用技术,通过 Internet 以电子化的方式实现资金的流转和支付。网上支付与传统的 POS 终端等电子支付方式相比更为方便和快捷,已经成为电子商务交易的主要支付方式。网上支付为电子商务交易提供了一种基于 Internet 的实时到账的电子支付方式,消费者可以利用第三方机构将货款支付给商家。消费者可以采用银行卡、电子钱包、电子支票和电子现金等多种电子支付方式进行网上支付,网上支付的主要优势是方便、快捷,并且可以节省交易成本。

网上支付的参与实体包括消费者、商家、银行或者第三方金融机构以及商务认证机构。与传统的支付方式和支付工具相比,网上支付具有以下优势:

(1) 网上支付更适合于电子商务交易。网上支付为电子商务交易提供了一种基于 Internet 的电子支付与结算方式,使电子支付操作不受地域和操作终端设备的限制。而传统的支付方式和支付工具则是在相对封闭的行业内部网络系统中提供支付与结算服务,具有较高的局限性,例如邮局储蓄、ATM 系统和 POS 系统等。

(2) 网上支付更加方便和快捷。网上支付提供 24 小时支付和结算服务,消费者可以随时随地通过 Internet 进行支付与结算,甚至可以通过无线网络终端实现网上支付,使电子支付不受时间、空间和支付终端设备的限制。而传统的支付方式受时空和支付设备的限制,无法满足电子商务用户在时间和空间上的要求。

(3) 网上支付效率高。网上支付是基于 Internet 为消费者提供随时随地、高效和便捷的电子商务支付服务,消费者将货款通过网上支付系统支付给商家,商家在确认收到货款后组织发货给消费者，此外，消费者还可以通过网上支付系统管理订单。

(4) 网上支付成本较低。网上支付是采用信息安全加密技术在公共的网络上传输交易数据，因此通信成本比银行内部的专网通信成本低。网上支付的成本优势主要表现在建设成本低、业务成本低和运营成本低。

本章小结

本章主要介绍了电子商务支付系统的基础知识，主要包括电子商务支付系统的基本概念、国内外电子商务支付系统的发展现状、电子商务支付系统的构成与功能、电子商务支付系统的模型、电子支付工具以及电子商务支付系统的应用。重点掌握电子商务支付系统的模型，并熟练掌握各种电子商务支付模型的优点和缺点；重点掌握常用的电子支付工具：电子现金、信用卡、电子支票、银行卡、智能卡以及其他类型的电子货币；重点掌握 ATM 系统的主要功能以及 ATM 系统所采用的主要网络结构；重点掌握 POS 系统的主要功能，并熟悉各种 POS 系统的网络结构。

本章习题

1. 请简述国内外电子商务支付系统的发展现状。
2. 请简述电子商务支付系统的构成及其功能。
3. 请简述电子商务支付系统的常用支付模型及其结构。
4. 请简述常用电子支付工具的功能，并说明每种支付工具的特点。
5. 请简述常用电子现金的基本功能及其特点。
6. 请简述 ATM 系统和 POS 系统的基本功能和网络结构。

第8章 电子支付协议

电子支付是指金融机构利用信息安全技术和通信技术以电子化方式为电子交易提供方便、快捷的支付服务，而传统的支付是通过现金流转和票据转让等方式来实现支付。电子支付为电子交易提供了一种跨时空、跨币种、跨银行、即时到账的支付方式。电子支付协议是为保证电子支付系统安全、可靠地运行，而基于密码学技术和信息安全通信技术制定的一系列安全通信标准和规范。电子支付协议主要包括安全电子交易协议、安全通信协议以及邮件安全协议等。电子支付协议的主要作用是实现支付数据的保密性、完整性、身份可认证性以及抗抵赖性，为电子支付提供一个安全的通信环境。本章主要介绍电子支付中使用最广泛、最重要的两个协议：安全套接层协议和安全电子交易协议。

8.1 电子支付协议概述

电子支付协议是为在公开网络上安全传输电子支付数据而制定的通信规范和标准的集合。电子支付协议的架构与电子商务系统的体系结构相关，通常根据电子商务系统的设计需求来选择和设计与之相适应的电子支付协议，实现交易的公平性、安全性、匿名性以及高效性。

根据不同的分类方法，电子支付协议可以分为多种类型。一方面，根据电子支付所采用的支付工具不同，可以将电子支付协议分为基于卡的支付协议、基于支票的支付协议以及基于电子货币的支付协议；另一方面，根据电子支付协议所对应 TCP/IP 协议的层次不同，可以将电子支付协议分为网络层电子支付协议、传输控制层电子支付协议以及应用层电子支付协议。

目前，广泛应用的电子支付协议主要有三个大类：通信安全协议、支付安全协议和邮件安全协议。主要的协议标准有：用于接入控制的 SSL(Secure Sockets Layer，安全套接层)协议；基于信用卡交易的 SET(Secure Electronic Transaction，安全电子交易)协议；安全访问 Web 站点的 S-HTTP(Secure-Hypertext Transfer Protocol，安全超文本传输协议)；用于邮件安全传输的 S/MIME(Secure Multipurpose Internet Mail Extensions，多用途网际邮件扩充)协议等。

8.1.1 SSL 协议

SSL 协议是 Netscape 公司为各种 Web 服务和应用实现信息安全通信而制定的规范和

标准，是国际上最早应用于电子商务安全通信的网络安全协议，也是目前电子商务交易中使用最多的安全通信协议。SSL 协议已经被 Internet 标准化组织 IETF(Internet Engineering Task Force，互联网工程任务组)采纳为 Internet 的安全协议标准。因此，SSL 协议被广泛地应用于 Intranet 和 Internet 的安全产品中，其中包括 Netscape、Microsoft、IBM、Open Market 等公司提供的支持 SSL 协议的客户端软件和服务器产品，如 IE 浏览器、Netscape 浏览器和 Web 服务器 IIS 等网络客户端和服务器产品。

8.1.2 SET 电子支付协议

SET 协议是为在 Internet 上基于信用卡进行支付的电子交易而设计的电子支付标准和规范，是由 Master Card 和 Visa 联合 Netscape、Microsoft 等公司开发的在线电子支付协议，可以实现消费者、商家和银行之间的认证，同时，确保了网上交易数据的保密性、完整性、身份可认证性以及交易的不可否认性。SET 协议得到了 IBM、Netscape、Microsoft、Oracle 等大公司的支持，并获得了 Internet 标准化组织 IETF 的认可。

SET 协议采用的信息安全技术主要包括非对称加密算法、数字签名算法、数字信封、数字证书等。在电子交易过程中，SET 协议可以验证商家和持卡人身份的合法性以及通信数据的完整性，并可以为消费者、商家和银行提供身份认证服务。同时，SET 协议可以为消费者保密交易信息，使商家只能获得消费者的商品订购信息，而银行只能知道相关的支付信息，从而实现电子交易的匿名性。

8.1.3 S/MIME 协议

S/MIME 协议是由 RSA 公司提出的电子邮件安全协议，内部消息格式采用 MIME 格式，不仅能发送文本，还可以传送各种附加文档，例如 HTML、图像、音频、视频等多媒体数据内容，目前绝大多数电子邮件产品都支持 S/MIME 协议。

S/MIME 协议应用单向散列函数、对称加密算法和非对称加密算法实现电子邮件通信安全，可以提供的邮件安全服务包括身份认证、数据完整性校验以及数据保密等。S/MIME 协议通过层次结构的数字证书认证系统来实现邮件的身份认证，通常采用 X.509 数字证书系统。

8.1.4 S-HTTP 协议

S-HTTP 协议是为 Web 服务专门设计的安全通信规范和标准，主要目的是为客户机和服务器提供安全通信服务。S-HTTP 协议可以与 HTTP 协议相互结合使用，实际上 S-HTTP 协议可以被看作是 HTTP 协议安全功能的扩展。此外，S-HTTP 协议与 HTTP 协议之间具有良好的兼容性，即使用 S-HTTP 协议的客户能与不支持 S-HTTP 协议的服务器正常通信。

S-HTTP 协议在安全管理方面具有很强的灵活性，可以实现通信数据的保密性、完整性和身份可认证性，协议中的客户机与服务器可以协商密钥管理机制、安全策略、加密算法以及安全事务处理模式等。通常客户端浏览器与 Web 服务器之间的通信数据不需要保密时采用 HTTP 协议传输数据，但是当敏感信息在网上传输时，在客户端浏览器与 Web 服务器之间的通信需要采用 S-HTTP 协议。

8.2 安全套接层协议 SSL

SSL 协议主要由两层协议构成，分别是握手协议和记录协议。目前，SSL 协议已经成为客户端浏览器与 Web 应用服务器之间安全通信的标准化协议，并且 SSL 协议已被大部分 Web 浏览器和 Web 服务器所内置，利用 SSL 协议可以实现信息安全通信的保密性、完整性和身份可认证性。SSL 协议之所以能够被广泛地应用，主要原因是基于 TCP/IP 协议的浏览器/服务器结构的 Web 应用需要安全通信时，都可以采用 SSL 协议。而其他协议，如 SET 协议则仅能应用于电子支付数据的传输，S-HTTP 协议则仅适用于安全超文本传输。

8.2.1 SSL 协议基础

SSL 协议是针对 Web 应用而设计的安全通信标准和规范，已经被众多 Intranet 和 Internet 网络产品所支持，例如 Microsoft 的 IE 浏览器、Netscape 的浏览器和 Microsoft 的 Web 服务器 IIS 等产品。SSL 协议的主要功能是为应用程序提供网络安全通信服务，因此根据其功能将 SSL 协议设置在 TCP/IP 协议模型的应用层与传输控制层 TCP 之间。TCP/IP 协议模型中包含整个 Internet 数据传输和通信所使用的最基本的网络通信协议，在 TCP 协议之上还有 HTTP、SMTP、FTP 等应用层协议。从 TCP/IP 协议模型的层次结构上看，为了实现基于 TCP 协议的可靠的端到端的安全数据传输，SSL 协议需要设置在 TCP 层与应用层之间。因此，SSL 协议既不属于 TCP 层协议，也不属于应用层协议，而是独立于 TCP 层与应用层之间，属于二者之间的中间层。SSL 协议与 TCP/IP 协议间的关系如图 8-1 所示。TCP 层为 SSL 协议提供端到端的可靠的数据传输，而 SSL 协议为应用层的应用程序提供安全通信服务。SSL 协议具有两层结构，其底层是 SSL 记录协议层，其高层是 SSL 握手协议层。

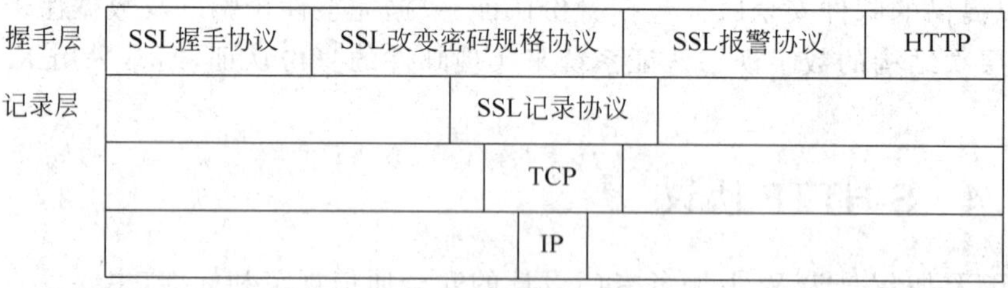

图 8-1 SSL 协议与 TCP/IP 协议间的关系

8.2.2 SSL 握手协议

SSL 握手协议可以视作 SSL 协议的初始化阶段，主要功能是验证客户端与服务器的身份，为通信双方协商加密算法、加密密钥和 MAC 算法。SSL 握手协议主要通过协商机制在客户端与服务器通信前协商加密算法、加密密钥和是否对客户端进行认证，在客户端和服务器之间建立并保持安全通信状态。SSL 握手协议包含两个阶段：第一个阶段用于协商会话密钥；第二个阶段用于验证客户端身份。

1. 第一阶段

SSL 握手协议的第一阶段是协议的初始化阶段。

(1) 客户端的浏览器向服务器发送客户端 SSL 协议的版本号和加密算法的相关参数、产生的随机数以及其他客户端与服务器之间的会话信息。

(2) 服务器向客户端发送 SSL 协议的版本号和加密算法的相关参数、随机数以及其他会话信息,同时服务器将自己的数字证书发送给客户端。

(3) 客户端验证服务器证书,并判断服务器身份的合法性,如果服务器证书验证失败,中断通信,如果通过,继续下一步。

(4) 客户端和服务器共同协商并产生会话密钥,用于加密客户端和服务器之间的通信数据。

SSL 握手协议的第一阶段工作流程如图 8-2 所示。

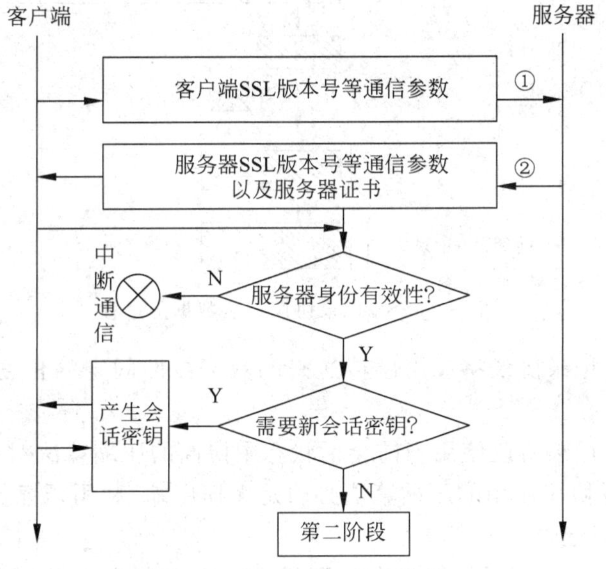

图 8-2 SSL 握手协议的第一阶段

2. 第二阶段

SSL 握手协议第二阶段的主要任务是验证客户端身份的有效性,服务器身份有效性的验证已经在第一阶段完成。服务器向客户端发送身份认证请求,客户端在收到服务器的认证请求后,将其数字证书发送给服务器,并且监听对方回送的认证结果。服务器收到客户端的证书后,对证书进行验证,若验证成功回送成功消息,否则返回错误消息。此时,SSL 握手协议全部完成,通信双方可以安全通信。

8.2.3 SSL 记录协议

SSL 记录协议主要功能是为 SSL 连接提供安全的数据传输服务,保证通信双方传输数据的保密性和完整性。为实现客户端与服务器之间的安全通信,SSL 记录协议在发送数据报文之前，将数据按照指定长度均匀分段，并根据 SSL 协议的安全设置决定是否对数据进行压缩，然后应用 MAC 算法得到通信数据的数字摘要值，接着选用 IDEA、3DES、AES 或其他加密算法对数据进行加密，最后添加内容类型、主要版本、次要版本和压缩长度等附加信息，并将记录协议报文发送给接收方。接收数据的操作过程与发送数据的操作过程相反，依次执行解密、数据完整性校验、解压缩和恢复通信数据，然后将通信数据交给应用层的应用程序处理。

在 SSL 连接中，需要将所有传输数据都封装在记录中，记录由记录的头部和记录的数据组成。SSL 协议通过 SSL 记录协议来完成安全通信，SSL 记录协议利用数据压缩、数据加密、数字摘要等算法封装数据，并传递给下一层协议。SSL 记录协议封装数据的过程如图 8-3 所示。

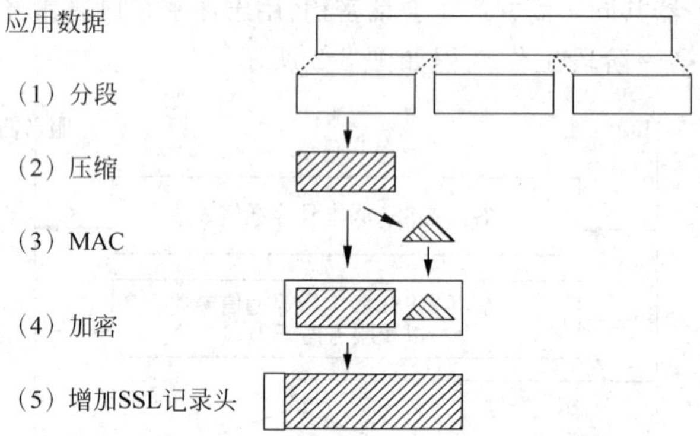

图 8-3　SSL 记录协议封装数据的过程

（1）分段。SSL 记录协议将应用层传送来的数据按照固定的长度进行分段，形成 SSL 明文记录。

（2）压缩。SSL 记录协议使用当前会话状态中协商的压缩算法对分段后的明文记录块进行压缩。SSL 记录协议使用的压缩算法必须是无损压缩，利用压缩算法可以将 SSL 明文记录转化为 SSL 压缩记录。

（3）MAC。SSL 压缩记录计算消息认证码 MAC，并将消息认证码 MAC 附在 SSL 压缩记录后面。

（4）加密。SSL 记录协议使用当前会话状态约定的加密算法对 SSL 压缩记录进行加密，将 SSL 压缩记录转换为 SSL 密文记录。

（5）增加 SSL 记录头。SSL 记录协议的记录头由 5 个字节组成：第一个字节说明使用 SSL 记录协议的上层协议类型；第二个字节表示 SSL 协议的主要版本号；第三个字节表示 SSL 协议的次要版本号；第四、第五个字节表示明文数据所占的字节数，如果压缩则表示压缩数据所占的字节数。

8.3 SSL 协议采用的加密和认证技术

SSL 协议采用信息安全加密技术、数字签名与认证技术和数据完整性校验技术实现客户端与服务器之间的安全通信。SSL 协议为基于 TCP 协议的应用层协议提供数据安全通信服务，客户端与服务器端在建立会话期间根据系统安全需求共同协商加密算法、加密密钥、MAC算法、认证算法、压缩算法以及其他与SSL协议安全通信相关的参数。SSL协议采用加密技术和数据完整性校验技术来实现保密通信，采用数字签名与认证技术来实现客户端与服务器间的身份认证。

8.3.1　加密算法

密码学根据加密密钥和解密密钥是否相同将加密算法分为对称加密算法和非对称加密算法，两种算法在速度上存在很大的差异，对称加密算法的速度要远比非对称加密算法的速度快，而非对称加密算法除了具有加密功能外，还具有数字签名与认证功能。因此，对称加密算法经常应用于通信数据的加密，而非对称加密算法经常应用于数字签名与身份认证。

1. 对称加密算法

对称加密算法的特点是加密密钥和解密密钥相同，也称常规加密、单密钥加密或私钥加密。对称加密算法具有较高的执行效率，因此在实际网络通信系统中主要使用对称加密算法来加密通信数据，但是对称加密算法也有自身的弱点就是不能解决首次对称密钥传输问题，即发送方随机产生一个对称加密密钥，但是无法通过公开网络传送给接收方，必须借助其他方法传输密钥。典型的对称加密算法有DES、3DES、RC5、IDEA、RC4。

2. 非对称加密算法

非对称加密算法的特点是加密密钥与解密密钥不同，也称为公钥加密、双密钥加密。密钥持有者有两个密钥：公钥和私钥。非对称加密算法除了具有加密的功能外，还具有数字签名与认证的功能。非对称加密算法的优点是密钥管理方便、易于分发，缺点是计算的开销大、处理速度慢。典型的非对称加密算法是RSA。

3. 数字摘要算法

数字摘要算法的主要功能是实现网络通信数据的完整性校验，也称数字指纹，是一种单向散列函数。典型的数字摘要算法有MD5和SHA-1。MD5(Message Digest，消息摘要)算法是在20世纪90年代初由麻省理工学院的Ronald Rivest提出，经由MD2、MD3和MD4版本发展而来。MD5算法的特点是可以将任意长度的明文信息压缩为128位的数字摘要值，当明文信息发生微小的变化时，对应的数字摘要值都会发生剧烈的变化，因此，信息安全通信经常利用数字摘要的这一特点校验通信数据的完整性。

8.3.2　身份认证

SSL协议采用X.509数字证书来实现客户端和服务器的身份认证，签名者利用自己数字证书中的私钥对通信数据进行签名，验证者利用签名者数字证书中的公钥进行验证。

1. 服务器的认证

SSL协议采用数字证书来实现服务器的身份认证，在客户端与服务器建立会话阶段，服务器将其数字证书发送给客户端，客户端对服务器的数字证书的有效性进行验证，若验证通过，客户端与服务器开始传输数据，否则终止通信。

2. 客户端的认证

SSL协议采用数字证书来实现客户端的身份认证，在客户端与服务器建立会话阶段，客户端根据服务器的请求，将其数字证书发送给服务器，服务器对客户端数字证书的有效性进行验证，若验证通过，服务器与客户端开始传输数据，否则终止通信。

8.4 SET电子支付协议

SET协议是由Master Card和Visa联合Netscape、Microsoft等公司开发的基于信用卡的电子支付协议，可以实现消费者、商家和银行之间的身份认证，同时，可以实现交易数据的保密性、完整性、身份可认证性以及交易的不可否认性。SET协议的系统组成包括电子钱包、商店服务器、支付网关和认证中心。SET协议规范所涉及的对象包括消费者、网上商店、收单银行、电子货币和认证中心等。SET协议主要可以分为三个阶段：第一阶段为支付初始化阶段，持卡人与商家确认支付细节；第二阶段为支付的认定阶段，商家与银行核实支付信息；第三阶段为受款阶段，商家向银行出示电子支付证据，银行为其提供交易结算。

SET协议可以验证商家和持卡人身份的合法性以及通信数据的完整性，并为消费者、商家和银行提供身份认证。同时，SET协议可以为消费者保密交易信息，使商家只能看到消费者的商品订购信息，而银行只能知道相关的支付信息，从而实现电子交易的匿名性。SET协议所具有的安全功能如下：

(1) 实现支付信息在Internet上安全传输。SET协议实现了交易数据的保密性、完整性、身份可认证性以及抗抵赖性，可有效地防止恶意攻击和篡改。

(2) 实现电子交易的匿名性。SET协议为保证电子交易的匿名性，利用信息隔离技术，使商家只能看到消费者的商品订购信息，而银行只能知道相关的支付信息。

(3) 实现电子交易的多方认证。SET协议可以为电子商务的各参与实体提供身份认证，既可以为持卡人提供身份认证，也可以为商家和银行提供身份认证，以保证电子支付的安全。

(4) 实现安全的在线支付。SET协议以银行在线参与的形式为电子商务提供实时的支付和结算服务，可以有效地保证电子支付的安全。

(5) 实现标准化与兼容性。SET协议通过标准化的数据传输格式实现数据传输和处理的兼容性，使不同公司开发的电子支付软件相互兼容，可以在不同的硬件和操作系统上运行。

基于SET协议的电子支付体系结构与基于信用卡的电子支付体系结构基本相同，但是不同的是SET协议是在Internet上实现的电子支付协议。在SET协议中参与交易的实体有持卡人、商家、收单银行和发卡银行，基于SET协议的电子支付体系结构如图8-4所示。

在SET协议中，持卡人主要是指持有信用卡的客户或消费者；商家主要是指能够以电子支付为结算方式的网络商店；收单银行是指为商家提供电子支付与结算服务的网上银行；发卡银行是指为持卡人发行信用卡，并为持卡人提供账目管理和电子支付服务的网上银行。

此外，在 SET 支付系统中还包括认证机构和支付网关。认证机构 CA 主要负责电子交易实体的身份认证，利用数字认证体系为交易实体提供数字证书和认证服务，实现电子交易的身份可认证性和抗抵赖性。支付网关是连接 Internet 和金融专用网络的桥梁，主要为客户和商家提供电子支付服务，将客户或商家的支付或结算指令发送给发卡银行或收单银行，通过金融专用网络完成支付和结算。

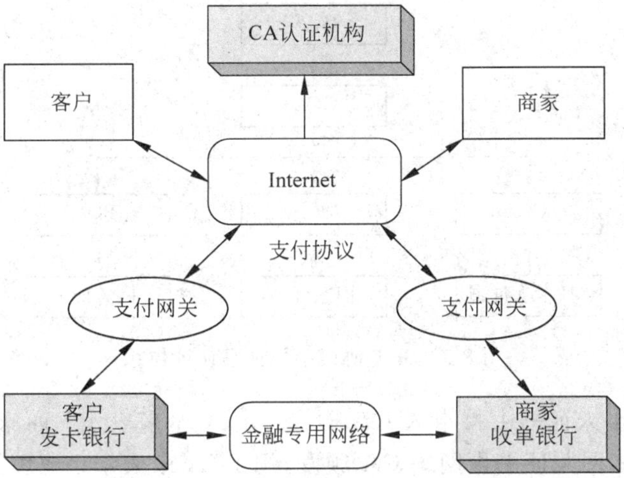

图 8-4　基于 SET 协议的电子支付体系结构

8.5　SET 证书管理

SET 协议利用 X.509 数字证书来实现电子交易实体的身份认证，签名者利用自己数字证书中的私钥对通信数据进行签名，验证者利用签名者数字证书中的公钥进行验证。通常采用数字认证系统的层次结构的信任模型来实现 X.509 数字证书有效性的验证。层次结构的数字证书颁发机构之间形成上下级的信任关系，并建立一个证书信任链，沿着证书信任链向上追溯，最终可以溯源到根证书颁发机构，通过验证根证书颁发机构的有效性，来验证交易实体证书和身份的合法性。认证机构 CA 为其下属的电子交易实体提供三个与证书相关的基本服务：证书颁发、证书更新、证书撤销。

8.5.1　SET 证书的信任链

电子交易过程中，持卡人、商家、银行利用数字认证系统来完成实体身份有效性的验证，以实现电子交易的身份可认证性和抗抵赖性。数字证书是由认证机构 CA 颁发的电子形式的身份凭证，可以作为基于 Internet 的电子商务交易实体的身份认证工具。通常分布于全球各地的电子商务交易实体所持有的数字证书分别由不同的认证机构颁发，因此需要通过建立信任链来实现认证机构间的认证，形成一个认证体系，实现 Internet 范围内交易实体的身份有效性验证。CA 负责为电子交易实体颁发数字证书，交易实体在交易前彼此交换并验证数字证书。基于证书认证系统的信任链完成 SET 证书的验证，验证者沿着证书信任链向上追溯，最终可以溯源到根证书，然后对证书信任链上所有的证书进行验证，若验证通过，则证明证书持有者身份有效。

在 SET 协议中，电子商务交易实体通过层次结构的信任链来完成实体身份有效性的验证，在证书认证体系中各认证机构之间的隶属关系如图 8-5 所示。

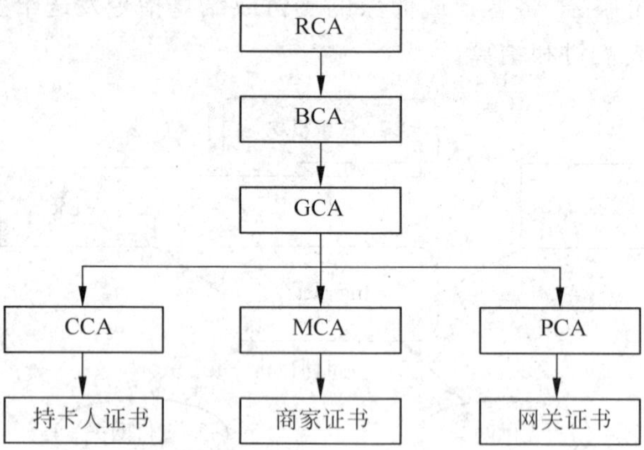

图 8-5 SET 协议中的证书认证体系

在图 8-5 中，持卡人证书由持卡人 CA 颁发，用 CCA 来表示；商家证书由商家 CA 颁发，用 MCA 来表示；网关证书由网关 CA 颁发，用 PCA 来表示；地理策略 CA 用 GCA 来表示，是指不同银行卡品牌在不同地理区域或依据不同政策设立的 CA，负责证书的发放和管理，其中 CCA、MCA、PCA 的证书均由 GCA 来颁发；品牌 CA 用 BCA 来表示，负责不同银行卡品牌在各地区的 GCA 证书的颁发和管理；BCA 的证书由最高级的根 CA 来颁发，用 RCA 来表示，根 CA 是各品牌银行公认的权威认证机构。

8.5.2 SET 证书的颁发

SET 协议所采用的数字证书颁发形式主要有三种，分别是 E-mail 方式、Web 申请方式和离线方式。由于 Web 申请方式安全、便捷，所以成为主要的证书颁发方式。持卡人通过 Web 申请方式获得 CCA 证书需要经历如下几个阶段：

(1) 持卡人通过 Internet 在证书颁发机构的 Web 站点提交证书申请。

(2) CCA 接收到申请后，将其公钥证书作为响应信息发送给持卡人。

(3) 持卡人使用 CCA 证书中的公钥来加密自己的银行卡账号，并发送给 CCA。

(4) CCA 将持卡人账号所对应的证书注册表发给持卡人。

(5) 持卡人填写证书注册表，并将其证书注册表与公钥发送给 CCA。

(6) CCA 和发卡银行验证持卡人的证书注册表信息，并为持卡人生成数字证书，并为持卡人签发数字证书。

8.5.3 SET 证书的更新

SET 协议的持卡人、商家、支付网关所持有的证书都具有一定的有效期，证书系统需要定期为交易实体更新数字证书，否则无法为电子商务交易实体提供正常的身份认证服务。

CA根据证书策略规定的更新周期为电子商务交易实体更新数字证书，并在新旧证书之间建立关联，将旧证书存储于证书数据库。SET协议采用X.509证书系统为电子商务交易实体和各级CA更新证书，CA的证书更新会影响其下属CA或申请人的数字证书的有效性，因为电子交易过程中证书的认证需要验证到根证书，如果CA的旧证书立即失效，那么其以前所颁发的证书就无效，不能继续用于电子交易的实体身份认证。所以根CA证书及其下属CA的证书更新后旧证书只是失去了发证功能，但仍存在于证书信任链中，用于验证其下属机构的未过期证书。

8.5.4 SET证书的撤销

证书撤销是指由于密钥泄露或证书持有人身份变更等原因，用户不得不在数字证书有效期内终止数字证书的使用。认证机构负责接收和处理证书撤销请求，将撤销的数字证书添加到证书撤销表中。由于安全原因数字证书可能在有效期内被撤销，所以数字证书实际使用期限可能要比原定的有效期短。在SET协议中，持卡人、商家和银行的证书撤销机制是及时终止无效证书的使用，这是最强有力的安全保障措施，能够避免因密钥泄露而对SET交易产生的不利影响。持卡人、商家、银行在进行电子交易前使用证书相互验证，除验证数字证书的有效性之外，还需检测数字证书是否记录在证书撤销表中，如果在证书撤销表中，则证书同样无效。

在SET协议中，CRL(Certificate Revocation List，证书撤销表)是由X.509协议定义的用于记录已撤销数字证书列表的文件。通常撤销证书的主要原因是密钥泄露或证书中的标识信息被改变，证书持有人向CA提交申请，撤销在有效期内的不安全的数字证书，并将撤销的证书添加到证书撤销表中。当电子商务交易过程中需要验证实体身份时，验证者既要验证证书是否有效，又要验证证书是否撤销。在SET协议的证书系统中，每个银行卡品牌的BCA都保留着所有下属CA提供的证书撤销表，每当一份证书被撤销，CA就会发布新的CRL，而相应的BCA撤销表数据库也会被更新。CA准确的记录和发布证书撤销信息可以有效地预防电子交易过程中的欺诈行为。

8.6 SET协议的交易过程

SET协议的交易对象包括消费者、网上商店、收单银行、电子货币和认证中心等。SET协议的系统组成包括电子钱包、商店服务器、支付网关和认证中心软件等。SET协议是基于信用卡的电子支付协议，可以实现消费者、商家和银行间的身份认证，同时，可以实现交易数据的保密性、完整性、身份可认证性以及交易的不可否认性。SET协议的交易过程主要包括持卡人注册、商家注册、消费者与商家交易、电子支付和交易结算。

8.6.1 持卡人注册和申请证书

在SET协议中，持卡人在应用SET协议进行电子交易前需要先向CA申请数字证书。通过Internet申请数字证书的步骤如下。

1. 持卡人提交注册申请

持卡人基于 SET 系统平台进行电子交易前必须先在 CA 注册并申请一个数字证书。首先,持卡人在本地安装 SET 系统软件,然后,通过 Internet 登录到由发卡银行指定的 CA 官方网站,并向 CA 提出数字证书注册申请。

2. CA 响应注册申请

CA 接收到持卡人的证书注册申请后,执行初始化响应。CA 采用数字摘要算法生成初始化响应信息的摘要值,并利用数字证书的私钥对初始化响应信息进行数字签名。并通过 Internet 将初始响应信息的摘要值、数字签名发送给持卡人。

3. 持卡人申请注册表

持卡人验证 CA 的响应信息,如果验证通过,持卡人的客户端软件产生一个注册表请求,并随机生成对称加密密钥,用此对称加密密钥对注册表请求信息进行加密,然后使用 CA 证书中的公钥加密持卡人随机生成的对称加密密钥和支付卡账号信息,并将加密后的信息通过 Internet 发送给 CA。

4. CA 处理注册表请求

CA 接收持卡人发送的密文信息,用 CA 的私钥对其进行解密,解密后得到持卡人的账号和对称加密密钥,再使用对称加密密钥对注册表请求的密文进行解密,得到注册表明文信息。CA 识别持卡人的金融机构并选择合适的注册表,并使用 CA 的私钥签名后发送给持卡人。

5. 持卡人申请数字证书

持卡人接收到注册表后,使用 CA 证书的公钥对其进行验证。持卡人填写注册表信息,主要包括持卡人姓名、银行卡的有效期、开户地址以及其他相关信息。接着,持卡人向 CA 发出数字证书申请,首先使用持卡人私钥对申请信息进行数字签名,签名后再经 CA 的公钥加密,然后将证书申请的密文发送给 CA。

6. CA 颁发证书

CA 对接收信息进行解密,并对身份的有效性进行验证。如果验证通过,继续处理持卡人申请;否则,拒绝请求并返回响应消息给持卡人。CA 根据持卡人提交的注册表信息为其颁发数字证书。CA 使用数字摘要算法计算持卡人数字证书的数字摘要值,并将持卡人的个人信息以及数字摘要值添加到持卡人的数字证书中,然后 CA 用自己的私钥对数字证书进行数字签名,并将签名后的数字证书通过 Internet 发送给持卡人。

7. 持卡人验证证书

持卡人接收到 CA 颁发的数字证书后,首先验证数字证书的有效性,包括持卡人的相关信息、CA 的数字签名和证书信息的完整性等。然后,持卡人发送确认信息给 CA,完成数字证书申请。

在 SET 协议中，持卡人通过 Internet 向 CA 申请数字证书的基本步骤如图 8-6 所示。

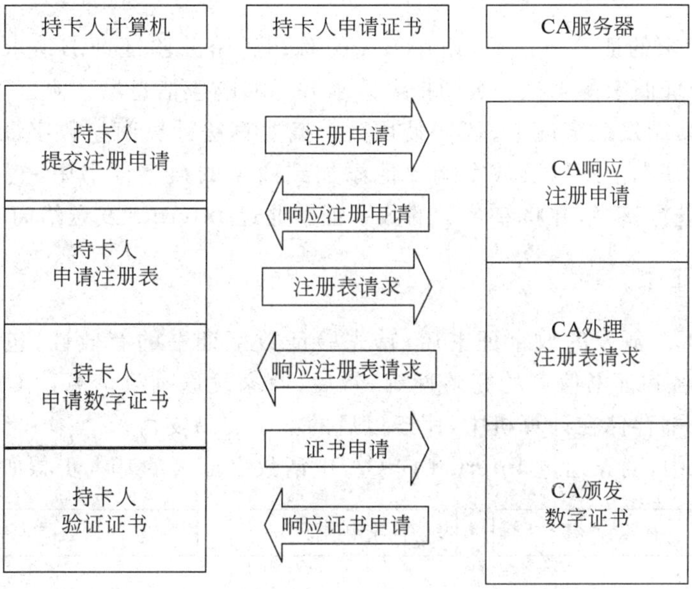

图 8-6 持卡人申请数字证书的基本流程

8.6.2 商户注册和申请证书

在 SET 协议中，商家在应用 SET 协议进行电子交易前需要先向 CA 申请数字证书。通过 Internet 申请数字证书的步骤如下。

1. 商家提交注册申请

商家在使用 SET 系统平台进行电子交易前必须先在 CA 注册并申请数字证书。首先，通过 SET 系统软件登录到收单银行指定的 CA 网站，并向 CA 提出数字证书注册申请。

2. CA 响应申请

CA 接收到商家的注册申请后，执行初始化响应。CA 采用数字摘要算法生成初始化响应信息的摘要值，并利用数字证书的私钥对初始化响应信息进行数字签名。并通过 Internet 将初始响应信息的摘要值、数字签名发送给商家。然后，CA 识别商家的金融机构并选择合适的注册表，并使用 CA 的私钥签名后发送给商家。

3. 商家申请数字证书

商家使用 CA 证书中的公钥验证 CA 发送的注册表信息。如果验证通过，商家填写注册表信息，主要包括商家名称、地址、商家 ID 号以及其他相关信息，并使用自己的私钥对注册表进行签名。商家随机产生一个对称加密密钥，用于加密商家与 CA 间的通信数据。然后，商家使用 CA 的公钥对数字签名后的注册表、对称加密密钥和数字证书请求进行加密，并将密文发送给CA。

4. CA颁发证书

CA接收到商家的证书申请后，使用CA的私钥解密并验证证书请求的有效性。如果验证有效，继续处理商家的申请；否则拒绝请求并返回响应信息给商家。CA根据商家提交的注册表信息为其颁发数字证书。CA使用数字摘要算法计算商家数字证书信息的数字摘要值，并将商家的基本信息以及数字摘要值添加到商家的数字证书中，然后，CA用自己的私钥对数字证书进行签名，并将签名后的数字证书通过Internet发送给商家。

5. 商家验证证书

商家接收到CA颁发的数字证书后，首先验证数字证书的有效性，包括商家的基本信息、CA的数字签名和证书信息的完整性等，然后，商家发送确认信息给CA，完成数字证书申请，并将数字证书存储在计算机中，用于以后的电子交易支付。

在SET协议中，商家通过Internet向CA申请数字证书的基本步骤如图8-7所示。

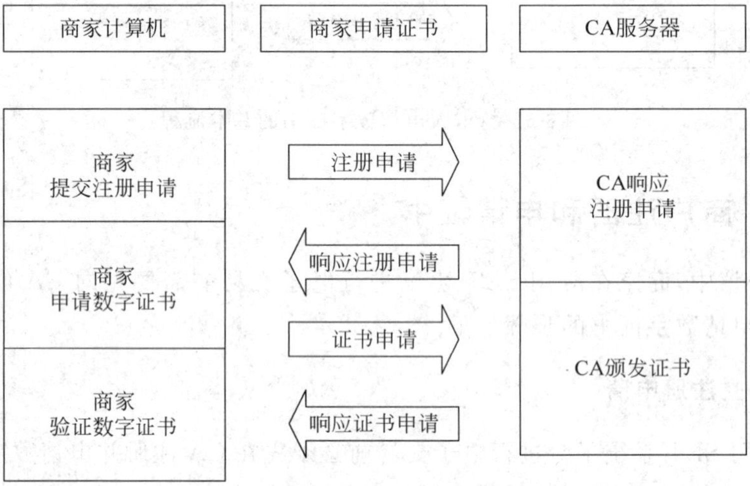

图8-7 商家申请数字证书的基本流程

8.6.3 消费者与商家交易

消费者，即持卡人。消费者与商家基于SET协议进行电子交易可以实现交易数据的保密性、完整性、身份可认证性以及交易的不可否认性，主要交易步骤如下。

1. 持卡人提交交易申请

持卡人在网上商店选购商品，并提交电子交易订单，开启SET协议。持卡人通过SET系统软件将交易请求通过Internet发送给商家。

2. 商家处理交易申请

商家接收到持卡人的交易请求后，为该电子交易订单分配一个唯一的交易标识号，并将银行支付网关的数字证书和持卡人订单的交易标识号发送给持卡人。

3. 持卡人提交订单

持卡人通过证书信任链验证商家证书和银行支付网关证书的有效性。然后，持卡人软件为该电子交易产生订单信息和支付指令，并将商家提供的交易标识号添加到订单信息和支付指令中。随后，持卡人软件分别计算订单信息和支付指令的数字摘要值，并使用持卡人的私钥对其进行数字签名，再使用银行支付网关的公钥对订单信息和支付指令的数字摘要值进行加密。接着，持卡人随机生成一个对称加密密钥，并用商家的公钥加密订单信息和随机产生的对称加密密钥，形成数字信封。最后，持卡人软件将生成的数字信封和加密后的支付指令摘要值发给商家。

4. 商家处理订单

商家接到持卡人发送的交易订单后，通过证书信任链验证持卡人的签名信息。然后，商家使用自己的私钥解密订单信息，并验证订单信息的数据完整性，保证订单信息在传输过程中没有被篡改，同时确认持卡人的数字签名。

订单信息通过商家验证后，由商家对其进行数字签名，然后将商家签名后的订单发送给持卡人，表明持卡人的订单信息已经被商家所接受，随后，将响应消息发送给持卡人。

5. 持卡人接收订单响应

持卡人接收到商家发来的订单响应信息后，首先通过证书信任链验证商家证书的有效性，然后使用商家的公钥验证商家的数字签名，最后接受商家的订单确认，此外，持卡人还可以根据订单的信息跟踪订单状态。

在 SET 协议中，消费者与商家通过 Internet 交易的基本步骤如图 8-8 所示。

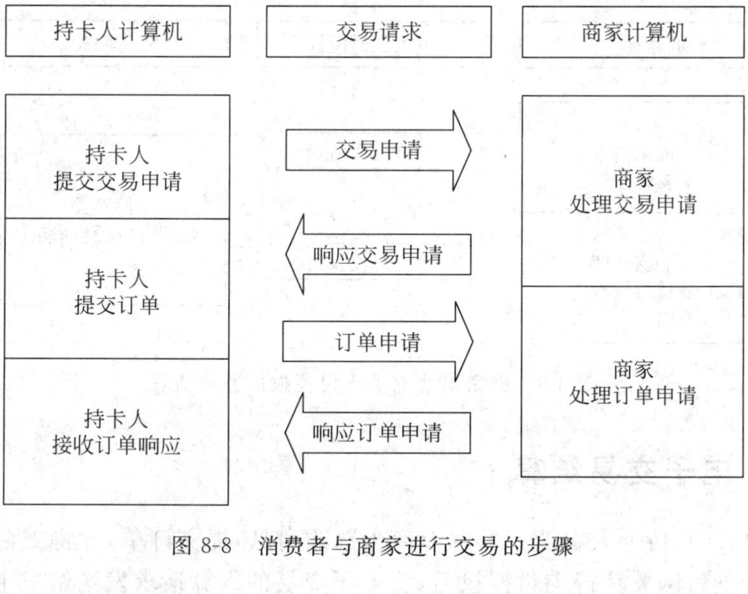

图 8-8 消费者与商家进行交易的步骤

8.6.4 电子支付授权

在 SET 协议中，电子支付授权是指商家向银行支付网关提交电子支付请求，并获得支付授权的过程。电子支付授权的基本步骤如下。

1. 商家请求电子支付授权

商家根据与持卡人签订的电子订单的内容生成电子支付授权请求，并使用自己的私钥对电子支付授权请求进行数字签名。电子支付授权请求的主要内容包括授权支付金额、订单信息中的交易标识号以及其他相关的交易信息。商家随机的产生一个对称加密密钥用于加密电子支付授权请求，再使用银行支付网关的公钥加密，形成数字信封，同时订单中持卡人的支付指令也使用该公钥加密，并连同电子授权请求一起发给银行支付网关。

2. 银行支付网关处理授权请求

银行支付网关收到商家的电子支付授权请求后，首先使用自己的私钥对商家发来的数字信封进行解密，并获得对称加密密钥，再使用此对称加密密钥来解密电子支付授权请求，然后通过证书信任链来验证商家证书的有效性。接着，银行支付网关使用自己的私钥解密持卡人生成的支付指令，以获得持卡人的银行卡账户信息，并使用持卡人的公钥验证持卡人的数字签名，确认支付指令确实由持卡人签署。

随后，银行支付网关比较商家发来的交易标识号和持卡人支付指令的标识号，如果相同则证明交易有效，然后将电子支付授权请求发送给发卡银行，发卡银行验证并响应电子支付授权请求。银行支付网关对发卡银行的电子支付授权响应信息进行签名，再使用商家的公钥加密后发送给商家。

在 SET 协议中，商家向银行支付网关申请电子支付授权的基本步骤如图 8-9 所示。

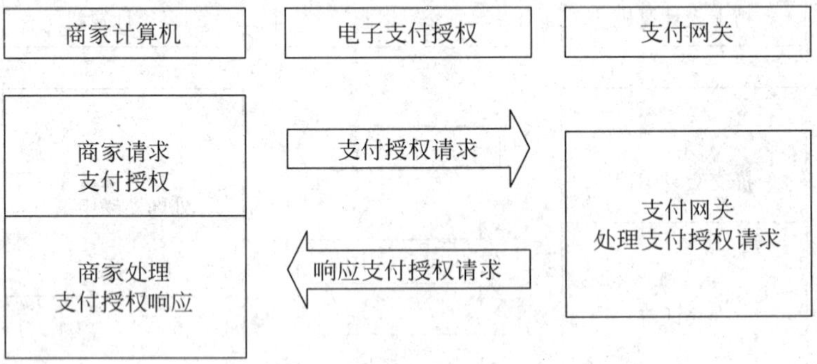

图 8-9　商家申请电子支付授权的基本流程

8.6.5 电子交易结算

在 SET 协议中，持卡人在商家的网上商店选购商品，提交订单，并将支付指令发送给商家，商家在银行支付网关获得支付授权后，将电子交易的结算请求发送给发卡银行来完成结算，结算的主要步骤如下。

1. 商家请求交易结算

商家在获得银行支付网关的电子支付授权后，向持卡人的发卡银行发出交易结算请求。商家将电子交易的订单信息、交易标识号及其他与交易相关的信息发送给持卡人的发卡银行，然后使用随机产生的对称加密密钥加密交易结算请求，再用银行支付网关的公钥加密，形成数字信封，然后发送给银行支付网关。

2. 支付网关处理交易结算请求

银行支付网关收到商家的交易结算请求后，首先使用自己的私钥解密商家发送的数字信封并获得对称加密密钥，并使用该对称加密密钥解密交易结算请求，然后，验证商家数字签名的有效性，确认交易结算请求的有效性。

银行支付网关将交易结算请求通过金融机构的内部网络传送给持卡人的发卡银行，并完成结算。最后，银行支付网关对交易结算响应签名后发送给商家。

3. 商家处理交易结算响应

商家首先通过证书信任链验证银行支付网关的身份有效性，然后验证银行支付网关生成的交易结算响应的有效性，最后获得对称加密密钥并解密交易结算响应。商家存储解密后的交易结算响应，并将其与商家收单银行提供的交易结算信息进行比较，以核实交易金额。到此，整个 SET 协议过程结束。

在 SET 协议中，商家通过银行支付网关完成电子交易结算，电子交易结算的基本步骤如图 8-10 所示。

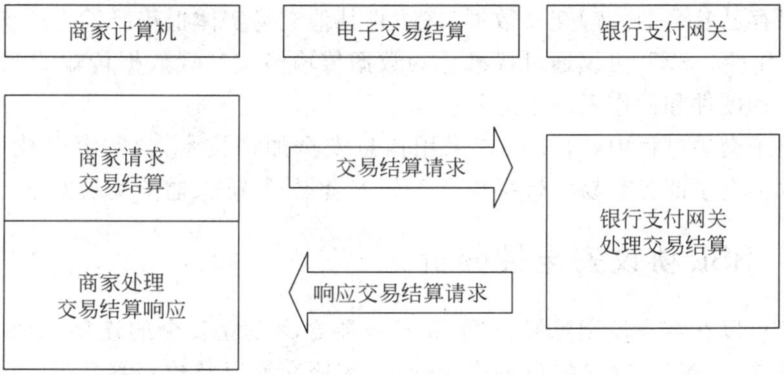

图 8-10 电子交易结算流程

8.7 协议安全性分析

电子支付协议主要有 SSL 协议和 SET 协议。电子支付协议与网络协议相结合可以实现网络安全通信。电子支付协议可以实现电子商务交易数据的保密性、完整性、身份可认证性和抗抵赖性，可以在公共网络上建立安全传输通道，保证通信数据的安全。

SSL 协议是为保证网络通信安全而设计的网络安全通信协议，主要是在发送者与接收者之间建立安全信道，实现保密通信。电子商务系统应用 SSL 协议可以实现客户端浏览器到 Web 服务器之间的安全通信。SET 协议是基于银行信用卡的电子支付协议，可以实现电子交易数据的保密性、完整性、身份可认证性和抗抵赖性。

8.7.1 SET 协议安全性分析

SET 协议是基于信用卡的电子支付协议，为电子商务交易提供了一种基于 Internet 和第三方支付机构的电子支付方式。SET 协议的参与实体包括持卡人、在线商家、支付网关，可以通过认证机构 CA 实现实体身份验证，以确保电子商务实体身份的真实性。所以，SET 协议为电子商务交易提供了一个安全的电子支付平台，可以保障电子商务交易数据的机密性、完整性、身份可认证性和抗抵赖性。SET 协议的安全性包括如下几个方面：

(1) 信息的机密性。SET 协议为保证通信数据安全，在传输敏感信息时加密传送，以防止非法用户获取通信数据，例如持卡人的账户信息和电子订单信息。SET 协议通常采用数字信封来实现保密通信。

(2) 数据的完整性。SET 协议采用数字摘要算法实现数据完整性校验，发送方在发送数据前计算通信数据的数字摘要值，然后对其进行数字签名和加密，并将密文发送给接收方。接收方对密文进行解密和验证，以保证通信数据在传输过程中内容未发生变化。

(3) 身份的可认证性。SET 协议通过数字证书和数字签名来实现交易实体身份的有效性验证。CA 为交易实体颁发和管理数字证书，验证者利用数字证书的公钥对数字签名进行验证，以证明实体身份的真实性。

(4) 交易的抗抵赖性。SET 协议利用数字签名技术来保证交易数据的不可否认性，交易实体通过保存已签名的关键交易数据，来防止其他交易实体抵赖已发生的交易行为。

(5) 互操作性。SET 协议通过标准化的数据传输格式实现数据传输的兼容性，SET 系统可以在不同的硬件和操作系统上运行。

在整个电子交易过程中，SET 协议采用信息安全加密技术、数字签名技术和数据完整性校验等技术为电子商务交易实体提供全面的安全保护，确保电子交易安全。

8.7.2 SSL 协议安全性分析

SSL 协议可以在客户端浏览器与 Web 服务器之间建立安全的连接。SSL 协议可以提供服务器身份认证、基于 TCP 协议的安全通信、密钥交换以及数字签名与验证等安全服务。SSL 协议的安全性主要包括以下几个方面。

1. 保密性

SSL 协议采用信息安全技术的对称加密算法和非对称加密算法来实现保密通信，在客户端浏览器和 Web 服务器之间建立一个基于 TCP 连接的安全信道。SSL 协议在通信前使用会话密钥加密所有通信数据，以实现客户与服务器之间的安全通信。此外，为适应不同用户的安全需求，会话密钥和加密算法可以根据具体情况进行选择。

2. 身份可认证性

SSL 协议利用数字证书来实现通信实体的身份认证。客户端与服务器通过握手协议来协商会话密钥和加密算法,同时,客户端与服务器可以在此期间相互交换数字证书,实现身份认证。在握手协议阶段,服务器将自己的证书发给客户端,客户端通过服务器证书来验证其身份的真实性。同样,服务器也可以采用同样的方法来验证客户端身份的有效性。

3. 完整性

SSL 协议采用信息安全技术的数字摘要算法实现数据完整性校验。SSL 协议的发送方在发送数据前计算通信数据的数字摘要值,然后对其进行数字签名和加密,并将密文发送给接收方。接收方对密文进行解密和验证,以保证通信数据在传输过程中的完整性。

SSL 协议的主要功能是实现客户端与服务器之间的安全通信,可以实现通信数据的保密性、完整性和身份可认证性。SSL 协议采用信息安全加密技术、数字签名技术和数据完整性校验等技术实现基于 Internet 的网络安全通信。

8.8 SSL 与 SET 的比较

SSL 协议和 SET 协议是两个广泛应用于电子商务安全交易的电子支付协议,两者均可以为电子商务提供一个基于 Internet 的安全通信平台,以保证电子交易数据在 Internet 上安全地传输,实现通信数据的保密性、完整性、身份可认证性和抗抵赖性。但是,两者之间的区别也较为明显,SSL 协议不是专门为电子支付设计的安全通信协议,而 SET 协议是专门为电子支付设计的安全通信协议,因此 SSL 协议相对于 SET 协议缺乏商务性和集成性。此外,SSL 协议相对 SET 协议比较简单,通过握手协议就可以在通信双方之间建立起安全的数据传输通道,实现安全通信。而 SET 协议相对比较复杂,具有安全强度高、可实现多方认证和更适合于信用卡等诸多优点。

8.8.1 SSL 与 SET 的特点

SSL 协议可以实现客户机与服务器之间的安全连接与通信,主要功能是基于 TCP 连接建立安全的数据传输通道,实现通信数据的保密性、完整性和身份可认证性。SSL 协议之所以被广泛应用,是因为它已经被绝大多数 Web 浏览器和服务器内置和支持。网上银行和金融机构的服务器通过内置 SSL 协议来实现电子支付数据的安全传输,电子交易的客户、商家和网上银行可以通过 SSL 协议来传输电子交易和电子支付数据,实现安全的交易与结算。

SET 协议是可以实现多方认证的电子支付协议,基于证书认证体系实现持卡人、商家、银行之间的身份认证,保证电子交易的安全性。而 SSL 协议是面向连接的安全通信协议,只支持双方认证,仅能在客户机与服务器之间建立安全连接。SET 协议支持协议各方之间的身份认证,能够在银行内部网或者 Internet 上传输数据,而 SSL 协议的客户机浏览器只能与 Web 服务器安全通信。SET 协议与 SSL 协议相比具有以下优点:

(1) SET协议具有良好的抗抵赖性。SET协议通过建立完备的身份认证体系来实现交易实体身份的认证,可以有效地防止交易抵赖,降低商家的运营和管理成本。

(2) SET协议安全性更高。SET协议采用双重签名技术,使商家只能看到持卡人的电子订单信息,而无法看到持卡人的账户信息;相反,银行只能看到持卡人的账户信息,而不能看到此账户持有人的订单信息。SET协议保证了电子交易的匿名性,使在线购物更加安全。

(3) SET协议更适用于信用卡。SET协议是基于信用卡设计的电子支付协议,可以实现交易实体之间的多方认证,可以有效地保证交易数据的保密性、完整性、身份可认证性和抗抵赖性。

(4) SET协议具有更好的互操作性。SET协议采用标准化的数据传输格式来实现数据传输的兼容性,SET系统可以在不同的硬件和操作系统上运行。

(5) SET协议具有更高的灵活性。电子支付系统可以采用SET协议的一部分或者全部,例如,客户与商家之间的安全通信采用SSL协议,而与银行之间的安全通信采用SET协议,这样既可以避免在客户机上安装电子钱包软件,同时又可以充分利用SET协议的优点。

SET协议与SSL协议相比具有更高的安全性,但SET协议相对更复杂,要求客户机、商家服务器和银行网络安装SET系统软件,并且需要所有交易实体拥有数字证书。

随着电子商务的快速发展,电子支付安全成为电子交易的核心问题。虽然SSL协议可以在Internet上安全地传输客户的信用卡号和订单信息,但是其安全性相对于SET协议较低。因此,SET协议将在基于Internet的电子支付交易中占据主导地位。虽然如此,SET协议因其相对比较复杂,在较短时间内很难完全取代SSL协议,在此期间,商家会根据交易系统的具体安全需求选择支付协议,所以SSL协议和SET协议会同时并存。

8.8.2 SSL和SET的性能比较

SSL协议相对于SET协议成本低、速度快、使用简单,已经被绝大多数Web浏览器和服务器内置和支持。SET协议与SSL协议相比具有更高的安全性,但SET协议相对更复杂。SET协议和SSL协议对客户端计算机、商家的电子商务服务器、支付网关服务器的影响也存在着较大的区别。

1. 对客户端计算机的影响

SSL协议和SET协议对客户端计算机的性能影响很小,因为客户端计算机需要处理的事务相对简单,只需提供客户的信用卡信息、基本支付信息或数字证书,与商家服务器的通信速度主要取决于网络速度和商家服务器的处理能力,而与SET协议和SSL协议本身无关。

2. 对电子商务服务器的影响

在电子支付协议中,电子商务服务器提供多种功能,包括系统安全保护、电子商务系统的运营和管理以及电子支付安全。SET协议相对于SSL协议较复杂,需要执行多次加密、数字签名和实体身份验证,对系统的软件和硬件要求明显要高于SSL协议,因此,对电子商务服务器的影响较大。

但是，随着计算机技术和信息安全技术的发展，SET 协议的性能将会得到显著提高，这些技术主要包括：多处理器技术、云计算技术、集群技术、高速加密芯片以及椭圆曲线加密技术等。对于小型和中型的电子商务系统，应用 SSL 协议与 SET 协议在费用上并没有明显差别，但是，对于大型的电子商务系统，应用 SET 协议在设备及技术上的投入要明显高于 SSL 协议。

本章小结

本章主要介绍了安全套接层协议 SSL 和安全电子交易协议 SET 的基础知识，主要包括 SSL 的握手协议和记录协议、SSL 所采用的加密和认证算法、SET 的证书管理和交易过程以及 SSL 和 SET 的安全性分析等。重点掌握 SSL 的握手协议和记录协议的基本内容，并熟练掌握 SSL 所采用的加密和认证算法；重点掌握 SET 证书管理的主要内容和整个协议的执行过程；重点掌握 SET 协议与 SSL 协议各自的优点和缺点，并掌握在大型的电子商务系统中 SET 对计算机软件和硬件的要求要明显高于 SSL，同时，要了解计算机技术的发展有利于提高 SET 的性能。

本章习题

1. 请简述 SSL 协议的基本功能，并说明 SSL 协议与 TCP/IP 协议之间的关系。
2. 请简述 SSL 协议主要包括几个子协议，并简述它们各自的功能。
3. 请简述 SSL 协议所采用的主要加密算法和认证算法。
4. 请简述 SET 协议中证书认证体系的基本结构，并简述各级 CA 的主要功能。
5. 请简述 SET 协议的基本流程。
6. 请简述 SSL 协议与 SET 协议的基本区别。

第9章 第三方电子支付

第三方电子支付基于中介模式为电子商务交易提供安全、便捷的支付服务。独立于消费者、商家和银行的第三方支付机构的主要功能是为电子交易提供安全、高效的电子支付与结算服务。第三方电子支付平台可以为消费者、商家和金融机构提供电子化的资金流转和清算服务。目前，第三方电子支付已经成为电子支付的主要模式，在一定程度上规范和约束了电子交易双方的行为，使电子交易更加安全和公平、服务更加规范和标准。本章将主要介绍第三方电子支付平台的总体结构、发展历史、支付流程与分类以及网络结构等。

9.1 第三方电子支付模式

第三方电子支付平台主要是以独立于消费者、商家和银行的服务中介的形式向开展电子商务业务的企业提供安全、可靠的电子支付服务，不直接从事具体的电子商务活动。第三方支付机构通常与国内和国外的各大银行签约，为消费者和商家提供安全、高效的电子支付与结算服务。第三方电子支付平台属于服务中介机构，主要以第三方担保形式为电子交易提供支付服务。

在电子商务交易过程中，买方在商家提供的网上商店选购商品并提交订单，使用第三方电子支付平台提供的支付账户支付货款；第三方电子支付平台在收到买家支付的货款后，通知卖家发货；买方收到商品并验收，并通知第三方电子支付平台付款给卖方；第三方电子支付平台将货款转至卖家账户。与传统的银行支付方式相比，第三方电子支付平台可以有效地阻止电子交易中的欺诈行为。第三方电子支付平台的工作流程如图 9-1 所示。

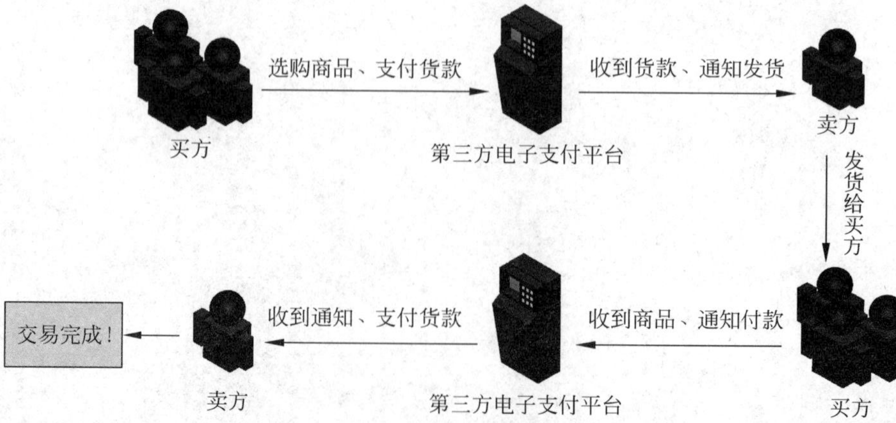

图 9-1 第三方电子支付平台的工作流程

9.2 第三方电子支付平台概述

第三方电子支付模式的支付网关介于互联网与金融服务机构的金融专网之间，主要功能是在互联网与金融专网之间建立安全的数据传输通道，实现电子支付数据的安全传输、协议转换和加/解密等服务，起到隔离和保护金融专网的作用。第三方电子支付系统的支付网关可以连接多家银行的内部专网，并为在线商家提供统一的支付接口，使商家可以选择多家银行的电子支付业务。第三方电子支付平台的总体结构如图 9-2 所示。

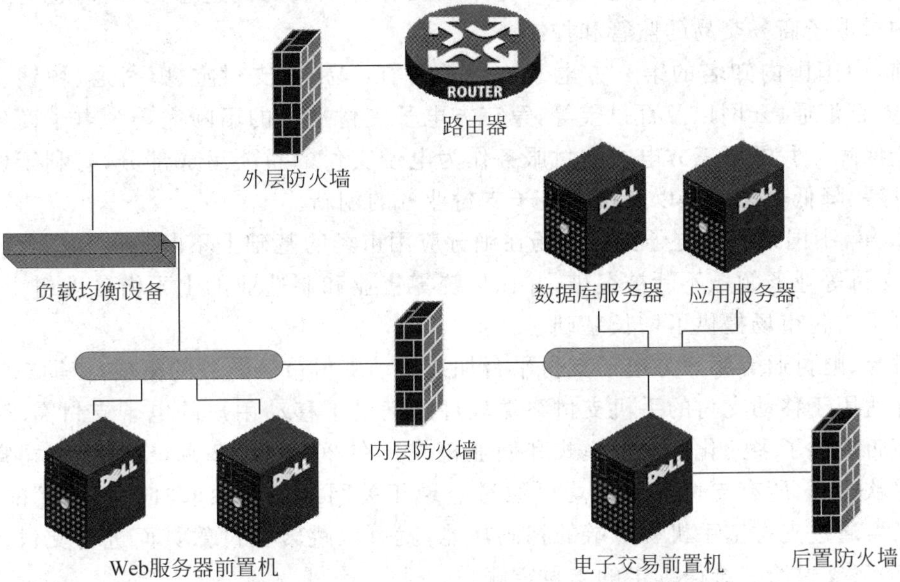

图 9-2　第三方电子支付平台的总体结构

第三方电子支付平台的主要设备包括路由器、外层防火墙、内层防火墙、后置防火墙、负载均衡设备、数据库服务器、应用服务器、Web 服务器前置机、电子交易前置机等。

第三方电子支付模式通过提供安全、快捷、经济和中立的资金流转方式，降低了资金流转风险和交易成本，为电子商务安全交易提供了一个良好的资金流转平台，完善了电子商务运行体系架构，有效地解决了电子商务的支付瓶颈问题。

9.2.1 国内第三方电子支付的发展

随着计算机、网络和通信技术的快速发展，使电子商务经营模式的优势不断展现，并得到快速发展和完善。第三方电子支付平台的出现为电子商务系统的发展和完善提供了基础，为电子商务交易提供了一个安全的支付平台。

国内具有代表性的第三方电子支付系统是阿里巴巴旗下的支付宝，支付宝因其体系架构比较完善、应用接口简单等诸多优势，使其成为国内主流的第三方电子支付工具。国内最早的第三方电子支付系统采用支付网关模式，这种模式的主要特点是仅提供支付通道，并不涉及电子交易的内部管理。随着第三方电子支付平台的快速发展，以及支付宝、财付通等第三方电子支付工具在电子交易中的广泛应用，基于信用中介模式的跨行、跨区域的电子支付和结算服务得到迅速发展。

目前，全国具有较大规模的第三方电子支付服务机构已达20余家。艾瑞咨询的统计数据显示，在2012年中国第三方电子支付业务的交易规模达12.9万亿元，同比增长54.2%，并预计到2016年，中国第三方电子支付业务的交易规模将突破50万亿元。中国第三方电子支付市场的交易规模的统计数据包括非金融机构的企业提供的互联网支付业务、银行卡收单、移动支付以及电话支付等第三方电子支付业务的总和。易观国际的统计数据显示：在2012年，中国第三方互联网支付业务的规模达到3.8万亿元。第三方电子支付业务的发展对于推动我国电子商务的快速、稳步、健康发展有着积极的促进意义，同时也有利于金融管理机构对电子商务交易的监管和控制。

目前，中国国内知名的第三方电子支付平台有：易宝、支付宝、财付通、快钱、首信易、ChinaPay、百汇通、云网以及百付宝等，第三方电子支付平台的不断完善为电子商务交易提供了安全保障。我国第三方电子支付服务作为电子支付的重要组成部分，有利于促进电子商务的发展、降低交易成本以及推动电子支付业务的创新。

2012年，中国第三方电子支付市场在细分应用市场的基础上不断拓展和深化，保险、基金、跨境支付等业务领域不断被突破，并在传统零售业和制造业的上下游产业链上延伸，为第三方电子支付市场提供了增长基础。

支付宝、财付通等第三方电子支付平台加速移动支付市场业务的拓展，借助二维码识别技术设计适用于移动支付的手机支付终端软件。满足了移动用户的电子支付需求，为中小型网上商店提供了多元化的支付模式和商业模式。在2012年12月，支付宝公司宣布推出二维码收款业务，所有支付宝用户均可通过登录相关网站免费领取“向我付款”的二维码。消费者只需通过支付宝手机客户端的扫码功能，就可以跳转至付款页面进行支付。交易成功后，款项将支付给二维码绑定的支付宝账户。

根据易观国际在2012年的统计数据，2005年中国第三方互联网支付市场交易规模是152亿元，2008年增长到2355亿元，2011年中国第三方互联网支付市场交易规模达2.16万亿元，2012年中国第三方互联网支付市场交易规模已经增长到3.8万亿元。

如图9-3所示，2012年第三方电子支付平台所占市场交易份额的基本情况。支付宝以46.6%的市场份额大幅领先于其他支付企业，财付通和银联网上支付分别以20.9%和11.9%占据市场第二位、第三位。艾瑞咨询的统计数据显示，预计2013年中国第三方互联网支付市场交易规模将达到5.7万亿元。

在2005年2月，阿里巴巴集团的淘宝网与中国工商银行、建设银行、招商银行等国内多家金融机构合作，投入3000万美元创建第三方电子支付平台“支付宝”，如图9-4所示。支付宝以信用中介的方式为电子商务交易双方提供担保服务，有效地阻止了交易欺诈行为。

根据支付宝公司官网公布的数据，截至2012年12月，支付宝注册账户突破8亿，日交易额峰值超过200亿元人民币，日交易笔数峰值达到1.058亿笔。目前，有超过46万的商家和合作伙伴采用支付宝的在线支付和无线支付业务，范围涵盖了B2C购物、航旅机票、生活服务、理财、公益等众多方面。支付宝已经跟国内外160多家银行以及VISA、MasterCard等国际组织建立了深入的战略合作关系，成为金融机构在电子支付领域最为信任的合作伙伴。

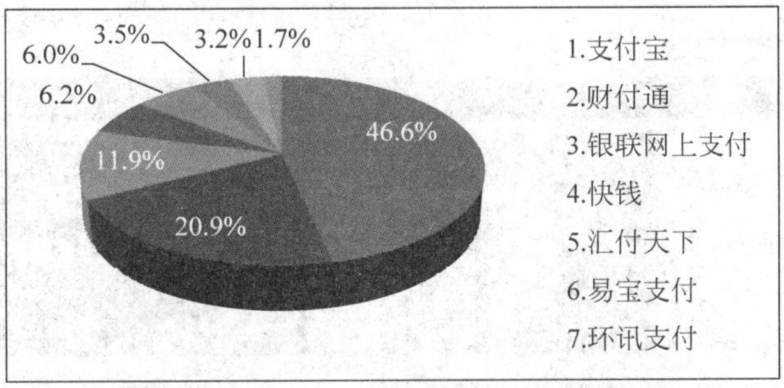

图 9-3　2012 年第三方电子支付平台所占市场交易份额

图 9-4　第三方电子支付平台“支付宝”

在 2005 年 9 月，腾讯公司正式推出第三方电子支付平台“财付通”，致力于为互联网用户和企业提供安全、便捷、专业的在线支付服务，如图 9-5 所示。财付通的业务范围覆盖 B2B、B2C 和 C2C 等领域，为电子交易提供网上支付服务。对于个人用户，财付通提供包括在线充值、提现、支付、交易管理等功能；对于企业用户，财付通提供安全、可靠的支付清算服务和 QQ 营销服务。

在 2005 年 4 月，北京通融通信息技术有限公司正式推出第三方电子支付平台“易宝支付”，易宝支付集成了互联网、手机和电话为电子商务交易提供多元化、低成本、安全的第三方电子支付服务，如图 9-6 所示。目前易宝支付已与 IBM、中国工商银行、中国招商银行、VISA 国际信用卡组织、中国联通、上海电信等组织和机构建立了战略合作伙伴关系。

图 9-5 第三方电子支付平台“财付通”

图 9-6 第三方电子支付平台“易宝支付”

目前,中国第三方电子支付行业正处于发展的关键时期,主要表现在行业整体交易规模的持续高速攀升,以及监管部门已经开始制定相关政策和规范。此外,第三方电子支付行业正在以一个更加开放和多元化的发展姿态向各种新兴的应用领域拓展。随着政府监管和行业应用的不断深入和完善,中国第三方电子支付会更加健康、稳定和快速地发展。

第三方电子支付的应用领域不断拓展,主要表现在两个方面:一方面,基金、保险和物流等领域将引入第三方电子支付系统,第三方电子支付服务将渗透到更多的应用服务领域;另一方面,随着政府监管不断完善,第三方电子支付模式也将吸引更多相关投资机构的关注,非金融机构和企业将加大对第三方电子支付行业的投入,行业资本将更加充裕。

9.2.2 国外第三方电子支付系统

第三方电子支付的思想源于美国的独立销售组织制度,为解决电子商务的资金安全流转问题,被应用于电子支付。随着电子商务在美国的快速发展,第三方电子支付机构在美国应运而生,主要目的是为电子商务系统提供资金结算等金融服务,其中 eBay 旗下的 PayPal 已经成为全球最具实力的第三方电子支付平台。第三方电子支付系统是融支付工具、安全技术、认证体系、信用体系于一体的资金流转平台,有效地降低了银行、商家、消费者之间的资金流转成本和次数,提高了电子交易系统的安全性和资金流转效率,为用户和电子商务系统的运营者提供了更多的信用担保和技术保障。

国外知名的第三方电子支付服务机构主要有:美国的 PayPal、荷兰的 GlobalCollect、美国的 GoogleChecout、英国的 WorldPay、英国的 MoneyBookers、美国的 MoneyGram、加拿大的 AlertPay、澳大利亚的 eWay 以及澳大利亚的 PayMate 等。

在全球范围内,美国的 PayPal 是最成功的第三方电子支付平台,总部设在美国的加利福尼亚州的圣荷西市。1998 年 12 月,由 Peter Thiel、Max Levchin 和 Elon Musk 创立。PayPal 获得的巨大成功依赖于特定的金融支付业务的支撑环境、准确的市场定位与恰当的市场时机、灵活坚决的扩张战略与有效的风险控制措施、特定的法律与政策环境等。PayPal 第三方电子支付系统主要为网络用户提供安全、便捷的电子支付和结算服务。随着 PayPal 支付业务的拓展,使之很快成为美国最大规模电子商务网站 eBay 的电子支付系统。eBay 于 2002 年 7 月宣布出资 15 亿美元收购 PayPal,目前 PayPal 在全球拥有 1.28 亿活跃账户,适用于全球 193 个国家和地区的 25 种货币,主要用户有消费者、网上商店、开展电子商务的企业以及个人卖家,PayPal 电子支付系统的广泛应用促进了跨地域、跨币种、跨语言的电子商务业务的快速发展。

PayPal 是基于用户的银行账户和信用卡的电子支付系统,用户通过个人或公司的 E-mail 注册 PayPal 账户。PayPal 用户首先通过银行账户或信用卡账户为 PayPal 账户充值,充值后用户在电子交易过程中就可以通过 PayPal 账户进行支付、提现或转账。付款人和收款人通过 PayPal 提供的电子支付系统实现跨行、跨国和跨币种的转账和结算,PayPal 已经成为一种快捷、安全的电子支付服务,有效地促进了电子商务的快速发展。

9.2.3 第三方电子支付平台的分类

第三方电子支付已经成为金融支付体系的重要组成部分,其发展历程可以分为三个阶段：支付网关模式、信用中介模式、便捷支付工具模式。其中信用中介模式是推动第三方电子支付发展的主要动力，在国内该支付模式首先被支付宝采用，并且支付宝已经将其成功地应用于第三方电子支付平台中。随着第三方电子支付的发展，支付平台开始具有支付工具的特点，使之成为便捷的支付工具，用于智能通信终端的移动支付业务。

1. 支付网关模式

支付网关模式的第三方电子支付平台充当了电子交易实体与银行之间的通信接口，消费者通过第三方电子支付平台付款给商家，第三方电子支付平台为商家提供一个可以兼容多家银行的支付接口，使商家可以选择多家银行的电子支付业务。第三方电子支付模式的支付网关介于互联网和金融专网之间，主要功能是在互联网与金融专网之间建立安全的数据传输通道，实现电子支付数据的安全传输、协议转换和加/解密等服务，起到隔离和保护金融专网的作用。支付网关模式的第三方电子支付平台的结构如图 9-7 所示。

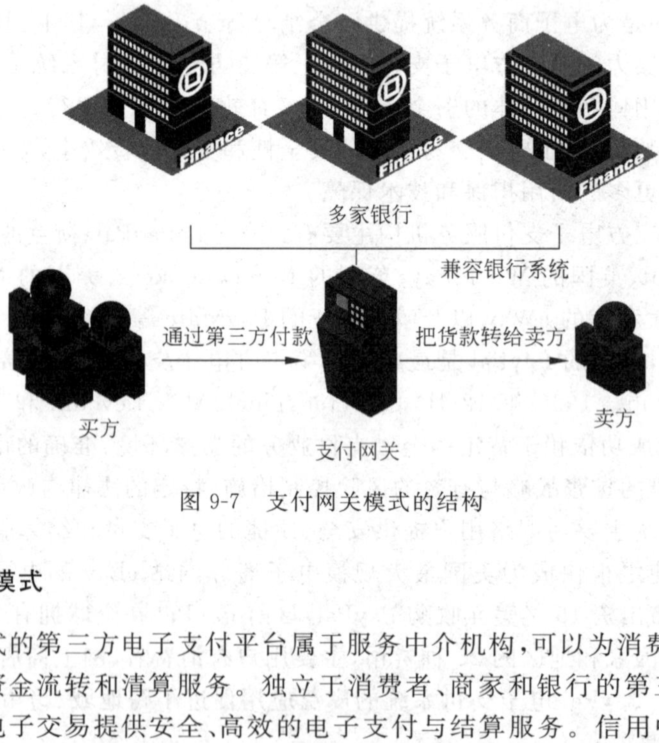

图 9-7　支付网关模式的结构

2. 信用中介模式

信用中介模式的第三方电子支付平台属于服务中介机构，可以为消费者、商家和金融机构提供电子化的资金流转和清算服务。独立于消费者、商家和银行的第三方电子支付机构的主要功能是为电子交易提供安全、高效的电子支付与结算服务。信用中介模式为交易双方提供了诚信交易的基础，信用中介的主要功能是实行“代收代付”和“信用担保”。电子交易双方达成交易意向后，买方先将货款存入其在第三方电子支付平台开设的账户，并由支付平台通知卖家发货，买家收货后通知支付平台，支付平台将买方预先支付的货款划至卖家在支付平台上开设的账户。信用中介模式的实质是以支付平台作为信用中介，在买家与卖家之间建立信任关系，以确保电子交易的安全性和公平性。

3. 便捷支付工具模式

便捷支付工具模式的第三方电子支付平台具有支付工具的特点，用户在第三方电子支付平台注册的账户或电子钱包具有支付工具的功能，账户内的资金具有电子现金的功能，资金可以从一个账户转到另外一个账户，实现电子交易支付。目前金融机构提供的电子支付工具主要有储值卡、信用卡、电子现金、电子支票以及电子钱包等。电子支付工具为电子商务交易提供了一个安全、公平、高效的支付手段，并成为电子支付系统的核心。便捷支付工具模式主要提供两类支付服务。

第一类是基于互联网的电子支付服务。截至 2012 年 12 月，支付宝注册账户突破 8 亿，日交易额峰值超过 200 亿元人民币。目前，有超过 46 万的商家和合作伙伴选用支付宝，范围涵盖了 B2C 购物、航旅机票、公共事业缴费、信用卡还款、转账收款、电信缴费、理财等功能。支付宝已经跟国内外 160 多家银行以及 VISA、MasterCard 等国际组织建立了深入的战略合作关系，成为金融机构在电子支付领域最为信任的合作伙伴。

第二类是基于手机客户端的移动支付业务。截止 2012 年底，中国手机用户达到 11 亿户，随着 3G 时代的到来，移动支付业务将会日趋成熟，移动支付与终端用户绑定得更加紧密，支付工具的属性也将更加明晰。支付宝、财付通等第三方电子支付平台相继推出了面向主流智能手机操作系统的手机支付客户端，将成为未来手机支付市场的主导者。支付宝公司的移动支付平台如图 9-8 所示。

图 9-8　支付宝公司的移动支付平台

第三方电子支付平台采用与众多银行合作的方式为电子交易实体提供电子支付和结算服务。对于商家来说，不需要安装各种银行认证软件，明显地降低了运行成本和简化了支付流程，并且提高了电子支付系统的安全性；对于银行来说，直接利用第三方电子支付平台为消费者和商家提供支付服务，有利于银行节省管理成本和支付网关开发成本。此外，第三方电子支付平台通过提供增值服务方式来满足用户的交易管理和数据分析等方面的需求，例如，商家可以实时查询交易信息和分析交易数据，为用户提供及时方便的退款和支付服务，以及对交易内容进行详细的记录，有效地阻止交易抵赖行为，并为可能出现的交易纠纷保留电子证据。实际上,第三方电子支付模式是同时解决支付安全问题和交易诚信问题的最理想解决方案。

9.2.4 第三方电子支付存在的问题

1. 沉淀资金的安全问题

在电子交易过程中,交易资金会暂存于第三方电子支付平台,因此,第三方电子支付平台会产生大量的沉淀资金。随着第三方电子支付平台的沉淀资金的规模不断扩大,沉淀资金的安全问题和支付风险问题就会成为关注的焦点。支付中介形式的第三方电子支付平台具有吸取资金的功能,通常买家首先将货款支付给第三方电子支付平台,然后经过一段时间,卖家发货给买家,并经过买家确认后,第三方电子支付平台才将货款支付给卖家。因此,在交易过程中,大量的交易资金沉淀在第三方电子支付机构里。沉淀资金的规模与第三方电子支付平台的交易规模和交易资金的滞留时间相关。因此,随着交易规模的增大,第三方电子支付平台的安全风险和影响范围也会不断加大。尤其是部分在第三方电子支付市场竞争失利的公司,可能因为经营和管理不善而关闭、转产、破产,支付平台留存的用户资金如何保全和退偿也将是一个不可回避的问题。虽然第三方电子支付平台在增强网购信心、维护交易公正性方面起到了积极的作用,并且成效显著,但是现在面临的主要问题是怎样保证第三方电子支付平台自身的信用和安全,这是保证第三方电子支付平台沉淀资金安全的关键。

2. 金融风险问题

第三方电子支付平台可能成为非法用户转移资金和套现的工具,由此会带来一定的金融风险。随着电子支付单笔交易额和总体交易额的增加,非法转移资金和套现潜在的金融风险就越大。用户通过第三方电子支付平台套现的方式是采用虚假交易,通过银行卡支付后,资金进入第三方电子支付平台账户,通过账户转移到其他银行账户,从银行提取现金,从而实现套现。银行提供的信用卡都会限定信用额度,用户只能在限额内使用,并且银行提供信用卡等支付工具的目的是促进消费或者是为了方便支付,并不希望用户提取大量现金。但是,用户通过第三方电子支付平台可以避开信用卡的现有控制制度,因为,电子交易基本免费,成本几乎为零,通过这种方式套现简单、方便。

此外,第三方电子支付平台的虚拟货币会给整个金融市场带来无法预测的金融风险,虚拟货币的发行量由提供第三方电子支付服务的服务商决定,其虚拟货币的发行难于监管。目前,虚拟货币能够通过第三方电子支付平台及其他支付渠道与实体货币进行双向兑换,也能用于购买商品,已经具备了实体货币的职能。因此,必须对虚拟货币的发行进行监管,否则,将可能导致与实体货币类似的金融风险。

3. 法律规范问题

在电子交易中,买卖双方与第三方电子支付平台的服务商通过协议建立的服务关系,属于民事法律调整的范畴。但是由于第三方电子支付涉及到用户大量的资金流转和一定期限的资金代管,使其具有金融机构的服务特征,因此,为降低金融风险必须要求金融监管部门的介入,以避免因私自使用资金而带来的风险,维护社会公共利益。目前,各国都有相应的法律来规定电子支付过程中银行与用户之间的权利和义务关系，但是，关于第三方电子支付平台的法律规范和制度还需要完善，以保证电子交易双方的合法权益。提供网络支付服务的第三方电子支付平台聚集了大量的交易资金或者发行了大量的电子货币，实际上已经具备了银行的服务特征，因此制定相应的法律制度来加强监管是降低金融风险的前提。

4. 隐私泄露问题

第三方电子支付平台保存着大量用户的个人资料和支付信息，因此隐私安全问题成为影响第三方电子支付平台发展的关键因素，通常用户会因为支付平台潜在的安全问题而放弃使用。同时，隐私安全问题也会直接影响到用户的支付安全和数据安全，因攻击者盗取用户资料和支付信息而造成的损失将不可估量。

5. 违法犯罪问题

第三方电子支付平台的主要功能是基于公共网络为电子交易双方提供安全的电子支付服务，而无法对交易资金的真实来源和去向以及合法性进行验证，因此使其成为隐秘的金融犯罪平台。一是利用第三方电子支付平台套取信用卡内的现金，以此占用银行的信用资金；二是企业利用第三方电子支付平台进行电子交易，以达到偷逃税款的目的；三是利用第三方电子支付平台的匿名性、隐蔽性、便捷性，进行资金的非法转移、洗钱、诈骗、行贿等非法活动。

此外，第三方电子支付还面临着其他安全问题，例如，信用安全问题。在我国信用安全体系不完善，管理相对落后，用户的有效身份难于确定。因此，能否有效地防范和化解因引入信息技术而导致的系统风险和因采用虚拟货币而形成的支付风险是第三方电子支付成败的关键。

9.3 第三方电子支付的运营模式及风险

第三方电子支付的运营模式主要有支付网关型运营模式、信用增强型运营模式、账户支付型运营模式、移动支付型运营模式等。其中，支付网关型运营模式是发展最早也是最为成熟的一种支付系统运营模式，而目前国内最为流行的支付运营模式是信用增强型运营模式，例如支付宝、财付通等知名的第三方电子支付平台就是采用信用增强型运营模式。随着电子支付技术的发展，会出现许多新的电子支付运营模式，因此，如何提高第三方电子支付系统的服务质量和降低运营风险是运营商急需解决的问题。

9.3.1 第三方电子支付的运营模式分类

电子商务的发展离不开安全的电子支付平台，尤其是第三方电子支付平台的出现，快速地推动了电子商务的发展。相对于欧美等发达国家，我国的电子支付技术起步较晚，尤其在发展初期，发展速度和应用规模与欧美等发达国家存在较大差距。第三方电子支付主要是以独立于消费者、商家和银行的服务中介形式向商家提供安全、可靠的电子支付服务，但不直接从事具体的电子商务活动。目前，中国的电子支付主要有三种运行模式：第一种是根据电子商务网站提供的账户信息自行办理支付手续；第二种是银行提供电子交易的支付与结算服务；第三种是通过第三方电子支付平台来实现电子支付与清算。艾瑞咨询的统计数据显示，在2012年中国第三方电子支付业务的交易规模达12.9万亿元，同比增长54.2%，并预计到2016年，中国第三方电子支付业务的交易规模将突破50万亿元，成为互联网发展最快的行业。经过多年的发展，第三方电子支付已经在市场上形成了几种可靠的运营模式，主要有支付网关型运营模式、信用增强型运营模式、账户支付型运营模式、移动支付型运营模式等。这里所说的运营模式是指第三方电子支付平台采取什么样的方式为电子交易实体提供支付服务，以保证电子交易系统的产品流、服务流和信息流的安全。

1. 支付网关型运营模式

支付网关型运营模式是第三方电子支付平台最早采用的运营方式，其系统结构如图9-9所示。第三方电子支付平台为消费者和商家建立一个共享的支付平台，消费者和商家可以选用多种支付方式和多家银行为其提供电子支付与结算服务。支付网关介于互联网和金融专网之间，主要功能是在互联网和金融专网之间建立安全的数据传输通道，实现电子支付数据的安全传输、协议转换和加/解密等，起到隔离和保护金融专网的作用。支付网关完全独立于电子商务网站，作为电子交易实体与银行之间的通信接口为电子交易提供支付与结算服务。

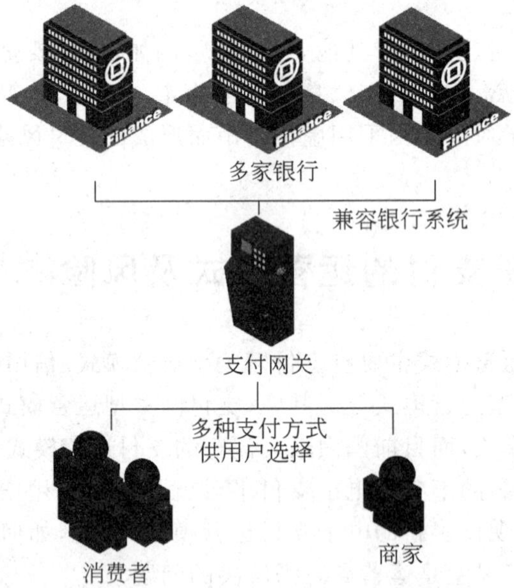

图9-9 支付网关型运营模式的系统结构

在支付网关型运营模式中，商家只需在一家第三方电子支付平台注册，就可以选用与此第三方电子支付平台签约的网上银行的支付和结算业务，为商家节约了接入、维护、对账和结算的成本。同时，银行利用第三方电子支付平台提供的网关设备为消费者和商家提供支付服务，既为银行节省了网关开发成本，又扩展了银行的业务服务范围。支付网关型的电子支付平台的主要客户是中小型企业，其利润来源主要是根据客户的经营规模和特点收取手续费。

2. 信用增强型运营模式

信用增强型运营模式的第三方电子支付平台是电子商务信用体系不完善的产物，电子商务交易双方通过第三方电子支付平台担保来建立信任关系。信用增强型运营模式的主要特点是第三方电子支付平台为电子交易双方提供信用中介服务，即交易双方达成交易意向后，买方先将货款存入其在第三方电子支付平台开设的账户，由支付平台代管货款，买家验货后通知支付平台将货款划至卖家在支付平台上开设的账户。信用增强型的第三方电子支付平台主要面向个人或中小型商户提供支付服务，其利润主要来源于电子交易平台收取的店铺管理费和交易服务费，例如支付宝一直执行在线支付手续免费政策，凭借母公司阿里巴巴丰富的客户资源，成为同类企业的龙头。信用增强型运营模式的第三方电子支付平台属于服务中介机构，以交易中介的方式为电子交易双方提供电子支付、资金清算和交易统计等服务。独立于消费者、商家和银行的第三方电子支付机构的主要功能是为诚信体系不完善的电子交易提供安全、高效的电子支付与结算服务。信用增强型运营模式的第三方电子支付平台的工作流程如图 9-10 所示。

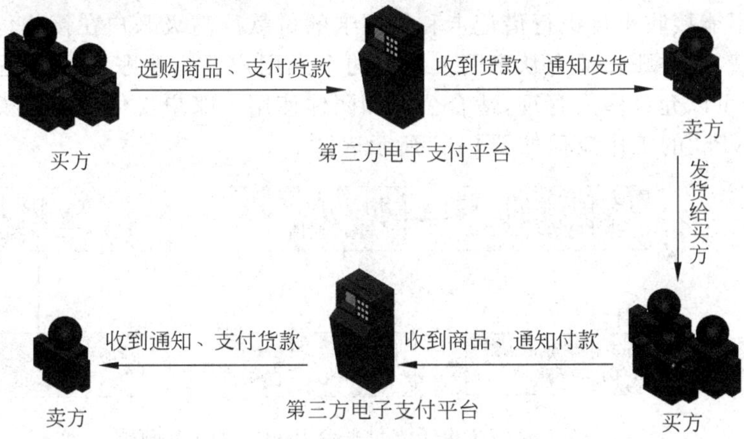

图 9-10　信用增强型运营模式的工作流程

信用增强型运营模式的第三方电子支付平台的交易中介的特点决定了支付资金将在第三方电子支付平台停留较长时间，因此会产生大量的沉淀资金。随着第三方电子支付平台的沉淀资金的规模不断扩大，沉淀资金的安全问题和支付风险问题就会成为关注的焦点。因此，政府相关部门和金融监管机构要加强对第三方电子支付平台的监管，通过制定相应的法律、法规来约束第三方电子支付平台的行为，维护公共利益，防止非法用户利用第三方电子支付平台的匿名性、隐蔽性、便捷性进行套现、洗钱、诈骗、行贿等非法活动。

3. 账户支付型运营模式

账户支付型运营模式的第三方电子支付平台的主要特点是基于消费者和商家的支付账户为其提供电子支付和结算服务。例如 eBay 旗下的第三方电子支付平台 PayPal。PayPal 电子支付系统基于用户的银行账户和信用卡账户为其提供电子支付服务，用户通过个人或公司的 E-mail 注册 PayPal 账户。PayPal 用户首先通过银行账户或信用卡账户为 PayPal

账户充值，充值后用户在电子交易过程中就可以通过 PayPal 账户进行支付、提现或转账。付款人和收款人通过 PayPal 提供的电子支付系统可以实现跨行、跨国和跨币种的支付和结算，PayPal 已经成为一种快捷、安全的电子支付系统，有效地促进了电子商务的快速发展。

电子商务交易过程中，付款人通过 PayPal 系统将货款支付给收款人的主要步骤如下：

首先，用户根据自己的支付需求以 E-mail 地址注册一个 PayPal 账户，然后通过银行账户或信用卡账户为新开立的 PayPal 账户充值。

其次，用户通过 PayPal 账户付款时，将收款人的电子邮件地址提供给 PayPal 系统，并指定汇出金额，然后 PayPal 向收款人发出转账或收款通知，收款人登录 PayPal 账户并接受汇入通知，款项会立即转入收款人 PayPal 账户。

最后，收款人确认款项已经转入 PayPal 账户后则发送商品给付款人。作为 PayPal 用户，收款人可以留存电子交易款项于 PayPal 账户，也可以用于购买商品，还可以通过支票或其他方式将 PayPal 账户的余额兑现。

目前，PayPal 系统的账户分为个人账户、高级账户和企业账户，所有用户都可以免费使用 PayPal 的付款功能，但是对于高级账户和企业账户收款时需要向 PayPal 系统支付一定比例的服务费。PayPal 对于个人账户完全免费，此类账户主要适合网上购物的个人用户，但是此类账户不能接收来自银行借记卡和信用卡的付款。高级账户在接收付款时需缴纳数额较小的服务费，此类账户适合从事网上销售的个人用户。企业账户主要适合从事在线商务活动的企业，可以允许多人管理，适合公司和团体使用。账户支付型运营模式的第三方电子支付平台 PayPal 的工作流程如图 9-11 所示。

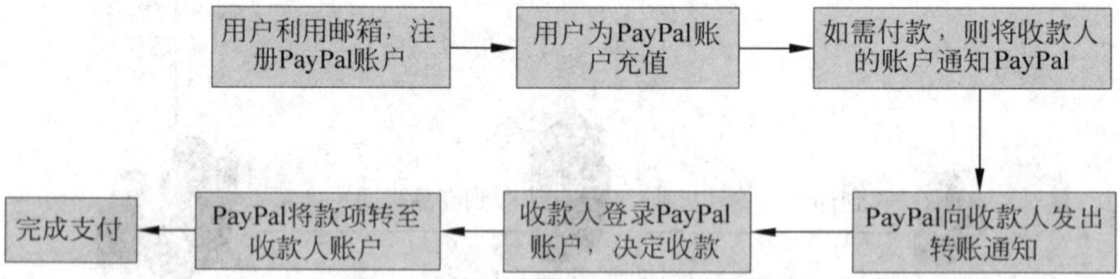

图 9-11　第三方电子支付平台 PayPal 的工作流程

账户支付型运营模式的第三方电子支付平台的主要利润来源是对高级账户和企业账户的收款服务收费。无论是 PayPal 的个人账户、高级账户还是企业账户，付款都是免费的，只是在收到款项的时候才按照账户的不同类型收取不等的手续费。

4. 移动支付型运营模式

移动支付型运营模式的第三方电子支付平台是指以移动终端为支付工具的支付系统。目前中国已成为世界上手机用户最多的国家，截至 2012 年底，中国手机用户达到 11 亿户，全国发行银行卡数量达到 35.34 亿张，手机与银行卡完美的结合推动了移动支付业务的快速发展，随着 3G 时代的到来，移动支付业务将会日趋成熟，支付应用与手机终端用户绑定得更加紧密，手机将成为主要的移动支付工具。

移动支付型运营模式的第三方电子支付平台具有支付工具的特点，用户的资金通过移动支付工具从一个账户转到另外一个账户，实现电子交易支付与结算。支付宝、财付通等第三方电子支付平台相继推出了面向主流智能手机操作系统的手机支付客户端，将成为未来手机支付市场的主要引导者。

9.3.2 第三方电子支付的风险管理

第三方电子支付平台作为目前主要的电子商务支付工具和信用中介，在一定程度上实现了对电子商务交易双方的约束和监督，使电子商务交易更加安全和公平、服务更加规范和标准，并且有效地阻止了交易欺诈。但是，第三方电子支付平台在电子交易数据传输、交易资金管理和法律保障等方面还存在着一定的风险，这些问题将阻碍第三方电子支付业务的拓展。因此，应该制定相应的法律和法规来规范第三方电子支付平台的服务范围，同时，金融监管机构应加强对第三方电子支付平台沉淀资金的监管，降低金融风险，维护公共利益。防范第三方电子支付风险的措施主要有以下几种。

1. 制定相关法律法规

中国人民银行于 2010 年 5 月 19 日颁布《非金融机构支付服务管理办法》(以下简称《办法》)，该《办法》明确规定中国人民银行负责第三方电子支付服务的监管，主要从业务准入、交易行为、备付金管理、经营行为等方面对其实施监督和管理，以规避第三方电子支付平台在运营过程中的各种风险。该《办法》要求第三方电子支付机构在遵循安全、效率、诚信和公平竞争的原则基础上为电子交易双方提供支付服务，不得损害国家利益、社会公共利益和客户合法权益。

但是，该《办法》属于中国人民银行颁布的部门层级的规章制度，其法律层级和效力要低于金融经济方面的法律，面对快速发展的第三方电子支付业务及其对电子商务、金融市场和银行业务产生的深刻影响，显然其无法满足对第三方电子支付进行全面监督和管理的需要。

因此，若对第三方电子支付实施有效地监督和管理，必须完善相关的法律和法规，从法律的多个层面对其进行管理和约束，建立以中国人民银行为监管主体，联合工商行政管理部门、信息产业管理部门以及税收管理等部门，尽快完善与第三方电子支付相关的法律和法规，使对第三方电子支付的监督和管理上升到法律层面，以法律的形式确定从事支付服务的非金融机构的合法性，并对其服务规范、安全保障、风险监管、风险责任的承担进行明确的规定，促使第三方电子支付行业健康有序地发展。

2. 加强多部门的有效监管

第三方电子支付平台基于公共网络为电子交易双方提供支付服务，其业务流程监管涉及互联网、金融服务等多个领域的部门和机构，因此，第三方电子支付平台的风险控制和监管是一项复杂的系统工程，需要建立多行业、多部门的综合监管体系，需要建立以中国人民银行为监管主体，其他工商行政管理部门、信息产业管理部门以及税收等管理部门积极配合，各部门联动的立体监管体系，加大监管的深度和广度，确保第三方电子支付系统安全、可靠地运行。

一是建立完善的监控制度。按照管理制度对第三方电子支付平台进行全面的监测，及时发现问题，对其进行风险评估并采取相应的措施。中国人民银行给第三方电子支付平台发放支付业务许可证前，应对其内控管理制度的安全性进行评估和检查，确保第三方电子支付平台的各项业务和管理活动有明确的内部控制机制。第三方电子支付平台的内部控制机制应满足的基本要求是：分工合理、职责明确、权限适度，要明确内部监控部门的岗位和人员的职责和权限，能够有效地发挥内部监控体系中各职能部门的作用。

二是建立完善的评估体系。依照评估体系对第三方电子支付平台进行评估分级，将服务质量、网络安全、客户利益维护等指标作为评级标准，建立完善、合理的第三方电子支付平台的评级体系，促使第三方电子支付平台不断提升服务和管理水平，降低系统风险。

三是依托高新技术降低管理和控制成本。将新型网络技术和金融管理技术应用于第三方电子支付平台，提高第三方电子支付平台的安全性和运行效率，建立内部监控和外部监督相结合的立体监控机制，形成静态和动态相结合的风险防范监测机制和预警系统，通过高效的风险评估和监控体系对第三方电子支付平台进行监督和管理，及时发送风险预警信息，保护支付系统安全。

3. 限制和监测虚拟货币的发行

通过限制和监测第三方电子支付平台的虚拟货币的发行量来降低系统金融风险，第三方电子支付平台的虚拟货币的发行量应当以系统收取的等值人民币为基础，并要根据第三方电子支付平台的信用等级控制发行规模。为了避免虚拟货币对现行的银行货币制度和供应量产生冲击，必须制定虚拟货币的管控机制，使第三方电子支付平台的风险降低到可控范围之内。

一是要加强对虚拟货币发行量的监测。中国人民银行和其他金融监管机构要将第三方电子支付平台的虚拟货币的发行量列为重点监测项目，可以参照人民币的监测标准对第三方电子支付平台的虚拟货币的发行量进行实时监控。利用网络技术和信息安全技术在金融监管系统与第三方电子支付平台之间建立标准化的数据转换接口，用于检测虚拟货币的发行量，综合评估第三方电子支付系统的风险状况。

二是严格控制虚拟货币的流向。必须严格规定虚拟货币的流向与电子支付的资金流向一致。交易过程中，虚拟货币通过第三方电子支付平台发送给买方，买方再将虚拟货币支付给卖方，购买所需商品，卖方定期到第三方电子支付平台结算。禁止在不同的第三方电子支付平台之间进行虚拟货币的兑换，虚拟货币依照电子支付流程完成交易资金的流转，即完成一个完整的生命周期。

4. 加强反洗钱的监控和管理

第三方电子支付平台的主要功能是基于公共网络为电子交易双方提供安全的电子支付服务，而无法对交易资金的真实来源和去向以及合法性进行验证，因此使其成为隐秘的金融犯罪平台。由于第三方电子支付平台的匿名性、隐蔽性使其成为洗钱和非法资金转移的捷径，日益受到犯罪分子的青睐，因此，必须采取有效措施加强对第三方电子支付平台资金的监控和管理，将其纳入金融监管机构的反洗钱监控范围。金融监管机构统一对第三方电子支付平台进行监管，保存所有交易记录，并通过计算机对交易记录进行分析和审核，及时汇报可疑交易。金融监管机构要求第三方电子支付平台及时向反洗钱机构报送大额和可疑的交易报告。

综上所述，第三方电子支付作为一种新型的电子支付方式，使电子商务交易变得更加安全和公平，使电子支付服务更加规范和标准，并且能够有效地阻止交易欺诈。尽管在法律、资金等方面存在着一定的风险和隐患，但是第三方电子支付平台的优势明显，已经成为目前最适合我国电子商务发展的电子支付方式。

9.4 第三方电子支付平台的网络结构

第三方电子支付系统的各功能模块相互协作，为电子交易双方提供电子支付与结算服务。第三方电子支付系统主要由支付服务器、支付终端设备、安全通信设备、银行支付网关等设备组成。第三方电子支付平台的网络结构设计是否科学和合理将直接影响支付系统的执行效率和安全水平。布局合理、性能可靠的网络结构是实现通信数据的保密性、完整性、可用性、可控性和身份可认证性的基础。

9.4.1 网络结构概述

第三方电子支付平台的网络结构的主要组成部分包括：交易和支付终端设备、网络安全设备、第三方电子支付服务器、银行及各种应用服务器等。消费者利用交易和支付终端设备通过互联网连接电子商务服务器和第三方电子支付平台，并通过第三方电子支付平台与银行等金融机构通信，实现安全的电子交易和支付。第三方电子支付系统利用双机热备份技术、防火墙管理技术、负载均衡技术、应用服务器管理技术以及支付平台数据库管理等技术，管理第三方电子支付平台和电子商务系统应用。第三方电子支付平台的网络结构如图 9-12 所示。

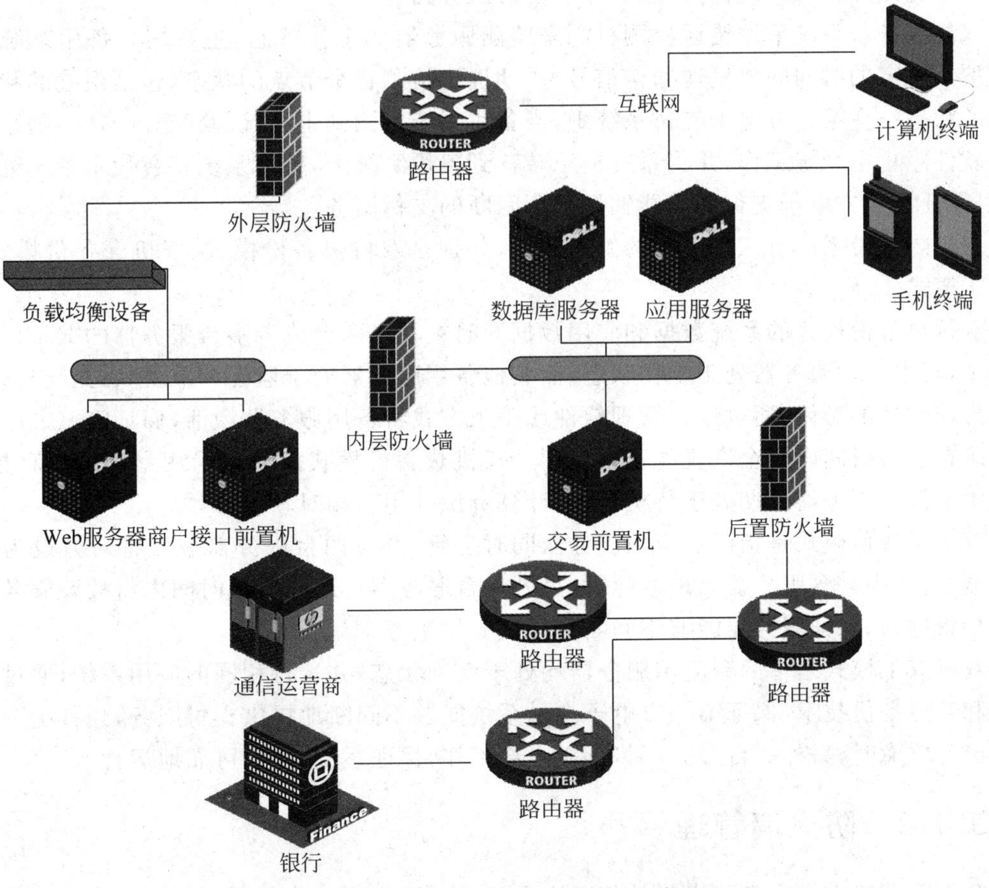

图 9-12　第三方电子支付平台的网络结构

9.4.2 双机热备份技术

双机热备份技术是保证第三方电子支付系统高速、可靠、稳定运行的基础，主要作用是在出现软硬件故障时保证系统数据具有连贯性和容错性，是一种软件和硬件相结合的具有较高容错性的系统备份方案。双机热备份技术具有成本低、安装维护简单、稳定可靠、监测直观等优点，广泛地应用于第三方电子支付平台的数据保护。双机热备份系统主要由两台服务器和一个外接共享磁盘阵列柜以及相应的双机热备份软件组成，外接共享磁盘阵列柜也可以由服务器的RAID(Redundant Array of Independent Disks，独立磁盘冗余阵列)卡代替。

在双机热备份系统中，操作系统和应用程序安装在两台服务器的本地系统硬盘中，整个系统的数据集中存储于磁盘阵列中。第三方电子支付系统的数据集中管理有利于管理和控制，并能够充分保证系统数据的安全性和保密性。双机热备份系统的功能是其中任意一台服务器出现故障时，备份机器将代替主机工作，保证第三方电子支付系统安全、可靠地运行，为系统用户提供不间断的网络服务。

心跳线是主从服务器之间联系的纽带，所谓“心跳”，是一种错误检测机制，指主从系统之间如果连续没有收到心跳信号的数目到了一定的极限，双机热备份软件就认为相应的系统已经出现故障，立即切换主机服务器和备份服务器。

双机热备份系统采用错误检测机制来监测服务器的工作状态，主系统与备用系统之间相互按照一定的时间间隔发送通信信号，周期性地检测各个节点的状态，包括系统的状态和应用的状态。在第三方电子支付系统中，当备用系统检测到主系统的状态异常时，则系统的管理软件停止主系统工作，并将系统资源转移到备用系统上，备用系统将替代主系统继续工作，以保证第三方电子支付系统能够提供不间断的支付服务。

双机热备份系统有三种不同的工作模式，分别是双机热备份模式、双机互备份模式、双机双工模式。

双机热备份模式的系统数据和应用数据同时被写入两台或者多台服务器的RAID磁盘阵列中，其中活动服务器处于工作状态，而其他备用服务器处于监控和准备状态。当活动服务器出现故障的时候，通过运行管理软件或手工方式将备用服务器激活，保证第三方电子支付系统在极短时间内完全恢复能正常使用。双机热备份模式是目前采用最多的一种模式，但是由于备用服务器长期处于待机状态，计算资源利用率相对较低。

双机互备份模式是指两台应用服务器同时运行，并且两台服务器彼此将对方设为备份服务器，当其中一台服务器出现故障时，另外一台服务器可以在极短时间内将故障服务器的应用接管过来，保证服务器能够不间断地提供支付服务。

双机双工模式是指两台应用服务器均处于活动状态，并运行相同的应用系统，通过负载均衡和互为备份技术，保证第三方电子支付系统能够不间断地提供支付服务，当其中一台服务器出现故障时，另外一台服务器将承担全部工作，保证系统持续、可靠地运行。

9.4.3 防火墙管理

防火墙是建立在内部网络与外部网络之间的一道安全防护屏障，可以阻止外部网络对内部网络资源的非法访问。防火墙除了可以有效地阻止来自外部网络的攻击之外，还可以限制内部网络用户访问外部网络的行为和权限。防火墙的最初得名是古时候为防止火灾蔓延在房屋之间砌起的一道墙，而网络系统中的防火墙是内部网络与外部网络之间的安全隔离系统，用来阻挡外部网络对内部网络的攻击。

防火墙由计算机软件和硬件组成，主要负责内部网络和外部网络之间的安全通信。根据不同的分类标准，防火墙可以分为包过滤型防火墙、代理服务型防火墙、混合型防火墙、状态检测型防火墙。

第三方电子支付平台为了保护系统内部的网络安全，在系统的内部网络和 Internet 间设立软件和硬件防火墙，保护系统的内部网络免受外部网络攻击，防火墙在网络中的位置如图 9-13 所示。

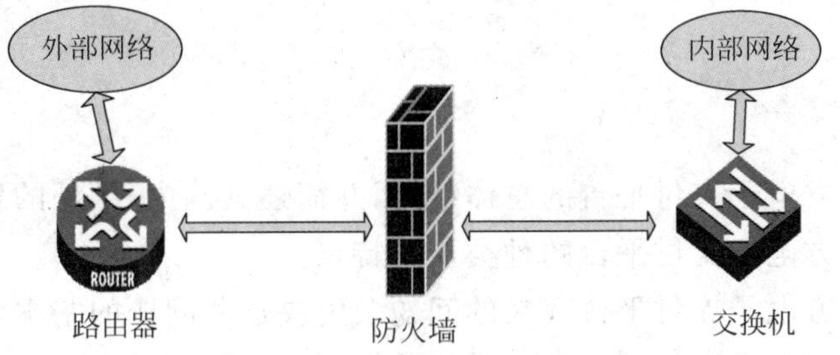

图 9-13 防火墙在网络中的常见位置

9.4.4 负载均衡技术

负载均衡技术是指利用负载均衡设备将网络应用的访问流量分担到多个服务器节点，以增加网络应用的吞吐量、提高网络数据的处理能力、增强网络服务的灵活性和可用性。负载均衡技术提供了一种简单、快捷、有效的方法，来提高网络设备和服务器的处理能力，使其能够承受访问量和数据流量的快速增长，并且能够为网络用户提供持续、稳定的网络服务。

目前，对于访问量和数据流量都较大的网络服务，单一服务器无法满足其处理需求。在此情况下，通过硬件升级也无法满足业务量增长的需求。因此，必须引入负载均衡技术，将网络服务和应用分派给多台节点设备做并行处理，节点设备处理结束后，将结果汇总，并返回给用户，服务系统的处理能力得到大幅度提升，通常将其称为集群技术。

随着电子商务的发展，电子交易系统的访问量迅速增加，第三方电子支付平台的业务量也随之攀升，单一服务器已经无法满足业务需求。因此，在第三方电子支付系统中引入负载均衡技术，可以增加服务器的吞吐量、提高业务数据的处理能力。通常将能够采用负载均衡技术的网络结构称为对等结构，在对等网络中每台服务器都具备同等的地位，都可以单独对外提供网络服务，而无需其他服务器的辅助。并且，可以通过负载均衡技术，将外部的服务请求均衡地分派给对等结构中的每台服务器，接收到请求的服务器独立响应用户的请求。

本章小结

本章主要介绍了第三方电子支付系统的基础知识，主要包括第三方电子支付技术在国内外的发展现状、第三方电子支付系统的分类、第三方电子支付平台的运营模式等。重点掌握第三方电子支付平台的总体结构，并熟练掌握第三方电子支付平台的主要组成包括路由器、外层防火墙、内层防火墙、后置防火墙、负载均衡设备、数据库服务器、应用服务器、Web服务器前置机、电子交易前置机等；重点掌握第三方电子支付平台的主要分类方式以及存在的问题；熟练掌握第三方电子支付平台的主要运营模式及其结构；熟练掌握第三方电子支付平台的网络结构，并掌握负载均衡技术在第三方电子支付系统中的作用。

本章习题

1. 请简述第三方电子支付平台的总体结构，并简述其国内、国外的发展现状。
2. 请简述第三方电子支付平台的种类及其特点。
3. 请简述第三方电子支付平台存在的问题及解决这些问题的基本措施。
4. 请简述第三方电子支付平台的主要运营模式及其特点。
5. 请简述第三方电子支付平台的网络结构。
6. 请简述双机热备份的基本功能。

第10章 电子支付系统的应用

随着计算机技术和通信技术的发展，电子支付作为电子商务交易系统的重要组成部分，已经广泛地应用于各种电子交易系统中。电子支付系统是融购物流程、支付工具、安全技术、认证体系、信用体系以及金融管理体系为一体的综合性管理系统。电子支付是一种高效、便捷的支付方式，交易实体可以在任何时间、任何地点通过公开网络进行电子支付。电子支付系统主要由电子商务结算系统、支付工具、通信网络、认证系统以及金融机构共同组成。电子支付主要应用于网上证券、网上保险以及移动电子商务等交易系统中。本章主要介绍电子支付系统的基本应用，主要内容包括网上银行、网上证券、网上保险以及移动电子商务等。

10.1 电子支付系统应用概述

电子支付系统主要由客户、商家、认证机构 CA、提供电子支付服务的银行以及实现电子支付的网络平台和系统软件等实体共同组成，客户可以将购买商品或服务时所应付的货款通过公开网络支付给商家。电子支付系统的主要构成：一是电子商务系统，商家在互联网上开设的网上商店；二是通信系统，在互联网上传输交易数据和支付指令的通信网络，通常是指第三方电子支付平台或商业银行的网上银行系统；三是汇兑系统，主要是指商业银行内部的资金汇兑系统，例如商业银行内部的清算和结算系统；四是中央银行的清算系统，主要负责各商业银行之间的资金清算和结算工作。电子支付系统的结构如图 10-1 所示。

电子支付系统的基本功能是在公开网络上为电子交易双方提供一个安全的支付平台，实现交易资金的流转和结算，其基本特点如下：

(1) 电子支付系统基于公用网络提供支付服务。电子商务交易双方通过 Internet 或无线网络进行交易，并通过公用网络与银行内部网络通信，实现交易资金的流转和结算。

(2) 电子支付系统基于认证机构 CA 实现交易实体身份认证。基于 Internet 进行电子商务交易，交易双方必须首先彼此验证身份的合法性，因此电子支付系统采用第三方认证机构提供的数字证书来实现电子交易实体的身份认证。

(3) 电子支付系统依赖于银行内部的汇兑和清算系统提供支付服务。电子支付系统将支付指令通过银行支付网关传送给商业银行的资金汇兑系统和结算系统，实现交易资金的流转和清算。

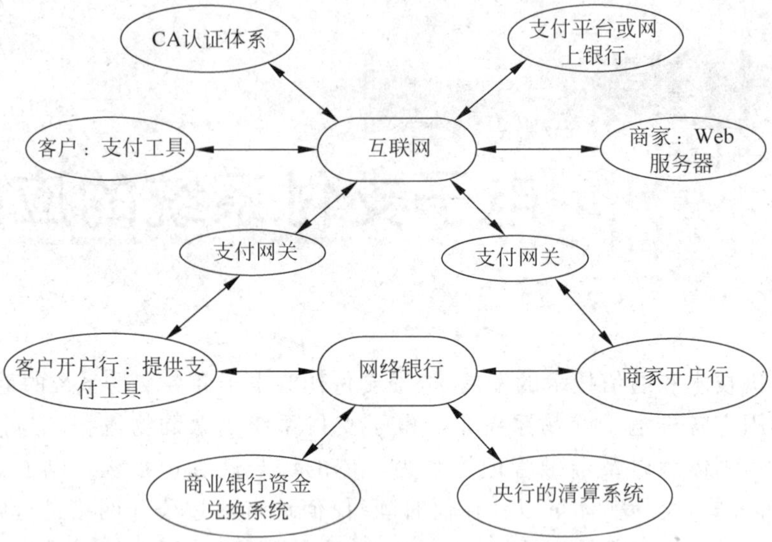

图 10-1 电子支付系统的结构

10.2 网上银行

网上银行，也称在线银行、网络银行，是指利用计算机技术、通信技术、信息安全技术在Internet上实现传统的银行业务，为客户提供安全的、实时的和综合的网上金融服务，客户可以通过网上银行办理信用卡业务、储蓄业务、融资业务、投资业务、理财业务以及其他银行业务。此外，基于公共网络提供金融综合服务业务的网上银行，还可以为电子交易双方提供电子支付与结算服务。

网上银行为客户提供安全、便捷的银行服务，客户基于Internet就可以访问网上银行，而不受时间和空间的限制。网上银行又被称为“3A银行”，因为它可以提供不受时间、空间限制，在任何时间Anytime、任何地点Anywhere、以任何方式Anyway为客户提供基于Internet的各种金融服务。

根据艾瑞咨询公司的《2011—2012年中国网上银行年度监测报告》，在2011年，中国网上银行交易规模达到701.1万亿元，同比增长35.9%，预计2013年中国网上银行交易规模将达到1179.5万亿元。2011年，艾瑞咨询预测中国网上银行交易规模的增长趋势如图10-2所示。

根据2011年艾瑞咨询公司的统计数据，在个人网上银行业务中工商银行、农业银行和招商银行分别以32.0%、21.4%和10.3%占据中国个人网上银行交易市场份额的前三名，三个银行的交易额占个人网上银行总体市场份额的63.7%。中国个人网上银行交易市场份额的基本分布情况如图10-3所示。而在企业网上银行业务中工商银行、建设银行和中国银行分别以42.6%、14.8%和10.7%占据中国企业网上银行交易市场份额的前三名，三个银行占企业网上银行总体市场份额的68.1%。股份制银行需要积极扩展企业网上银行业务，其中中小企业将是重要的客户资源。个人网上银行主要注重个人储蓄业务和个人理财

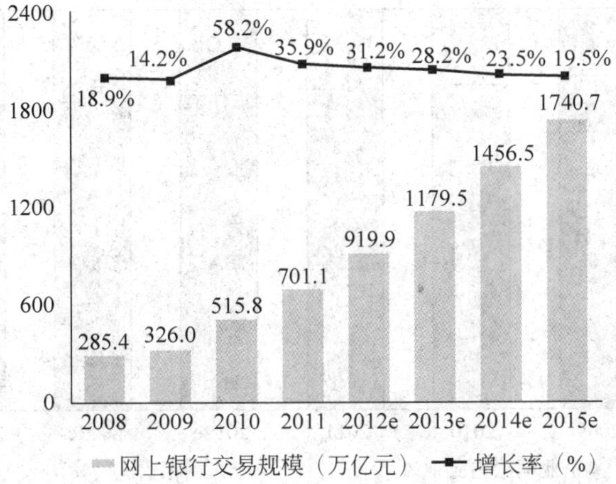

图 10-2　中国网上银行交易规模的增长趋势

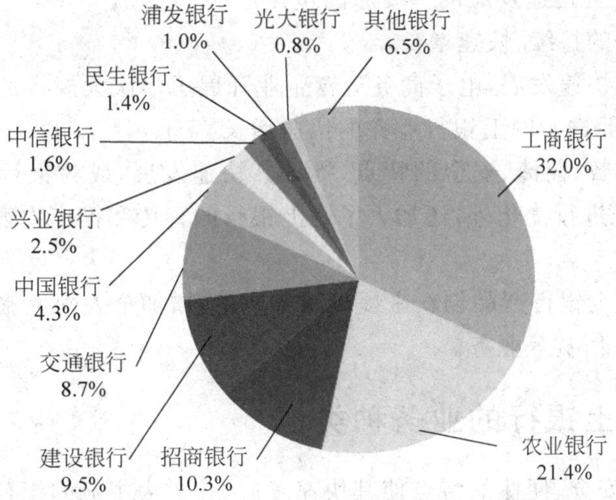

图 10-3　中国个人网上银行交易规模的市场份额

业务的扩展，使银行可以通过网上银行为用户提供更多的增值服务。

根据 2011 年艾瑞咨询公司的统计数据，中国网上银行交易规模结构的变化趋势如图 10-4 所示，在 2011 年个人网上银行的交易额占总交易额的 19.7%，而企业网上银行的交易额占总交易额的 80.3%。但是，统计数据显示，个人网上银行的交易额表现出明显的增长趋势，其增长速度已经超过企业网上银行的交易额的增长速度。

企业网上银行业务主要注重新业务功能的开发和为用户提供差异化服务。一方面，企业网上银行针对不同规模的企业提供差异化服务，并通过业务细化和功能创新来满足不同类型企业的需求；另一方面，随着移动通信技术的发展和移动终端的智能化，移动支付技术广泛地应用于电子支付系统，为用户提供更加便捷的支付服务。企业网上银行结合智能手机、平板电脑等新型移动终端设备，为无线网络用户和企业提供网上银行业务，满足用户实时的账户管理需求。

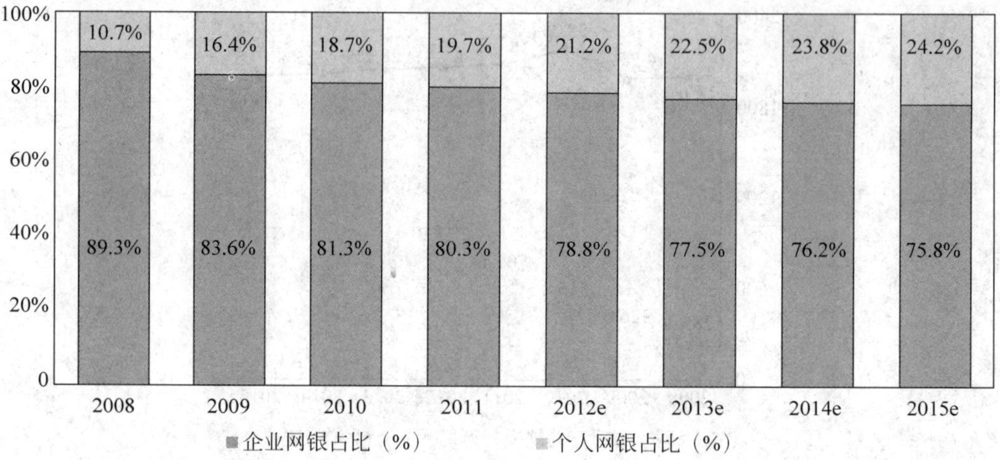

图 10-4　中国网上银行交易规模结构的变化趋势

中国网上银行业务迅速发展的主要原因包括：

(1) 互联网用户的持续、快速增长。

(2) 电子商务的快速发展，电子商务运营企业开展了多次大规模的网上促销活动，并且效果非常显著，因此促进了网上银行业务的快速增长。

(3) 网上银行高效、便捷、安全的特点，推动其快速发展，成为银行首推的业务模式，银行除对网上银行系统进行优化外，还加大了网上银行的宣传和推广力度，并联合电商企业开展各类促销活动。

(4) 银行通过网上银行产品创新来提高服务质量，增加个人网上银行理财产品的种类，开展银企直联和网上信贷等业务。

10.2.1　网上银行的业务种类

网上银行高效、安全、便捷的特点使其快速发展，并成为主流的银行业务管理模式，用户通过互联网可以访问网上银行的虚拟柜台，办理各种银行业务。网上银行克服了传统银行的局限性，使其不受空间、时间的限制，在任何时间、任何地点、以任何方式为客户提供基于 Internet 的银行服务。因此，随着计算机技术、通信技术和信息安全技术的发展，网上银行必然成为主流的银行业务管理模式。网上银行提供的业务主要有以下几种。

1. 企业网上银行业务

企业网上银行业务主要包括账户查询、企业内部资金转账、对账、代理缴费、企业账户的即时余额查询、历史数据查询、打印对账单、支票使用情况查询、企业往来信用证查询、汇入汇出款项查询、交易信息查询以及企业受信额度查询等。

2. 个人网上银行业务

个人网上银行除可以为客户提供账户基本信息管理、账户查询、转账、代理缴费、打印对账单等基本业务之外，还可以为客户办理各种贷款和融资业务，包括买方信贷、信用透支、担保业务以及各种网上抵押和按揭贷款等，例如办理住房贷款、汽车贷款、助学贷款、消费贷款等业务。此外，个人网上银行还可以为客户提供各种投资理财服务，例如为客户提供买卖证券、购买理财产品和保险等服务。

3. 电子支付业务

网上银行可以为参与电子交易的个人用户和企业用户提供网上支付服务，主要为B2C和B2B两类电子交易提供支付服务。此外，网上银行还可以为用户提供跨币种、跨地域、跨机构、多储种、多渠道的资金管理和支付服务。基于网上银行的电子支付系统主要由电子商务结算系统、通信网络、认证系统以及金融服务机构共同组成。在电子交易过程中，消费者通过电子商务交易系统向商家发送订单，商家对订单进行确认，消费者通过支付工具将支付请求和指令发送给银行支付网关，根据支付指令，客户开户行与商家开户行通过银行内部网络完成结算，银行将支付确认信息发送给商家，商家将商品发送给消费者。基于网上银行的电子交易过程如图10-5所示。

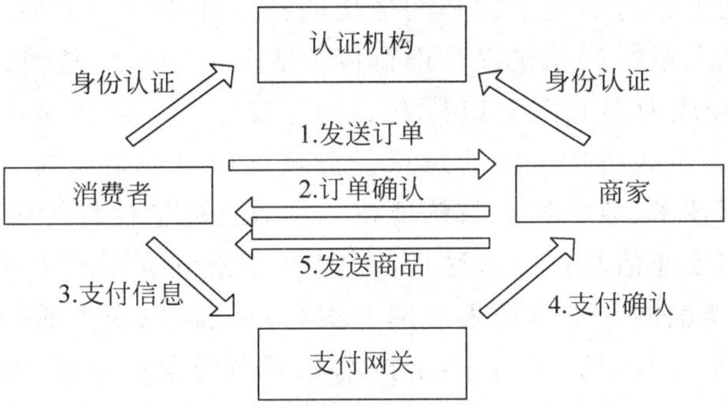

图10-5 基于网上银行的电子交易过程

4. 银证转账业务

网上银行的银证转账业务是指将用户的银行个人结算存款账户与证券公司的资金账户建立对应关系，通过网上银行实现资金在银行与证券公司间的划转，为股民买卖证券提供了一种安全、便捷的资金流转服务。此类服务既可以在银行申请，也可以在证券公司申请，但必须签订书面协议。客户通过银证转账服务可以直接在网上进行股票买卖和证券交易管理。

5. 信息发布

网上银行发布的主要信息内容包括新闻资讯、银行内部的信息、银行分支机构导航、业务品种介绍、汇率和利率信息、特约商户介绍、各种通知等。此外，网上银行还提供一些特别的信息服务，如股票指数和基金净值，以及客户通过网络提交的各种问题和咨询信息。

10.2.2 中国网上银行的现状及发展

根据证券时报的报道，截至2012年第三季度末，我国网上银行用户注册数已经达到

4.89亿，网上银行累计交易金额已突破900万亿元。对于金融机构而言，基于互联网开展金融服务业务是拓展金融市场的主要途径，商业银行、证券公司、第三方电子支付公司、个人对个人P2P网络贷款公司已相继启动互联网金融服务发展战略。目前，网上银行业务已经涵盖个人银行和企业银行两大领域，服务项目包括账户基本信息管理、账户查询、转账、代理缴费、打印对账单、办理各种网上抵押和按揭贷款等。

国内最早开展网上金融业务的银行主要有三家：招商银行、中国银行和中国建设银行。随着网上银行业务的快速发展，基于互联网的电子商务和金融服务业也得到了快速发展。尽管网上银行在短时间内得到了快速发展和完善，并使之成为主流的银行业务服务模式，但是，网上银行在发展过程中仍然存在一些问题。

(1) 传统的银行业务服务模式已经不适合网上银行的发展。网上银行是基于互联网为银行用户提供各种金融服务，传统的银行服务模式已经无法满足电子化、网络化、信息化的银行业务发展需要，网上银行的产品和服务需要进一步丰富和完善。目前，国内大多数银行还尚未建立起完善的网上银行产品创新体系，网上银行业务基本上是传统柜台业务的电子化延伸，缺乏针对于网上银行的电子化和网络化的特点而设计的系统化和高附加值的金融服务业务，绝大多数网上银行产品仅仅是银行传统业务的网络化延伸。

(2) 网络安全已经成为影响网上银行发展的主要原因。随着金融业务的网络化，金融服务系统安全成为各大金融机构关注的焦点。金融行业对网络系统安全的要求相对较高，因此，采用加密和解密技术、数字签名与认证技术和数据完整性校验等信息安全通信技术来保证金融通信安全，实现通信数据的保密性、真实性、身份的可认证性、完整性以及不可否认性等。但是新型的系统漏洞和木马病毒对网上银行系统构成了严重威胁，成为影响其快速和健康发展的首要因素，因此利用信息安全技术和网络安全通信技术保障网上银行的安全运行成为各大商业银行的首要任务。金融机构通过完善金融服务体系，为分布广泛、计算机应用水平各异的网上银行用户提供安全的网上银行服务，以确保网上银行业务安全、可靠地运行。

(3) 监管制度和相关立法不够健全。为加强对网上银行的监管力度，我国相继出台了《网上银行业务管理办法》、《电子银行安全评估指引》、《电子银行安全评估机构业务资格认定工作规程》及《电子签名法》等法律和法规，用于规范网上银行业务，提高网上银行的服务质量。但是，目前我国网上银行相关的法律和法规建设还不够完善，金融监管机构要根据我国金融市场的现状和网络安全的现状建立一套完善的网上银行法律和法规体系，以保障网上银行业务的健康和快速发展。

政府、银行和企业必须共同为网上银行创建适合其发展的内部和外部经营环境。一是加强安全的网络通信平台和服务平台建设，在公共网络上建立安全的、低成本的数据传输通道，保证网上银行能够为用户提供安全、可靠的金融服务。政府通过完善网络基础设施和升级金融骨干网络，为网上银行提供更加高效的网络通信平台，同时，各大网络通信运营商、银行监管部门和各商业银行相互合作为网上银行提供更加安全的内部和外部运行环境，确保网上银行能够安全、可靠运行。二是政府要加强网上银行相关法律、法规体系的建设，切实保障网上银行用户的权利。三是建立和完善网上银行的监管体系，保证网上银行业务能够规范、有序地进行。

10.3 Visa电子支付系统

Visa是在全球范围内提供电子支付服务的国际信用卡组织，由位于美国加利福尼亚州的Visa国际组织负责经营和管理。Visa国际组织于1976年开始发行Visa卡，于1982年末开始发行信用卡。目前，已经成为连接着全世界200多个国家和地区的消费者、企业、金融机构和政府的国际性信用卡组织，为网络用户提供安全、快捷的电子支付服务。互联网技术、移动通信技术和信息安全技术的融合使银行卡应用于电子支付成为可能，消费者可以通过互联网或无线网络管理银行账户和支付货款。电子支付在中国的发展始于网上银行业务，随后银行开始提供网上缴费、移动银行和账户管理等其他网上银行业务。在1987年Visa国际组织推出了多币种清算、结算业务，提高了跨境电子支付和结算的效率。

10.3.1 Visa简介

Visa国际组织是由全球范围内的金融机构会员组成的非股份、非盈利性国际银行卡组织。Visa信用卡是由参加Visa国际组织的会员银行发行。在亚太区，Visa国际组织有超过700个会员金融机构发行各种Visa支付工具，包括信用卡、借记卡、公司卡、商务卡及采购卡。Visa国际组织分别于1993年和1996年在北京和上海成立代表处。Visa国际组织在国内拥有包括银联在内的17家中资会员金融机构和5家外资会员银行。

Visa国际组织是目前世界上最大的信用卡组织，拥有全球最大和最完善的电子支付网络，将持卡人、商户以及Visa会员金融机构紧密联系在一起，为电子商务交易双方提供了一种安全、高效、便捷的电子支付方式。Visa国际组织在全球拥有持卡人多达19亿个，2900多万个商户交易点，21 000家互相竞争的Visa会员金融机构，并且持卡人可以在分布于全球的180万台自动提款机中提取现金。

Visa国际组织是由全球接近21 000家Visa会员金融机构组成，各会员机构在本土市场相互竞争，以获得更多的客户资源。Visa系统的优势是为各种规模的会员金融机构提供全球化的电子支付服务平台。Visa国际组织是全球规模最大的支付技术公司，通过数字货币而非现金和支票为遍布全世界200多个国家和地区的消费者、企业、银行和政府提供基于信用卡的金融服务。Visa国际组织建立的数据处理网络位居全球最先进之列，可以每秒钟处理20 000多笔交易，并且可靠、快捷和安全。同时，Visa网络还能保护电子商务交易双方免受欺诈，确保交易资金安全。

Visa国际组织不直接向消费者发卡，也不提供信贷。但是，Visa国际组织的会员金融机构可以为消费者提供多种支付选择，包括用于即时支付的借记卡、提前支付的预付费卡或事后支付的信用卡产品等。Visa国际组织正在为全球用户提供电子支付服务，通过互联网和无线网络为世界各地的用户提供电子支付、跨境转账以及其他基本的金融服务。电子商务交易由此变得更加轻松，经济也随之得到快速发展。

10.3.2 VisaNet

VisaNet是Visa国际组织的核心网络，为消费者、商户、企业和政府机构提供金融服务。VisaNet为Visa国际组织提供了一个服务创新平台，Visa会员金融机构通过VisaNet

为客户提供各种安全、可靠的金融服务和增值服务，处理授权、清算和结算等金融业务。VisaNet 向 200 多个国家和地区的消费者、企业、银行和政府提供金融服务，随着越来越多的个人、企业、商户和政府将其作为主要的电子支付方式，Visa 国际组织的网络基础设施规模迅速扩大，业务范围也随之增加。

VisaNet 是世界最早的电子信用卡授权系统，将全球各地的金融机构、商户和持卡人的网络连接起来，建立一个基于信用卡的金融业务服务平台，为客户提供实时的、安全的电子支付服务和信息增值服务。此外，VisaNet 建立的集中式交易处理平台使 Visa 国际组织能够快速、高效、灵活地开发、修改和优化 Visa 的金融服务平台。VisaNet 为 Visa 客户提供了一个跨时间、跨空间、跨国界以及跨币种的电子支付服务，VisaNet 全天候 24 小时，将全球使用 Visa 产品的客户与金融机构紧密联系在一起。Visa 国际组织承诺客户可以在任何时候、任何地点、以任何方式进行安全、可靠的电子支付。

10.3.3 Visa 验证服务

Visa 验证服务是 Visa 国际组织为提高基于信用卡的电子支付系统的安全性，实现电子交易双方的身份可认证性，以及维护电子交易的公平性而推出的一项安全验证服务。如果客户与加入 Visa 验证服务的网上商店进行交易，就可以在交易过程中享受到 Visa 验证服务，通过对电子商务交易双方身份信息的验证，确保购物网站的真实性和客户网上购物的安全性。Visa 验证服务可以提供全天 24 小时的网上服务，实时为客户提供网上支付服务。

Visa 验证服务的主要功能是利用信息安全技术对持卡人身份的有效性进行验证，确保电子交易实体身份的可认证性。在电子交易过程中，Visa 验证服务通过比较持卡人输入的密码和预先设置的个人身份识别密码是否一致，来确认电子交易实体身份的真实性。Visa 验证服务为电子交易提供了一个安全、公平的交易环境，通过验证交易实体身份的有效性，确保电子交易安全。Visa 验证服务为电子支付系统提供了一个较为完善的诚信机制，目的是提高电子商务交易的诚信水平，增强持卡人和商户对网上交易的信心，也能减少交易纠纷和交易欺诈，促进电子商务健康、快速发展。

Visa 验证服务通过称为"三维安全"的技术平台为电子支付系统提供安全支持，采用安全套接层协议 SSL 来实现支付数据的保密通信，同时利用信息安全加密技术实现通信数据的保密性，防止通信数据被授权以外的知悉，以避免非法用户窃取持卡人的支付信息和敏感的交易信息。Visa 验证服务利用信息安全加密技术、完整性校验技术和数字签名与验证技术实现电子交易数据的保密性、完整性和身份可认证性。Visa 验证服务主要提供三种验证：一是对电子交易系统的发卡机构和持卡人的身份进行核实和验证；二是对电子交易系统的收单机构和商家的身份进行核实和验证；三是为电子交易双方提供相互认证，确保交易实体的真实性。电子交易过程中，持卡人需要先通过简单的注册获取个人密码，在所有加盟 Visa 验证服务的网络特约商户处购买商品，计算机系统提示输入持卡人的密码，并对其有效性进行验证，经发卡银行授权完成在线交易，整个支付过程仅需几秒钟。

中国建设银行、中国银行和招商银行于 2003 年开始提供 Visa 验证服务。中国建设银行作为收单银行率先向特约商家提供具有安全身份认证功能的电子支付服务。截至 2009 年底，中国已有 10 家发卡银行向持卡人提供 Visa 验证服务，包括中国工商银行、中国建设银行、中银信用卡(国际)有限公司、中国农业银行、交通银行、招商银行、中国光大银行、中国民生银行、中信银行和兴业银行。Visa 验证服务提供的网上安全服务如图 10-6 所示。

图 10-6　Visa 验证服务

Visa 验证服务是 Visa 国际组织针对 Visa 网上支付提供的一种安全身份验证方式。持卡人通过预先在发卡银行设定的网上交易密码进行身份验证。持卡人的密码验证环节避开特约商家在发卡银行进行,因此可以有效地避免因持卡人的信用卡信息泄露而导致的网上欺诈。

Visa 验证服务适合于各种电子交易客户终端设备,包括个人计算机、智能手机和掌上电脑等。Visa 验证服务支持多重验证技术,包括个人密码、数字证书和 IC 卡。Visa 验证服务全球通行,为世界各地的 Visa 会员金融机构和特约商家提供身份验证服务。

Visa 验证服务已经在超过 65 个国家推行,超过 3.5 亿持卡人已登记使用,而提供该服务的商户高达 25 000 家,其中包括英国航空、沃尔玛、美国西北航空、佳能、阿联酋航空、Epson、和记黄埔、乐天以及三星电子等公司。在亚太地区,目前已经有超过 60 家发卡机构为其持卡人推出 Visa 验证服务,已登记的 Visa 卡高达 4500 万张,数以千计的商户已经参与提供此项服务。

10.3.4　Visa 电子交易

Visa 将全球各地的金融机构、商户和持卡人的网络连接起来,并建立一个统一的电子交易平台。Visa 通过电子交易平台为 Visa 客户提供跨时间、跨空间以及跨币种的电子支付服务,将全球使用 Visa 产品的客户与金融机构紧密地联系在一起。Visa 承诺客户可以在任何时间、任何地点、以任何方式进行安全、可靠的电子交易。Visa 提供的支付卡类型:

(1) 信用卡。Visa 向其会员金融机构的客户提供信用卡交易服务,可以满足不同类型信用卡用户的支付需求,从普通客户到高端客户以及大型机构均可以采用 Visa 信用卡作为支付工具。

(2) 借记卡。Visa 根据客户所处地域和消费水平差异对客户群体进行细分,可以满足不同类型借记卡用户的支付需求。Visa 借记卡与现金和支票相比付款更加方便、安全和灵活。

(3) 预付费卡。Visa 向其会员金融机构的客户提供预付费卡,充值后客户可以使用预付费卡进行电子支付。

Visa 会员金融机构通过 VisaNet 为客户提供电子支付服务,客户利用 Visa 卡支付电子交易货款,电子交易包括两个步骤:授权和清算。

利用 Visa 卡进行电子交易的第一步是授权,授权是指在使用 Visa 卡进行电子支付前需要获得发卡机构的许可。电子交易过程中,当持卡人使用 Visa 卡支付购买商品或服务的货款时,需要先获得发卡机构的授权,才可以使用 Visa 卡支付交易货款。通常情况下,授权请求通过 VisaNet 传输给发卡机构,客户并通过 VisaNet 获得授权。但是,在特殊情况下,Visa 可以根据其发卡机构设定的参数,通过“代授权”的服务,代表发卡机构对交易进行授权。基于 Visa 卡的电子交易通过 VisaNet 获得发卡机构授权的过程如图 10-7 所示。

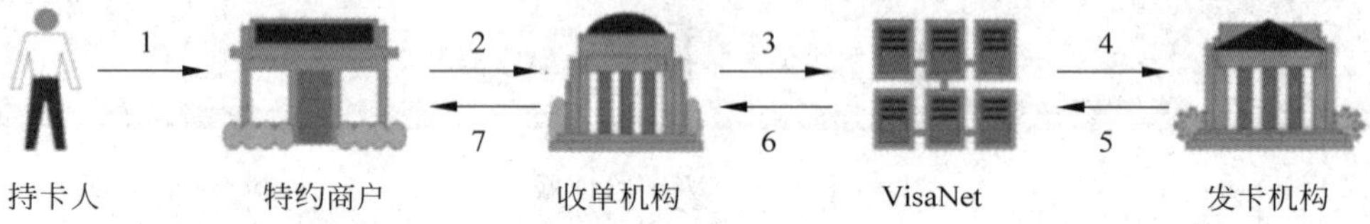

图 10-7 通过 VisaNet 获得授权的过程

Visa 持卡人通过 VisaNet 获得发卡机构授权的过程如下:

(1) 持卡人使用 Visa 卡支付购买商品或服务的货款,特约商户的 POS 机读取 Visa 卡账户信息。

(2) 特约商户的 POS 机将 Visa 卡中的相关信息和交易金额传送给收单机构。

(3) 收单机构或者由其委托的第三方机构将相关交易信息整合为授权请求传送给 Visa。

(4) Visa 通过 VisaNet 将授权请求发送给发卡机构进行审核。

(5) 发卡机构或者由其委托的第三方机构向 Visa 发送授权响应,批准或拒绝该笔交易。

(6) Visa 将授权响应转发给收单机构。

(7) 收单机构将授权请求的结果发送给特约商户的 POS 机。

利用 Visa 卡进行电子交易的第二步是清算,即清分和结算。清分是指 VisaNet 将收单机构的最终交易信息提交给发卡机构,发卡机构将交易信息记入持卡人的账户,交易信息包括发卡机构和收单机构在交易过程中所发生的各种费用,以及将交易金额转换为适当的结算货币的过程。结算是指计算、确定和报告发卡机构和收单机构的所有已结清交易的净收益的过程。

在利用 Visa 卡进行电子交易时,清分的基本步骤如下:

(1) 特约商户向收单机构传输交易信息,包括账号和交易金额。

(2) 收单机构或者由其委托的第三方机构将相关交易信息整合为清分信息传送给 Visa。

(3) Visa 将清分信息发送给发卡机构,并计算发卡机构应向收单机构支付的金额。

在利用 Visa 卡进行电子交易时,结算的基本步骤如下:

(1) 发卡机构将其应清偿的资金转入 Visa 指定的结算银行。

(2) 结算银行按照 Visa 的结算指令将发卡机构支付的资金转入收单机构的账户。

在利用 Visa 卡进行电子交易时,发卡机构和收单机构之间的清算过程如图 10-8 所示。

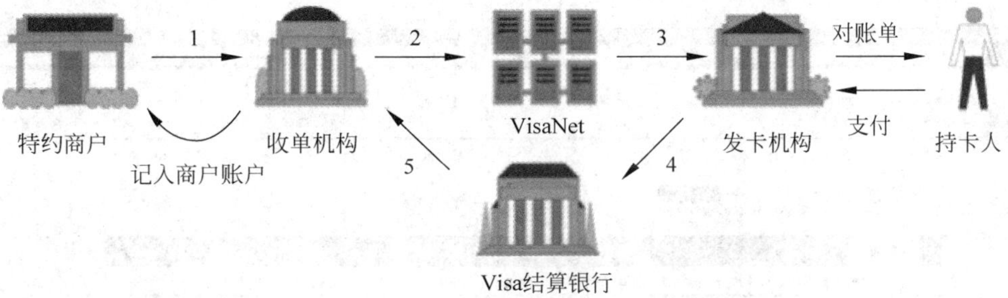

图 10-8　发卡机构和收单机构之间的清算过程

10.4　招商银行

招商银行于 1987 年在深圳经济特区成立,是中国第一家完全由企业法人持股的股份制商业银行,也是国家银行业改革的第一家试点银行。目前,招商银行已经发展成为资本净额超过 2500 亿元、资产总额超过 3.4 万亿元、全国设有超过 800 家网点、员工超过 5 万人的全国性股份制商业银行,并跻身全球前 100 家大银行之列,2012 年,集团公司实现净利润 452.73 亿元,比上年增长 25.31%。

在信息化上,招商银行领先同业构建了全行统一的 IT 平台,创建了国内第一个电话银行,较早实现了客户资金的通存通兑和零在途汇划。"一卡通"是国内第一张基于账号管理的银行借记卡,目前,累计发卡超过 6500 万张,卡均存款突破 1 万元,远超全国平均水平。招商银行提出"移动金融生活一站式开放平台"的手机银行设计理念,并推出了全终端模式和 SIM 卡模式的手机钱包,手机银行和 iPad 银行下载量居行业前列。2012 年,招商银行零售电子渠道综合柜面替代率达 90.66%,网上企业银行交易结算替代率达 88.47%。招商银行信用卡是国内第一张符合国际标准的双币信用卡,目前发卡量超过 4400 万张。招商银行的金葵花理财是国内首个面向高端客户的理财产品,私人银行服务在国内股份制银行中率先推出。招商银行的跨银行现金管理成为大型企业集团资金管理的首选。此外,招商银行的个人储蓄存款、个人消费贷款、资产托管、企业年金、离岸金融等业务,在股份制银行中居于领先地位。

10.4.1　招商银行电子支付系统

在商业银行中,招商银行率先推出了"一卡通"多功能借记卡、"一网通"网上银行、双币信用卡、点金公司金融、"金葵花"贵宾客户服务体系等产品和服务品牌。1997 年 4 月,招商银行开通了网上银行业务,招商银行的电子金融服务从此进入了"一网通"时代。招商银行的"一网通"是一个基于互联网的集成金融服务平台,主要包括网上个人银行、网上企业银行和系列网站,例如门户网站、证券网站、外汇网站、网上商城、社区等。目前,有 2/3 以上的国内电子商务网站都采用招商银行的“一网通”作为支付工具，中国人民银行、联想集团等众多的政府机构和大型企业都选择了“一网通”进行财务管理。招商银行“一网通”门户网站如图 10-9 所示。

图 10-9 招商银行“一网通”门户网站

1995 年 7 月，招商银行开始发行“一卡通”，“一卡通”是招商银行向社会大众提供的实名制个人理财产品，集定活期、多储种、多币种、多功能于一卡，具有“安全、快捷、方便、灵活”的特点。招商银行“一卡通”的基本功能如下：

(1) 一卡多户。具有人民币、美元、港币、日元、欧元等币种的活期、定期等各类储蓄账户。

(2) 通存通兑。用户可以在招商银行同城任意网点办理各储种存取款业务，也可以在全国各网点办理人民币、港币、美元活期账户异地存取款业务。

(3) 自动转存。凡整存整取的存款到期后，银行会自动按原存期连本带息为客户办理转存业务。

(4) 自助转账。在招商银行柜台申请自助转账服务后，可以直接使用自助转账功能。

招商银行为保障网上支付安全，尤其是用户账号、密码及电子交易等关键信息，在开发“一网通”网上银行系统时采用了管理和技术双重安全机制确保网上支付安全，主要表现在以下几个方面：

(1) 设立专用账户用于电子支付。个人网上银行的支付账户是“一卡通”的子账户，具有独立的支付账号和密码，用户必须将“一卡通”的资金转入网上支付的专用账户，才可以用于网上消费，这样就可以保证其他账户资金的安全。

(2) 设置网上消费金额限制。银行对不同类型的用户设定不同的每日累计交易最高限额，系统还可以根据用户的要求对最高限额进行调整。

(3) 银行卡信息直接传送给银行。利用个人网上银行进行电子支付时，用户的支付卡信息加密后直接传送给银行，商家无法获得用户的账户信息，只能接收用户的定货信息，确保用户账户安全。

(4) 错误登录次数限制。个人网上银行限定了用户在一天内的错误登录次数，如果超过限定次数，银行将拒绝为之服务。

(5) 交易数据安全可靠。在网上企业银行的客户端和银行服务器之间传输的所有数据都经过了两层加密：第一层加密采用 SSL 协议，保证传输数据的安全性和完整性；第二层加密采用不公开的私有加密协议，保证通信数据的保密性。

10.4.2　网上企业银行

网上企业银行是招商银行“一网通”的重要组成部分，是通过 Internet 或其他公用信息网，将客户的计算机终端连接至银行主机，实现将银行服务直接送到客户办公室、家中或出差地点的银行对公服务系统，使客户足不出户就可以享受到招商银行的服务。目前，招商银行网上企业银行已经形成三大电子化技术平台，包括企业银行标准版技术平台、企业银行跨银行直连技术平台、企业银行财资管理技术平台。

招商银行网上企业银行采用“云计算”技术，基于企业银行标准版技术平台和企业银行跨银行直连技术平台，通过网上企业银行传统客户端、手机银行、网上企业银行公众版、电话银行等多渠道接入方式，全面创立企业金融服务的新标准，汇集了网银互联、自动透支、全新网上代发/代扣、网上商务支持、境内/跨境人民币代理清算、人民币国际信用证、电子商业汇票、同业电子商业汇票、网上国内/国际保理、“银关通”网上业务查询、离岸金融服务、纽约专属服务、网上自助结汇、代理黄金交易、黄金入金清算、银和理财、第三方存管/融资融券、业务自助开通、资金流向监控、指纹数字证书、立体售后服务等银行产品和业务功能。

招商银行的网上企业银行实现了电子汇兑系统的无缝对接，率先在国内同业中实现了系统内资金的瞬间到账。针对企业间的 B2B 网上交易的真实性和安全性等问题的担忧，招商银行还首创了“网上信用证”功能，信用证的申请、开立、传递、查询和打印来证等所有业务流程均可以在网上完成。网上企业银行充分满足了企业对资金和投资进行有效管理和监控的需求，为企业加强账务管理、提高办事效率提供了有力的支持。招商银行的企业网上银行的主要业务如图 10-10 所示。

图 10-10　招商银行的企业网上银行

10.4.3 网上个人银行

招商银行网上个人银行分为专业版和大众版两类,其主要功能是为用户提供丰富的网上个人银行理财服务和软件,以适应用户对银行服务的个性化需求。

1. 网上个人银行专业版

网上个人银行专业版是招商银行基于互联网平台开发的网上个人银行理财软件,该软件建立在严格的客户身份认证基础上,对参与交易的客户发放证书,交易时验证证书。凡持有招商银行卡的客户,即可通过因特网使用网上个人银行专业版进行资金调拨和理财。网上个人银行专业版的基本功能包括:转账汇款、自助缴费、外汇管理、投资管理、贷款管理、网上支付、理财计划、财务管理等功能,客户可以通过该软件进行资金调拨、全方位理财。招商银行网上个人银行专业版管理平台如图10-11所示。

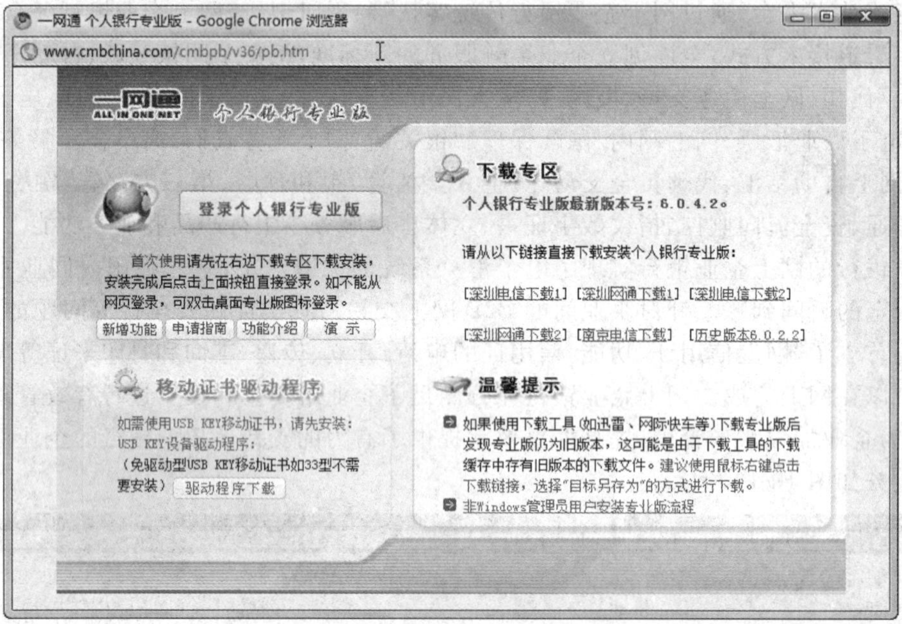

图10-11 网上个人银行专业版管理平台

网上个人银行专业版具有如下特点:

(1) 安全可靠。专业版的网上个人银行采用X.509标准数字证书体系实现实体身份认证。运用信息安全加密技术和数字签名技术实现信息安全通信。

(2) 功能强大。网上个人银行专业版为用户提供了功能丰富的金融管理服务,用户可以通过互联网对资金和投资进行有效管理和监控。

(3) 方便快捷。招商银行为用户提供24小时的网上服务,用户可以实现跨时空、跨币种和跨银行的金融交易。

(4) 安装智能化。通过智能安装向导为不同系统用户安装银行管理软件,用户只要连接到招商银行网站,单击"登录个人银行专业版"按钮,即可按照系统提示完成专业版的安装工作。

(5) 信息丰富。用户可以查询银行利率、外汇汇率等金融信息，并可以获得详细的功能介绍、使用指南、帮助文件及演示程序，帮助用户掌握更多系统功能。

2. 网上个人银行大众版

网上个人银行大众版是招商银行基于互联网为客户提供的全天候自助理财系统。用户可以凭借招商银行的银行卡或存折账户登录网上个人银行，办理个人业务。通过网上个人银行大众版可以办理的业务包括：查询账户余额和交易明细、转账、修改密码等，此外，用户还可以通过网上个人银行大众版申请"一卡通"大众版的支付功能、自助充值和缴费功能以及申请个人消费贷款等功能。

网上个人银行大众版是招商银行为客户提供的全天候自助理财系统，包括"一卡通"理财、存折理财、支付卡理财、一卡通/存折缴费等功能。网上个人银行大众版的主要特点包括：

(1) 方便。所有招商银行客户均自动享有此项服务，无须办理申请手续；招商银行的网站提供全天候服务，用户可以随时访问。

(2) 安全。招商银行网站获得 Verisign 公司的安全认证。数据传输采用多重加密技术，所有数据经过加密后在网上传输，以保障通信数据的安全性。招商银行网上个人银行大众版管理平台如图 10-12 所示。

图 10-12 网上个人银行大众版管理平台

10.4.4 招商银行"出行易"

招商银行"出行易"是为招商银行信用卡和一卡通的持卡人服务的专属商旅预订平台。提供包括国内 22 家航空公司，每天超过 7000 个国内航班的票务服务及全面的航班信息服务；同时提供覆盖国内近 600 个城市，超过 13 000 多家优质酒店的预订服务。随着电子商务的发展，航空电子客票的支付方式实现电子化。客户可以通过互联网访问招商银行"一网通"预订电子客票和酒店，招商银行为了方便顾客实现"机票查询-购买-支付"一站式的服务,实现实时、准确、全面、安全的商旅预订。招商银行凭借其“一网通”集成金融服务平台,为用户提供基于互联网的安全的、便捷的商旅预订服务。招商银行为航空公司推出的支付产品有网上支付、“直付通”和电话支付。

“直付通”是指用户通过网络与招商银行和特约商家签订相关协议后,即可享受安全、快捷的支付服务。“直付通”与传统的网上支付模式相比,最大的特点就是直接性。用户购买产品后,选择“直付通”付款模式,可直接完成支付。该模式能有效地简化支付步骤,节省支付操作时间。“直付通”可支持所有的招商银行的借记卡客户,且无需客户开通网上支付功能。用户采用招商银行“直付通”购买航空电子客票的流程如图 10-13 所示。

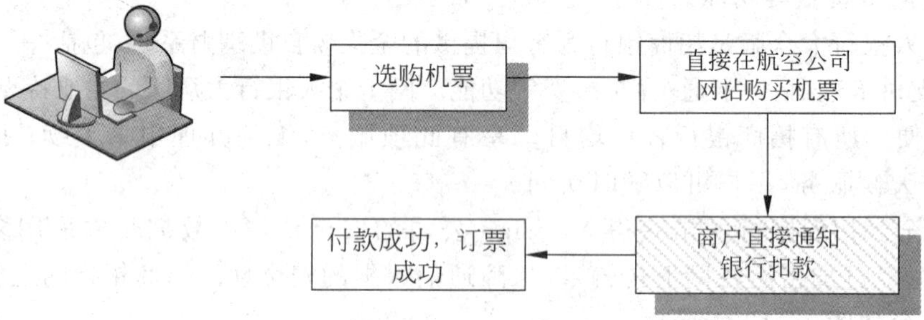

图 10-13 “直付通”购买航空电子客票的流程

招商银行电话支付是招商银行提供的电话银行支付结算业务,通过这个平台,数千万招商银行持卡人可以向特约商户进行电话付款。电话支付覆盖全国,实时到账,不受时空限制,是真正的随身支付。电话支付支持 7×24 小时服务,招商银行所有银行卡用户通过电话即可实现轻松支付。用户采用招商银行电话支付购买航空电子客票的流程如图 10-14 所示。

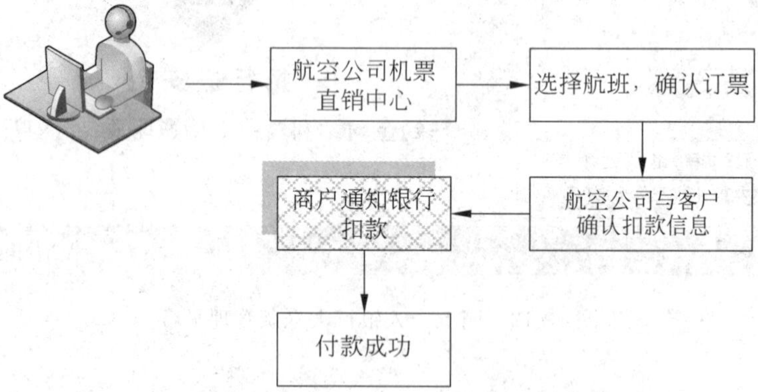

图 10-14 电话支付购买航空电子客票的流程

10.5 PayPal 电子支付系统

PayPal 成立于 1998 年 12 月,总部设在美国的加利福尼亚州的圣荷西市,由 Peter Thiel、Max Levchin 和 Elon Musk 创立,于 2002 年由 eBay 收购,是 eBay 旗下的一家公司。

PayPal是适用于个人和企业的安全、简单、便捷的电子支付系统。PayPal账户是PayPal公司推出的最安全的网络电子账户，使用它可以有效地降低网络欺诈事件的发生。PayPal账户所集成的高级管理功能，使用户能查询和管理每一笔交易详情。目前，在跨国交易中超过90%的商家和超过85%的消费者认可并正在使用PayPal电子支付业务。PayPal已经迅速成为电子支付解决方案的全球领导者，在全球拥有超过1.28亿的活跃用户。PayPal可以在全球193个国家和地区以25种货币使用，主要用户有消费者、网上商店、开展电子商务的企业以及个人卖家，PayPal电子支付系统的广泛应用促进了跨地域、跨币种、跨语言的电子商务业务的快速发展。

10.5.1 PayPal概述

PayPal是基于用户的银行账户和信用卡的网上支付服务系统，用户通过个人或公司的E-mail注册PayPal账户。PayPal用户首先通过银行账户或信用卡账户为PayPal账户充值，充值后用户在电子交易过程中就可以通过PayPal账户进行支付、提现或转账。付款人和收款人通过PayPal提供的网上支付系统可以实现跨行、跨地区和跨币种的转账和结算，PayPal已经成为一种快捷、安全的电子支付系统，有效地促进了电子商务的快速发展。PayPal为用户提供即时支付、即时到账的电子支付服务，使用户能够通过本地银行提取现金，为用户提供方便、快捷的电子支付服务。

10.5.2 PayPal的优势

PayPal作为全球用户首选的支付方式，拥有无与伦比的领先优势。使用PayPal付款安全、简单、便捷，付款时无需向商家透露任何敏感的财务信息。使用PayPal能够有效地加速企业资金的周转效率，提高风险控制能力和降低成本，从而使利润迅速增长。PayPal的优势主要包括以下几个方面：

(1) 全球范围内应用。PayPal在全球拥有超过1.28亿的活跃用户，可以在全球193个国家和地区以25种货币使用。

(2) 品牌效应。PayPal在欧美普及率极高，超过90%的商家和超过85%的消费者认可并正在使用PayPal电子支付业务，强大的品牌优势，能吸引众多国外客户。

(3) 资金周转快。PayPal独有的即时支付、即时到账的特点，使用户能够实时收到海外客户发送的款项。此外，最短仅需2天，用户即可将账户内款项转账至国内的银行账户。

(4) 安全性高。完善的安全保障体系，可以有效地预防网络欺诈，业界最低的欺诈损失率(仅0.17%)，不到使用传统交易方式的十分之一，能确保交易顺利进行。

(5) 使用成本低。PayPal电子支付的费率仅为传统方式的二分之一，可以明显降低交易成本，提高资金利润率。

对于买家和卖家而言，PayPal的主要优势表现在为电子交易提供了一种简单、安全、高效的电子支付方式。买家付款时无需向商家透露任何敏感的财务信息，并且购物时享有PayPal买家保护政策。买家可以使用国际信用卡和中国银联卡在内的多种支付工具付款，数万网站支持PayPal，用户使用一个账户可以购买全球范围内网站上销售的商品。买家无需任何费用在两分钟内即可完成PayPal账户注册，并且提供友好、简洁的中文操作界面。

卖家使用多种功能强大的系统工具管理电子交易，支付系统集成所有常见国际支付网关并可接受各国的信用卡以及银行卡付款，实现快速提现，有效地提高了网站的运营效率。卖家无需支付任何开户费及年费，产生交易时才需支付交易费。PayPal 凭借成熟的风险控制体系及全球 2000 多位网络安全专家 24 小时的在线监控，使欺诈损失率仅为 0.17%，不到其他信用卡支付方式的十分之一。PayPal 电子支付系统平台如图 10-15 所示。

图 10-15 PayPal 电子支付系统平台

10.5.3 PayPal 的网站支付工具

PayPal 网站支付工具是为方便卖家进行支付管理而设计的支付管理工具，主要有以下几种类型：

(1) 购物车工具。PayPal 为高级个人账户和企业账户提供免费的购物车功能，用户可以将 PayPal 的购物车功能模块添加到电子商务网站中。卖家可以设置付款方案，通过管理界面来选择付款方式，例如“快速结账”、“网站付款标准版”、“PayPal 电子邮件付款”以及“集中付款”等付款方式。PayPal 支付系统的付款标准版功能可以添加的按钮如图 10-16 所示。

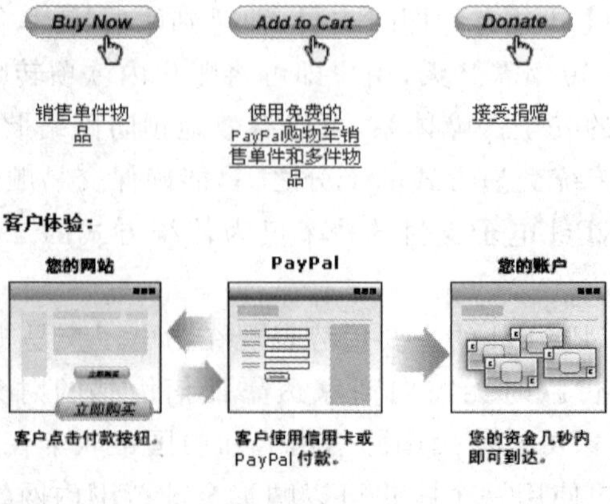

图 10-16 付款标准版可以添加的按钮

（2）订阅和连续性支付工具。使用 PayPal 提供的订阅和连续性支付工具，顾客可以从网站订阅信息并通过 PayPal 连续自动付款，或者只需在 E-mail 中加入订阅链接就可以实现。商家使用该工具可以接受来自银行借记卡和信用卡的付款，主要用于支付内容网站的订阅费、新闻邮件费以及连续性捐款等费用。

（3）支付管理工具。PayPal 提供多种支付管理工具，例如，在电子商务网站或 E-mail 中，用户通过单击"立即购买"按钮就可以转入 PayPal 的支付界面，用户根据系统导航就可以顺利完成付款操作。

10.5.4　PayPal 的支付机制

PayPal 的支付流程，当用户获得 PayPal 账户后，便可以使用 PayPal 进行收款和付款了。付款人通过 PayPal 将货款支付给商家或者收款人时，主要分为以下几个步骤：

（1）付款人登录 PayPal 网站，并使用其电子邮件地址注册 PayPal 账户，通过验证激活用户。根据系统导航填写信用卡或者相关银行资料，并为账户充值，将一定数额的资金从其开户时登记的信用卡或银行卡中转移至 PayPal 账户。注册 PayPal 账户的流程如图 10-17 所示。

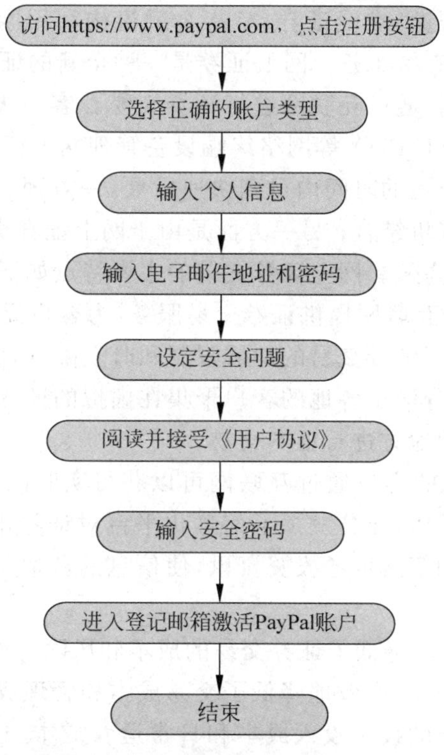

图 10-17　注册 PayPal 账户的流程

（2）当付款人启动付款程序时，必须先登录 PayPal 账户，指定货款金额，并提供商家或收款人的电子邮件账号给 PayPal。

（3）接着 PayPal 向商家或者收款人发送电子邮件，通知其领取货款。

（4）商家或者收款人确定接受货款后，付款人支付的货款会立即转入收款人账户。

(5) 若商家或者收款人没有 PayPal 账户，必须要根据 PayPal 电子邮件的指示链接到注册页面。商家或收款人可以选择将收取的货款转入其个人的信用卡账户或者其他银行账户。

10.6 网上证券交易

网上证券交易是指客户利用互联网获取证券的即时报价、市场行情，并通过互联网委托下单，实现实时交易。网上证券交易系统是证券服务公司为客户提供的基于互联网的证券交易管理平台，客户可以通过 Internet 进行方便、快捷的在线证券交易管理及行情查询。网上证券交易业务涵盖股票买卖、行情查询、银证转账、账户余额查询、开户、销户、密码修改等方面。网上证券交易系统主要完成证券金融信息的收集、整理、发布以及证券交易管理等工作。网上证券交易系统的主要功能包括用户基本信息管理、委托买入、委托卖出、委托撤单、委托查询、成交查询、资金明细查询、历史委托查询以及当日委托查询等。

10.6.1 网上证券交易概述

网上证券也称为网络证券、在线证券，是指金融机构利用网络通信技术和信息安全技术，在 Internet 上提供证券交易业务。网上证券是一种全新的证券交易服务模式，客户可以不受上网方式和时空的限制，通过互联网进行证券交易。客户无论在家里，还是在旅途中，都可以利用计算机、智能手机、PDA 等网络终端设备管理网上证券交易。

网上证券交易能够在极短的时间内得到快速发展，一方面是由于互联网技术的快速发展以及与证券经纪业务的有机结合；另一方面是由于网上证券交易方式相对于传统的证券交易方式更加安全、便捷和高效。网上证券交易的主要特点如下：

(1) 网上证券交易基于互联网提供证券交易服务，为客户提供了一种安全、便捷和高效的证券交易服务方式，突破了证券交易的地域限制和时空限制，解决了我国证券商地域分布不均的矛盾，通过互联网将分散于各地的客户聚集在虚拟的证券交易市场中，使客户能够在全国甚至全球任何能上网的地方进行证券交易。

(2) 网上证券交易系统的客户通过互联网可以获得实时的证券报价和市场行情，解决了传统市场信息不对称的矛盾，充分发挥了信息化平台对证券市场资源配置的优势。客户可以通过互联网及时获取和筛选证券投资资讯，使信息的获取从单向被动方式向双向主动方式转化。

(3) 网上证券交易有效地降低了证券交易的成本和风险。网上证券交易系统使客户通过互联网就可以进行证券交易，有效地降低了交易成本和管理成本。同时，网上证券交易系统也可以大幅度降低营业部的设备投入成本和日常运营成本。此外，利用信息安全技术可以有效地防止交易欺诈，保证交易数据的安全。

10.6.2 网上证券交易系统的应用

网上证券交易是指客户通过互联网访问证券交易系统进行证券交易。客户通过计算机、智能手机、PDA 等网络终端设备发出证券交易指令，通过互联网发送给证券交易服务商的服务器，再通过证券交易服务商的网络将指令发送到证券交易所，进行证券交易。网上证券交易系统的实时性、准确性和高风险性决定其必须采用高性能、高可靠性和易扩充的计算机设备和网络设备。网上证券交易系统为客户提供实时报价、市场行情分析、银证转账、账户余额查询、开户、销户、密码修改等一体化服务。

1. 证券之星理财门户网站

证券之星始创于1996年，是中国最早的理财服务专业网站，是专业的投资理财服务平台，是中国著名的财经资讯网站与移动财经服务提供商，同时也是中国领先的互联网媒体。2000年证券之星成为率先通过ISO9001国际质量体系认证的互联网企业，是国内注册用户最多，访问量最大的证券财经站点之一。证券之星以金融理财产品为核心，通过网站、行情分析软件、短信、WAP等渠道为用户提供专业、及时、丰富的财经资讯和个人理财产品和工具。

证券之星为国内外具有投资理财需求的用户提供全面的金融证券信息服务。证券之星作为传统证券机构与财经媒体联合打造的主流证券交易服务平台，可以为用户提供证券信息实时查询服务，同时还可以通过交易平台为用户提供证券行情分析服务。证券之星理财门户网站如图10-18所示。

图10-18 证券之星理财门户网站

2. 网上证券交易平台

证券公司通过构建网上证券交易系统平台为客户提供网上证券交易服务。目前，在国内，按照网上证券交易系统各业务模块的功能将其划分为实时委托交易系统、行情查询与分析系统和资讯服务系统。

实时委托交易系统负责处理来自客户的交易请求，通过网络连接到证券公司的柜面系统，为客户提供身份识别、信息查询和委托交易等服务。实时委托交易系统由客户端、物理隔离机、加/解密安全网关、交易应用服务器、交易分发服务器和营业部交易前置机等部分组成。

实时委托交易的基本流程如下：

第一阶段，客户亲自到营业部签署并开通网上证券交易的服务协议，同时获得CA颁发的数字证书。注册成功后，客户可以通过客户端程序或浏览器访问网上证券交易系统。在交易前，客户端软件和服务器软件之间要通过数字证书互相鉴别彼此身份的合法性。

第二阶段，在交易过程中，客户的交易请求通过客户端软件加密后发送给加/解密安全网关，并由其转发给交易应用服务器，然后转发给总部的交易分发服务器，交易分发服务器根据客户请求将交易信息交给相应的营业部交易前置机，再由前置机将解密后的交易请求提交给营业部柜台系统的中间件服务器，最后由营业部柜台系统处理交易请求，并将交易结果按原路反馈给客户。

行情查询与分析系统接收卫星发送的实时的证券交易行情，并将证券交易行情的数据存储于服务器，为客户提供行情数据查询服务。行情查询与分析系统的主要工作是接收客户端的行情查询请求，并将相应的行情查询结果发送给客户端。行情查询与分析系统的主要特点包括：能够提供强大的客户管理功能；能够及时发布紧急公告；能够为客户提供联网聊天服务；能够提供适应性良好的行情主站程序；能够提供详细的流水账；能够支持大量并发用户访问主站服务器。

资讯服务系统为客户提供各种与证券投资相关的信息资讯，特别是即时的证券报价信息。资讯服务系统可同时设置几个资讯服务信息源，当一个信息源出现问题时，可从其他资讯服务器上获取即时的证券交易信息。

3. 网上证券交易系统安全通信

网上证券交易系统采用SSL协议与数字证书相结合的方式来实现交易系统的安全通信，可以有效地防止窃听、假冒、篡改和重发等网络攻击。安全套接层协议SSL是基于Web应用的安全通信协议，主要功能包括服务器认证、客户认证和SSL链路上的通信数据保密传输。网上证券交易系统应用SSL协议可以保证在公共网络上传输的证券交易数据的保密性和完整性。但是由于SSL协议不能对交易数据进行数字签名，因此必须通过数字证书来实现证券交易数据的身份可认证性。网上证券交易系统的安全系统结构如图10-19所示。

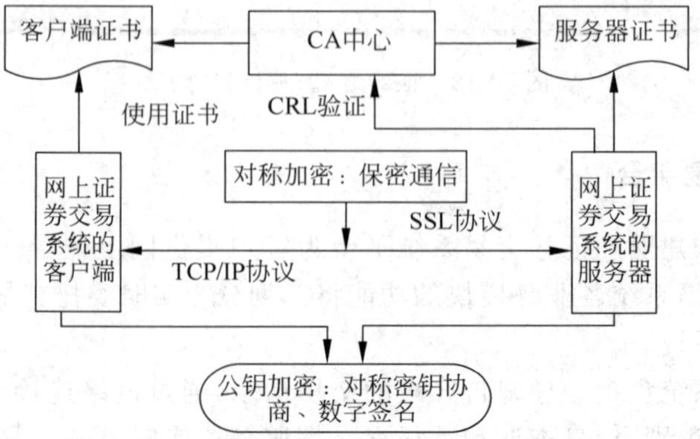

图 10-19 网上证券交易系统的安全系统结构

10.7 网上保险

网上保险,也称保险电子商务或者网络保险,是指保险公司或保险中介机构通过互联网来经营保险业务,以实现保险信息咨询、保险计划书设计、投保、缴费、核保、承保、保单信息查询、保权变更、理赔和给付等保险业务的网络化。网上保险业务的基本服务流程是保险公司或网上保险中介机构通过互联网为客户提供有关保险产品和服务的信息,并提供网上投保和承保等保险业务,即基于互联网完成保险产品的销售和售后服务,由银行将保费划入保险公司账户。此外,网上保险业务还包括保险公司之间基于互联网的经营管理活动,以及保险公司与公司股东、保险监管、税务、工商管理等机构之间的信息交流活动。

10.7.1 网上保险服务系统

目前,我国提供网上保险服务和资讯的网站主要有三类:一是保险公司自建网站,主要销售本公司的险种,例如平安保险的保险商城;二是独立的第三方保险网站,不属于任何保险公司,但是也可以提供保险服务,例如慧择网、中民保险网等;三是提供网上保险业务资讯的信息发布平台,例如中国保险网。

网上保险服务系统为保险公司或保险中介机构搭建一个高效的信息交流和服务平台,通过互联网为客户提供网上保险咨询、投保、缴费、核保、承保、保单信息查询、保权变更、理赔和给付等服务。网上保险服务系统的主要功能如下:

(1) 宣传和推介保险公司或保险中介机构。保险公司或保险中介机构通过互联网向客户推介保险产品和服务,有效地降低了广告宣传成本,并且方便客户随时、随地访问网站,查询和购买保险产品和服务。

(2) 提供信息咨询服务。保险公司或保险中介机构通过网站向客户介绍保险产品的种类及费率信息,网站为客户提供国内外最新的行业资讯,还能提供丰富的保险入门知识和各种理财知识。

(3) 提供产品分析服务。保险公司或保险中介机构将专业的保险需求评估工具通过网站共享给客户,客户可以轻松地获得从初步到精确、从综合到分险种的各种需求分析。利用保险需求评估工具客户可以自行比较、选购各种保险产品和套餐,也可以使用保险需求评估工具为其分析和定制投保方案,从而满足客户个性化的需求。

(4) 提供在线投保服务。客户登录保险公司或保险中介机构的网站,选择需要购买的保险产品,然后通过互联网完成在线购买申请、在线核保、在线支付保险费和在线获取保单等。

(5) 提供在线理赔服务。保险公司或保险中介机构不仅要通过网站提供理赔作业流程、注意事项、争议解决方案、进度查询和出险联系电话等信息,而且还应提供方便、快捷的网上理赔服务,能够及时处理客户的理赔申请,并能通过网络支付理赔款。

(6) 提供在线交流服务。客户可以通过在线交流方式向保险专家咨询保险产品,而且还可以在BBS论坛上咨询保险产品和相关知识,同时也可以发表对保险产品的各种看法和投保的心得体会。此外,保险业务员也可以与同行交流经验,在网上推销保险产品。通过在线交流，保险公司或保险中介机构可以征求客户对某种保险产品的意见，以及在推出新的保险产品时进行市场调查。

10.7.2 中国平安保险

中国平安保险公司于1988年诞生于深圳蛇口，是中国第一家股份制保险企业，至今已发展成为融保险、银行、投资等金融业务为一体的综合金融服务集团。公司是香港联合交易所主板及上海证券交易所两地上市公司。从保费收入来衡量，平安寿险为中国第二大寿险公司，平安产险为中国第二大产险公司。在中国平安公司的首页，可以看到平安集团旗下的业务有保险业务、银行业务、投资业务，其中提供的保险业务有平安人寿保险、平安财产保险、平安健康保险、平安养老保险四大类保险。平安集团网上保险直销渠道现在已经能为客户提供包括汽车保险、意外保险、旅游保险、签证保险、家庭财产保险、健康保险等七大类保险产品及种类丰富的自助保险卡。客户可以根据自己的个性化需求进行投保，并能够快速计算出所需保费。中国平安保险公司的网上服务平台如图10-20所示。

图10-20 中国平安保险公司的网上服务平台

中国平安人寿保险公司成立于2002年，是中国平安保险公司旗下的重要成员。从保费规模来衡量，中国平安人寿保险是目前国内第二大寿险公司。目前，中国平安人寿保险在国内共设有35家分公司，超过2600个营业网点，服务网络遍布全国。除了传统的柜面服务外，中国平安人寿保险还搭建了电话、网络、手机WAP、手机APP、移动柜面等多种服务渠道，为客户提供简单、便捷、高效的网上保险服务。

中国平安财产保险公司是中国平安保险公司长期以来经营和发展的基础，23年来，中国平安产险业务规模逐年攀升。2011年，公司获中国保险监督管理委员会核准同意，注册资本达到170亿元人民币。经营区域覆盖全国，在国内各省市、自治区设有40家二级机构，1800多个营业网点。此外，还在世界150个国家和地区的近400个城市设立了查勘代理网点，与中国再保险集团公司、汉诺威再保公司、安联再保公司、慕尼黑再保公司、瑞士再保公司等国内外160多家保险公司、再保公司建立了业务往来。

中国平安财产保险公司经营业务范围涵盖车险、财产险、工程险、货运险、责任险及意外健康险等一切法定产险业务及国际再保险业务，近年又开发推出了电话营销专用车险、环境污染责任险、董事及高级职员责任险、国内贸易信用险、理财宝家庭投资险、境外旅行意外伤害险、全球医疗险、甲型 H1N1 流感险等符合市场需求的新险种，目前经营的险种已达 200 多个。

中国平安健康保险公司是中国平安集团旗下的专业健康保险公司，2005 年经中国保险监督管理委员会批准设立，公司注册资本人民币 6.25 亿元，总部设在中国上海。中国平安健康保险公司主要业务范围包括各类健康保险业务、意外伤害保险业务、政府委托管理健康保险业务、健康保险再保险业务等。

10.8 移动支付

移动支付，也称手机支付，是指用户使用移动终端设备通过互联网在网上商店购买商品或者服务，并且通过移动终端设备向银行等金融机构发送支付指令，实现电子交易的支付和结算。移动支付系统利用移动终端设备为用户提供跨银行、跨时空、跨币种的支付服务。整个移动支付系统的价值链包括移动运营商、支付服务商、应用提供商、设备提供商、系统集成商、商家和终端用户。

10.8.1 移动支付概述

通常可以将移动支付分为近场支付和远程支付两种形式。近场支付是指通过近距离通信技术实现电子交易的资金流转和结算。远程支付是指利用移动终端设备通过网上银行、电话银行、手机银行或支付工具实现电子交易的资金流转和结算。移动支付标准的制定工作已经持续了三年多，主要是银联和中国移动两大阵营在比赛。根据艾瑞咨询的数据，2012 年移动支付市场交易规模达 1511.4 亿元，同比增长 89.2%，预计到 2016 年国内移动支付市场交易规模将突破万亿元，达到 13 583.4 亿元。

3G 移动通信技术在我国大规模的商用，加速了金融支付行业和通信服务行业的融合。近几年，国内各大金融机构和移动运营商纷纷涉足移动支付领域，推出了“小额支付”、“手机钱包”、“手机信用卡”等诸多移动支付产品。欧美等发达国家的运营商也把移动支付作为支付业务发展的重点，移动支付应用的产业化已经基本完善。手机将集成公交卡、银行卡以及校园卡等支付工具的功能，成为日常生活的支付工具，为用户提供安全、方便、快捷的支付。

移动支付系统通过移动网络为用户提供支付和缴费等金融服务。移动支付通常有以下几种实现方式：一是短信支付，用户利用移动终端设备以短消息的形式发送支付请求，服务提供商从用户的话费中扣除费用，通常适合小额支付；二是用户通过移动终端设备访问 WAP 站点，并通过 WAP 站点提供的支付接口连接金融机构结算货款；三是用户使用移动终端设备通过短距离通信技术与支付设备通信，并完成电子支付。

10.8.2 移动支付的运营模式

移动支付系统的价值链包括移动运营商、支付服务商、应用提供商、设备提供商、系统集成商、商家和终端用户。移动支付价值链上的服务提供商均可作为移动支付服务商，不同的服务提供商采用不同的移动支付运营模式。目前移动支付的运营模式主要有以下几种。

1. 移动运营商独立运营模式

在移动运营商独立运营模式中，移动支付业务可以提供三种账户设置方式：手机账户、虚拟银行账户和银行账户。手机账户支付方式是将支付账户与手机进行绑定，支付款项将从手机话费中扣除。虚拟银行账户支付方式是用户通过指定方式向移动支付平台的虚拟银行账户中存入现金，形成一个只能用于移动支付的虚拟银行账户，支付款项从用户的虚拟银行账户中扣除。

2. 金融机构独立运营模式

金融机构独立运营模式是指银行或金融机构借助移动运营商的通信网络，独立提供移动支付服务。用户在银行或金融机构开设账户，支付款项从用户的银行账户中扣除。移动运营商不参与运营和管理，由银行独立为用户提供移动支付服务。

3. 移动运营商与金融机构联合运营模式

移动运营商与金融机构合作，发挥各自的资源优势，共同为用户提供移动支付服务。在国内，中国移动和中国银联合作共同投资创办联动优势科技有限公司，共同推出移动支付业务并参与运营。

4. 第三方电子支付运营商独立运营模式

第三方电子支付运营商独立于金融机构和移动运营商，利用移动运营商的通信网络和金融机构的支付工具，为用户提供移动支付服务。例如，支付宝提供的手机支付宝客户端，用户通过手机可以向对方支付宝账户付款。

10.8.3 移动支付系统的应用

目前，日本 NTT DoCoMo 电信公司是移动支付业务开展得最好的运营商之一，其移动终端设备采用日本索尼公司研发的 FeliCaIC 智能芯片，通过近距离无线通信技术为移动设备提供支付服务。国际上很多公司都尝试涉足移动支付业务，比较有代表性的移动支付服务产品有 Google Wallet、PayPal、Bump、Square 以及国内的支付宝和中国移动的手机钱包。

1. PayPal

PayPal 是 eBay 旗下一家支付业务提供商，PayPal 在全球拥有超过 1.28 亿的活跃用户。PayPal 可以在全球 193 个国家和地区以 25 种货币使用，主要用户有消费者、网上商店、开展电子商务的企业以及个人卖家，PayPal 移动支付系统的广泛应用促进了跨地域、跨币种、跨语言的电子商务业务的快速发展。目前，PayPal 已经在美国、加拿大和英国等国家推出了移动支付业务。目前 PayPal 移动支付有三种产品：P2P 支付、Text2Buy 和 Text2Give。用户只需下载 PayPal 手机支付的客户端软件，并开通 PayPal 手机支付业务，就可以随时随地查看账户余额和进行网上购物。

2. Simpay

移动支付品牌Simpay是由Orange、Vodafone、T-mobile和Telefonica四家欧洲最大的移动通信运营商在2003年共同创建。Simpay的目标是邀请国际知名的移动支付服务提供商共同参与制定全球通用的移动支付标准,建立跨越国界的移动支付服务系统。由于没有金融机构的管理介入,Simpay的支付账户由运营商提供,主要提供支付金额低于10欧元的移动支付业务。Simpay的主要特点是建立国际通用的移动支付解决方案,同时支持近场支付和远程支付,同时支持话费账单缴扣方式和信用卡/借记卡支付方式。Simpay的支付流程如图10-21所示。

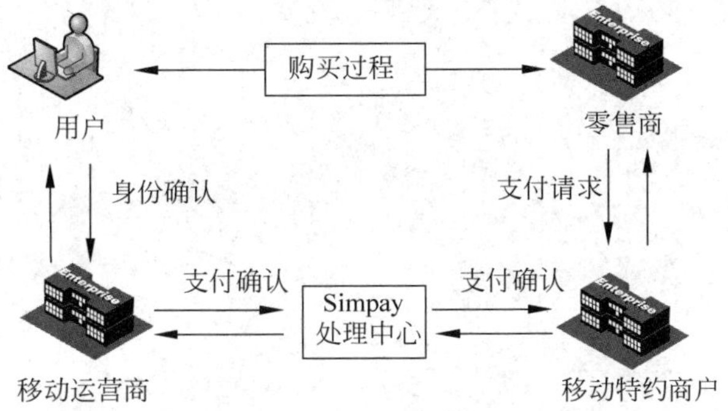

图10-21 Simpay的支付流程

Simpay支付系统由用户、零售商、移动特约商户、移动运营商和Simpay处理中心组成。移动运营商负责用户的身份认证,并将移动支付的费用合并至电话账单。移动特约商户负责多个零售商的身份认证,并将零售商的移动支付请求提交给Simpay处理中心。Simpay处理中心是移动支付系统的核心,通过移动特约商户和移动运营商为用户提供安全、方便、快捷的移动支付服务。

本章小结

本章主要介绍电子支付系统的基本应用,主要包括网上银行的国内外发展现状、网上银行的服务管理模式、Visa电子支付系统的应用、招商银行的电子支付服务、PayPal电子支付系统、网上证券系统、网上保险系统以及移动支付系统等。重点掌握网上银行的服务管理模式和国内发展现状;熟练掌握Visa电子支付系统的应用现状,并了解VisaNet和Visa验证服务的基本功能;重点掌握招商银行电子支付系统提供的各种支付服务;了解PayPal电子支付系统的主要优势以及提供的支付服务;熟悉网上证券系统和网上保险系统提供的主要服务,并了解移动支付技术的优势。

本章习题

1. 请简述中国网上银行的发展现状及其为客户服务的主要业务模式。

2. 请简述 Visa 电子支付系统的应用现状,并简述 VisaNet 和 Visa 验证服务的基本功能。

3. 请简述招商银行电子支付系统为客户提供的各种支付服务。

4. 请简述 PayPal 电子支付系统的主要优势及其为客户提供的支付服务。

5. 请简述网上证券系统和网上保险系统为客户提供的主要服务。

6. 请简述移动支付的应用现状及其主要优势。

参考文献

[1] 雷信生，万兆泽，刘玲，等. 电子商务安全技术. 北京：国防工业出版社，2002

[2] 钟诚. 电子商务安全. 重庆：重庆大学出版社，2004

[3] 金桂兰. 电子交易与支付. 北京：中国电力出版社，2004

[4] 劳帼龄. 电子商务的安全技术. 北京：中国水利水电出版社，2005

[5] 张波. 电子商务安全. 上海：华东理工大学出版社，2006

[6] 印辉. 电子商务合同案例评析. 北京：知识产权出版社，2002

[7] 柳经纬. 电子商务法. 厦门：厦门大学出版社，2004

[8] 杨坚争，赵雯，杨立钒. 电子商务安全与电子支付. 北京：机械工业出版社，2007

[9] 崔爱国. 电子商务安全与支付. 北京：电子工业出版社，2010

[10] 佟晓筠. 电子商务安全及案例. 北京：中国铁道出版社，2010

[11] 潘小刚，周亚明，肖琳子. 中国信息安全报告：预警与风险化解. 北京：红旗出版社，2009

[12] 蔡皖东. 网络与信息安全. 西安：西北工业大学出版社，2004

[13] 凌捷，谢赞福. 信息安全概论. 广州：华南理工大学出版社，2005

[14] 贾伟. 网络与电子商务安全. 北京：国防工业出版社，2006

[15] 蔡勉，卫宏儒. 信息系统安全理论与技术. 北京：北京工业大学出版社，2006

[16] 胡道元，闵京华. 网络安全. 第2版. 北京：清华大学出版社，2008

[17] Bruce Schneier. 应用密码学：协议、算法与C源程序. 北京：机械工业出版社，2000

[18] Douglas R. Stinson. 密码学原理与实践. 第3版. 北京：电子工业出版社，2009

[19] William Sallings. 密码编码学与网络安全：原理与实践. 第5版. 北京：电子工业出版社，2012

[20] Douglas Jacobson. 网络安全基础：网络攻防、协议与安全. 北京：电子工业出版社，2011

[21] 杨晓元，魏立线. 计算机密码学. 西安：西安交通大学出版社，2007

[22] 宋震. 密码学. 北京：中国水利水电出版社，2002

[23] 范九伦，张雪峰，刘宏月，等. 密码学基础. 西安：西安电子科技大学出版社，2008

[24] 肖德琴. 电子商务安全保密技术与应用. 第2版. 广州：华南理工大学出版社，2008

[25] 代春艳，谢晓尧，门辛明军，等. 电子商务信息安全技术. 武汉：武汉大学出版社，2007

图书资源支持

感谢您一直以来对清华版图书的支持和爱护。为了配合本书的使用，本书提供配套的资源，有需求的读者请扫描下方的"书圈"微信公众号二维码，在图书专区下载，也可以拨打电话或发送电子邮件咨询。

如果您在使用本书的过程中遇到了什么问题，或者有相关图书出版计划，也请您发邮件告诉我们，以便我们更好地为您服务。

我们的联系方式：

地　　址：北京海淀区双清路学研大厦 A 座 707

邮　　编：100084

电　　话：010－62770175－4604

资源下载：http://www.tup.com.cn

电子邮件：weijj@tup.tsinghua.edu.cn

QQ：883604（请写明您的单位和姓名）

资源下载、样书申请

书圈

用微信扫一扫右边的二维码，即可关注清华大学出版社公众号"书圈"。